4

杂文卷

柏杨全集

人民文学出版社

图书在版编目(CIP)数据

柏杨全集:限量版.4/柏杨著.—北京:人民文学出版社,2010

ISBN 978-7-02-008000-7

Ⅰ.柏… Ⅱ.柏… Ⅲ.①柏杨(1920~2008)-全集 ②杂文-作品集-中国-当代 Ⅳ.C52

中国版本图书馆CIP数据核字(2010)第049021号

责任编辑:常雪莲 马玉梅 装帧设计:翁 涌
责任校对:刘光然 责任印制:张文芳

4 杂文卷

柏杨全集

高山滚鼓集
道貌岸然集
前仰后合集
闻过则怒集

目　录

高山滚鼓集

道貌岸然集

前仰后合集

闻过则怒集

高山滚鼓集

提 要

《高山滚鼓集》所谈主题有病、吃、酒、建筑等大项,随意而谈,生活杂事,娓娓道来,笔调轻松。

以谈医为例,柏杨将生病的类型分为四大类:“曰要命型的病焉,曰受罪型的病焉,曰享受型的病焉,曰遮羞生气的病焉。”刻画病榻人物,栩栩如生。其中,“遮羞生气的病”乃是一种“政治病”,其病源来自“生气”与“遮羞”,是“生病”的另一名目。

即使谈的是与生活有关的琐事,柏杨都从文化角度加以探讨并批判。

序

1963年夏至5月，柏杨先生正在前途茫茫，愁眉苦脸，漫画家牛哥先生忽然驾临，以手俯我御背，告曰："老头，我最近帮朋友的忙，接编台北《公论报》副刊，看你着实可怜，特来提拔，可每天写五百字，以免阁下沦于饿殍。"我曰："杀人杀死，救人救活，要写每天就写一千字，五百字能有几文钱哉?"他慨然应允。当时心中大喜，就要请他吃香片热茶，他已大汗淋漓啦，既然无福消受，只好狼狈辞去。从此柏杨先生就写了起来，并定名为《西窗随笔》。夫西窗者。有异于东窗南窗北窗之窗也，每天一篇，颇为起劲。有时候老病复发，交不了卷，牛夫人冯娜妮女士和他们的大女儿李喆小姐，不忍我丧失稿费，就从柏杨先生别的大作上抄下一篇，以填充之。呜呼，这年头每个编辑老爷都视地盘为老命，你要想发表一篇文章，等于挖他的祖坟，难得这么好的年轻人，如此敬老尊贤，感激之余，扬言上吊以报。

本集名《高山滚鼓集》，收集的是1963年6月7月8月三个月间在该报发表的大作。所以如此定名，盖有人说高山滚鼓发出的声音为"不通""不通"。夫柏杨先生的文章，岂有不通之理，所以用之，不过表示自谦，非真的不通也。唯恐读者先生天资钝鲁，发生误会，特此隆重说明。

是为序。

1963年9月于台北柏府

1. 病来如山倒

据说从前有这么一个故事，张飞先生天生莽汉，天不怕地不怕，死更不怕，除了对老大哥刘备先生外，一生目中无人。有一天跟诸葛亮先生摆龙门阵，吹起来他的英勇，诸葛亮先生曰："请君口下留情，有一件东西，包管你怕。"张飞先生曰："你说的啥屁话，俺老张天生异禀，头掉不了过拳大的疤。"诸葛亮先生也不和他抬杠，就在手上写了一个字。叫曰："迷死脱张，请看。"张飞先生一看，吓得面无人色，盖军师爷写的是一个"病"字也。

呜呼，铁打的身子都挡不住病，再大无畏的精神和坚强的意志，在"病"前都得屈膝。古人形容英雄好汉那股狠劲，曰"视死如归"，真是妙极，当初发明这句成语的朋友，他至少跟柏杨先生一样聪明，应该得一座最佳比喻奖。试想回家是一件何等窝心的事。小孩子在外边再玩再闹，再无法无天，一旦凯旋，心里想着倚闾而望的母亲，和足可以保护他的父亲，简直整个童心都温暖起来。到了长大成人，家更成了一个堡垒，有美丽贤慧妻子的人不用说啦，回家等于老鼠跳进牛奶缸。纵是普普通通的家庭，太太的安慰，孩子的依偎，也是人间至乐之境，而这种至乐之境，竟然和死相提并论，谁说中国文字不活泼乎？

但我们可以发现一点，再大的勇气，似乎只能办到"视死如归"。柏杨先生常想，一个人如果能"视病如归"，那才叫人刮目相待。多少英雄好汉，或为了理想事业，或为了勃然震怒，死了算啦，死了等于回家。可是却没有听说过有谁不在乎得砍杀尔的，盖病有时候比死还要麻烦。想当年楚霸王项羽先生，打了败仗，逃到乌江，自己拔剑抹自己的脖子，那时如果有人劝他不要自杀，弄点啥细菌服之，大病一场也可,他准不干。不过天下之大,无奇不有,既有项羽先生这样的人希望去死,当然也有和项羽先生相反的那样的人,认为好死不如赖活着,宁可大病特病。

死和病有很大的不同,凡是死,其现象都是一律的焉,伸腿瞪眼,是非恩怨,一笔勾销。而病则不然,像是一条小溪,细水长流,慢慢光临,或一直光临到完蛋,或一直光临到痊愈,无论是哪一个终结,其中都不断含着希望。人类只能死一次,但却可以病一百次一千次,所以人们都有病的经验,却没有死的经验,病的感受人人皆知,死的感受是啥,尤其是死后的光景是啥,恐怕谁都弄不清。所以我们可以说害病是一种艺术,张飞先生典型的直肠子,一听见病便吓了一跳,可见他和病无缘。据经常害病的朋友说,害病有害病的享受,富病人有富病人的享受,穷病人有穷病人的享受。这是最最标准的现实主义,盖病既赶不走,便不如逆来顺受,自己对自己找点哲学根据。

对于害病的态度,有两种焉,君没有看过《红楼梦》上的晴雯小姐乎?她害的好像是伤寒之类的重病,如果要细细地医之养之,至少也得三两个月,才能复元;可是她不但定不下心,反而暴跳如雷:大骂医生混蛋,要不是医生混蛋,早健康如初矣。上月柏杨先生暨夫人,去探望女作家张雪茵女士的病,她也是大急特急,认为医学这么发达,特效药这么多,而仍不能早占勿药,岂不是前途茫茫乎。我们家乡有句俗话曰:“病来如山倒,病去如抽丝。”大病来时,容易之极,说发烧就发烧,说脑充血就脑充血——绝不会今天充一点,明天再充一点,慢慢儿充死为止,而是要充就充一下子叫你嘴歪眼斜,不可开交。但当病去时,好像在十吨棉纱上捉住一根线头,徐徐拉下,不要说拉一天两天,便是拉十天八天,也看不出有啥名堂。不过凡是在医治中的病痛,大体上说,不见加重,便是减轻,十吨棉纱堆起来虽如小山,但只要抽它,总有一天把它抽得净光也。

凡属性急的病朋友,准是医院里新开户头,十年二十年不知道医院的门是朝东还是朝西,健康情形一旦遇到了绊马索,绊了个嘴啃地,躺床不起,除了着急一命呜呼外,还着急善后种种,像银行里一连串到期的支票焉，科长大人或局长大人会不会打官腔焉，放在抽屉里的那件退税案二百万元本票怎么才能脱手焉，以及偏偏赶不上道德重整会和朝圣团去美国嫁人焉，种种件件，乱箭钻心，怎不叫人像伍子胥先生过昭关一样，急得白了头哉。不过一个人一旦害病害得不慌不忙，炉火纯青，不用多问，他定是一个老枪，对身上零件的损毁，毫不在意，而且因资格太老之故，还颇懂几手，圣人不云乎："久病气死名医。"盖他这个老枪，对他身体各部门摸得透熟，只要一闻到自己的屁味，立刻就知道啥地方出纰漏，买得乱七八糟的膏散丸水，吞下尊肚，居然药到病除；有时候其不合理和其灵光，能把领有合格执照的医生老爷活活气死。这一类的人似乎多不胜数，即以柏杨先生为例，我自幼身体不佳，大病大到差一点就摆驾升天，小病小到咳嗽流泪，统统当仁不让，都照害过无误。因之对医药颇有点学问，不但自医，而且医人。前些时和一位洋大人闲聊，我正鼓吹"台湾各种进步"，他忽然大打喷嚏，我就问曰："阁下双目湿润，鼻孔不通，是感冒乎？"他曰："可能是，我马上就去看一下我的医生。"我曰："何必看医生？吃三粒 APC 准好。"他大吃一惊，连忙掏出小本记之。我又曰："还有一种感冒特效药，有一元一粒的，有六元一粒的，你们洋大人有的是钱，吃六元一粒的，九块钱下肚，包管病愈。"他更是吃惊，又在小本上记之。洋大人最大的缺点是人人都有特约而固定的医生，点狗屁毛病都要去诊断一番，唯医之命是从。而大多数中国同胞，包括柏杨先生在内，都是自诊自断，自医自痊也。

2. 四大类

人有时候在经济力不太悲观时，弄点小病害害，也颇是一种享受，柏杨先生小时候听过一个故事，某懒媳妇天天去庙里祷告曰：

"不要大病,只要头痛发热。酸辣蛋汤,喝上十天半月。"她的婆婆看她老是往庙里跑,心中大疑,正躲在大佛像肚子里偷听,乃代神仙答之曰:"不病则已,要病大病,医药无效,送掉老命。"懒媳妇一听,吓得磕头如捣蒜。我想该懒媳真真是有修养得很,深懂生活情趣。总是健康如牛,日夜不停地奔波苦干,她永不会了解人生的真义。而且说实在的,有些人一辈子都不害病,人人都说他有福,他自己也蠢蠢然自以为果然有福,我就硬是看不出他有啥福,真正有福的人应该是那些不愁吃不愁穿,不愁钱不愁死,而经常害点小病的家伙。该项小病正是那懒媳妇所盼的,只不过头稍微痛一点,体温稍微高一点。如果不害则已,要害就勇猛地害起来砍杀尔,便全局皆非矣。害了小病之后,可以义正词严地啥地方都不去,高卧隆中。平常日子,堂堂大丈夫,在娇妻面前,都保持英雄本色。我有一位好朋友,有一天太太在厨房发出银幕上电影明星看见僵尸时那种尖叫,原来一个手掌大的蜘蛛在地上乱爬,这种蜘蛛在台湾司空见惯,作丈夫的威风凛凛,上去就一脚,虽然也出了一身冷汗,但固是大丈夫嘴脸也。呜呼,这一类的表演,名目繁多,小焉者踩个蜘蛛,大焉者更不用说啦,张口就大训其话,提笔就叫人大无畏,著书立说就叫人杀身报国,俨然人物。如果一直这样充壳子充到底,自没话可说,但如果一旦来一个贱恙染身,架子可以稍事休息,趣味似乎更加无穷。

越是威风凛凛的朋友,小病时越是娇不可言,平时做丈夫的是妻子发嗲的对象,如今则轮到向妻子发嗲矣,夫妻间越恩爱,他越娇越嗲,别看他年已半百,胡子如草,一旦卧病,娇嗲交加,真是惊天地而泣鬼神。本来只一分头痛,硬形容成十分,然后努力呻吟,把妻子大人呻吟得花容失色,一面想"老家伙死啦怎么办乎",一面以手猛揉其头,口中还念念温柔之词。就是前边说的那位踩死蜘蛛的朋友,有一次病了三天,太太就为他洗了三次脚,他阁下只不过小小感冒,却一口咬定他父亲是得脑膜炎而翘了辫子的,太太天旋地转,饭都喂到他尊口里,他就毫不客气地每次都吃上四大碗,有的时候看太太服务稍懈,就痛加斥责,而且翻起老账,若哪件事她对不起他,又哪件事她太使他寒心,如今大去在即,死不瞑目,把太太说得鼻涕一把泪一把,发誓等他病好后,一定重新做人,像服侍情夫一样好好服侍他。后来他告柏杨先生曰:“我每年都要害这么一场小病,以温旧情,而励来兹,好日子虽只几天工夫,其受用却是非常之无穷也。”

病可以分为四大型,曰要命型的病焉,曰受罪型的病焉,曰享受型的病焉,曰遮羞生气型的病焉。

要命的病虽然很多,但却是随着时代的进步而逐渐减少,这不能不说是生得越晚,其福气也就越大。君看过《琥魄》巨著乎?琥魄小姐最恨比她漂亮的女人,她经常诅咒曰:“巴不得她快些出天花。”盖在牛痘发明之前,天花是一种绝症,跟现在仍没有治疗方法的麻疹一样,任何一个人,上自天皇,下至庶民,迟迟早早,都得出上一次,或翘了辫子,或长了麻子,实在是一种最大的抱歉;凡是没有出过天花的小姐,便是天仙都没人娶;凡是没有出过天花的男人,便是百万富翁都没人嫁;盖不敢预卜其前途是死是麻也。现在医药进步,不知道哪位朋友,发明了种痘之术,真是功德无量。可是道高一尺,魔高一丈,天花的危险取消,紧跟着又冒出来肺病,似乎比天花还要使人紧张。

现在的年轻人对肺病的印象,已不太深刻了矣,朋友中有谁害了肺病,好像害了脚气一样,固没有啥可失惊打怪的。可是想当年——本世纪(二十世纪)一十二十年代,一听说谁害了肺病,朋友们马上就组织治丧委员会,他要不死,简直没有天理。这当然不是说百分之百的要完蛋,也有些硬是挺着不完蛋的,乃属于有钱有闲阶级,住在郊外别墅之内,仆从如雨,下女如云,天天吃鸡汤鱼汤以及王八汤,养得满面红光。故肺病亦称之为“富贵病”,言穷小子害不起也。所以从前的廉价小说里,男主角也好,女主角也好,往往都是肺病患者。呜呼,想一下林黛玉小姐的生活可知一斑,她每天斜倚栏杆,双颊微红,吐几口血,吟几首诗,然后紫鹃小姐扶她回房安歇。这种女孩子是柏杨先生少年时一种向往,盖一个女孩子一旦得上肺病,而且残喘不死,不仅显得她娇弱不胜,人见人怜,也显得她有的是黄金美钞,财气冲天。

后来不知道怎么搞的，肺病竟然也尾随着天花而没落，对肺叶的溃烂，竟然也有特效之药，真是使人不堪回首。不过一事既了，又出一事，大概人类作恶多端，上帝心里又恨又烦，乃不断发明些新的怪病来对我们惩罚。天花肺病刚栽了斤斗，大家正喜欢得人仰马翻，认为人类从此健健康康，没啥危险啦，却想不到又有新的玩意儿，隆重亮相，那就是洋文曰“砍杀尔”，中文曰“癌”的奇症是也。不提起癌，倒还罢了，提起来癌，真是上帝有意打那些医药科学家们的嘴巴，迄今为止，癌已把人们害了个够，一提起该玩意儿，能把人吓死，可是癌到底是个啥？是如何形成的乎？是什么细菌乎？是因为不信神被上帝踢了一脚乎？没有人知道，一个人一旦害了癌，等于一次服一百公斤巴拉松，就木法度啦。

3. 要命与受罪

根据过去的经验，再厉害的病，都终有被克制的一天，天花如此，肺病如此，“砍杀尔”将来自也会如此也。一想到这里，当一个中国人真是天纵奇福，对啥危难都不必操心，自有洋大人辛辛苦苦为之解决。我们制造不出来飞机，还不是有空军，有航空公司乎？我们发明不出太空卫星，还不是有很多专家，一听说别人的太空卫星在天上乱飞，就发表言论，谈得头头是道乎？我们虽然其笨如牛，迄今为止，连个引擎都不会做，还不是有东洋之大人焉，西洋之大人焉，为我们弄好，以便我们“自制”“国产”汽车和电冰箱乎？我有一位朋友，去年因腰有点别扭，去医院检查，赫然竟是癌症，一家大小为之痛哭，我也曾去安慰一番，劝他视死如归。可是昨天马路上见到他，他拉着幼孙，在台北衡阳路上，昂然而走，面色也好得多。我以为他一定动了手术，把那一块割掉啦，谁知非也，他曰：“医生说我还有五年的寿命，早哩，早哩。”我曰：“那么五年以后，兄台岂不仍然在劫难逃？”他曰：“你懂得啥，五年是一个漫长的日子，洋大人投资了几亿美金在研究它，说不定明天就发明出一种特效之药，叫什么什么训焉，或叫什么什么素焉，只要吞下一粒，或服下一匙，巨癌自消，岂不妙哉。”呜呼，我想洋大人真够朋友，花那么多钱去为文明古国的小民谋福利。但该朋友之言，却颇有点学问。另外一个朋友，他的孩子得了小儿麻痹，百药罔效，父母伤心欲死，我遵古炮制，劝之曰：“二位不要发愁，现在孩子还小，过了几年，包管美国佬德国佬发明出来专治该症之药。想当初天花肺病，还不都是如此把它们搞垮的乎？今之视癌、视小儿麻痹，尤昔之视天花、视肺病也。”他一听，大大的佩服我的眼光，声明一旦该项奇药问世，一定请我喝上一盅。

不过，无论如何，我建议朋友们最好还是以不得要命型的病为宜，盖万一洋大人发明的玩意儿迟来一步，便全盘都输矣。问题是，千算万算，不如天老爷一算，一旦天老爷决定要你的命，赐下一点变化，便谁都得束手。英国维多利亚女王临终时，大主教为她跪地向上帝求情，整整跪了十个小时，膝盖都跪破啦，但他不能站起来，他一站起来，维女士就喊曰：“祈祷，祈祷。”他就只好再跪。呜呼，现在的情况似乎是医药和病菌竞赛时代，有时候特效药出笼，把病菌打昏，有时候病菌先生斜刺里飞起一脚，把特效药踢个嘴啃地，这场血战，越打越烈。跟要命型的病同样糟糕的，则是受罪型的病焉。谁要是害了要命型的病，固然祸延亲友，连累大家为他组治丧委员会。便是害了受罪型的病，虽没有翘辫子的危险，但其害人害己的程度，有时候反而更烈。君不见有些大家伙乎，得了要命型的病，各色人等，柔颜温语，比对出麻疹的儿子都要关心。不久，美日德法医生化验，确定是癌，预言出不了三个月，就要完蛋。一脸忠贞学一听，立刻泪如雨下，可是哭了一场之后，心里有数，出得门来，堆下笑容，另找新主子而去，真是“病重万事足，官死一身轻”，一点都不牵肠挂肚也。可是如果该大家伙害的是受罪型的病，一脸忠贞学便不能如此舒服矣。南北朝时有一位和士开先生，官拜宰相之职，有一天大概多吃了点冰西瓜,大泻其肚,一脸忠贞学便当众尝他的大便,名之曰“黄龙汤”。呜呼,如果和士开先生害的是砍杀尔,死有定期,大家就不必吃尿吃屎矣。

夫受罪型的病,最大的特征是虽送不了命,却也不能舒服。拿破仑先生天生癞疮,发作起来,便非大战一场,侵略一个国家,就不能止痒。我有一个朋友,干很好的差事,地位也颇高焉,可是不知道怎么搞的,去医院开刀痔疮,却开成漏疮,屁股底下常常湿一大片,既脏且臭,以致很多事情都不能做,很多地方也不能去,整天愁眉苦脸,你说窝囊不窝囊乎哉?又有一个朋友,绝高才华,后台奇硬,想当啥就可以当啥,可是却患着羊痫之疯,有一天正在日内瓦开国际会议,和俄国人舌剑唇枪,要命关头,忽听通的一声,他口吐白沫,昏倒在地,你说这又窝囊不窝囊乎哉?他和他的家人最担心的倒不是在这种场合露一手,而是万一乘飞机焉,坐轮船焉,徒步走山径河滨焉,也露一手,那就不但窝囊,而且还危险万状。

最普通的是,伤风咳嗽,跌打损伤,生个头虱,长个疥疮,害个肾结石膀胱结石,以及发个气喘背酸,都属这一类,要命不足,受罪有余。一个人受罪型的病害得太久啦,有时候真想赖活不如好死。据说几位年逾八十九十的老家伙,在谈死法,有人愿意喝酒喝死,有人愿意脑充血充死,有人愿意大限一到,就吃巴拉松,有人则愿意被一个吃醋的年轻丈夫用手枪打死。形形色色,言之成理,但在各种死法中,中国传统“寿终正寝”的死法不与焉。盖人间最惨的事,莫过于由受罪型的病,慢慢发展为要命型的病,我常见一些儿女成群,福气冲天的老朋友,辗转床铺三年五载,背上屁股上都躺成了板疮,吹口气到他身上他都痛得乱叫,害病害得众叛亲离,临死连个送终的都没有,盖儿女们都玩他们的去啦。

4. 专门学问

享受型的病乃是既有钱又有闲家伙们的专利品,普通人很难染指。若柏杨先生,有时候劳苦不堪,真想弄个头痛发热的病害害,借口休息一天。就在上星期日,天从人愿,大概晚上没有盖被的缘故,果然头微有点痛,而身上微有点烧,本来可以支持,但我当时就哼将起来,越哼声音越大,为的是要表明大势不好也。想不到把老妻哼醒之后,她拍巴掌曰:"老头,起啦,起啦,要劈柴啦,劈罢柴还要写稿哩。"一点都不知道怜香惜玉,有妻如此,不如上吊。我只好赌气起来,洗了一个脸,劈了一会柴,哼病竟霍然而愈,你说贱不贱也。大多数朋友恐怕都属于此一类型,盖我们这种人不害病则已,要害就害要命型的病和受罪型的病,对享受型的病,根本不屑一顾。

比柏杨先生高级一点的小康之家,则有资格小规模地害之,尤其是公务人员有医药保险,更有资格发娇发嗲。我有一个朋友,如果按他的收入,和柏杨先生一样,也属于低级动物者流,不要说卧床不起的病,便是头昏眼花的病,他都不敢一试。可是他去年一下子住院就住了两个多月,我去看他,他有说有笑,大谈女人。可是每当医生护士们进门,他就愁眉苦脸,玉手只要轻碰一下他的肚皮,他就抽筋。事后我问他从啥地方学来的这种绝招,他曰:"我小时候看马戏团小丑表演,颇有心得。"问他啥心得,他曰:"我如果不害病,哪个小姐肯摸我的肚皮乎?而且,往床上一躺,既不必写公文,又不必看上司那张屁股脸,偶尔有个良心未泯的朋友前来探病,还带点水果。好啦,拿一个橘子尝尝。"我因尝了他的橘子,一直未予拆穿,如今他已去美国落户,讲出来当没有关系也。

然而真正有福气的还是那些饱食终日,无所用心的太太小姐。

她们的生命中,似乎只有两件事,一件事是跑美容院,让别人在自己脸上头上身上,拳打脚踢,百般蹂躏。另一件事则是动不动就弄点病,害上一害。三天一小病,五天一大病,专门吃贵重的药,药越贵越表示她祖宗有德。有一次因为小孙女的事,我也是家长会委员(对此官衔,读者勿惊),去拜访另一位家长会委员,该委员是一半老徐娘,派头大啦,谈罢公事,因我颇有点学问,而且脊梁也挺得很直,她发现连她的深宅大院,外有汽车,内有冷气,都唬不住我,乃出奇制胜,说她这几年身体不好,啥饭都吃不下,全靠吃药维持残生,并且严重声明,中国药日本药她统统不吃,而只吃美国药焉。我曰:"德国药也是有名的呀。"她哂曰:"德国已经不行啦,它连原子弹都发明不出来,别的更不用说矣,我因为体质不好,吃别的药会皮肤敏感,所以只吃美国原装货。"

该半老徐娘看我目瞪口呆,乃打开冰箱叫我观光,我以为要弄点凉开水灌我哩,想不到里面啥吃的都没有,全是各形各状的瓶瓶罐罐,药丸药粉药水药膏,呜呼,吃了那般杂药,包管她有砍杀尔可害的也。

享受型的病人,其目的只在炫耀她的"钱"和她的"闲",或者是效法西施女士那一套,动不动就捧肚呻吟,用以增加她的娇媚,展示她的纤弱,像赵飞燕女士一样,瘦得可以在手心上跳舞,一阵大风能把她刮得无影无踪。可是自从鸦片战争之后,天下大变,女孩子搞起来健美运动,胸脯鼓得越大越好,腰杆挺得越直越好,肌肉发达得越结实越好,精神蓬勃得越旺盛越好,真正叫白面书生望而生畏。补救之道自然是弄点小病害之,以发臭男人思古之幽情。我认识一位女士,年已半百,脸上灼灼有光,认为人生几何,对肉当吃,遂大胖而特胖,其玉腿尤其精彩,脚踝应该是最美丽之处,可是她那里却跟圆山饭店的盘龙柱一样,有时她迎面而来,我就心战胆惊,怕她一不小心,把我的老骨头架子撞碎了也。她御夫处世之道,全在于病,一会脑子痛,一会心脏痛,一会头发痛,医生把她里里外外检查了个够,说她啥病都没有,她一听说没有病就大发脾气,指摘那个医生包藏祸心,她曰:“我也不是三岁小孩子,难道不知道有没有病乎? 心脏明明痛得厉害。”又曰:“你只管开药给我好啦,我不怕药贵,便宜没有好货。”结果遇到一位蒙古大夫,一看她是猪肉户头,大喜过望,告之曰:“你说心脏痛乎? 心脏不会痛,痛的是胃。”她曰:“对呀,对呀,就是胃痛,有些不开眼的医生不叫我吃生冷的东西。”蒙古大夫曰:“没有关系,啥生冷的东西都可以吃,你的胃液很强,连吃石头都行。”该女士听啦,深庆遇到知己,从此她常揉其肥腰,作林黛玉状,告其丈夫曰:“你别气我,你知道我的胃不好,一气就痛。”丈夫免得她病发时哎哟哎哟,也就让她,而她也俨然以东亚病妇自居,在认为必要时,病即出笼。去年她府上刚装了冷气机,她就病了三天,卧床不起,连牛排都得送到她床前才吃得下。

害病成了专门学问,也是时代进步的现象之一,贵阁下读过白居易先生的《新丰折臂翁》乎? 那个老头为逃避兵役,自己弄了一块大石头把自己的胳膊打断,别的不说,该股狠劲便叫人寒心。据说有些有资格免费住院的穷而且单身的朋友,出了满身大汗之后,就勇敢地站在门口吹风,希望得上轻度肺炎,去医院住个一年半载,不但可以养精蓄锐,而且有漂亮的护士小姐晃来晃去,很多病人不是跟护士小姐由恋爱而结了婚的乎,则一年半载足够了矣。有一次我看见一个朋友正在那里猛吹,提醒他曰:“你要吹成重肺炎,该怎么办乎?”他连忙曰:“不会,不会。”享受型的病如此诱人,我们还说啥。

5. 没有细菌的病

遮羞生气型的病,俗谓之政治病。好好一个人,本来健康如牛,连最精良的医生都别想赚他一文,可是他却硬是病啦,而且病得厉害,不但不能再抛头露面,甚至连客人都不能见,假如有不知趣的记者先生前去拜访,想诱他出来谈谈,其不被乱棒打出者,我输你一块钱。

别的病都是细菌作怪,只有政治病没有细菌,害政治病的家伙,就是吃上一吨特效药都无法治愈,盖它的病源有二:一曰“生气”,一曰“遮羞”。柏杨先生和柏杨夫人,为了一点小事,大吵大闹,她不但不知道我的前途无量,对我倍加尊敬,反而揭我的底牌,甚至四十年前被县知事在公堂上打屁股打得稀烂那桩奇异的遭遇,都抖了出来。我老人家岂能和无知妇女一般见识,也就不多理她,然而我却病啦,向工厂请了病假,早上也不起床,早饭也不肯吃(趁她不备,到隔壁买了一副烧饼油条,自不在话下),本来讲好下午要陪她上街买一把梳子的,也不能行动。她的那个离了婚的侄女来柏府闲住几天,柏杨夫人张开双臂欢迎,可是柏杨先生因牙齿也痛之故,想笑也不能笑,而且还躺在床上猛哼,她越是怕我猛哼,我越是猛哼,哼得该侄女坐卧不安。于是乎,用不了二十四小时,老妻知道病源何在,乃弄了点药给我,该药是一顿迷汤,她曰:“老头,别生气啦,算我说错了话,当初打你的板子,我还不是十分难过乎?何况你从前虽做了很多坏事,幸好我天生的帮夫命,不是把你帮得学问很大,人人都说你年高德劭乎?看我们老夫老妻情分,别和我一般见识。”我曰:“你说话太尖太苛,我受不了。”她曰:“哎呀,可是你过去还说最喜欢我说话流利,恭维我说话俏哩。”杀人不过头点地,她既服了输,我就只好消了气,政治病遂霍然而愈。

呜呼,这一类的病最流行不过,广义地说,君子虽然以“迁怒”为耻,却是非常喜欢“迁病”的焉。明明心里着急,却伪装头痛欲碎;明明又羞又愧,又紧张又害怕,却伪装金疮迸裂。兄台读过《三国演义》乎?赤壁之战,曹操先生中了庞统先生的妙计,把战船连环锁上;诸葛亮先生和周瑜先生在对岸观看,好不快活,正在有说有笑,忽然刮起一阵大风,卷起旗角,打到周瑜先生脸上,打得他陡地想起一事,当时就害起遮羞生气型的病来,而且还害得异常严重。书上说他口吐鲜血,昏迷不醒。这种病就是把他送到荣民总医院都没办法,然而诸葛亮先生却药到病除,他一共开了两剂药,一曰“火攻”,一曰“东风”,而且拍胸脯保证没有问题,于是周瑜先生也跟柏杨先生露的一手一样,马上跳将起来,活泼如初。

害政治病害得最精彩的莫过于司马懿先生,曹魏王朝的皇帝打算杀他,他一看苗头不对,三十六计,病为上计,而且病得天昏地暗,皇帝派李胜先生当荆州(湖州)州长,前去探望,司马懿先生的演技真能得金像奖,两个丫头喂他吃稀饭,他手已瘫痪,嘴唇也把握不稳,以致稀饭流了一身,李胜先生曰:“大家都说您旧病复发,可是想不到病成这个样子!”司马懿先生曰:“我死在旦夕,您不是去并州(山西)乎?并州和胡人接近,要特别注意。今生恐怕不能再见,请以后特别关照我的儿子司马师、司马昭。”李胜先生曰:“我是荆州州长。”司马懿先生曰:“你说啥?您什么时候去并州的呀?”李胜先生曰:“我是荆州。”司马懿先生曰:“年纪大啦,听也听不清啦。你回并州后,要好好建功立业。”李胜先生告辞出来,向皇帝打小报告曰:“司马懿形神已离,快要完蛋,不必再顾虑他啦。”

司马懿先生害的这一场政治病,收获之大,使人心跳,竟然开创了晋王朝的政权,你值不值得乎哉?跟司马懿先生异曲同工之妙的,还有一个袁世凯先生,也是同样原因,也是三十六计,病为上计,清王朝的孩子皇帝和一批辫子官崽,正要对他下手,于是,他也病啦,司马懿先生害的是风瘫,袁世凯先生害的也是风瘫,司马懿先生病的是嘴是手,袁世凯先生病的是两只脚,俺走都走不动,你总可以放心了吧。于是有那么一天,春王正月,阳光普照,家人在院子里晒书,他就坐在太阳底下看之,看到中午时分,忽然一阵暴雨,袁世凯先生跳起来就抢他的书,一跳之间,看见一个婢女站在墙角,目瞪口呆地瞧他哩,这才发现露了原形,乃把那个倒霉的小姑娘扼死。袁世凯先生这一场政治病的代价也了不起,后来革命军武昌起义,辫子官崽手忙脚乱,要袁先生统军出战,为了报一箭之仇,等到大局更糟更烂再说,所以他不肯出来,理由是脚病仍厉害得很。等到他的脚病告痊,辫子政权也跟着报销。

可惜历史这种叫座的政治病不多，普通人害的都是小规模的焉，若柏杨先生对柏杨夫人那一套，固微不足道，但情形却极普遍。这里面的学问颇大，我研究官崽学凡五十年，发现有一种现象，大官崽如果不把人当人，有那么一天，捉住一个比他小的官崽训而骂之，或拍桌子而喷唾沫之，或叫他滚蛋焉，或叫他浑蛋焉，或请他另行高就焉，小官崽便只有三条路可走：一是第二天不声不响，照常上班，非他无耻也，实在是生活逼人，只好把大官崽的话，当作王八放屁。一是跟该大官崽对吵对骂，他干你老母，你也干他老母，如果你的后台奇硬，他算吃一次亏学一次乖，如果你没有后台，则卷行李走路，但心头之气就消得多矣。另一个是，害一场遮羞生气型的病，请病假焉，或请长假焉，把一场非礼官司，来一个艺术化之。

6. 宇宙锋

属员们的政治病，只要那个顶头上司稍微有点度量，或托人致意，或亲自登门道歉，便会一药而愈。前些时柏杨先生在办公室吃了上司的白眼，心里一想，我这么大岁数，怎么沦落到小孩子之手？当时也不言语，但我第二天就不去上班，盖我病啦，病得连掏五毛钱打电话请假的力气都没有啦。除非上司表示失礼失礼，或者你既不惜老怜贫，我就视富贵如浮云。柏杨先生这几年非当初穷兮兮之状，如果仍以为我还恋栈，真是有眼不识泰山，我的男公子和女公子都在美国，我已努力鼓励他们早日加入美国国籍，以便光宗耀祖，二人每月都要寄来数十元或数百元美金给我，有美援可恃，当然有胆量掼纱帽也。大概该上司也打听出来我即将成为美国人之父，肃然起敬，不但没有申斥，第二天还亲自光临柏府，我见他进门，就赶紧上床要哼，谁知他乃老资格医生,也不问我啥地方痛,就掀底牌曰:“我总算年轻,你老人家不要和我一般见识。”听后满身舒泰,跟在他屁股后乖乖地上班而去。当然,不见得每一位患者都会有我这样的好儿女;有很多朋友,小不如意,便大害其病,结果旷职七天,着予撤职。

所以遮羞生气型的病,并不简单,必须有最高的境界和最高的艺术,恰到好处害之,再恰到好处愈之,那才叫上流分子。有些人不分青红皂白,一时蠢血上冲,猛害头痛,其不把他害得丢盔掼甲者几希。若柏杨先生,要不是男女公子都在美国,有美援可拿,敢害那场病乎?记得十年之前,初来台湾,在某一家杂志社当编辑,辛辛苦苦,若牛若马。有一天为了一篇稿子,我说可以用,社长老爷说不可以用,争执几句,社长老爷大怒曰:“这里是我当家,抑是你当家?”这还用问?当然是他当家,我就掉头而去。第二天上午,正在严重考虑是不是要请人送封信去,说我病啦,想不到社长老爷先下手为强,派员送来一笺,另附一百五十元现钱,笺上曰:“阁下自来本社工作,表现优异,业务蒸蒸日上,十分感激。唯以最近经费拮据,不得不行紧缩开支,否则难渡难关,拟请阁下在府暂时休息,遥为指导,一俟营业情况好转,当再敦请襄助,情不得已,乞谅乞谅。”我只好悲悲惨惨在家孵豆芽。

呜呼,一个人如果没有点特殊的门坎或特殊的办法,无论啥病,都以少害为妙,否则如黄河决口,一溃而不可收拾。从前职业好找,“此处不留爷,自有留爷处,处处不留爷,爷在家里住”。病啦没有关系。如今则“此处不留爷,别无留爷处,处处不留爷,上吊一条路”。对低级职员而言,三十六计,不病才是上计。

政治病如果害得恰到好处,小则能消痰化气,大则能保命全身,不一定都是见不得人才卧床不起也。若某部长某局长某啥长,平常威风凛凛,连放屁都有人作文章研究它的哲学基础,不知道哪一个过节没有搞好,被免了职,朋友和部下前去看他,一律挡驾,曰他病啦,严遵医嘱,不能见客,是他真的要断气哉?当然不是。而是大家见面,有啥可谈的,第一,朋友和部下不能责备他本人没有干好,如果开口曰:“你确有很多可以检讨的地方,像某次焉,你贪污了一百万,像某次焉,你断了你上司三百万财路。”那不是去安慰他,而是去开调查庭矣。第二,朋友和部下又不能责备他的上司,你把他上司骂得一文不值,他不表示同意,与心有违;他如表示同意,又怕你是上司的暗探,将来不提拔他。与其惹麻烦而冒危险,不如病了算啦。而且不管怎么,凡是去看他的人都不能给他官做,自己如丧考妣还来不及,再见那些凡夫俗子,徒浪费时间。

历史上害政治病的朋友多矣,像前边说到过的司马懿先生和袁世凯先生,以及周瑜先生,都是为政治性的事件而害之。但也有很多可怜的朋友,却为的是非政治性事件而害之,那就更十分高竿。君看过京戏上的《宇宙锋》乎?赵高先生的女儿为了拒绝嫁给皇帝(该小姑娘一定有点神经不健全,现在的女孩子不要说嫁皇帝,一听说能去美国,连擦皮鞋的都嫁),老头大怒,训之迫之,她就病啦,害的是一种疯病,叫声:“爹爹,我的儿呀。”把赵老头叫得两眼冒火,婚事只好作罢。呜呼,装疯不但是一种最高级的政治病,而且是一种最高级的艺术,从前庞涓先生要想杀孙膑先生,把孙先生双脚砍断,糟蹋得不像样子,孙膑先生就靠一场政治病逃脱魔掌。他疯了之后,沿街乞讨,连国王都骂,庞涓先生还不相信,弄点狗屎送到他面前当米饭。孙膑先生怎会不知道那是狗屎,但他仍抓起来吃,而且还啧啧称香,用舌头猛舐嘴唇。有如此高深的造诣,庞涓先生怎能不死在他手里哉?

还有更纯属于私人的事件,而大害政治病的,东汉时公孙述先生看中了任永先生的漂亮妻子,乃半软半硬,勾搭成奸,还打算斩草除根,把任永先生杀掉。于是乎,任永先生忽然瞎啦,那是一种俗名“睁眼瞎”,外表和普通人一样,只是看不见东西。有一天,他眼睁睁地看他儿子掉到井里,都不得不假装看不见,后来公孙述先生伏诛,当天他的眼就啥都看得见。

7. 探病学

害病固然形形色色,探病也同样形形色色,一个人再穷再困,不幸大病临头,或住了医院,或请了病假在家里哼,总会有几位好心肠的亲戚朋友,前来探望。恐怕读者先生中每人都有探病的经历,父母住院,天天往看,急在心头;老板住院,时时往看,急在表面;朋友住院,间隔往看,也有各种情绪。夫一个能活到五十岁的人,无论如何,在探病方面,应该都属饱学之士。柏杨先生现在提出一个问题,台湾芸芸众生,你知道谁是权贵分子?你当然可以说知道,若某大人,提起来会叫人背皮发紧,但知名的权贵固多,不知名的权贵亦不少也,用不着东打听西打听,到处搜集情报,只要看一下飞机场和荣民医院,便虽不中不远矣。一个人到了某一种火候,犹如马不离槽,狗不离窝,他们也不离开那两个地方。飞机场不用说啦,送往迎来,心如火烧。荣民医院(想当年是台大医院,如今台大医院行情看跌),位在郊区,为各种病官集中之所。驱车前往,只要一趟,便可面面俱到,有一网打尽之效。在这两个地方常露面的人,即令不是正在当权的朋友,也是"热烘烘的太阳往上爬"的人物,或许还没有到炙手的程度,却是在那里慢慢地热,终有一天会大热而特热的焉。

故柏杨先生曰:"探病为升官之本。"文艺腔一点,可曰:"探病为热起来之本。"盖大官崽躺在床上,病态可掬,悠悠然而抬望眼,见各色人等罗列床前,不仅官心大悦。对更大的官,就扬言杀身以报。对较小的官,觉得"他这个人真不错,天天来尝黄龙汤,有机会得提拔提拔他"。于是乎如此这般,其妙无穷,不久之后,那位尝黄龙汤的朋友,登到台上,向可怜小民致训词,勉励小民礼仪廉耻,道德救国矣。一个不善于探病的家伙,能有此洪福乎?柏杨先生天生异禀,《圣人集》序言中曾有考证,柏杨先生之初生也:“狂风大作,天崩地裂,火山爆发,日月无光,麟龙并臻于庭,凤鸾群朝于堂,华亭鹤唳,蜀山猿鸣,灵霄荡荡,地府摇摇,极尽热闹之能事。”这就是说,我老人家跟任何一个历史上的大家伙相同,天生的要我管辖万民,骑到万民脖子上眼前欢而地头蛇。可是,为啥弄到今天仍苦兮兮爬不起来欤。根据哲学家的考察,我最吃亏的在于不会探病,记得一十年代,辫帅张勋先生,官拜长江巡阅使,柏杨先生翩翩少年,满腹经纶,经奉天道尹之介,前往晋谒,想不到张公病矣,我病榻拜见,曰:“大帅不要担心,肺炎虽重,仍有百分之一的机会不死,算不了绝症也。”我说的本是实话,谁知道探病却是不准说实话的,事后听说张大帅本预备畀我赈灾委员一职,叫我去世界各国考察,朗朗前程,被我自己葬送,现在一想起来,就自打嘴巴。那时如果能从赈灾委员渐渐热起来,今日早热成了头牌矣。年轻小子,能不提高警觉哉。

探病是一桩非同小可的大事,探得好探得妙,受用无穷;探得不好探得不妙,砸锅到底,还不如不探。清王朝末年,有两个大官焉,叫什么鸭头公狗头公,有名有姓,提笔却忘之矣,都很衰老。有一天,甲害了要命型的病,乙扶着手杖前往探视,甲看他摇摇欲坠,叹曰:“油尽灯枯,你我二人不知谁先走一步也。”乙当官当久啦,圆滑闪避,不负责任,早成了习惯,一听问谁先走,当答曰:“当然您先走,当然您先走。”把甲当时就气得半死,幸亏是两个老家伙,无可奈何,否则岂不是故意触霉头乎?

从这些形形色色的探病史上,可把探病客分为四大类型,一曰浑蛋型焉,一曰饿狼型焉,一曰圣崽型焉,一曰唱片型焉。像柏杨先生探望张大元帅,乙大官探望甲大官,所露的那一手,非存心和人过不去,而是一时鬼迷心窍,说话脱了常轨,属于浑蛋之型,虽然不是故意的,但既捅了马蜂窝,便是连自己都不能原谅自己也。还有一种情形,病人如果害的是腹膜炎,偏偏探病的家伙想当年也曾害过腹膜炎,节目就顿时可观,只看他脸上那种他乡遇故知的神色,就值回一张票价。他会一跳就跳到床前,大肆宣传他当年的英雄事迹,如何如何的绝望啦,如何如何的开膛破肚啦,如何如何的死里逃生啦,最后又提出许多警告。警告不要害怕啦,警告小心医生把剪刀留在肚里啦,其状好像为基督作见证的施洗约翰,叫人血压猛升。一次我的孙女右臂被开水烫了够(呜呼,现在小孩子真是淘气,不到两岁,就爬高爬低,若柏杨先生幼时,到了五岁还是非礼勿视,非礼勿动的,这样下去,怎不叫人着急?),一家大小轮流照顾,五小时后曾发一次高烧,恰巧一个朋友太太前来串门,一听说孩子遭了水烫,不由心花怒放,盖这一下子她可以满足她的发表欲啦,就一屁股坐下来,滔滔不绝地长篇大论。说她十岁时也烫过手臂,因为保养得好,连疤都没有留下,然后厉声曰:"你们老一辈有责任呀。"又说烫伤不比其他创伤,没有细菌,而是细胞和肌肉组织破坏,然后又厉声曰:"烫伤如果超过全身的三分之一,就非死不可,你们娃儿超过没有?"又说伤者千万不能发烧,一旦发烧,就是白血球死亡过多,就要完蛋,然后又厉声曰:"千万烧不得,千万烧不得,可怜一条小命,能生生烧死。"家人本来已经又怕又急,听了她一番致词,更觉前途茫茫,老妻和侄女马上流下四行眼泪,我把该广播肉台拉到街口,挥手曰:"白白。"她瞪大了眼,等到弄清楚原来是我赶她滚时,我已砰然一声,把门关住,让她空对电线杆自怨自艾好心不得好报也。

8. 恶　客

和浑蛋型探病客同样罪大恶极的,还有一种饿狼型探病客。普通情形之下,病人床头桌上,总有一点比较昂贵的食物,都是平时吃不起或平时舍不得吃,再不然就是特别富于营养的玩意儿。我们探望朋友病时,怎能花一块钱买两个馒头耶?即令含着眼泪当裤子,都得买点在我们眼中高不可攀的东西,像奶粉焉,像洋大人的罐头焉,像其他一想起来都要流口水的瓜瓜果果焉。盖一旦到了卧床不起,自然有权享受享受。柏杨先生有一叔父,家有良田千亩,可是他天生的节约救国,有一次大病来临,为了省钱,不肯请医吃药,到了后来,眼看就要断气,才叹曰:"我这一辈子没有吃过鸡蛋,死不瞑目。"家人一听,赶快去买了三个鸡蛋,堆在床头叫他瞧之,而且马上给他煎了两个。老人家大口吃下,觉得浑身毛细管都凉风习习,病竟霍然而愈。

一个人平时想吃很多东西,尤其中国同胞,几乎百分之九十肚子里都缺少油水,一天喝一杯牛奶吃一个蛋,便是神仙生活,大多数农民一辈子很难吃上一斤猪肉。苏东坡先生曾说过一个故事,有两个穷措大在一起聊天,说他们一旦中了爱国奖券,或中了马票,该怎么办?一人曰:"我要是发了财,吃了就睡,睡了就吃。"另一人曰:"胡说胡说,我要是发了财,吃了还吃,哪有工夫睡耶?"可见吃在小民生命中占有多么重要的地位。从前四世纪西晋王朝时,大官崽何曾先生一顿饭要花一万美金,可是他还皱着眉头发愁没地方下筷子,我们真算运气,没有交上这种朋友,否则他害起病来,真不知道要送他点啥也。好在何曾先生这样的人少之又少,而像柏杨先生这样的人触目皆是。于是无论害病探病,都和"吃"发生密不可分的关系。

中国人见面,每曰:"你吃啦没有?"西崽乃讥之曰:"只知道吃。"盖他忽略了小民缺少的是啥也。柏杨先生前些时因被贼老爷偷了东西,惜财心切,就感起冒来,病中啥都不想,就是想吃果子汁,呜呼,你知道果汁罐头多少钱?曰"十块钱",简直要人老命,平常不要说吃啦,便是想一想都觉得暴殄天物,罪过万分。可是既然政躬违和,老妻看我可怜,就买了两罐,后来有位朋友前来看望,也送了两罐,放在床头,只是看看,用不着下肚,便觉心里舒适。假使这时候有人学会了夷人之礼,送给我一束鲜花,你说扫兴不扫兴乎哉?管仲先生曰:"仓廪足而后知荣辱。"翻译成白话,就是:"油水足而后知赏花。"只关肚皮,而不关文明水平,西崽先生不可不知也。

人类真是一种稀奇的动物,在害病上更显得稀奇非凡,没有害病时,见了苹果就流口水,想起燕窝就浑身抽筋,认为有朝一日春雷动,一定要吃个天昏地暗。可是一旦真的病啦,或自己买焉,或朋友送焉,既有苹果,又有燕窝,却没有一点胃口。吃苹果如吃秕糠,吃燕窝如吃烂粉条,真是人生最大的缺点。我想,当初上帝造人时,如果特别开恩准许害病时有好胃口,那该多么妙哉?偏偏他老人家不动这种慈心,不但如此这般虐待,而且即令有些天纵英明,不同凡品的朋友,生病后胃液增多,这也能吃,那也能吃,医生也会斜刺里杀出,一脸正人君子之状,告诫他必须减食。我有一位同事,便有这样表演,他虽在重病之中,也食大如牛。有一次为了割痔疮,整整一个星期没吃一点东西,只喝点流质之类,以维持残生,以后一谈起来就咬牙切齿,大骂医生不是人。

柏杨先生引经据典,说了这么多,在指出一点,那就是病人床头,多多少少都堆着各式各样琳琅满目的食物,色香味三者兼备。病人有心无力,想吃吃不多,或者想吃吃不下,或者根本不想吃,而家人则不忍吃焉。于是乎,饿狼型的探病客遂有了福啦,该型朋友,眼睛特别锐敏,嗅觉也特别灵光,进得门来,如果病人床头不幸而没有放点玩意儿,他就像刚被奸夫照背上砍了一刀,精神恍惚,言语乏味,认为他来这一趟算倒了八辈子的霉,然后魂不守舍地谈了两句,抹头就走。可是一旦发觉床头堆着仙果异味,情况遂急剧变化,他坐将下来,就好像坐到万能胶上,其牢无比,打都打不走;一面安慰病人,一面虎视眈眈地向该项仙果异味猛瞧,一直瞧得病人头昏脑涨,结巴曰:"老哥,请尝一尝。"他会立刻用一种唯恐不被说服的声调抗声拒绝。病人只有再加恭请,他就不得不听命矣,盖如果再拒,岂不太不知趣乎?乃很谦虚地拿起一个,放到自己尊口之中,从此努力不懈,贯彻始终。

假如该病人没啥学问,一直看不出该探病客猛瞧的表情,或者以小人之心,度君子之腹,以为那是病人的食物,不宜乱请别人下肚,如此这般,硬不开口,那才叫逼上梁山也。上面说的那一位割痔疮的朋友住医院时,他在台湾无亲无戚,便由一班老朋友轮班陪伴。有一个星期天,是柏杨先生的班,买了两筒果汁罐头,刚刚坐定,还没来得及擦汗,一个家伙已活蹦乱跳地闯进来,一进门就向病人喊曰:“啊呀,你气色好得多啦!”

9. 精神训话

其实一个几天不吃饭的人,气色怎么能好乎哉?然而那家伙不管这些,寒暄了若干句之后,他的尊眼就在我刚带来的果汁罐头上打转,好像色狼遇到了胸脯奇大的美丽动物,气势咄咄逼人。他瞧了半天,单刀直入曰:“柏老,是你带的礼物呀。”我曰:“是的。”他曰:“你看,我来时匆匆,竟没有来得及买点东西,你带的是啥呀?”我曰:“果汁罐头。”他曰:“你说啥?果汁罐头?奇谈奇谈,来来来,我参观参观。”不由分说,拿了一罐在手,左看右看,又举到鼻子上猛嗅,大惊曰:“好香好香,还是第一次开眼界,我真巴不得也害一场大病,砍杀尔都干,只要能吃吃果汁罐头,否则死不瞑目也。”病朋友则要张口说话,我以手暗暗推他,该家伙看竟没人响应他伟大的号召,乃狞笑曰:“也罢,让我先尝一口看。”我曰:“医院里哪有罐头刀,没法开呀。”该家伙曰:“我有,我有。”说着说着,从腰里掏将出来,咦,除了罐头刀,还有开瓶盖拔瓶塞的玩意儿,以及能伸能缩的其他各种武器,这种经过严格训练的重装备机械化部队,自战无不胜,攻无不克也。

打开罐头之后,分倒了三杯,先送一杯给病朋友曰:“你先请。”又送一杯给我曰:“不要客气。”自己一饮而尽,然后捶胸打跌曰:“他妈的,喝得太快,啥味都没品出,再来一点点。”接着又开一罐,这一罐吃了之后，桌上已空空如也，我刚安下心来，他又说啦："这两个空罐放到哪里呀？"我曰："就放到床下。"他曰："不行不行，那成什么样子，等我放到小柜里。"我急曰："没有关系。"可是说时迟，那时快，只听哗啦一声，柜门已被拉开，里面放着的食物滚滚而出。该家伙大喜若狂曰："哎呀，还有荔枝哩，今年刚上市的呀，市上要卖二十块钱一斤，少一块钱都不卖。我平生最喜欢吃荔枝，一天至少也得十斤，你在啥地方买的呀，告诉我，我也去买。"病人嗫嚅曰："请先尝尝。"他曰："当然当然，你就是不让我，我也要吃的，来，你也来一个。"病人曰："我只能吃流质的东西。"他又对柏杨先生曰："别呆着呀，也吃呀。"我曰："我看见你就饱。"他曰："那么我就不客气啦。"

二十分钟后，地上堆满了罐头皮、荔枝皮、苹果皮、香蕉皮、糖果纸、花生壳、面包屑等等，吃过之后，该家伙扬长而去，发誓明天再来。柏杨先生看着他英俊的背影，不禁两眼发黑。呜呼，我建议每个病人都应雇一个强悍的保镖，遇到饿狼型的探病客，就连推带踢，赶出大门，如果雇不起保镖，则法律应准许在该家伙茶杯里放点巴拉松什么的，否则实在不能消心头之恨。

病人遇到了饿狼型的探病客，自然倒定了霉，便是遇到了圣崽型的探病客，也得血压高升。前些时一位中年朋友，因喝酒过多，正上楼梯时，忽然昏厥在地，抬到医院用氧气罩救命，幸亏没有弄成脑充血，否则半身不遂，岂不殆乎。我闻讯前往探望，进得门来，见他那种躺在床上奇异之状，气就大啦，不管有没有别人在侧，就精神训话曰："老弟，不能再喝啦，再喝就要喝掉老命啦。从前子天乙先生最讨厌的就是旨酒，书不云乎'禹恶旨酒'，旨酒是啥？白兰地、威士忌，以及日本的白菊、俄国的伏特加均属之。盖喝酒喝得太多，血管硬化，心脏中毒，你死啦不打紧，丢下一家大小，依靠何人？我早劝过你无数次矣，你偏不听，今天如何？而且酒精之毒，可以遗传，你说啥，不能遗传？我说的是一种崭新学说，你不知也，美国哈佛大学杰克里斯博士有一篇专文，发表在1953年《大西洋学报》八卷七期。在他一连串调查和试验中，发现有百分之九点三的遗传率，那就是说，说不定你女儿是烂鼻头，你儿子血管一分钟跳九十次。而且对你的工作也有妨碍，上次派你去美国道德重整，打听出来你酗酒，认为你孺子不可教也。结果去美国的年轻人，女的嫁了个光，男的都带点私货回来，你能不懊悔乎？其实酒有啥可喝的，烈的伤喉，不烈的伤胃，看我，哼，你最好别喝，真到不得已时，喝点白开水还不一样。一个人最怕没志气，如果能立志，啥都不怕，愚公连山都移得动，何况一个酒瓶乎？……”如此这般，把病人固然训得乱点其头，就是在一旁伺候他的亲友，听了我所发表的言论集，也无不跟着乱点其头。坐了一会，告辞出来，找了一个小酒店喝了几杯高粱，心头不禁大乐，除了不知道杰克里斯博士是谁外，其他均甚满意，盖我不得不弄一个洋大人和弄几个英语发音唬他一唬，这年头说话不夹英文，他能口服心服乎？

鸣呼，一个人一旦成为圣崽，身份有关，便无往而不圣崽。从前有某先生，道貌岸然，走必方步，既像孔孟学会的理事，又像朝圣团的团员。可是有那么一天，走到半路，天忽然下了大雨，前面却横着一条小溪，如果绕道小桥，衣服鞋袜便全都报销矣。在精神和物质孰重的比较下，当然物质要紧，左看右看，四周无人，此时不跳，更待何时。乃撩袍端带，纵身一跳，刚刚跳过，只听噗嗤一笑，糟啦糟啦，竟被一个他妈的放牛的小子看见。该道貌岸然情急智生，乃掏出一个铜板，贿赂该小子不要开腔。想不到一个放牛小子，穷得一清二白，忽然有了一个铜板，怎不使人惊讶，大伙那么一盘问，事情终于传了开来。这故事说明一种现象，凡为圣崽，总瞧别人不顺眼，无时无刻不想训人，虽在荒野跳沟，但在大街上仍走其严重方步也。遇到害病的朋友，乃是致训良机，怎能忍得住哉？病人如果是一个平凡的小民，挨一顿训，还有新鲜之感。如果他是一个公教人员，挨训惯啦，虽害病也摆不掉，他会发现训的伟大，说不定当晚就把三天份的安眠药一次吃下，以脱苦海也。

10. 千篇一律

最后一种探病客，属于唱片型。探病的举动本来充满了人情味，无论是哪一型的朋友，病人对他都会油然而生感激之情。当然也嫌探病的太多，十分厌烦的，不过普通情形下，探病的越多，越显出交游的广阔和人情的温暖。只有唱片型的探病客，使人有一种冬天喝冷水的感觉，你说没有水喝乎？不但有水，而且硬是喝到肚子里；问题是喝虽喝到肚子里，却凉凉的焉，冰冰的焉，那股滋味和普通热茶热咖啡不一样。大体上说，病人或病人的家属，对唱片型驾临探病，如果有什么感想的话，恐怕是感激的成分少，而炫耀的成分多。

啥是唱片型乎？贵阁下一定记得1941年川陕公路上一辆工程车的惨剧。受伤的十一位工程师，一个个头破血流，背断腰折，住在成都医院。柏杨先生有一位朋友，也是该一群倒霉分子之一。有一天我去看他，屁股还没有坐定，忽听走廊上由远及近，传来一阵稀里哗啦的脚步声，一个人用大嗓门在讲话，其他人讲得却又轻又低，好像月下谈情。我一听就知道那个粗嗓门的朋友一定是一个颇大的官崽，果然，眨眼之间，一群已到门前，先有一个像刚挨过皮鞭的家伙，一跃而入，喝曰："臧先生，啥长来看你啦。"于是又一阵稀里哗啦，所有能站起来的统统站了起来，而且作恭敬欣喜之状。病人更是挣扎着仰头要爬，该颇大的官崽当然知道被他探病的人有啥反应，人未进门，就嚷曰："不要动，不要动。"病人曰："劳啥长亲自来看，怎么敢当呀。"啥长曰："臧同志，有什么不舒服吧，我看你的气色比受伤前还要好一点哩，啊嗨，伤势怎样？"病人乃口述他的伤势一遍。啥长曰："你要多多休养，多多休养，没钱用时只管到会计室拿。对啦，这是你太太？好好；这是你父亲母亲？好好；有什么问题只管找我，好好。”言毕点头，脸上露出无可置疑诚恳而恍惚的微笑，在前呼后拥中扬长而去。

柏杨先生为好奇心驱使，就跟在他的屁股之后，瞧瞧他对别的受伤工程师说了些啥。别看他热情如火，不过是唱片在唱，见一个人唱一遍，病人干啥叫啥，都木宰羊也。进第二个门时，他也先嚷曰：“不要动，不要动。”我从人缝往里觑，那家伙连眼珠都快不能转啦，还动啥动乎，可是唱片不管那一套，还是照唱不误，曰：“王同志，有什么不舒服吧，我看你的气色比受伤前还好一点哩，啊嗨，伤势怎样？”病人既不能张口，乃由病人的眷属叙述一遍，该啥长曰：“你要多多休养，多多休养，没钱用时只管到会计室拿。对啦，这是你太太？好好；这是你父亲母亲？好好；有什么问题只管找我，好好。”言毕点头，脸上露出无可置疑诚恳而恍惚的微笑。

结果到了后来，又跨进一间病房，啥长远远就嚷曰：“不要动，不要动。”但那蒙头大睡的家伙仍在被子里努力挣扎，我正要疑心有点不对劲，啥长的唱片又唱起来曰：“赵同志，有什么不舒服吧，我看你的气色比受伤前还好一点哩，啊嗨，伤势怎样？”这时被子里发出一种声音，像是在报告病况，啥长一瞧，该病人竟如此地没有礼貌，心中颇有点生气，但生气虽是生气，唱片还是要唱的，他仍唱曰：“要多多休养，多多休养，没钱用时，只管到会计室去拿，对了，这是你太太？好……”说到这里，忽然停住，大概觉得病房里空空如也，没有啥太太，更没有啥母亲，乃急忙点头，脸上正要向外露出无可置疑诚恳而恍惚的微笑，只听得床上一阵吱吱乱叫，不知道哪个该死的家伙，存心捣该颇大官崽之蛋，弄了一条狗，绑住四脚，塞在毛毯之下，竟适时挣扎开来，一跃而出。当时啥长脸上的表情，真可列为世界上十大风景之一，那位专门事先一跃而入的朋友，把唱片领入绝地，恐怕多少有点被另请高就的危险。

等我悄悄撤退，回到朋友房间，朋友的太太正向后来的探病客猛吹哩，“刚才啥长亲自来看过呀，啥长说用钱没有问题，用多少拿多少，还说他的气色比从前好得多啦。我们这位呆子，除了傻笑，连句客气的话都不会说。啥长对他真关心,吩咐他一定要多多休养,又请我们老太太的安,在床头坐了很久,叫我们有问题去找他。”该太太倒不是长舌之妇,说话并不太过分离谱,但对啥长的莅临,却感到莫大兴奋,这是唱片型的探病客主要目的之一,可斑斑查考者也。

我说这故事不是肯定凡大官看小官一定都是唱片型,也有些大官确实对部下十分亲切和十分关心的,柏杨先生眼见耳闻,至少有一打以上可作例证。而是说,一个对病人并没有深刻感情,或为了前途,或为了虚应故事,或为了息事宁人,或为了做给别人看看,见了躺在床上的家伙,不说几句话吧,前来干啥?说几句话吧,又说些啥?唱片那一套自然出笼。从前有句俗话,曰“猫哭耗子”——假慈悲,唱片则是“老牛探病羊”,姑且同情者也。呜呼,老牛和山羊没有一样相似,个子焉,眼睛焉,耳朵焉,角蹄焉,胡子焉,叫的声音焉,血统种族焉,一律各是各的,不幸山羊害病,老牛前去看望,不过都是长毛之故;仅靠长毛一致,那份感情,薄矣弱矣。那种探病,如果老牛是财势双绝的家伙,山羊尚可自娱。如果老牛只是临时凑角前往医院,唱上两句,那不过是官式到家而已焉。

11. 有答复的义务

害病是人生最大一件苦事,其严重跟被三作牌修理相埒,前面不是已言过乎?诸葛亮先生在手上写了一个字,曰“病”,便把张飞先生吓得往外冒汗。如果他写的不是病,而是“修理”,张飞先生可能也受不住。病真是人类第一大敌,活蹦乱跳的一个人,一旦害上了病,便一切都别提啦。再漂亮的美人儿,害上了砍杀尔,躺床三年,不死也不成人形矣;再了不起的英雄豪杰,来一个脑充血,成了白痴,不死还不如死了倒好矣。便是最高级的享受型的病,三天五天固趣味无穷，一旦三月五月，三年五年下去，臭皮囊成了活药罐，活着便没意思。

病的本身固苦不堪言。就是病的附件，也同样的苦不堪言。那就是，如果你幸而在生病时有朋友前来探望，你有一一答复他们询问的义务，这种义务有时能把人气得大口吐血。若干年前，我在啥局当差，有一次跟一位同事去探望垂死的顶头上司，进得门来，鞠躬如仪之后，同事开腔啦，他曰："请问局长，您的背痛乎？"局长在床上答曰："也可以说是腰痛，腰部最不舒服。"同事曰："会不会是脊椎骨有毛病？"局长答曰："已照过爱克斯光，看不出什么异样。"同事曰："我有一个叔叔，也是背痛腰痛，请遍了名医，都检查不出来病因。后来他的一位亲戚介绍了一个医生，只给他服了一服药就好啦，不过不知道开始发生时跟您老一样不一样，局长能不能说给我听听？"局长这时已很疲惫，但仍强打精神曰："去年我在墨尔本开会时，大概房子里冷气太重，本来就有点想吐，轮到我发言，一不小心，腰部碰到桌角。当时并不觉得怎么样，过后碰到那个地方疼痛不止，而且逐渐扩大到全身。"我以肘暗暗地捣该同事，榻前的人也以眼色制止，他却不理，继续曰："啊呀，局长，我叔叔也是由于一碰而起的，他碰的不是桌角，而是马车辕杆。要知道我叔叔是赶马车的，力大如牛，那一次不知道怎么搞的，套车时没有套好，让辕杆撞了一下。最初啥现象都没有，过了一两天，渐渐显出一块黑斑，对不对？"局长衰弱地点头曰："对，对。"我再用手拉该同事，他仍挣扎曰："那么，您老吃了些啥药呀，我好回去请教那医生。"此时局长已上气不接下气，但仍答曰："在澳洲曾注射了两针，名字记不得矣，回国之后……"家人在旁插嘴曰："二位请到外面坐坐，局长要休息啦。"我已站了起来，该同事却动也不动，笃定泰山，推开我的手，继续问曰："您老人家病发时是否晚上要比白天厉害，不但背痛腰痛，心窝也会觉得有一种酸酸的难过？"局长奄奄一息曰："啊，啊。"

大家几乎是拳打脚踢，才把该同事弄出医院。我埋怨曰："老哥，你这算哪门子主意，说个没完，不知道病人该休息乎？"他曰："你懂个啥？老家伙平常架子奇大，向他磕头他都待理不理，趁他有病，不伤他点元气，更待何时？”

该同事乃属于浑蛋型的探病客，幸亏这种探病客为数极少，否则一个人害病之后，仇敌云集，用不着拿刀拿枪，也用不着把巴拉松悄悄放到他碗里，只要每人向他寒暄几句，听一遍他的病情报告，他就非入地狱不可。其实，用不着仇敌云集，仅只至亲好友们，一连串探问，也会招架不住。而一些探病的亲友，似乎心里总存着一种观念，认为询问得越详细，越表示他的恩重如山，如果他不从头问到尾，不从十年前害了那一场伤寒的远因，一直问到眼前瓶子里装的是啥药，就好像没有达成神圣任务，连死都不瞑目也。于是病人遂遭了殃兼倒了霉，前面说的那位同事不过是九牛中的一毛，你想九牛该有多少毛乎？张三先生来啦，问曰：“你看，真想不到，你啥时候觉得肚子痛呀？”答曰：“上月二十五日那天，天特别热，多喝了一点冰水，胃里就像结成一块。”张三先生曰：“你当时就应该请医生看看才对呀。”答曰：“谁晓得竟会是胃疮。”张三先生曰：“现在检查出来是啥病呀？”答曰：“刚才不是说过，胃壁生疮乎！”张三先生作大惊状，以手拍腿曰：“啊呀，你现在吃啥药？”答曰：“只少量特效药，可能要开刀。”张三先生欣然曰：“开刀好，开刀好，开刀一劳永逸。何时开刀乎？”答曰：“大概下星期三。”

好容易张三先生告辞，李四先生来啦，问曰：“你看，真想不到，你啥时候觉得肚子痛呀？”答曰：“上月二十五日那天，天特别热，多喝了一点冰水，胃里就像结成一块。”李四先生曰：“你当时就应该请医生看看才对呀。”答曰：“谁晓得竟会是胃疮。”李四先生曰：“现在检查出来是啥病呀？”答曰：“刚才不是说过，胃壁生疮乎？”李四先生作大惊状，以手拍腿曰：“啊呀，你现在吃些啥药？”答曰：“只少量特效药，可能要开刀。”李四先生欣然曰：“开刀好，开刀好，开刀一劳永逸，何时开刀乎？”答曰：“大概下星期三。”

好容易李四先生告辞，而王五先生又来矣，一问一答，完全如仪。等一会赵六先生驾临，一问一答，依然老套，听者没有多大用处，言者不回答吧，岂非不通人性；回答吧，初则还有点兴趣，十遍以上，连自己都恨不得嚼舌而死。柏杨先生积七十年隆重经验，深知治问之法，在根本解决，于是我乃发明了一种新式玩意儿，该新式玩意儿说穿了不过是一份“病情说明书”。把病人的情况，包括它的远因和发现经过，以及治疗经过，最好还写出病人的心理状态，洋洋洒洒，凡数万言或数十万数百万言，遇有亲友来访，就给他一份，请他先坐到墙角，仔细拜读。或者由病人焉，或者由病人的亲友焉，来一个包罗万象的录音说明，最好连同病人哼哼之声，付医药费数钞票之声，以及医生护士的吆喝之声，一并录制。遇到多嘴朋友光临榻畔，就放给他听之。真是保持元气，祛病延年的良法。全体病胞，盍兴乎来。

12. 医生分类

病人有各形各色，探病客也有各形各色，而医生更同样的有各形各色。呜呼，医生的分类多矣，有大医生焉，有小医生焉，有不大不小的医生焉；有老医生焉，有嫩医生焉，有不老不嫩的医生焉；有有胡子的医生焉，有没有胡子的医生焉，有似有似无胡子的医生焉；有谋财害命的医生焉，有谋财不害命的医生焉，有既不谋财也不害命的医生焉；有留过洋的医生焉，有本地造的医生焉，有不洋不土的医生焉；有中式医生焉，有西式医生焉，有中西合璧既打针又煎药的医生焉。族类繁多，不及备载。柏杨先生学贯中西，道冠古今，经过仔细研究，觉得上述的分法还不能包括万象，盖可以分为四大类焉，第一类曰良医，第二类曰庸医，第三类曰恶医，第四类曰狗头医，这种分法不但艺术，而且科学，只有大学问家才能察出其中奥妙。

从前周勃先生被捕下狱，告人曰：“我曾率领过百万大军，哪里知道狱吏竟这般威严。"司马迁先生在监狱里也是一样,看见狱吏的脸就发抖,听见狱吏的脚步声就流汗。祖宗既如此表现在先,到了现在,凡是握有修理大权的朋友,其严重性自然更变本加厉。我们平常过日子,上学的上学,上班的上班,上工的上工,其他时间看看报,看看电影,摆摆龙门阵,自然不觉得狱吏可畏,可是一旦犯到他手,那就是说,一旦像一条可怜的小鱼落到铁丝网里,只有挨打受气的义务,没有哭爹叫娘的权利,怎么能不屁尿直流乎?不过主要的关键是落不落到他们之手,有些人一生都没有受过修理,真是福气冲天,使人羡慕。而和狱吏有同样威严的,还有一种动物,那就是医生老爷,其情况跟狱吏固无啥特别差异。我们平常健健康康,快快乐乐过日子,视医生蔑如也,他向我问路我都不理,一高兴甚至告诉相反的方向,让他训练训练腿力。可是一旦疾病来临,就也像一条可怜的小鱼,落到医生铁丝网里,只有哀哀求告,任凭他摆布矣。

世界上最有权威的人士,一是狱吏,一是医生。看起来狱吏们手握钢鞭(现在新式的修理武器更多啦),凶猛狞恶。却不知道医生更要精彩,动物中假使有笑面虎的话,医生诚是典型的笑面虎。狱吏打你揍你,不管表面如何,心里固把他恨死,而对医生老爷便不然矣,君如不信,驾临医院,参观一下便知,在医生无情无义的修理下,有的割去了耳朵,有的挖去了双目,有的剁掉了一条腿,有的则砍掉了两只手,至于开膛破肚,血流成河,更属稀松平常。可是被修理的朋友,不但不怒气冲天,向法院按铃申告,反而欢天喜地,充满了感谢之情。

君留意了没有,人类最可爱最动人的,有五种脸焉,一是男子求婚,望着女孩子答复时那副急脸。一是结婚之后,少妇们望着她心爱丈夫时那副娇脸。一是父母对甜睡中或怀抱中的婴儿,端详时那种柔脸。一是当女儿的想买件新衣服,望着父母时那副憨脸。另外则是害病朋友望着医生老爷时那副小心的脸。真是集"敬"和"慕"的大成,当望到紧张的时候,脸上每一个细胞都会发出呐喊。

其实,世界上最最驯服,最最美丽的脸,只有和医生面面相对时病人的脸,全部温柔敦厚,戒慎恐惧。有些人说,医生都是铁石心肠,大概原因在此。那些脸如果叫我们看啦,真不忍心说出啥伤感情的话,更别谈动刀动剪的大加修理矣。可是医生老爷不管那一套,任凭你怎么巴结他,甚至也接受了你的红包,该触你霉头还是照触不误。病人对之竟也无可奈何,悉凭他尊意蹂躏,叫你伸舌头就得伸舌头,叫你脱衣服就得脱衣服,叫你吃苦水就得吃苦水,叫你割掉半截肠子就得割掉半截肠子,不但毫无招架之力,连讨价还价的余地都没有也。

医生的重要,病人知道得最为深切,莎士比亚先生曰:"讨老婆和上绞架都是命中注定的。"其实,岂止讨老婆和上绞架已焉,一个病人遇到的是啥医生,也是命中注定的。我们固然可以选择我们的医生,不过因为隔行如隔山之故,选择的范围不可能太广。而且现代化的医院,医生采取的是轮班制,好像法官审案一样,一切凭天。遇到好心肠的法官,察情入微,悲天悯人,可能笔下超生。遇见拆烂污的法官,邪劲大发,自然所向披靡,打官司的朋友只有认命的份儿。害病投医时,幸而祖宗有德,遇到良医,当然美不可言。否则的话,一旦成了倒霉分子,遇到的或是庸医焉,或是恶医焉,或是狗头医焉,那真是冤有头,债有主。李清照女士词云:"寻寻觅觅,冷冷清清,凄凄惨惨戚戚。乍死还活的时候,最难将息。三瓶两瓶苦水,怎敌他要钱心急。"一个人命中注定要受庸医宰割,他就是走到天涯海角,都会遇上。遇上还不说,而且还会被整得焦头烂额,轻者破财尚可消灾,重者破财还消不了灾。为啥破财还消不了灾乎?恶医手段高明,故意叫你不能消之。庸医手段有限,用尽浑身解数仍木法度,狗头医则心眼过多,不使灾情变得更大更重,已经算很够朋友啦。

哪一个庸医不愿意药到病除?而偏偏药到病不除,是挟泰山以超北海,非不为也,是不能也,他比病人还要伤心。别看有些医生穿着雪白衣服,戴着金边眼镜,好像萨孟武先生所赞扬的南朝士大夫,学问之大,不可开交。可是不下手则已,一下手准出毛病。前天看报,有位太太控告马偕医院,原来该院某医生为她接生时,把孩子的腿都接断啦,打官司的结果如何,我们不知道,看情形很难动该医生老爷的一根毫毛。即令该医生受到了公平裁判,受到了法律制裁,孩子终身残废,也成为定局。当他将来长大成人,一跛一跛,踯躅人世,受尽社会排斥歧视,他会想到马偕医院那位医生对他伟大的贡献,说不定抽刀而往。呜呼,该太太天堂有路她不走,硬是一头栽到一个庸医手里,你说是命耶?不是命耶?

13. 历代古医

中国最好的医生,在历史上有文献可征的,最早有扁鹊先生,有许智藏先生。其次依着时代,有华佗先生,有耶律敌鲁先生,有叶天士先生。他们为人治病,不但是科学的,也是神学的,无论啥疑难杂症,到他们手里,乱七八糟地一搞,就能把病搞得无影无踪,你虽想不佩服不可得也。据说扁鹊先生治病,既不敲胸脯,也不量体温,甚至连啥地方不舒服都不问,只要瞪眼一观,就知道对方要糟。有一天,他看见秦武王嬴荡先生,惊曰:"你的病在耳之前,目之下,要治快治,迟则来不及矣。"嬴荡先生听啦,大为冒火。又有一天,他看见蔡桓公田齐先生,又惊曰:"你的病在骨髓,如果不马上就治,便不能治矣。"蔡桓公田齐先生听啦,也大为冒火。盖两位国王一想,敝玉体结实得连炮弹都穿不透,何来病哉?你这庸医财迷心窍,想钱想发了疯吧。于是乎他们都病发而死。夫扁鹊先生不但是良医,因他能不用诊断就看出潜伏着的病,简直是神医也。

不要说上述的几位知名之士,他们的轶事收集起来,可装满一火车。就是不太知名的朋友,差不多也是良医兼神医的焉。书上说,战国时代,齐王国的国王有病,派人去请当时的名医吕览挚先生。吕先生观察了一番,回来对齐太子曰:"国王的病不能痊愈矣,一定要痊愈的话,非把我杀掉才行,我死,他才有救,你说怎么办乎?"国王再派人请他，他答应马上就去，可是三次都故意不去，把国王气得大发雷霆。最后他终于被捉了去，可是他到了王宫，脱了鞋子，上了榻榻米，拿起国王的衣服就擦他的臭脚丫。然后鼻孔朝天，做伟大状。心不在焉地问曰："你的病如何了呀？"国王这时已气昏过去矣，张口结舌，说不出话。吕览挚先生乃曰："怎么，你的架子不小呀，没有关系，再见再见。"国王这时悠悠转醒，听了他的言论，简直要爆炸，乃下令烹之。烹之者，战国时候最流行的一种修理之术。就是煮一大锅滚油，然后把活人扔进去也（这种绝妙的修理之术，现已成为绝响，真是惜哉惜哉，真应该考虑恢复，如果预算不够买油，煮锅滚开水，以示节约，也可以也），等到把吕先生烹死，国王怒消，六气贯通，大病霍然而愈。

历史书上这种精彩的仁心医术多矣。吕览挚先生医德之高，恐怕还是有史以来第一人。柏杨先生不是希望所有的医生都杀身治病，而是说，这种崇高的气质，应该赞誉。这种"病人第一"的精神，千载以下，犹有光辉。我们现在的医生又如何之哉？少一块钱挂号费，他都不理你；你多问他两句话，他就疑神疑鬼，真是不可同日而语。大概工商业越发达，良医越少，因为他只要有钱在报上登广告就行啦，不需要口碑也。洋大人之国，一向严禁医药广告，大概和培养医德有关，然乎？不然乎？

庸者，窝囊也。医生所以"窝囊"，大概和他的灵性有关。大家都是同一个老师教出来的，或是大家都是同一个医学堂毕业的，有的手艺非常高明，有的却使人大摇其头。你说他不用功乎，他日夜都埋头在书本里。你说他成绩不好乎？他每学期都是前三名。其故安在哉？好像一个作家，有的写出很有价值的作品，有的虽大力捧之，创作出来的东西却难以入目。盖一个糨糊脑筋的家伙，当作家固然是三流作家，当医生也一定是标准庸医也。

世界上最多的一种动物，恐怕要算庸医啦。他的思想纹路或者有点短，或者有点紊乱，反正有异于常人，而不同凡品。据说有这么一位打狗脱张——张医生，成名史是这样的焉。他的父亲害了一种绝症，咽喉里有一个什么东西堵着，硬是吃不下饭。该绝症乡下人谓之“噎死病”，洋医生谓之“喉头癌”“食道癌”。不要说想当年，就是现在医学昌明，也木法度，只有活活饿死一途。该张医生(那时还不是医生哩)自然痛不欲生，遍求名医名方，仍无法挽救，老头终于一命归天，停尸在床。张医生悲痛之余，立志研究该病的病因，以便济世救人。乃拿出儒家学派那种格物致知的精神，守在尸首旁边，目不转睛地注视着咽喉，格起物来。如此这般，格到半夜，只见老头口中爬出一条毛虫。呜呼，那毛虫是真的从老头口中爬出来的欤？抑或从天花板掉到口角上的欤？只有留待考古学家去考查，我们不便发表意见。而那张医生一见那条毛虫，大喜曰：“我知之矣，我知之矣，原来是它作怪，我不妨研究一种药水，只要能够把它杀死，这种病岂不就好了乎哉？”于是在桌上摆了很多药水，把该毛虫一一放到里面，都没有反应。一直到了最后，放到一瓶砒霜水里，该毛虫立刻化为一杯清汁。张医生又大喜曰：“我知之矣，我知之矣，这种怪病太容易治啦。”当下就在门口亮出招牌，写曰：“完全科学手法，专治噎死病。”并有小注曰：“噎死病者，即咽喉食道砍杀尔也。”

于是乎有一天，有一位大官登门求教，张医生有扁鹊先生之风，瞪眼一望，便曰：“包治包治，纹银千两。”大官曰：“纹银千两买一条命，并不算贵，问题是，你用的啥药？”张医生曰：“简单得很，你回家之后，弄半斤砒霜，调和清水，一服就愈。”大官吓了一跳曰：“半斤砒霜下肚，连肠子都蚀不见啦。”张医生曰：“你懂得啥，我自有科学根据，而且经过科学化验。我堂堂名医，祖传治癌秘方，岂能拿病人生命开玩笑？”大官看他嘴硬(注意，凡是庸医的嘴和恶医的嘴，铁定的都硬)，也就半疑半信，乃曰：“你的大名，当然妇孺皆知，可是人命关天，你敢立军令状耶？”张医生曰：“啥状我都敢立。”军令状上说，如果病好，致送纹银加倍；如果医死，张医生愿以老命相抵。大官一瞧，好家伙，如此结实，当然可靠，回到家中，把半斤砒霜一次吞下，好啦，这一下子热闹啦。

14. 庸 医

该大官既吃下了半斤砒霜，当然应主宠召。想当年王法如炉，比不得现在，打什么官司都说不准，张医生既然和该大官订下军令之状，只有抵命一途。如此这般，该张医生锒铛入狱，判处死刑。现在处决人犯，都是小本生意的干法，零星出手，判决一个，枪毙一个。而从前则是判决归判决，执行归执行，把死囚集中在一起，等到秋天，一齐提出监狱，集体处决。于是，到了那一天，张医生杂在其他江洋大盗中间，绳捆索绑。到了法场，远远望去，清一色蓬头垢面，分不清谁是医生，谁是江洋大盗。那时用的是绞刑，囚犯一排跪下，由刽子手一个一个绞之。呜呼，君看过绞刑乎？绳子在脖子上一勒，腹中的气吐不出去，肚子乃像街头卖一块钱一个的氢气球一样，努力膨胀。刽子手一个一个绞下去，肚子也一个一个膨胀起来。而可敬的张医生，恰恰排到最后，亲眼目睹该项奇景。他是个格物致知之人，不禁大惊曰："怪啦，怎么一勒脖子，就会害起鼓胀病也。"眼看就要绞到他的尊脖，忽然法场外炮声连天，读者先生请不要乱猜，以为是谁劫法场来啦，乃是皇帝老爷下了圣旨，取消绞刑，凡是处决犯人，一律改为斩首。

监刑官奉到这个命令，自然照办不误。绞死的囚犯虽然死啦，仍不能保持全尸，刽子手乃又一一斩之。读者先生可想象得到，一刀下去，憋在肚子里的那股气，呼的一声就从脖子喷出来，肚皮自然扁了下去。该张医生在一旁看见，更是大惊，而且恍然大悟。等到刽子手要斩他时，他哀告曰："请暂缓一刻，我有一科学奇方，容我写下，以传后世。"监刑官一听，这人不错呀，乃予以纸笔，张医生乃写曰："张氏科学特效药，杀头可治鼓胀之疾。"

呜呼，张医生这种食而不化的气质，和不求深入了解的悟性，能把人气得死而复苏。有一天,一位在台北某大医院当医生的朋友来访,年约六十,干医生已三十年有余。我们天南地北地瞎扯,恰巧一个朋友的孙女出麻疹,前来讨教。我脱口曰:“叫她每天服一点氯霉素为宜。”医生瞪眼曰:“氯霉素是啥?”我曰:“可防止随高烧而来的肺炎之类的并发症,不过要请医生处方才好。哎呀,你就是医生呀。”他当时就直摇头,询问之下,他不但不知道有这个霉素那个霉素,连这个“训”那个“训”也不知道。他最新的知识是盘尼西林,盘尼西林之后,啥都木宰羊也。我曰:“然则你每天看病,怎么看法乎?”他曰:“我用的都是二十年前老药。”我曰:“有些已落伍啦,有些已失效啦。”他曰:“谁说的?”我曰:“为啥不订份医药杂志?”他曰:“每天除了看病,就是打牌,哪有时间看书看杂志?”投医投到他手里的病人有了祸啦,该医生要不是我的朋友,我拼着吃官司也要揍他一顿,以救天下苍生。

庸医一辈子都是庸医,有些事说起来好像是笑话,实际上千真万确。医生们常在开膛破肚的大手术时,把剪刀纱布之类的东西忘到病人身体里。前几年,台北就有一件大打官司的奇事,一个妇人在手术后一直卧床不起,而终于死去。过了若干年,因为迁葬关系,在骨架里赫然发现一把剪刀,真叫人叹为观止。至于胡乱诊断的医生,更比比皆是。一个糊涂蛋家伙,一旦穿上白衣服,戴上眼镜,简直俨然权威分子,想动刀就动刀,想动剪就动剪,不由病人分说,全凭兴之所至。在纽约大街上,有一个人忽然晕倒,救护车把他送到医院。医生一看就知道他患的是急性盲肠炎,于是一阵大乱之后,把他推到手术室,宽衣解带,就要大兴干戈,却在腰带上赫然发现一块小木牌,木牌上写曰:“敬告医生老爷,我有一种昏眩病,不要理我,过两小时会自然苏醒,千万别当作急性盲肠炎,我已开了七次刀,再不能开啦。”

不由分说是铸成大错的原因,越是庸医恶医狗头医,越是怕病人发问,认为发问是一种怀疑的表现,有损他的尊严,更涉及到他的威信。呜呼,凡是事事都想到尊严和威信的朋友,他的尊严和威信一定岌岌可危。然而这且不谈,盖主要的是,他那一套经不住一问,万一遇到行家,一问一答,马上就得上吊。这种自卫的心理,养成一种专制魔王那种坏习惯,偏偏他又不是专制魔王,自然有下不来台的时候也。也有一个医生焉,一抬头看见一个小伙子站在面前嗫嗫欲语,即喊曰:“脱下你的上衣。”小伙子曰:“不。”医生曰:“听我的话,对你只有益处。”诊断了胸背之后,又看牙齿,看舌头,看咽喉,看眼皮,看耳根,又用一橡皮锤猛敲他的膝盖,然后又抽出一点血验之,轰轰烈烈,搞了半个小时,就开起药方。开过药方,医生曰:“你没有什么毛病,只是营养欠佳,吃点多种维他命丸就可以啦。这是处方,拿去配药。好啦,还有什么问题吗?”该小伙子结结巴巴曰:“我们老板叫我来拿煤球钱,请问什么时候可以给?”盖把讨账的当作病人矣。君听说过韩复榘先生的故事乎?他官拜山东省长时,集军政司法大权于一身,好不威风。有一次一个朋友差人送给他一封信,正在看信的时候,忽然呈报逮捕了若干江洋大盗。韩先生是有名的“韩青天”,乃亲自升堂,略予询问,一一判处死刑。一抬头看见旁边站着一个人,问曰:“你是干啥的?”答曰:“我是送信的。”韩青天先生大怒曰:“送信的也得枪毙。”等别人提醒他不对时,已完了结也。一个人生而不幸,碰到狗头型的韩青天,都得吃不了兜着走。

15. 一顿臭揍

庸医和恶医有时候很难分辨。大体上说,大多数庸医都是江湖者流,因为他手艺差劲,很难混到很高的地位。只有恶医也者,心狠手辣,目光如电。庸医看病,看王子太后和看普通小民的病一样,反正都弄不太清。而恶医则不然,看王子太后的病,尽心尽力,吸脓尝粪,浑身解数出笼,啥事都干得出。只要天命不绝,总能把两位权势冲天的家伙,看得霍然而愈。但是,一旦看起可怜小民们的病时,那股劲就全化乌有。柏杨先生就曾亲眼看见一幕奇景,有一个官拜院长的医生老爷当面告诉他的病人曰:“拜托拜托,请去洗洗澡再来。”脏固然使人掩鼻,但医生如果嫌脏,尽可跳到蒸馏水里自杀,何必挂招牌假装济世活人乎?

据柏杨先生考察,越是大商或是权贵分子推荐的医生,或支持的医生,对小民的危险性也越大。盖他们为小民诊病,不过是一种表演。运气好的尚有希望着手回春,运气不好的则药到命除。该医生有那么多官崽作他的后盾,连官司都不能和他打,即令打,也必定大败。三年之前,柏杨先生写过《箭杆马瑞五》,报导的是马瑞五先生和一位名震台北,其财其势,足可以把十个柏杨先生送进监狱的某某医生间的故事。盖马瑞五先生是一个可怜的小民,已有三个孩子,他最大的错误是不应该使他太太再生第四个。错上加错的是,他瞎了尊眼,震于该医生的名气,竟把太太送到该医生私人开业的医院去生,谁晓得该医生根本没有把小民的老婆看在眼里,结果不问可知。等到发现该贫妇奄奄一息的时候,该名医才慌了手脚,马上办妥出院手续,并且指示她一条生路,叫她去台北中山北路一家也是该名医主持的妇产科求治。还没有抬到门口,那贫妇无法消受照顾,就断了气。

马瑞五先生悲愤之余,找该名医理论。该名医有各式各样他吸过脓尝过粪的官崽撑腰,根本相应不理,你不过小小老百姓,算个屁哉?马先生告到法院,也好像告到土地庙里,几个月来,毫无消息。马先生忍无可忍,找到该名医讲理,难免不说两句骂人咒人的话,于是,一个电话,马先生被捕,一个招呼,马先生被送狱起诉。现在他阁下是不是还关在牢房哭天无泪,我不知也,那三个死去母亲,又失去父亲的孩子,现在又是如何情景,我亦不知也。但我知道,一个人千万不可和恶医碰,他既能大恶特恶,当然有他大恶特恶的条件。等于一个潜伏在海底的巨大乌贼,他把你整残整死,你不哼一声,倒还罢了,如果胆敢不顾他的盛誉,不但哼,而且还哎哟哎哟乱叫,甚至还打算把他拖到龙王爷那里,它不给你一爪给谁乎?尤其变化无穷的是,那龙王爷竟然也是他的后台，屁股上的疮就是被他用舌头舐愈的，你如果拼命硬拖，包管龙王爷早站在你的背后，怒目而视。马瑞五先生一案，令人深省。

马瑞五先生告名医，一告数月，没人理他。而名医告马瑞五先生，一个电话，即发来大兵，把他捉住，送进牢狱。虽有天大的冤枉，都无处伸也，我们一时也想不出有啥妙法，可以补救。但另有一件发生在二十年之前的事，却非常大快人心，写出来以供被整的小民参考。

抗战时候，四川三台有一个啥济医院，院长陈韶华先生，外省人，少年英俊，精明能干，就在三台娶了一位四川小姐，年轻貌美，体态轻盈，事情发生时，她已怀抱着一个娃儿矣。话说陈医生既精明能干，当然视穷苦病人如无物。而谁是穷苦病人乎？最具有代表性的莫过于流亡学生。国立东北大学堂那时迁在三台，一群衣不蔽体、面目可憎的小伙子，有了病痛，学堂既无校医，只好去啥济医院求治。那时基督教会在每个大学堂，都办了一个学生公社，夏舍茶而冬舍衣，穷苦学生看病没有钱，就由学生公社出一纸保证书，保证医药费由学生公社奉还，对流亡学生的救济及恩惠，真是至矣尽矣。

问题是，学生公社的保证书，陈医生拒绝接受。他对前往看病的学生曰："我就是学生公社的委员，他们根本没有钱，这种保证书不值一个屁。"曾经有一对学生夫妇去看病，把学生公社的保证书呈上去后，他坐在太师椅上看报，像盖死人脸似的把报纸盖到自己脸上，足足二十分钟之久，不声不响，好像已经断气。如此这般展示了他的威严之后，徐徐曰："学生公社这一套真是烦人，拿回去，你们没有钱就不要害病，我的病人如果都像你们，难道喝西北风乎？"说着起身，挥手曰："请请请，等你们弄了钱再来。"二人狼狈撤退，回到宿舍，放声大哭，穷朋友围在他们四周，无不垂泪。后来大家帮忙，有的卖被子，有的卖脸盆，有的卖掉离家时父母给他的戒指，凑钱把二人治愈。

于是有一天，一个河南籍的学生，经过种种羞辱折磨之后，开刀盲肠。不知道是他身上的穷气把陈医生熏昏了的缘故，或是三台县长刚请陈医生吃过酒正回味无穷的缘故，反正是钢刀既下，一声惨叫,该可怜的学生死矣。死了之后,陈医生勃然大怒,好家伙,你早不死迟不死,竟死在我手术台上,不是故意和我捣蛋是啥。乃把尸首停在台上,想自行买一具薄棺安葬。

可是他也未免太天真啦,在他以为一个流亡学生,乃穷苦之人,而穷苦之人,便不如猪,埋掉拉倒,他既无亲无友,谁肯出头为他打官司?即使打官司,他上自县长,下至司法警察,还有地方绅士,各位检察官推事,都是酒肉朋友,有金钱来往,又为他们和他们的太太看过病,如此奇硬后台,还有啥可惧的哉?

16. 治恶医妙法

唯一替死者打抱不平的只有该大学堂河南同学会。可是,陈医生既然有那么大的势力,好像如来佛的巨掌,孙悟空先生都跳不出他的手心,何况穷苦学生?大家左碰右碰,见了法官,法官曰:“严办严办。”见了县长,县长曰:“支持支持。”见了绅士,绅士曰:“同情同情。”后来又往见学生公社老板洋大人,洋大人曰:“不像话不像话。”结果不但不能伸冤,反而激起陈医生的反感。他把同学会负责人叫到他那堂皇的会客室,他仍坐在太师椅上,以其一条腿压另一条腿,告诫曰:“你们年轻人,什么都不懂,到处乱找人,那有啥用。听我的话,好好的安分守己,我不会亏待死者的。”接着宣称他为死者买了什么衣服,做了什么枕头,棺木有多厚;把大家弄得一时也说不出啥,但心里固不服的也。回去一商量,好吧,既然天理国法人情都站在强者的一边,弱者如果不束手待毙,只好自力更生矣,更生之术,不外一个字,曰“揍”。

死学生下葬的那一天,也就是开揍的那一天。该天下午五六点钟,一千左右学生,涌到啥济医院。陈医生不知道他马上就要受到穷人修理,还在饭厅里陪着美丽太太吃香喷喷的煎饼,看见有人在门外探头探脑,还颇为大怒哩。他隔着窗子向外质问曰:“你们有啥事?”答曰:“想来请教死者的死因。”他曰:“死因早已明明白白,有他亲笔签字的文件为证,文件上说得清楚,如有生命危险,医生概不负责,你们还闹啥闹?”答曰:“但我们还要谈谈。”他曰:“到外边去,我没有时间。”答曰:“咦,你没有时间,我们可有时间呀。”他大概看出有点异样,勉强曰:“你们到外边等着,我吃了饭就去。”答曰:“不要客气,你现在就出来吧。”这时人越涌越多,陈医生才大梦初醒,急待转身,只听哗啦一声,不知道那个小子飞起一砖,已把玻璃击破。有人曰“揍”,全体雷动,该美丽太太一手抱着娃儿,一手张开,做向情人拥抱状,曰:“你们不能如此无理呀。”答曰:“我们正要教训无理的人。”美丽太太曰:“你们讲理呀。”答曰:“讲理?你叫我们去哪里讲理?”人群中有人喊曰:“理那婆娘干啥,冲呀。”于是一个一辈子都讨不到老婆的莽汉,上前抓住那女人的前胸,向边上一摔,她遂来一个狗吃屎。

障碍既除,大家一哄而进,可是陈医生已不见啦。大家的气就更大,一霎时无法无天,一千多人毁灭一个医院,简直易如反掌。玻璃全部打碎,药品药罐也都报销,桌椅板凳更不用说啦,除了强奸和放火,啥缺德的事都做了出来。尤其是一批曾经来看过病的学生,过去被不当人子,在报仇的驱使下,更是大打特打,又捣又摔。

正在打得好不快活,忽然有一人曰:“那恶医哩?”大家一瞧,没有半点陈医生的踪影,不禁大为紧张。盖冤有头,债有主,不找到对象干之,不但不能泄心头之恨,而且纵虎归山,后患无穷。遂展开搜索工作,一千多人,分成无数小组,左找右找。有人在远处喊曰:“他在夹道里。”这一声喊,精神百倍,大家乃到夹道把陈医生抓着领口抓将出来。一出夹道,一群复仇者一拥而上,你一拳我一脚,有的打他耳光,有的唾他的脸,一面打,一面唾,一面翻他的旧账。陈医生这时不用提啦,双手抱头,蹲在地下,只有哼哼的分,往日的威严不知道跑到他妈的啥地方去也。

这样的揍了一阵，学生公社的老板，那位洋大人闻讯跑来，向大家声明所有的医药设备，全是外国捐赠的，怎能乱打乎？学生曰："医药设备既是外国捐赠的，我们就不打医药设备，而只打陈医生，他是真正的中国货，阁下不能说啥吧。"但陈医生头上流血，已不成人形，有好心肠的学生也怕万一打死，闯出大祸。乃出面调解曰："大家打来打去，也打不出啥名堂，我们不如提出条件来谈判。"学生曰："我们有啥条件好提，就是揍揍他。"洋大人曰："那么既揍过啦，大家散吧。"学生曰："不行，叫他跪到被他医死的那个同学的灵柩前面。"于是二人把陈医生架到棺材前，像孝子一样，双膝碰地。一群乌合之众，遂你一言我一语，提出种种人间未闻的条件。正在提着，忽然有人喊曰："他起来啦。"群众吼曰："揍他揍他。"该陈医生本来已抽出一条腿，这时也只好急忙收回。忽然有学生叫曰："糟啦糟啦。"就有人问什么地方糟啦，曰："我们把他打成这样子，他明天不告我们乎？"有人曰："那容易得很，叫他写一个悔过书，写明我们没有打他，而是他为了要诬陷我们，自己把医药设备捣毁，自己把自己打伤的，经我们洞烛其奸，特立书悔过为证。"大家哄堂大笑，有人曰："这算啥干法，你们读法律读到狗肚子里去啦。"答曰："对付恶医，非出奇制胜不可。"以后的发展不用说矣，大家闹得筋疲力尽，等拿到了悔过书，一哄而散。

事后陈医生当然不肯罢休，把东北大学堂校长一状告到法院，校长先生急得跳脚，学生们一听，这简单得很，再揍他一顿就是。走廊上贴出堂堂布告，号召全体学生为维护校长的名誉而战，结果被劝说下来，告到法院的状子也由陈医生撤回。嗟夫，一直到今天，我都相信该精彩行动，乃是治恶医的妙法之一。我当然不建议马瑞五先生约些朋友开揍，但如果他真的约些朋友揍了个结实，也不过和没有揍一样，照吃官司而已。但那一揍的关系大矣，让那些聪明才智之士知道，虽然天理国法人情他都可不买账，但有个穷苦的拳头在他的眼前晃来晃去，也可使之提高精神，多发一点善心仁术。

17. 杀头更妙

在柏杨先生家乡，有句俗话，曰：“只有不孝的儿子，没有不孝的医生。”看起来真是至理名言，儿女可能因父母卧病太久，感到不耐，有些狂嫖滥赌的小伙子，甚至日夜咒诅父母早死，他好继承财产，大肆挥霍。可是医生则不然矣，只要是他手里的病人，他无不希望药到病痊，一针下去，立刻大愈，世界上盼病人朕躬康复，医生比病人还要心切也。

这些说法，理论上没有错误，不过一旦实践起来，出入就颇为庞大，有一个故事可以说明医生的心理。相传名医叶天士先生母亲病啦，他不敢下药，在院中徘徊至深夜不眠，一面口中喃喃有词曰：“若是他人母，定用白虎汤。”因白虎汤内有砒霜一钱二分，多则病人会被毒死，少则治不了病也。恰巧隔壁有一位没有名气的医生听见，乃叩门自荐，大笔一挥，白虎汤出笼，结果叶老太太一吃而愈。该没有名气的医生也因之有了名气，开始大发其财。一直到今天，医生们往往不为他最亲爱的人开刀，像父母，像妻子，像儿女，为的是爱之太深，下不得手，反而误事也。由此可以看出，病人在医生眼中的分量似乎并不太高，至少也不像医生所宣传的那么高。有一个病人，本来要锯掉左腿的，上了麻药后，医生老爷大展宏图，把右腿锯了下来，你说这官司如何打法乎哉？是自己母亲便下不了手，孝心固然可嘉，但对别人的母亲，却不管三七二十一，先弄碗白虎汤喝喝再说，其心术实在叫人不舒服。尤其是名医看死了穷苦病人，等于看死了一条狗，震天的哀叫都没有用。去年（1962年）女作家张雪茵女士在台湾疗养院，听见护士小姐们的对话。一个曰：“讨厌，那病人又叫痛啦。”一个曰：“我们正聊天，真扫人之兴。”一个曰：“去给他打一针，叫他休息休息。”那股狰狞之劲，使人心肝俱裂，呜呼，似乎除了恶医，还有恶护士焉。

“揍”固然是治恶医的妙法,像上面那种态度的护士小姐,如果能揍得一枝梨花春带雨,也能大快人心。但那总是私人乱搞,人少则揍不成,人多又要吃官司,最好能由立法机关制定一条“惩治恶医恶护士条例”,当更能救国救民。柏杨先生对明王朝第一任恶棍皇帝朱元璋先生,啥都不佩服,只佩服他一点,壮哉。他阁下立有一法,医生看皇室里的人,如果看不好病,就把医生砍头,以致菩萨心肠的马皇后,直到临死,都不肯让医生诊治。盖自知年迈血衰,大限已到,不愿白白牵连无辜也。

我当然不是建议立法机构也像朱元璋先生一样,对于把病人看死的医生杀之剐之,但看情形责打四十大板之类,总应有的。像把马瑞五先生的妻子活活治死的那位通天名医,如今仍逍遥如昔,所有的产妇,能不紧张万状乎?

从前的医生,因都独当一面,是好是坏,可以看得分分明明。张三先生为你治喉管,越治越厉害,你可找张三先生算账;李四先生为你治鸡眼,治痊治愈,你可送去一块大匾,以表谢意。可是随着时代的进步,有了医院组织,而且组织越来越大。有专门登记排号的焉,有专门量体温的焉,有专门施麻醉药的焉,有专门输血的焉,有专门开膛破肚的焉,有专门剃头洗澡的焉,有专门坐在椅子上敲打病人前胸后背的焉,有专门配药的焉。互相间的联系和跟病人间的关系,全靠病历表上的记载,一个环节发生错误,便全盘都错。而且糟糕的是,一旦把病人治残治死,经手的医生护士多如牛毛,你推我,我推你,连谁是真凶都难找出。盖现代的医院制度极容易产生狗头医生,看他虽然人手人脚,也站起来走路,鱼目混珠,俨然人样,可是一开口却汪汪乱叫,望之有两下子,听之却啥都不是也。

有两件事发生在若干年前,一是闹剧,一是悲剧,写出以供有病之士毛发上竖。我有一位朋友的太太,住在台大医院,而台大医院,大而老的医院也,她害的啥病,与故事无关,不必细表,反正需要输血。当输血的那一天,朋友在旁亲自服侍,一切都准备好啦,血浆也拿来啦,医生正要把针管扎下。说时迟,那时快,只听走廊上噔噔噔噔，一位护士小姐满头大汗跑进来，一看医生尚未注射，不禁大喜曰："谢天谢地。"扑上去抱着瓶子，死也不放。问她为啥？她曰："血浆拿错啦。"怎么拿错了乎？她不肯再做透露。该朋友当时就曰："贤妻，这地方真是老虎口，咱们走吧。"收拾收拾小包袱，狼狈而逃。该血浆是仅仅血型有误乎？抑竟拿了狗血乎？迄今不知。

还有一件也发生在台大医院，不过结局不太精彩。也是一位朋友的太太，年已半百，尚无子息，想儿女想得要发精神病，经过检查，说她输卵管不通，只通一下就可以啦。当她住院时，一手提着衣服，一手还抱着一个大西瓜，喜滋滋，笑吟吟，好像一年后准可生个胖娃娃。我劝她曰："你何必哉？年纪已经不小，还冒生产危险，抱个娃儿还不是一样。"她曰："儿要亲生，你臭老头懂得个啥？"以她住院时的身体衡量，至少再活五十年没有问题也。

然而，在动手术之前，医生说她多少有一点贫血，为了绝对安全，提议先行输一点血，以防手术期中万一失血过多，身体受亏。在一个病人立场，医生说的话比皇帝的圣旨还有权威，自然俯首听命。那一次不知道是护士小姐跑得太慢耽误了事，抑是管血浆的朋友打牌过久看花了眼，还是医生老爷弄了点花招，结果输了血之后，该太太浑身生出斑点，发起高烧。柏杨先生第三天前往探询时，她已骨瘦如柴。君别看医生老爷平常神气十足。那一次却一个个十分谦恭，没有几天，她就一死了之。痛哉，怎不叫人盼望朱元璋先生耶？

18. 鸦鸦乌

不仅是中国有些医生老爷鸦鸦乌，几乎到处都有医生老爷鸦鸦乌，有的固能把你气死，有的甚至还能把你从死中气活。不信的话，举一个发生在纽约的例子便知。有一位美丽绝伦的女郎因患盲肠炎开刀,脱得光光的推进手术室,身上盖着一条白被单,在那里静等医生驾临。果然,一个医生来啦,穿白衣而戴眼镜,道貌岸然,掀起白被单瞧了个够,然后踉跄而去。隔了一会,又一个医生来啦,穿白衣而戴眼镜,道貌岸然,也掀起白被单瞧了个够,然后也踉跄而去。隔了一会儿,第三个医生来啦,穿白衣而戴眼镜,道貌岸然,同样地掀起白被单瞧了个够,然后也踉跄而去。等到第四位医生掀起白被单时,那位小姐忍不住,问曰:"大夫,你们啥时候开刀呀?"该医生结巴曰:"不知道,小姐,我们穿的这衣服是花十块钱租来的。"呜呼,为了看看美妙的胴体,不惜花钱行贿,而医生竟也以之做起生意,真是高级的洋幽默。那位女郎听了该男士的一番言论,她能不死去复活乎?

美丽的女病人真是男医生的最大危险,所以柏杨先生奉劝漂亮女士,如果去找医生,最好请丈夫或朋友陪伴。而男医生在替女病人看病时,似乎也应守一个戒律,那就是一定要有一位女护士在旁伺候。那女病人越美丽,越有必要旁边站个女护士,盖有一个电灯泡在中间照着,可打消很多坏主意也。君记得五年前香港发生的某医生奸淫女病人的巨案乎?他是香港的名医,英国皇家什么会的会员,家财万贯,太太之美,更不在话下。儿子女儿半在美国,半在香港,可是他竟动了那个村姑的手脚,栽了绝大斤斗,以致坐牢、吃官司、吊销医师执照,连累子女都不能做人,毛病就出在没有女护士在一旁也。

有一个人在旁边,不但保护病人,也同时保护医生。世界上男医生侵犯女病人的固多,而女病人侵犯男医生的,也史不绝书。我们所活着的这个世界,五花八门,吃啥饭的都有。在英美社会中,因非礼的处罚太重,而对女人的名誉又极端维护,以致男医生一看见单身的年轻女病人前来应诊,就精神紧张。急忙把护士唤来曰:"便是天塌啦,你也别动一动。"有些女病人胸有成竹,三言五句,就把护士小姐打发出去,然后向医生嗲声嗲气说她的屁股不舒服,或者说她的腹痛如绞,当中过程不用说啦,反正是到了后来,两个人遂上演了一幕缠绵镜头。第二天,一个臭男人驾到,说某夫人某小姐,因为心理上的创伤,想请他帮助医药费两万镑,医生这时才发现他遇到的不是一场罗曼蒂克,而是一场勒索,可是已经晚矣。盖勒索是无止境的玩意儿,你不死不垮,他不停不止。

在纽约闹市,也曾发生过这么一件事。一个仪态万方的女病人去某诊所求医,一连去了好几次,都不苟言笑,好像君子。有一天,那个倒霉的医生刚从银行取回十一万元现钞,预备付房地价款,因为大家都是熟人,护士小姐去了隔壁。该女病人的衣扣在她的背后,她要求医生代为解开,以便听筒诊治。医生刚解到第二个扣子,那女病人猛地转身,上衣就被褪下来,而且那上衣就拿在医生手里,而且女病人还没有戴胸罩,而且医生的脸上还挨了一嘴巴,而且在门缝里及时地伸进了个镁光灯。结果那十一万银子全数交给该女病人,才算拉倒。

这种干法,还算是文明的。有些女病人会直截了当地曰:"打狗脱,给我一万块钱,不给我就撕破衣服大叫。"为了避免这种竹杠,有些医生特地设下录音机,看情形不对就按下电钮,战况进入到如此惨烈之境,和古道相距得更远矣!

其实医生的麻烦不限于女色,女色不过比较突出,惹人注意而已。主要的还是有些病人,自以为不同凡响,对医生说的话,都当作耳旁风。这种和医生不合作的病人,实在是最可怕的一种炸药,不但会炸掉自己的老命,还会把医生炸得七荤八素,名誉扫地。我有一位老友,很久不见面啦,有一次在街头相遇,他一定拉我喝一盅,二人下得饭铺,又吃又灌。席间我看他有点浮肿,乃问曰:"老哥,你不舒服乎?"他曰:"我强壮如牛,偏偏我们院里那老糊涂医生说我害肾脏炎。他叫我不吃盐,不要吃咸的东西。"我曰:"你现在怎么仍是乱吃,快住,快住。"他嗤鼻曰:"听那老糊涂乱开簧腔,我根本不在乎。三年前我也是有点浮肿,也说我害肾脏炎,我还不是照样吃盐,吃得又白又胖。"我怎么劝他都不听,为了表示他真知灼见,还特地叫茶房冲了一杯盐水,当场喝下。一别之后,转眼半载,上周坐公共汽车,看见他的两位同事,从他的坟上回来,谈起他英勇往事,不禁肃然起敬。

有些病人天生地一意孤行，医生叫他往东，他偏往西，有些病人好像跟自己有不共戴天之仇，非自杀以谢国人不可。尤其是在台湾的朋友，患高血压的特多。老头患高血压，还情有可原，年轻的朋友，有的不到五十岁，有的不到四十岁，也都高血压起来，而晕倒的人数，也日见其多。医生劝他们不要再狂赌啦，不要再狂嫖啦，不要再紧张熬夜啦，当时躺在病床之上，发誓遵照办理。可是过了些时，自己觉得仍是一条好汉，于是又狂赌如故，狂嫖如故，紧张熬夜如故。如果他们翘了辫子，叫医生背上恶名，甚至挨上一顿臭揍，你说公平不公平乎哉。

19. 酒的诱惑

使一个人道德堕落，生活腐烂，非完蛋不可的，有四种玩意儿，曰“吃喝嫖赌”，文艺一点的说法，则是“声色犬马”。不要以为吃吃没有关系，盖有吃就有喝，有喝就有嫖，有嫖就有赌，本质上有其连锁性，要出笼就一齐出笼。这里所说的吃，不是指普通下下小馆子那种吃，而是指大吃特吃，殷纣帝子受辛先生搞的“酒池肉林”，那才叫吃的典型。罗马帝国时代，宫廷里一次宴会，三天四天都不完，无论宾主，无论男女，不分昼夜，不分饥饱，只要皇帝没有命令退席，大家就得吃之复吃之。饿了固得吃，便是饱啦也得吃，不吃就要糟，盖皇帝赐宴，你竟敢拒抗，不是藐视皇上是啥。既然藐视皇上矣，一定心存不轨，而一个心存不轨的人，一有机会，当然叛变。这种逻辑一演，乃得出一个结论，那就是与其将来他叛变发兵打仗，不如未雨绸缪，先杀了再说。

所以罗马帝国那种夜以继日，循环不休的宫廷之宴，有专设的呕吐室，有专用的女奴，手执鹅毛，在其中伺候。无论多么高贵的客人，进得室来,往椅子上一坐,闭目张嘴,女奴就把鹅毛伸到他尊口之内猛掏,一直把他掏得哇啦哇啦黄水横流为止。胃中的东西吐光之后,再出去继续猛吃。古诗上常有这一类的记载,有些将军三天宴会下来,就掏了九次之多。呜呼,那种猛掏场面,可列入今古奇观。后来文明进步,正人君子觉得叫女奴乱掏不成体统,尤其有一位将军,被仇人买通了女奴,弄点巴拉松什么的奇毒之药,抹到鹅毛之上,一入咽喉,当场身死。大家乃采取新法,那就是专服一种呕吐剂,药由自己的家医配成,不但可以助呕,而且可以缓和胃壁吸收,用以防醉。当初子受辛先生酒池肉林,不知用的是啥奇妙之法,史书上虽然没有详细记载,但如果他真的那么浑蛋的话,一定有他的设计,否则两个小时后,大家就酒醉饭饱,怎能十昼十夜地胡搞也。

台湾的酒家是日本社会形态的一种残余。有些人一旦喜事临头,或当选为官,或做生意发了大财,或贪污揩油了一笔巨款,就驾临酒家,在白水仙吃喝一阵,再到红玫瑰照旧吃喝,然后东倒西歪地出来,又到了黑茉莉焉。局外人实在不懂那有啥意思,可是当事人却有意思得很。

因国情的不同,喝酒的文化也各异。中国人喝酒,崇拜的是浅斟低唱,故叫"饮酒"而不叫"喝酒"。饮者,慢慢地从牙缝舌尖滑进咽喉;而喝者,大口大口往肚子里猛灌之谓。但也有恶形恶状的饮,宋王朝苏舜钦、石延年二位先生,尝评出五饮:曰"鬼饮",从天黑一直干到天亮的饮法,灯光之下,大家你一杯我一杯,前半夜看起来好像是人,后半夜影影幢幢,简直是一群鬼矣,而且一个人经长夜的灌黄汤,离翘辫子变鬼的日子,也不会太远。曰"哭饮",哭饮比鬼饮还精彩,有些人三杯下肚,或想起来委屈之事,或想起来窝囊之事,或想起来伤心之事,平常面孔如尸,不可侵犯,如今酒力作祟,控制力解除,不禁泪流满面,号啕大哭,边哭边饮,于是眼泪与醇酒齐飞,愁容共杯光一色。曰"囚饮",一大群酒肉朋友,挤成一个圆圈,喝到得意之处,帽子也不见啦,鞋子袜子也不见啦,披头散发,汗出如浆,好像马上就要绑赴刑场,执行枪决,再没有下一次饮矣,故拼老命都得大醉特醉。曰“鳖饮”,有些酒君子,一旦到了酒瘾上冲,心痒难熬,伸长脖子,以寻一盅,其状活像一个王八,尤其是喝到最后,酒洒到地上,他毫不在乎,也会爬下来猛舐。柏杨先生在东北曾见过俄国红军爬到马路上舐酒精,似可隆重归入这一类焉。曰“巢饮”,这一类朋友都是独断独行,标奇立异,不轻易和别人合群,有的爬到树上饮之,有的跑到野地里饮之。前些时报上不云乎,纽约有个家伙坐在十三层楼窗口,一手执瓶,一手执杯,又喝又唱,把人吓得要死,固是巢饮中的健者也。

不过因为时代进步,上述的五饮已不能包括万象,我们想了半天,想出来另外五饮以代之,这五饮曰“雅饮”焉,曰“豪饮”焉,曰“可怜饮”焉,曰“半掩门饮”焉,曰“王八蛋饮”焉。此五饮是不是能将各种酒君子一网打尽,恐怕不太见得,有学问的朋友如果能多发明一型,或再发明别的若干型,那就越研究越精密矣。夫雅饮者,用不着多说,无人不知它的含义是啥,这是典型的中国之饮。李白先生“举杯邀明月,对影成三人”,是最最中国化的风味,俗气冲天和洋气冲天的朋友,在李白先生那种情况下,一定会感到闷得发慌,非把头栽到酒女怀里不乐也。其实何必一定非酒女不乐乎?还有更高级的境界可以尽情享受,像三五谈得来的朋友,花前月下,略备酒肴,慢慢地品味,慢慢地闲聊,忆往事,瞻远景,有此一夜,不虚一生。苏东坡先生泛舟于赤壁之下,饮一点酒,夹一点菜,与佛印和尚共度那个良宵,风情亦羡煞人也。即令是非女不可,也得找个“六代豪华”秦淮河上那种可以和日本艺妓比美的船娘。像李香君女士,呜呼,不但可以对饮,而且把男女间的关系升华到超过肉体享受的意境。盖和美女对坐,下下棋,打打扑克,吟吟诗,评评山川人物,聊聊想当年,设计漫长的未来,没有拥抱,也没有接吻,而只有薄酒一瓶,小菜两碟,或泛舟小湖,或在庭院中,小河边,芳草上,席地而坐,这种福分,不但是雅,而且是仙,非三世行善,修不来的也。

20. 酒浓情浓

问题是，雅饮必须有雅兴作后盾，如果讨债的正在客厅正襟危坐，或者三作牌敲门如雷，请你去警察局谈谈，恐怕是金汁玉液，都难下咽。不特此也，即令没有债主，也没有三作牌，因为灵性的不同。有些雄赳赳的朋友，还不欣赏那一套哩。盖文人雅士，宜于浅斟低唱，而英雄豪杰，或者是现代化的前进青年，则往往喜欢一番“豪饮”。夫豪饮者，举杯高歌，意气如虹，属于另一种天地。从前有人评柳永先生和苏东坡先生词的优劣，说柳永先生的词最适宜于十八九岁小姑娘，玉手拿着红板，温柔缠绵；而苏东坡先生的词，则应由关西大汉，手执铁板，慷慨悲歌。呜呼，借用到酒上，柳永先生的词是雅饮，苏东坡先生的词是豪饮也。

豪饮主要的特征是量，天下没有无量的豪饮，不能量大如海，至少也得量大如牛，盖没有量，便豪不起来矣。有些人拍胸打跌，看起来颇有两下子，结果只不过灌了两盅，就发起酒疯，那属于王八蛋饮，不属于豪饮也。历史上第一名量大的酒朋友，似乎应推汉王朝的于定国先生，书上说他饮酒数石，就像饮了一滴，真是神奇之至，其胃必然异于常人。郑康成先生也是个了不起人物，有一天他告老回乡，袁绍先生大会宾客三百人，为他隆重饯行。一人敬他一杯，他一一照吃不误，三百杯下肚，气不发喘，面不改色。君不见现在酒席筵前敬酒的节目乎？敬酒的朋友把嗓子都喊哑，可是被敬的朋友却像公堂之上挨板子的囚犯，愁眉苦脸，讨价还价，曰“我不能再喝啦，已喝五杯啦”。曰“要干大家一齐干，车轮战的干法不行”。曰“好家伙，你想灌醉我，来来来，你先干三杯以表敬意再说”。喝的酒比郑康成先生少，而嗓门比郑康成先生高。

豪饮须有先天的本钱，和后天的训练，缺一不可。于郑二公，固然了不起，然而历史上能饮一石的朋友多矣，若卢植先生，若魏舒先生，若周颢先生，若刘伶先生，若华歆先生，都能大喝特喝。而他们都是男人之量，难得的是有一对恩爱夫妇，也豪饮有方。南齐王朝沈文季先生和他的夫人王女士，诚棋逢对手，将遇良才，他们经常相对而饮，每人一天能喝下三斗。你知道一石的酒有多少乎哉？又知道三斗的酒有多少乎哉？一千公撮（西西）等于一公升，十公升等于一公斗，十公斗等于一石，那就是说，一万西西等于一公斗，十万西西等于一石。能饮一石者，等于饮十万西西，而沈文季先生暨夫人，每人每天能喝三万西西，恐怕是金童玉女下凡尘也。近代夫妇能饮者，据柏杨先生所知，有漫画家牛哥先生和他的夫人冯娜妮女士，牛哥先生酒量之大，不用说啦，你千万别跟他碰。他夫人冯女士的量也会吓你一跳，有一次和剧作家萧铜先生别苗头，她连喝三瓶高粱无啥事体，而萧先生喝到第二瓶，便噗通一声，双膝下跪。

雅饮多用之于卿卿我我，而豪饮则是英雄豪杰的勾当。君看京戏上的《珠帘寨》乎，李克用先生和程敬思先生，一谈起当年五凤楼打死了段国舅，就不禁眉飞色舞，下令“换大斗”，换大斗者，换大酒杯也。柏杨先生虽然不善饮，但却向往那种肝胆相照。呜呼，我老人家是天生的灌不下黄汤，半杯一杯，或许尚可，再多一点，准又吐又闹，大发酒疯，酒后观德，我的德实在是不太高级。但我固是羡慕喝酒盛举，俗云“越喝越厚，越赌越薄”，这种观察，一针见血。两个素昧平生的家伙，聚在一起，你劝我喝焉，我劝你喝焉，对方如果不喝，他就悲愤交加，说看他不起。对方如果伸着脖子，咕咚一声，咽下了肚，他就乐不可支，说够朋友，自己也连忙咕咚一声灌之，以示患难与共。朋友间的感情，自然会突飞猛进。洋大人之国谚曰：两个家伙喝醉之后，一块躺到地上打一次滚，就等于十年交情。但赌起博，便恰恰相反，再要好的生死之交，一旦在牌桌上坐下，就全变了原形，平常用钱不分彼此的，为了一块钱都会面红耳赤；平常推心置腹的，届时更是欺之诈之，你投我的机，我骗你的牌。平常动辄大笔款项来往，一赌起来,便是一个铜板都如临大敌。这般这般,再浓厚的友情,终有一天黯然无光。

《儿女英雄传》上邓九公先生和安学海先生一见如故,全靠着酒,我虽然望酒兴叹,但却颇爱邓九公先生那样朋友。盖一个人不会喝酒,实在抱歉,会喝酒而不会豪饮,也同样抱歉。由酒量可以看出气魄,豪饮的人多半都是可交的朋友,对不对一试便知也。不过要小心的是,豪饮朋友和酒肉朋友是两回事。有些人在酒肉场合,嗓门又高,拍胸脯又凶,看起来不可一世,铁肩准担道义,但他和邓九公先生一比,固有天壤之别。邓九公先生虽喝酒而爱惜名誉,你看他何时装疯装傻,欺软怕硬乎?而这正是酒肉朋友的特征,一目可以了然也。

也有一种饮焉,看起来是豪饮,实际上不是豪饮。魏末晋初的人,大喝特喝,大醉特醉,成了一时风尚,好像非喝得天昏地暗,口吐鲜血,便不能为人。像刘伶先生,天天喝酒,喝得一塌糊涂,有一天把酒喝光,和太太商量,太太劝曰:"别再喝啦,再喝你就喝死啦。"刘伶先生曰:"不喝就不喝,你去摆上香案,俺好发誓。"太太一听,好呀,想不到一劝就灵,可是刘伶先生在香案前叩头已毕,祷告曰:"天生刘伶,以酒为名,妇人之言,万不可听。"说时迟,那时快,还没有等太太下手,他已抢了祭酒,灌了个饱。他之被后人祭拜为酒祖,原因似乎在此。据说凡是酒朋友家中一定敬有刘伶先生的像,以便暗中保护他的徒子徒孙。

21. 惊险绝伦

刘伶先生之所以成为酒朋友祭拜的对象,因他颇有酒德故也,醉啦就是醉啦,很少乘机胡搞。他有一篇《酒德颂》,曾在洛阳《大晋日报》上发表,颇有高论。他说,纵酒没啥了不起,但必节之以德,有酒无德,就像没有缰绳的野马,非闯出大祸不可。刘先生不但是一位实行家,而且也是一位理论家矣。而问题也就出在这里,他说的“德”是啥标准哉?既醉之后,理性失去控制,潜意识代之而起,德或不德,真是难有把握。柏杨先生所以宁死都不肯喝酒,就是怕的这一点。平常日子,或不知道底细的人,看起来我老人家俨然正人君子,学问之大,道德之高,简直岌岌乎可以吃冷猪肉;可是三杯下肚,原形毕露,见了女人就摸,见了阔人的皮夹就顺手牵羊,想起不顺心的事就乱“干他老母”,躺到人行道上又滚又号。我当然不想献演这种节目,但理智消失,硬是德不起来也。刘伶先生能以德节之,恐怕他醉的程度,不见得有他宣传得那么凶。依柏杨先生判断,我想他一直都在假醉,属于“可怜饮”的朋友,用以避祸。

历史上只有魏晋之交那些文化人喝酒喝得惊险绝伦,喝着喝着,连裤子都脱下来,好像上台表演脱衣舞,也好像他们都是颓废派和精神病。悲夫,他们的颓废和害神经,都不能免喀嚓一刀,而不颓废不害神经,老命更是摇摇欲坠。嵇康先生,一代诗人也,有一天,钟会先生去拜访他,他看钟会先生,实在不顺眼,便不开腔,一主一客,大眼瞪小眼对坐了半天,钟会先生只好告辞。嵇康先生曰:“何所闻而来,何所见而去?”钟会先生曰:“闻所闻而来,见所见而去。”那就是说,好小子,咱们走着瞧可也,结果小报告打给宰相司马昭先生,嵇康先生终于砍下尊头。比较之下,另一位阮籍先生就有学问得多矣。司马昭先生打算为儿子司马炎先生娶阮籍先生的女儿,阮籍先生不肯,他并没有说他不肯,可是他喝醉啦,一醉就是六十天。钟会先生大概天生的一脸忠贞学,屡次前往拜访,只要阮先生开口,他就能抓住话柄,打其挑拨离间的小报告,这真是人间最可观也最下三滥的阴谋。换了不设防城市的柏杨先生,高谈阔论,早刀光血影了矣。可是阮籍先生有他的一套,他不像嵇康先生那样大眼瞪小眼,也没有以头碰地猛拍马屁,更不学柏杨先生聋子不怕雷,来者不拒。而是,他喝醉啦,钟会先生每次按电铃进来时,阮籍先生每次都像死猪一样躺在榻榻米之上,东吐一摊,西呕一堆,有酒有痰,臭气之大,连抹两盒万金油都没有用，钟会先生只好摇头而退，去四川省继续忠他贞矣。谁说酒能伤身哉，要不是酒，我们的阮公早全家送命。颜延年先生有一首诗，说得最为明白，诗曰："刘伶善闭关，怀情灭闻见。韬精日沉饮，谁知非荒宴。"非荒宴而大饮特饮，野饮蛮饮，是安家保命的可怜饮也。

孔丘先生在《论语》上有言曰："邦有道，危言危行；邦无道，危行言逊。""危"的意义是啥？言人人殊，有人说当"正"字解，有人说当"高"字解，柏杨先生觉得似乎应当"直率""自由"解；文明一点的说，应该当"尺度较宽"解。盖在君主英明，政治上轨道的国家，当一个小民，言论自由没啥关系，即令有关系，那关系也不大。以英国为例，任何一个家伙都可以在海德公园闭着眼睛瞎嚷，有的高呼曰，若不推翻帝制，英国就到末日啦。有的高呼曰，若不实行无政府主义，英国就要完结啦。也有的高呼，人类快要绝迹了矣，非吃素菜不能挽救危难于万一。英国人最主要的特点是，朋友见面谈不了两句，就骂政府，除了没有"干你娘"外，啥话都骂得出。第三者在一旁听啦，好像他们身上都带着定时炸弹，马上就要去皇宫或去议会给他们一记。而他们在议会中表演得更叫人吃惊，在野党议员简直跟政府有不共戴天之仇，即以最近发生的克里斯汀女士和国防部长的香艳奇案来说，其势汹汹，仿佛要把政府连根都拔。这种允许人民"危言危行"的政治，才是真正的民主政治。不懂它的人，就是一天吃一条鲸鱼都不会懂。希特勒先生当初就是只看见这种表面，而误认为英国人不爱他们的国家。结果判断错误，身败名裂，国破家亡。盖邦有了道之后，小民的言行尺度自然都宽，故孔丘先生之意乃是："你生在英美，攻击攻击大人先生和政府，提倡提倡使正人君子背皮发紧的主张，均可悉凭尊意。但你如果生在俄国，说话可得小心。"

怎么个小心乎？看情形孔丘先生深知无道之邦，小民的危险是啥。有人把"言逊"译成白话："少说话，少说话。"尚不能尽其微妙，应该译成"不说话，不说话！"才叫恰当。盖少说话也不行，遇到钟会先生，你只要说一句，他都有办法抓住你的小辫子。故安家保身之道，只有不说话一途。偏偏人的嘴巴乃天生要说话的，识字的朋友，还忍不住要写了出来。噫，写文章比说话还要危险，怎不让孔丘先生心焦乎？治疗之道，有两个焉，一曰“赌”，一曰“酒”。

22. 最为惨烈

从某一个角度来看，赌的功用奥妙无穷。1931年左右，名诗人曾今可先生曾有一首诗，内警句云：“偶然消遣本无妨，打打麻将。且喝干杯中酒，国家事，管他娘。”当时就被鲁迅先生骂了个发昏第十一，始终未闻曾先生还手，是不屑还手欤？抑不敢还手欤？刻下曾先生幸在台湾，虽不致形诸笔墨，但亲友之间，当必有所解说也。鲁迅先生之意，是斥他颓废，我想凡是现代青年，谁都不会赞成这种对国事管他娘，只去打几圈麻将的干法。但卫生麻将似乎和阮籍先生的大醉特醉，有异曲同工之妙。四个人一上了牌桌，你做你的清一色，我做我的双龙抱，他做他的一条龙，每人都心跳如捣，双目狰狞，有谁还管核子原子，桃子驴子？又有谁还管血流成河，尸堆如山？既没有人理会张部长王主任之流贪不贪污，更没有人理会把岳飞先生杀掉对不对，即令是遇到一脸忠贞分子兼小报告专家钟会先生，他也搞不出啥名堂，自可赌报平安矣。这种“卫生麻将”，属于可怜饮者流，可称之曰“可怜赌”。三作牌遇到，不但不宜抓他们，还应该发给他们一纸奖状，以资鼓励，盖一旦全体国民都去赌之醉之，便再没有人不平则鸣，也再没有人胡说八道，就可风调雨顺，国泰民安到底啦。

不过赌报平安，似乎只是小民们发明的躲祸兼麻醉奇计，经鲁迅先生一抨击，遂脍炙人口。而古时候固只有喝酒一途，能喝几盅的朋友，一看苗头不对，就往肚子里灌黄汤。战国时候的信陵君魏无忌先生，四“君”之一，也是人杰也，曾因救赵国之危，大破秦兵；后来秦兵攻魏，魏无忌率五国联军，还军救魏，第二次的大破秦兵。他两度大破秦兵，救国家于危亡，却挡不住一脸忠贞分子兼小报告专家的努力。那时既没有卫生麻将好打，他只好喝了起来，史书上说他醇酒妇人，是则他不但要躲祸，还同时要速死矣。

可以和信陵君魏无忌媲美的，还有俄国人焉。俄国酒性之浓之烈，世界第一，再强壮的美国人，半瓶伏特加酒下肚，都得天旋地转，忽冬一声，栽倒在地。中国人体小量窄，更提都不要提，只要喝上一口，嗓子都会烧烂。柏杨先生在东北曾亲眼看见俄国人发起酒瘾来的伟大壮举，他们像破笼而出的野熊，其势汹涌，娇小美貌的女主人以为糟啦，这一次非上床不可。殊不知他们连看她一眼都没工夫，抓住梳妆台上的香水花露水，就往嘴里直灌。刚刚灌完，听见门口有汽车经过，若有所悟，互相用俄国话交谈一番，乃出去拦住一辆，打开油箱一闻，原来用的是酒精，不禁欢喜若狂，抱着司机就吻，然后努力喝之，路人围观如堵，真奇景也。

俄国人所以嗜酒，有些人归之于他们天气太冷，有些人归之于他们体型太大，那当然都有关系。但柏杨先生归之于他们千百年来的专制政治和特务政治，喝醉啦可以眼不见心不烦，那就自然而然少说话甚至不说话。别看俄国朋友饮起来如虎如豹，固也是一种躲避现实的可怜饮也。

我虽然不会饮酒，但颇欣赏雅饮的情调。有时候花前月下，或是风雨之夜（台风之夜则不行，我住的是低洼地区），买一瓶啤酒，或买一瓶酒酿酒，花生米一盘，鸭肫肝一包，和老妻对面而坐，谈谈当年的英雄事迹，聊聊一旦得了爱国奖券该怎么办的远景，怡然自得。柏杨先生这一生从不和妓女小姐厮混，似乎就跟这种思想有关。读者先生千万不要以为我的道德甲等，因而表示崇拜，那真是错到了埃塞俄比亚矣，我之所以不和妓女小姐厮混，实在是对她们那种《水浒传》上一丈青扈三娘的干法，心有余悸。你说干杯，好，干杯。你“干你娘”，好，我也“干你老母”。怎如六朝时代秦淮河上那些妓女小姐来得温柔和顺，满腹经纶，大家吟诗联句，吟不上联不上的罚酒一盅乎？

酒朋友如不能雅,就不妨豪。柏杨先生在宴席上不怕遇到雅饮,也不怕遇到豪饮,而最怕遇到半掩门饮。“半掩门”者,黄河流域一带对私娼小姐的称呼也。盖公娼之家,门口可以张灯结彩,上联曰“欢迎参观”,下联曰“美女如云”,你一进门,立刻喝声雷动,喝声不是喊人揍你,而是喝曰:“见客!”然后美女如云立在你的面前,供君选择。台湾是不是也是这种规矩,我不知道,有大无畏精神的朋友,不妨一试。如果不肯一试,则想看到这种场面也颇不难,君不见大官崽巡视下级机关时那种镜头乎?大官崽昂然而入,中级官崽和低级官崽闻声而出,一面围着大官崽团团而转,一面努力露牙而笑,然后一个有头脸的家伙陪同大官崽进入小房,唧唧哝哝,如云如雨。噫,官妓相同之处甚多,可融会而贯通之,柏杨先生将来可能写一部“官妓比较学”,以供拜读,现在不多赘了也。

然而私娼小姐不能如此大方,好比黑社会大亨视察属下机构,就只好出之于另一种方式。盖私娼小姐都是半掩着大门,如果来的是陌生男人,则她是良家妇女。如果来的是老主顾,则她是应召女郎(“应召女郎”四字,美不可言)。酒朋友一旦成了半掩门饮,实在是对风景有碍。有些有海量的家伙,明明可以喝一石喝十瓶的,一旦被人敬酒,却像私娼一样扭捏起来,曰:“俺是好人家的女孩!”曰:“我不能喝啦,顶多再喝一杯就醉啦!”怎么劝都不肯下肚,勉强伸脖子灌下一口,就好像为朋友两肋插刀。然而别人如果真信了他那一套,不再劝他,以致弄假成真,没有喝够,他能恨你一辈子。唐王朝元德秀先生和人对酌时,不管你是贵官也好,小民也好;富翁也好,穷光蛋也好;他都一定尽他的量饮之,那种修养,才是第一等人品。世界上似乎只有中国人敬酒的举动最为惨烈,远远望去,好像三作牌正在张牙舞爪修理小民。一个硬是要灌,一个硬是半掩其门,拉着嗓子声明自己是良家妇女,或者拉着嗓子声明自己已改邪归正,不再喝啦。呜呼,如果能有一天劝者尽其分,饮者尽其量,也是减少噪音的一种良法。

23. 另外三类

凡是不属于雅饮、豪饮、可怜饮、半掩门饮的其他之饮，似乎都应称之为王八蛋饮。噫，王八蛋饮的朋友，表起演来，惊天地而泣鬼神，其酒后之状，更是德配天地，道冠古今。去年（1962）暑假，我正在马路上东张西望，忽然臂上被人拉了一把，原来一位二十年不见的老朋友碰上啦，他胳膊上还挂着续弦的新婚太太，年方二十四五，绝色美人也。寒暄了几句，就拉我非下馆子不可，我努力拒绝，他大概颇能洞察民隐，急忙声明是他请我，我才欣然赴宴。那一次吃得颇为高级，既吃山珍，又吃海味，都是平常连听说都没有听说过的玩意儿，既有人付钱，我当然毫不客气，埋头猛吃。一面吃，一面谈谈往事，也谈谈近事，正谈得起劲，他已灌下去一瓶高粱，舌尖开始发硬。我正要劝他少喝一点，太太已经开口，可是他不但不听，反哇啦哇啦曰："好太太，让我再喝一瓶。"太太拿去他的杯子，他就把瓶口塞到嘴里，太太拿去他的瓶子，他站起来摇摇晃晃猛夺。娇小玲珑的太太岂是醉汉的对手，结果吱的一声，旗袍破了一条缝，但该太太仍忍气吞声曰："求求你，我给你跪下，不要再喝啦，你醉了不得了。"他咬舌曰："好太太，柏老二十年不见，不是泛泛之交，酒逢知己千杯少，打死我也得再喝半瓶。"最后的结果是老家伙卧到地上，口流白沫，又哼又叫，谁一碰他就开国骂，国骂已毕，就唱小曲，把太太气得泣不成声。后来还是动员了四个堂倌才把他塞进闻讯来接他的汽车，太太一手拉着破了的旗袍，一手掩面，哭哭啼啼而去。我不禁大叹，那位漂亮太太实在是一朵鲜花插到酒糟上。可是不久我就叹不出啦，堂倌拿来账单，一千四百三十五元，当时就抽冷气而翻白眼，我一个月的饷才九百元，竟被该家伙替我请去了一个半月，你说他不是王八蛋饮是啥？

呜呼,王八蛋饮者,丑态毕露之饮也,叫妻子儿女的自尊和荣誉受伤害之饮也,让朋友或叫可怜的第三者受窘受苦之饮也,使家庭经济或自己身体崩溃之饮也。从前王导先生和王敦先生赴石崇先生的宴会,席间由美貌少女敬酒,客人如果不肯接受,当主人的石崇先生,就立刻斩下该女的玉首。王导先生一看,人命关天,虽然没有酒量,仍不能不喝,以致喝得烂醉如泥。只有王敦先生,暴徒本色,不喝就是不喝,已经杀了不少美女,他仍面不改色。王导先生劝曰:“老弟,你不太狠心乎?”王敦先生曰:“他杀他家的人,与我何干?”史书上没有交代下文,未免遗憾,是王敦先生终于喝了酒欤?抑石崇先生把美女杀了个光,弄到最后没啥可杀,不得不住手欤?我们统统不知道。我们只知道,石崇先生这种喝酒法,在王八蛋饮中真得坐首席。

我们对酒品的分类,道理深奥,真可传诸千秋万世,永垂无疆之庥。但《谐译》有《谐译》的分法,似乎比柏杨先生的分法更高一级,该分法是:“儒饮”焉,“仙饮”焉,“酗饮”焉,“驴饮”焉,“葬饮”焉,“尸饮”焉。这六饮研究起来,与柏杨先生的五饮有互相发明之处,相得而益彰。

儒饮者,雅饮也。这个“儒”字下得大煞风景,如换一个“雅”字,便有情调得多矣。盖一提起儒,便使人联想起来朱熹先生者流,这种官气僚气,道学理学,交集于一身的动物,就倒尽了胃口。然而这种饮却是第一等上品。书上云:“花间月下,曲水流觞。一杯轻醉,酒入诗肠。”呜呼,月白风清之夜,独坐在寂静的草地之上,俯视小溪,听着淙淙汩汩的水声,再听着四处此起彼落的蛙声,吟吟诗句,想想往事如烟或前程似锦,诚难修之福也。不过有一个最大的前提,那就是,必须生活尚过得去,才有基础。若柏杨先生,偶尔兴起,往往也儒饮一番,可是“嘟”的一声,电铃大作,满脸漆黑的小工来讨煤球钱啦,不给他他不但不鞠躬而退,反而叽叽咕咕骂山门,你想,还儒得起来乎,还雅得起来乎?

仙饮者,似乎也可归诸雅饮,但“仙”字更高。书上曰:“二三良友,月夕花晨。名姝四座,低唱浅斟。”这里也提到“低唱浅斟”(为了押韵，才“低唱浅斟”，实际上是“浅斟低唱”)，可见低低地唱和缓缓地饮，是羽化而登仙的第一要件。如果一大杯一大杯伸着脖子猛灌，便不能有此享受矣。试想知己的男朋友三五人焉，知己的女朋友也三五人焉，不必一定要月夕花晨，就是刮风下雨，甚至台风之夜，只要不是住在低洼地区，而房子又不漏水，则大家聚在一室。各人的名姝坐在各人的身旁，那些名姝，当然漂亮非常，细细的高跟鞋和细细的杨柳腰，粗粗的臀围和粗粗的胸脯，头发乌黑而嘴唇鲜红，面庞白而且俏，耳环左右乱摆，都是参加过中国小姐竞赛的朋友。大家吃着瓜子焉，巧克力焉，苹果焉，胡豆焉（柏杨先生牙齿尚好，最喜欢吃胡豆），或饮着啤酒焉，白干焉，高粱焉，威士忌焉，白兰地焉。不会饮的或道德冲天若柏杨先生者，可饮冰水汽水；且有鸭肫肝、色拉之类的中西小菜佐之。然后张小姐唱一个《毛毛雨》，李小姐唱一个《I Love You》。王先生说说他过去惊险的故事，赵先生报告报告他要去美国的准备情形。必要时名姝可拧一下臭男人的手臂，臭男人也可轻拍一下名姝的脸蛋，但也到此为止。发乎情，止乎礼，文文雅雅，缠缠绵绵，噫！真是瑶池醉月，好一派旖旎光景也。

24. 凶驴葬

凶饮者，王八蛋饮也，死囚饮也。君没有见过绑赴刑场，执行枪决的场面乎？无论监斩官和死到临头的朋友，一举一动，一饮一啄，都有一定之规。先是监斩官老爷摆上香案，警卫林立；然后死囚先生腕戴手铐，胫戴脚镣，前呼后拥而来；再然后监斩官告诉他曰：“上诉已经驳回，死刑确定，现在就要动手啦，阁下有无遗言？”死囚听啦，面现阴影，答曰：“我不该一时气愤，捅他一刀子。可是有些人捅别人两刀子，也是命案，只不过判了三年徒刑，我无红包，只好抵命。奉劝年轻朋友,不可学我榜样,好啦,请吧。”接着狱吏摆上一盘馒头,一盘酱肉,一杯高粱酒。该死囚举起杯子,一饮而尽,有些英勇过人的朋友,还喊一句口号曰:“再过二十年,又是一条好汉。”然后砰的一声,隆重崩殂。呜呼,死囚之饮,不自由之饮也,正如书上所曰:“礼席丰宴,繁文缛节。终日拘挛,唯恐僭越。”柏杨先生平生最怕这种宴会,主人和客人之间,不过萍水相逢,说不认识吧,仿佛认识;说认识吧,筵会散后,见了面连招呼都不会打。盖主人往往是大号或中号官崽,从前皇帝赐宴,就是一个好例子,不信的话,在金銮宝殿上,打破一个杯子试试。

驴饮,亦王八蛋饮也。反正驴子和王八蛋都是一类东西,盖王八蛋是形容其品,驴子是形容其行。台湾驴子甚少,似乎圆山动物园养有两位,从前还挂着招牌曰:“其鸣声甚为悦耳”。悲夫,真是世界大变,大变世界,驴先生的鸣声都悦起耳来,自无怪大学堂教生都说黄梅调胜过交响乐也。前天我又去动物园一游,该招牌已经不见,是刮风刮走了乎?抑是园老板不好意思,自动拿去了乎?我们不知道。我们知道的是,驴子鸣声,实在难听;而驴子的“饮”相,尤其抱歉加三级。读者先生逛园之时,不妨请园丁打桶水去表演一次,你看该驴先生和驴女士,一头插到桶里,肮脏而猥琐的尾巴,左摇右摇,前后摇,好不奇妙。只听它阁下的喉咙隆隆作响,一会工夫,桶水全干,得意之余,仰脖猛叫,白的牙齿连同红的牙床,在颤动的黑唇中忽隐忽现,可列为动物界十大奇观。故书上曰:“杯不厌大,酒要满斟。持筹呼马,大肆鲸吞。”呜呼,驴饮最容易发生在酒肉朋友之间,一群表面上生死弟兄,或一群自称为铁肩担道义的狐群狗党,被捧着玩的人自以为全属道义之交,经常聚在一起,大吃大喝,猛赌猛嫖,想不驴饮,不可得也。

然而驴饮和豪饮有别乎?当然有别,就跟良家妇女们和应召女郎有别一样。可能表面上没啥不同,即令有啥不同,不同之处也甚微小。但其本质固有差异,看别人喝酒看得多啦,心里便会有一个分际,这在法庭上谓之“自由心证”,有心的朋友,一观察便可知焉。

葬饮者，更是王八蛋饮也。葬饮比凶饮程度上略微差劲。凶饮时固然衣冠整齐，正襟危坐；葬饮时也同样衣冠整齐，正襟危坐。不过凶饮如执行枪决，葬饮如下棺入土。名义上虽然是联欢宴席，却弄得好像活埋，动也不能动，晃也不能晃；主人举杯敬酒，客人连忙举杯应之；主人举起筷子曰“请”，客人才敢在盘边上挟一块苍蝇爬过的豆腐，主人不“请”，客人便宁可馋死都不敢夹。主人谦虚曰：“没啥好菜！”客人急忙奉承曰：“菜太奇妙啦。”主人曰：“我没有量，各位随意。”客人为表示赤胆忠心，竟一口喝光。书上曰：“冠袍带履，坐分元黄。让箸举杯，诚恐诚慌。”其实葬饮也可叫“算盘饮”，虽然君子，却是拨一拨，动一动也。

尸饮者，正宗的王八蛋饮。君没有见过死尸乎？不管他生前是啥大人物，一旦魂归地府，就算是彻底报销。挺尸在床，骂他他不还嘴，揍他也不还手，就是写篇文章作首诗讽他一刺，或幽他一默，他也兴不起文字狱。故书上曰：“倒地谩骂，呕吐成渠。僵卧不醒，人事不知。”这种挺尸的干法是酒品中最低一级。英明一点的朋友，像刚被黑猫爬过，蠕蠕而动，两眼发直，双手乱抖，口流白沫，又打老婆，又打孩子，好像一具毫无理性的死尸。文明一点的朋友，则栽倒地下，不言不语，不哼不哈，如果不去摸他的心口，准以为他中毒倒毙。呜呼，尸饮者，不但是正宗的王八蛋饮，简直是正宗的狗头饮，流氓饮，猪猡饮也。

无论是哪种饮，中国的饮法有自己的一套，和洋大人的一套迥然不同。中国的杏花村酒店，酒客进去落座，要上三两五两白干，再要上一盘花生之类的佐酒之物，然后安闲举杯，悠然咀嚼。一次只喝一点，一次也只吃一粒，其味无穷，而且啧啧有声。洋大人的酒吧便粗线条多矣，看那黄发碧眼的酒同志，进得店来，要一杯威士忌，或要一杯白兰地，只听咚咚咚咚一阵，一秒钟不到，就杯底朝天。然后付过酒钱，扬长而去，好像中国小孩在街头喝一杯甘蔗水一样。呜呼，不但酒吧如此，就是在洋大人府上，也是同一个调调。朋友光临，先问你喝啥，有一次柏杨先生曰：“来杯冷茶吧！”把主人弄得大吃一惊，盖在美利之坚,除非他是明目张胆的禁酒会会员,很少人喝茶的也。即令年轻的太太小姐,顶多喝点性质缓和的玩意儿;一个堂堂皇皇的男子汉,竟不喝酒而喝茶,真能笑得连鼻涕都流出来。

我想,这固然是中外华洋生活方式不同,但也是体力的强弱问题。君不见洋大人吸雪茄的多,而中国人吸雪茄的少乎?非雪茄不好吸也,乃雪茄全是烟叶裹成,货真价实,没有掺一点减少刺激的作料。丘吉尔先生已经八十四岁矣,吸起雪茄来好像胡子着火。换成中国人,即令是最最伟大的瘾君子,吸不上三口,头也会晕,眼也会花,嗓子更是酸辣干痛,巴不得去跳日月潭。喝酒的情趣大概同一道理,黄帝子孙多半弱不禁风,受不了那种搞法。柏杨先生有一位酒朋友,只喝了半瓶伏特加,便心如火烧,皮肤像用滚水浇过。几个人把他脱光抬到雪地里去冻,幸而不死,但也得了肺炎,躺床五月之久。无怪乎我们所有文献上,都赞扬雅饮,而谴责王八蛋饮,良有以也。

25. 酒　品

看报,台湾省议员陈重光先生在饮酒上就露了一手。正当我们谈饮酒谈得头昏脑涨之际,陈先生现身说法,大闹"小苏州",使人耳目一新,帮了柏杨先生一个大忙,真是感激不尽也。话说 1963 年 7 月 22 日晚十一时左右,陈重光先生携同他的朋友驾临台中市光复路小苏州酒家,叫了几名美女如云,左拥右抱,猛灌黄汤。思一思,想一想,俺竟是一位议员,好不快活,乃搂得也越吃紧,灌得也越努力。偏偏有两位警察学堂刚毕业的警员,初生牛犊不怕虎,不知道议员的厉害。呜呼,据说大人物所在之地,都有罡气冲天,大概该年轻警员在学堂里没有读过"罡气测量学",竟贸贸然跑进了该酒家,查起酒女执照来啦。陈先生一瞧,好家伙,有俺在此,岂容别人猖獗。乃大声喝曰:“你们干啥?”两个傻瓜尚不知大难当头,竟据实以答。陈先生立刻放下脸皮,吼曰:“酒女已经不领执照啦,你们找什么麻烦?”两个傻瓜曰:“你是谁?”何物小丑,有眼不识土豆,当着那么多美女如云砸我的招牌,是可忍孰不可忍。乃刷的一声,像剑侠掏出宝剑一样,陈先生掏出名片,一片在手,声势更振,既蹦又跳曰:“连我都木宰羊,我叫你见识见识。”两个傻瓜一看是省议员老爷,立刻屁尿直流。陈先生的朋友在旁过意不去,乃安慰曰:“你们警察是对的,陈议员喝醉啦。”谁知道不说还好,一说之下,陈先生更是义愤填膺,呼天抢地曰:“我没有醉,我要找他们局长算账。”接着是一连串精彩、香艳、奇情、惊险镜头,一直上演了四十分钟,大获全胜,才算鸣金收兵。两个傻瓜吓得向赶来现场的长官坚决请调,泣曰:“不知道特权分子竟如此可怕也。”

据说陈先生还要拿出看家本领,在议会提出质询,以便彻底打击该两个傻瓜,而儆效尤。这些事不在我们讨论之列,随他去搞可也。我们讨论的是,像陈先生这种酒品,应归入何类?说他是雅饮乎?曰不像;说他是豪饮乎?曰不像;说他是可怜饮,半掩门饮乎?曰也都不像。真把柏杨先生难住矣,盖陈先生竟把酒的行为拉到议坛上,更拉到政治上,诚五种酒品外一章,乃第一等高手。无怪乎台北市民一听说他们的议员如此猛烈,无不额手称庆。选这种人当议员,真是祖坟上的风水好耳。

盖酒品精彩,酒德稀里哗啦的朋友,酒醉之后,容易产生两种现象,一种前已言之,是潜意识出笼,一种是错误的自信。陈先生在平常清醒时期,看起来好像俨然,但心里早已因为自己当选了议员而唱山歌。噫,省议员的苗头真是大哉大哉,连省长见啦都哈腰,警务处长都欠屁股,这种威风,唯恐天下不知。平常尚有节制,一旦酒醉,便爆了出来。有一则故事,现在再说上一遍,从前有两个土豹子合出分子,雇了一辆骡车,到郊外踏青。二人抽签决定,谁坐门口,谁坐门内,结果某甲抽中,坐在门口,某乙只好坐在车厢里发闷。到了郊外,游人如织,美丽的小姐太太,尤其是多,某甲在门口洋洋得意,左顾右盼。某乙空穿了一身漂亮衣服,挤在一隅,心里的别扭,就别提啦,乃问车夫曰:“你这后窗玻璃多少钱一块?”车夫曰:“八十文。”某乙曰:“我赔你八十文。”说毕一脚踢碎,伸出其尊腿,大呼曰:“快来看我的新绿油套裤。”陈重光先生之掏名片,亮招牌,又喊又跳,又打电话又质询,不过是要露他的新绿油套裤也。

因为饮酒可以使潜意识暴露,所以历史上都是用酒去考察对方的品行和道德。最早的《庄子》九德,其中的一德就是“醉之以酒观其则”,把一个人灌醉,他平常脑筋里胡思乱想的那些玩意儿,会全部外泄。酒醉好像一个照妖镜,能把他照得清清楚楚。柏杨先生有自知之明,故从不敢大醉特醉,一旦大醉特醉,包管丑态毕露,惨不忍睹。不过话又说了回来,一个人潜意识装得太多,积压得太多,实在也是沉重的负担,如果不想办法发泄发泄,真能把人闷死噎死。曾有一篇小说,日本人写的,忘其名字矣。一个银行小职员,那一天刚和一位美丽小姐订婚,高兴得要死,巴不得跑到大街上弄个喇叭宣讲一番。同事们也都知道他有喜事,可是偏偏地假装不知道,该小职员故意做出种种奇怪动作,希望有人问他,他就可以开讲。想不到任他如何表演,都没人问,只好两眼冒火。一直气了一天,下班后找到门口的警察,才算吐露个完。那警察真是救命恩人,否则他不得了啦。呜呼,有些人常常假装酒醉,大发其疯,恐怕是有他自己难以告人的痛苦,我们不但不应笑之恶之,应该同情之才对也。

酒醉除了潜意识失去控制外,还容易产生夸大的自信。清醒时根本办不到的事,一旦潜意识那种自大狂倾巢而出,谁敢惹我?我又怕谁?三杯下肚,天老爷是老大,我是老二;等一会儿三瓶下肚,我是老大,天老爷不过老二。有这么一则故事可资说明:一头马戏团的狮子不知怎么搞的,逃出樊笼,到闹市观光,小民闻风而逃,全城沸腾。这时候一个满嘴酒气的家伙昂然而往,走到狮子面前,用手拍它的脑袋,大喝曰:“畜生,还不滚回去,再在这里胡闹,小心我扭断你的脖子。”狮子愣了半天,摸不清他的底牌是啥,只好垂头丧气,回到它的笼子。

好啦,该家伙如此英勇,那还了得,市长大人决定颁给他一枚奖章,以资表扬。第二天他酒醒之后,去市政府领取,听到市长大人宣读他的英勇事迹之后,不禁大惊,喘气问曰:"你说啥?你说昨天那玩意儿不是人假扮的,而竟是真狮子?"市长曰:"当然是真狮子。"该家伙一听,魂飞天外,忽冬一声,栽倒在地,人事不省。

不仅该家伙如此,武松先生景阳冈打虎,固然他有几手,但也是仰仗喝了老酒。看打虎时何等威风,可是等到老虎死了之后,酒也醒啦,虽没有当场表演晕倒,却吓累交加,连老虎的尸首都拖不下岗。这种自信固然可以生出奇勇,同时也能生出奇恶,平常畏惧国法,不敢横行,几个歹徒聚在一起,灌满了肚子,拿刀的拿刀,拿枪的拿枪,若抢劫,若强暴,若杀人,啥都有胆量试上一试,至于吓唬吓唬两个初出茅庐的警察,更是轻而易举。

26. 由饮到吃

欧美朋友喝酒在酒吧,简单明了;中国朋友喝酒在餐桌上,一请三让;只有日本朋友独出一格,乃是跑到酒家,左拥右抱。前已言之,中国朋友向慕的是温情的享受,而酒家实在没啥可留恋的,酒家那一套,只不过官感刺激。像日本的国花樱花一样,一拥而上,浓得不可开交,但经过一番大闹大喊,作鸟兽散,又凄凉得不可开交。我常想,日本的艺妓才是真正的最高艺术境界,正合乎雅饮仙饮的情调,而酒家里翻江倒海的搞法,实在是二流货色,即令不低级,也高级不了也。柏杨先生初到日本时,三更半夜,在街头巷尾,或长椅上,或草地上,或人行道上,或水沟边,往往发现东倒一个,西倒一个,躺在那里,哼唧的哼唧,蠕动的蠕动。不禁倒抽冷气,以为他们竟然蛮性不退,杀人如麻。日子久啦,才发现毛病出自酒家,盖日本青年以为必须那般挺尸，才够派头，一个男人如果一生中不挺几次尸，真是死了都没脸见阎罗也。

文化的移植，往往只有二流以下的货色最为容易，高级的因格调太高，不是短时期内就可生根。所以女人和酒最高级的艺妓文化，台湾不能接受，而酒家的一套，却大为流行。几乎所有从大陆来的同胞，都对此大惑不解，认为这就是日本文化的精华，那对日本人真是一种侮辱。即令在日本本土，酒家之风也逐渐衰落，盖从前那个半封建工业，靠着殖民地的血来养肥自己的“母国式”的社会，有时间有金钱去找酒家式的刺激，如今两者都不允许，它就不能不变，一切都是单人独马，再不易狐群狗党，浩浩荡荡而搞矣。

所以老一辈的日本人最喜欢来台湾观光，盖江山虽改，酒家仍旧，一则可发发思古的幽情，一则也可过过日本难得过的老瘾。再厉害的人物，别看他在办公室道貌岸然，一脸忠君爱国，凛然不可侵犯。一旦到了酒家，见了美酒如海，美女如云，就露出狗吃屎的本性，左手抱一个酒女在腿上，右手则猛摸焉——满是青筋的手在细嫩肌肤上滑动，真是罪过。另一个酒女则在他旁边，拉其耳，掀其鼻，像兽医往猪嘴里灌猪药似的，往他嘴里猛灌什么乱七八糟之酒。柏杨先生一次应邀作陪，男主角是日本某公司的董事长，老浑蛋矣，鼻孔高翘，说话待理不理，朋友因要做他的生意，只好忍气吞声。问计于我，我就建议把该老浑蛋弄到酒家去，另外请了一位酒女，先付小费若干。于是，不过两小时，该酒女拧该老浑蛋的肉，叫他学羊叫，他就学羊叫；叫他学牛叫，他就学牛叫；叫他跪到她面前，头顶拖鞋喊她娘，他就跪到她面前，头顶拖鞋喊她娘。我冷眼旁观，老浑蛋头发已白了四分之三矣，大女儿已大学毕业矣。闭门造车，尚情有可原，在酒家公开展览，又何苦来哉。但固大有人喜欢那个调调也。

酒的情调是中国的好，吃的情调，中国更是高居首席，常听见有人摇头曰：“中国是吃的文化。”嗟夫，一个民族的文化，其精华就在吃上，离开了吃，那文化便不值钱，便是假文化。我们常见有人坐着牛车去赴宴，羊羔美酒，欢天喜地。而有谁乘飞机去茹毛饮血，跑到水坑里喝泥汤乎？先有吃的文明，才有其他文明，盖吃为文明之母，没有吃，便没有文化。战争促使武器进步，和平则促使饮食花样一天比一天增多。所以，在吃的文化上，无论他是东洋之大人或是西洋之大人，全都差劲，其中关键，在于我们中国把烹饪当作一种艺术，而洋大人则当作一种科学和当作一种救命学。夫饮食最主要的要素有三，曰“色”，曰“香”，曰“味”；不但颜色要妙不可言，有红的焉，有黄的焉，有蓝的焉，有灰的焉，有白有黑的焉，有紫有绿的焉，配合化合在一起，叫人看了舒服，跟看了美丽的太太小姐舒服一样，巴不得马上就咬一口；不具备这种条件的东西，看起来肮脏兮兮，好像一泡狗屎，便抱歉了也。不过仅只颜色妙不可言还不行，还要发出妙不可言的香味，才可所向无敌。饥肠辘辘的时候，远远就闻到香喷喷的米饭在锅子里冒气，如果再有人在那里炒肉炒蛋，弄得肉味与蛋味一齐出笼，扑鼻而来。古人云“垂涎三尺”，我看三尺都不够，至少得垂六尺，才能表示紧张于万一。色和香的诱惑，对饱食终日的家伙们影响不严重，但对穷小子便不得了啦。柏杨先生逛街逛到馆子门前，就下巴突出，紧闭尊嘴，以防流出口水，盖流口水而不幸被人看见，就太不够朋友。这种香和太太小姐往脖子身上乱抹乱搽的香，固异其曲而同其工，诗不云乎：“不曾真个也销魂。”用不着拥之吻之，或再进一步“真个”之，只要看看她的色，闻闻她的香，就已经不能活啦；能有口水流出来，而且垂涎三尺，还算有了不起的定力，换一个低级一点的朋友，早馋死了也。

“味”则更是主角，仅仅看着好，闻着好，却下肚不得，也是枉然。商店橱窗里摆的塑料模特儿，即令洒上十斤香水，色香虽兼备矣，也敌不上活生生的血肉女郎。我不知道台湾搞宣传的正人君子，整天猛喊缩衣节食，他们吃过糠没有？柏杨先生则深知糠是啥子滋味。穷苦不堪的朋友，把糠做成馒头模样，外表涂一层牛车上用的轴油，看起来好像高粱面窝窝头，可是一吃下去，便全不对劲。高粱面虽然涩而且苦，但它是黏的焉，在嘴里尚可结成一团。而糠一入口，便像核子爆炸，散为千粒万粒，和吞下一口细沙一样，实在是咽不下喉。

悲夫,柏杨先生积七十年的经验,对人生颇有一点心得,在吃的方面,我发现糠实在没有面包牛油好,一个人除非沦落到吃糠的地步,便算不得可怜虫也。

27. 中国菜

世界上只有中国菜色香味三者俱备,东洋大人和西洋大人,都得甘拜下风。以美国为例,不要看他地大物博,今天发明原子弹,明天发明核子弹,好像了不起模样,其实在吃的文化上,固是落后地区。美国食品,美则美矣,但吃到嘴里,其味实在是不敢恭维。呜呼,吃洋玩意儿和吃糠似乎有异曲同苦之悲,别看它光彩夺目,引得你口水直流,却往往是绣花枕头,中看不中吃。君没有见过洋婆子烧菜乎!盐放三公分,糖放五公分,兢兢业业,如临大敌,不像是在烧菜,而像是在配药。我有一个朋友,从前在得克萨斯州立大学堂念书,因吃不下洋人的菜饭,弄得骨瘦如柴,便是太不明白中西文化的分别。盖吃中国菜是一种享受,不但是人生的美化,也是艺术的欣赏。吃洋大人菜等于吃药,那药即令是用银瓶玉瓶金刚钻瓶装着,药固是药也。如果一面吃,一面心中念念有词曰:“这一块牛油有热量三百卡路里,这一匙色拉有维他命甲两万国际单位。”就会心安理得,快乐非凡。该朋友还算福气不小,听了我的言论,茅塞大开,乃以吃药的精神去吃饭,不出三个月,养得又白又胖,后来回国,纳入摇尾系统,当起了大号官崽。要不是我一番指点,恐怕他早葬身异域。

我们拼命赞扬中国菜妙不可言,当然因为我们是中国人的缘故,但我们也有客观的根据,不完全是义和团干法,阁下调查过没有?世界上只有中国饮食是不靠国力而纯靠艺术造诣,侵入各国社会的,美国也好,日本、韩国也好,法兰西、巴西也好,处处都有中国餐馆。固然台湾也有日本料理,但那是日本皇军开枪开炮的遗迹。固然台湾更到处都是西餐馆,那更简单,想当年鸦片战争,英夷船坚炮利,不但把鸦片打进来,也把西餐打进来,现在美援第一,美利坚大人满街都是,干洋务的朋友多如牛毛,西餐的势力固方兴未艾。独中餐最怪,啥都不靠,只靠自己的真实本领,和高度的艺术成就,竟打遍了天下,洋大人只要吃上一顿,包管心服口服。

其实随着国运的不济,烹饪这一行也受到影响,即以台北街头而论,够水平的馆子就不多,若渝园,若状元楼(此楼好像专门教人中毒拉肚子),若峨嵋餐厅。还有其他的第一饭店,中国饭店,手艺虽然不错,可是那种地方,乃花公款和送红包的地方。柏杨先生之流的升斗小民,只配在门口舐舐嘴唇。其次小一点规模的馆子,做出来的东西,其色之劣,其香之不对劲,其味之莫名其妙,能把人气得痛不欲生。台湾尚且如此,外国的“中华料理”更不用说啦,荒腔走板的程度,较台湾更为精彩,猪肝面不是猪肝面,炒豆腐不是炒豆腐,乱七八糟,胡搞一通。有一次我在韩国一家中国馆,老板把乌鱼子都放在杂碎里,你想那还能吃乎哉?白糟蹋了我三两银子。

(柏老按:一九六十年代,台北馆子不过百余家。一九八十年代,台北馆子六千余家矣。文内所提到的,现在差不多已沦为七流八流,或被淘汰。人世沧桑,能不感乎。)

问题是,别看外洋的中华料理不堪下咽,中国人见了摇头,却是颇蒙洋大人青睐。据非正式统计,洋大人光临中国餐馆,远超过中国人光临,盖中国人自幼吃中国菜,一个个都是顶尖的知味官,对于把乌鱼子也算杂碎的干法,倒尽胃口。可是洋大人不然,不要说把乌鱼子当杂碎,吃得津津有味,就是把西瓜皮当杂碎,也一样吃得津津有味。一则震于中国菜的威名,二则也确实满口生香。呜呼,仅仅在吃的这一方面,生为洋大人便是一种惩罚。早上起来,灌上一瓶牛奶,便匆匆而去;中午更是可怜,或三明治,或热狗,再加上一杯咖啡,一个人蹲在墙角,寂寂寞寞地闷吃;只有晚饭比较丰富,可是以他的收入,如果换吃中国菜,包管有更妙的滋味。有些洋大人不甘心中国占先,就搬出科学武器,宣称经过化验,中国的那一套,像燕窝啦、海参啦,统统是些废料,没有一点营养价值,即令有什么维他命、荷尔蒙,其数量也微乎其微。不过,它们有没有营养,是一回事;其做法可口不可口,是另外一回事,吃饭吃药的基本差异固在此也。

据说,人生三大享受是:住西洋房子、娶日本太太、吃中国菜,发明这三种享受的朋友,真应该得诺贝尔奖。无论如何,西洋人盖的房子属于上帝杰作,柏杨先生从前茅塞未开,心里一直有一个疑团,那就是,北京紫禁城里有座富丽堂皇的皇宫,为啥不把中央政府放到里面乎哉。自从清王朝下台鞠躬,溥仪先生被赶了出去之后,乃改为博物院,我就非常奇怪。即令不把中央政府放到里面,如接待接待外交使节,似乎也可利用。世界上所有由君主变为民主的国家,政府差不多都仍设在原来皇宫,我们何必特别谦让?这疑团一直到我有机会前去一番参观,才算恍然大悟。盖中国宫殿建筑,除了那个飞檐溜瓦的房顶,还不无可取外,其他方面,无不糟到了牛角尖,成了无可救药的绝症。夫中国皇宫是中国建筑的精华,但该精华至少有两点,暴露出来我们住文化的低落(我说这话,毫无卖国之意,义和团朋友尽可不信,千万别向治安机关打小报告),一曰柱子多,进得宫门殿门,但见左也是柱子,右也是柱子,前也是柱子,后也是柱子,好像到了长安碑林,使人疑心每个柱子底下都埋着一个尸体。另一曰光线黑暗,宫也好,殿也好,虽不能说伸手不见五指,但其阴气森森的程度,和乡下藏萝卜的地窖,没啥分别。当皇帝当然十分舒服,柏杨先生这一生最大的愿望,就是弄个皇帝干干,可是如果仅就他们住的寝宫而言,我宁可仍伏在我的明窗净几之上写杂文。和英国白金汉、俄国克里姆林、法国凡尔赛、德国波茨坦,比较起来,中国同胞应该羞得上吊,盖在这一点上,外国月亮比中国月亮圆得多啦。

28. 碰而知之

中国有自豪的五千年悠久文化，而住的地方竟如此之糟，建筑工程又如此之陋，真不知是啥道理？若说中国人天生的其蠢如猪，我不相信；若说像上帝罚西洋人结领带一样，也罚中国人住丑恶的房子，我也不相信。但中国人住的房子，上自皇帝老爷的宫殿，下至柏杨先生的低洼地区，实在是有冤难伸。西洋建筑，无论是上古时代罗马式的焉，希腊式的焉，或是最近代魔鬼式的焉，流线式的焉，以及其他各式各样的焉，万变不离其宗，都具备两个特点，一曰屋顶高，一曰窗子大。住在里面，真能骨蚀魂销，不要说现存的建筑物啦，便是已成为废墟的雅典万神庙，仅那几根巨大而上冲霄汉的廊柱，便使人感到该时代希腊人的雄伟。人在巨柱之下，好像一个蚂蚁，中华民族好像没有这种魄力。

其实不要说欧美的建筑是天字第一号，便是日本的建筑，也是天字第一号。欧美建筑如苏东坡先生的大作，关西大汉，执铁牙板，高歌大江东去；日本建筑，就像柳永先生的小词，二八佳人，执红牙板，低唱晓风残月。呜呼，日本朋友的房子，小巧玲珑，幽雅安静，似乎随时都能拿到手里赏玩欣赏。它们唯一的缺点是天花板太低和门框太低。天花板太低，使人有一种泰山压顶的感觉，住得久啦，能压得头昏脑涨，中风不语。但那尚是属于精神上的，不无可原。而门框太低，把人的天灵盖当保龄球一样，不断乱撞，便不可原谅矣。人有生而知之者，有困而知之者，有学而知之者，只有住榻榻米的朋友，乃碰而知之者。柏杨先生初来台湾，住的就是日本房子，不到半个月，全家老少，额前都凸出一个大包。有时街上遇到朋友，或去朋友家串门，见他们额前多半也有大包，互相瞭望之际，不禁大乐。有一次一位人高马大的美国债主,前来讨债,讨债的结果当然是不欢而散。我连吃饭都成问题,哪有钱还他的花旗钞票哉。他大怒而去,没有走上两步,只听天崩地裂一声,他以手抚头,晃哉晃哉,一下子栽倒在地。我以为老妻穷急生疯,在他背后暗下毒手,原来他英勇地撞到横框上也。他被救醒之后,不但不感谢灌他姜汤的救命之恩,反而宣传我不是人,欠账不偿,还要给他一棒,有损国家名誉,莫此为甚。这种坏处还不算了不起,一旦英勇过度,碰出了个脑震荡,弄得群医束手,那才更为精彩。

碰而知之,可以养成低头的善良习惯,不但在家可以免灾,到社会上也可以免祸。日本以善于鞠躬闻名于世,你看他双手抚膝,一面口中念念有词,一面猛弯其腰,受之者好不快活。我想这种礼节便是在榻榻米上练成的,盖横框低而且多,你不鞠躬不行也。日本房子除了可住之外,还有其伟大的教育意义,中国同胞,不可不知。

除了碰而知之,日本房子另一个特征是进门脱鞋。榻榻米乃是专为木屐而设,一旦穿皮鞋的朋友住上了榻榻米,或是去拜访住榻榻米的朋友,一上一下,简直就是一场诺曼底登陆战。大家如果都穿木屐,只要伸脚一甩就行,既不耽误时间,也不致躬其背而弯其腰。呜呼,系鞋带乃最大一关,当聚会宴会一哄而散之时,大家争先恐后,下到玄关。有的拖着鞋到院子里系,有的点着脚一瘸一瘸拐到门口系,有的则当场系之,有的自己系罢,又为一些叫闹蹦跳的孩子们系之,每人都以九十度的姿势撅其屁股。大家既纷纷猛撅,于是东也一个屁股,西也一个屁股,有些肥胖朋友,或平常不太运动的朋友,弯腰弯得太久,撅屁股撅得过高,还发出一种狗吃屎时那种哼唧之声。遇到运气不佳的,鞋带纠缠在一起,解也解不开,结也结不住,一个个大汗淋漓,满脸发紫,蔚为奇观。

主客之间的关系,也以日本房子最使人伤心欲绝。客人进得屋门,主人曰:"张兄张兄,好久不见啦,快请进,快请进。"但客人却是既不能快,更不能进,他所做的第一件事便是英勇地撅起来他那尊贵的屁股。主人对其屁股拱手曰:"咱们老弟兄十八年没有见面啦,昨天在街上遇见打狗脱王,还提到你哩。"该屁股气喘如牛地答曰:"是呀,是呀,我早就想来看你,总是忙得不能分身,今天恰好休假,真是老朋友啦——干你娘。"是干主人的娘乎,当然不是,乃是干鞋带之娘。原来鞋带缠在一起,越急越解不开,而解不开便脱不下。有些贤主人被一声"干你娘"吓了一跳之后,心有余悸,结结巴巴曰:"不要脱啦,不要脱啦,请进请进。"为了表示精神团结,还曰:"我们是不脱鞋的呀。"登榻榻米而不脱鞋,哪有这种干法?客人自然不肯上,其屁股遂撅得更神圣不可侵犯矣。有些客人为了表示决心,索性一屁股坐下来,大发雷霆,一把拉断,其痛苦之情,使人落泪。远远望去,一个人面色严肃的高站台上,另一个人痛苦万状地在台下撅着屁股,发喘流汗,好一幅"三作牌修理小民"行乐图也。

然而,日本房子固是只为穿木屐的同胞而造,不是为穿皮鞋系鞋带的朋友而造。穿鞋带皮鞋去拜访榻榻米,等于穿钉子跑鞋去拜访地板地毯,不是主人不合时宜,而是自己不合时宜。我们发现,西洋建筑有百利而无一弊;东洋建筑,利弊兼而有之(如果能再高敞一点,玄关再设一专椅,以供坐下来解鞋带之用,便百丽俱臻矣)。只有中国建筑,既比不上东洋,更比不上西洋,有百弊而无一利。典型的中国建筑使人有两点感觉,一曰窗子出奇的小,一曰线条出奇的陋。大都市已不太看见这种传统文化矣,但在荒村僻壤,这种文化却多得是。窗小如斗,望之好像一栋监狱,而不像一栋人家,真不知道老祖宗当初是怎么搞的也。

29. 外国月亮圆

在建筑方面,外国月亮就比中国月亮圆,中国月亮不但是扁的,而且也暗淡无光。不要说荒村僻壤,纵然在台北街头,有时候也使人怵目惊心。西洋式的公寓既实用又漂亮,而台湾式的公寓就窝囊得很。进得门来,长方形一块,用木板在其中圈成两个或三个房间,旁边留着狭长一条甬道,好像大棺材里套着小棺材,既不通风,也无光线。呜呼,房子这玩意儿实在不简单,固是科学,也是艺术。科学者,盖起来的房子必须坚固,君记得一位颇负盛名的老建筑师乎?凡是他设计的工程,到了后来,天花板必然轰然而垮。这件事发生在四年之前,报纸上也有记载,便是科学上欠点功夫也。前些时俄国人曾吹牛曰:纽约帝国大厦盖得歪歪斜斜,正象征丑恶的资本主义,而俄国建筑师却能把高楼盖得笔挺。这牛吹了出去,自由世界建筑师的大牙,一齐掉了个光。盖楼房如果太高,好比说如果超过四十层或五十层,上下就不能垂直。为了应付高空多变而强力的气流,大厦必须有点弯曲,而且还得有点弹性,不能硬得像一块生铁,否则太刚则折矣。不要说你是俄国人盖房子都得遵循一定之规,即令你是埃塞俄比亚人也得遵循一定之规,花样可以随便出在艺术上,不可以随便出在科学上也。

世界上每一个有相当程度文化的国家,都拥有巨大雄伟的建筑,只我们中国,啥都没有。南京是六朝所在,而今宫殿何在乎哉耶?连一砖一瓦都没有矣。固然还有一个"明故宫",可是明故宫却是一个飞机场。西安也是古都之一,作为国都凡一千一百七十一年之久,什么未央宫焉,阿房宫焉,也是一砖一瓦都没有矣。洛阳亦然,历史上和文学上对洛阳的歌颂最多,而洛阳女儿艳如花,和金谷园同时闻名于世,而今啥都不剩。不要说魏晋的皇宫不见啦,金谷园也成了一个破落的荒村。洛阳城内更一塌糊涂,矮矮的房子,窄窄的街道,还赶不上台湾三等村镇。开封似乎比较好一点,还有一个宋王朝的宫阙废墟,当地人称之为"龙亭"。该龙亭也不过一个砖砌的高台,既不庄严,也不雄伟,三千个龙亭加在一起,不如一个法国的凡尔赛。不要说三千个龙亭,就是三千个北平紫禁城里的明宫清宫,都不如一个法国凡尔赛也。

我说这些,是想表示外国的建筑月亮,确实比中国圆。呜呼,到日本可看电视塔，到美国可看帝国大厦，到欧洲或到印度，可看他们古老的和雄伟的建筑，并可借着建筑物内发生过的事件，认识他们光荣的历史。只有中国国土上，一片荒凉，五千年光荣传统，只有书本为证，怎不使我们黄帝子孙，自怨自艾哉。

中国人在建筑学上一无成就，大概和圣崽太多，圣崽的势力又太盛有关。夫圣崽者，乃斲丧人类灵性的一种丑恶巨斧。偏偏中国特产这种玩意儿，以致搞了个天昏地暗，你我小民，有啥办法？圣崽们天生地专门跟科学跟艺术作对。对于任何新的发明、新的创作，和新的改革，统统恨入骨髓。大家都用脚步行，你却发明了独轮车。大家都用牛耕田，你却用牛去拉车，而车上竟然坐着你的太太。用牛拉车已够圣崽生气，你太太再那么漂亮，圣崽们的气就更膨胀。大家都住在茅草棚里，你却烧砖盖屋。大家都住的小房子，你却盖了一座高而且大之楼，圣崽们的气就更加不可遏止。于是乎一面宣传颜回先生连枕头都没有，所以十分伟大；一面攻击别人求进步、求幸福的行为，是“奇技淫巧，以悦妇人”。罪名既那么沉重，圣崽对自己的故步自封，便心安理得矣。

有历史书的朋友不妨翻翻看，当谏臣的一些家伙，最喜欢规劝的，就是皇帝盖房子。柏杨先生可惜没有作过统计，但我希望研究历史的朋友，如果有兴趣，真该分开项目，一一调查登记。据我的印象，谏臣们对国家大计方针好像谏的少，对暴政苛税好像谏的也少，而对皇帝盖间房子的事，却谏的特多。我说谏的少，不是说根本没有，有学问的朋友可以举出两火车的例子证明。我的意思只是说，那些谏臣最喜欢的事，莫过于谏谏皇帝的房子。当皇帝兴之所至，要盖一座宫或盖一座殿的时候，圣崽和准圣崽，以及圣崽加三级的家伙，得到消息，马上就如丧考妣，痛不欲生。上奏章的上奏章，当面报告的当面报告，好像皇帝不是在盖房子，而是在用大铁锤猛敲核子弹，堂堂中华，立刻就要亡国灭种。有些皇帝心肠比较软，看大家面红耳赤，算啦算啦，不盖啦。不盖啦者，历史书上名曰“罢之”。一群谏臣，一看罢之，欢天喜地，认为国势因之大振。有些皇帝心肠如铁，如赵高祖石勒先生，便大怒曰："普通小民，有几个臭钱，还想买一栋好屋，何况皇帝乎！"（"人家有百匹资，尚欲市别宅，况有天下之富，万乘之尊乎！"）于是打的打，骂的骂，盖"不斩此贼，朕宫不得成"。结果凡盖宫殿的皇帝全是昏君，凡规劝皇帝不要盖宫殿的全是贤臣忠臣。

历史上这类故事千桩万桩，谏臣平常没有事干，对国家大事不敢表示意见，对政府的暴政苛税更不敢表示意见，盖那玩意儿如"清华大学"的原子炉，碰不得也。只有碰皇帝的房子，危险小而利益大。历史上固有谏兴建而被杀了头的，但比例不多，大多数都不过吃一顿没趣而已，一旦时来运转，皇帝来一个"罢之"，就可以名垂史册矣。于是乎，堕落的故步自封心理和进取的功利主义相结合，产生了圣崽思想和圣崽行动。连皇帝盖间房子都缚手缚脚，中国的建筑事业，被不断地拦头一棍，遂不能长进。

30. 烧一次又一次

南京、北京、长安、洛阳、开封，都是中国有名的古都，无人不知，无人不晓，但中国的古都固多得很也，像山西临汾，四世纪时称为平阳，汉赵帝国就以那里为根据地，把晋政府打得落花流水，活捉了两个姓司马的皇帝，在该地献俘。像陕西的横山，五世纪时叫作统万，曾作为胡夏帝国首都。胡夏皇帝赫连勃勃先生筑横山城时，叫士兵用矛猛刺，如果把城墙刺一个坑，就杀工人，如果刺不了一个坑，就杀士兵。像河北邢台（襄国），石勒先生曾大起宫殿，前已说过，有些大臣还努力规劝，以示事体重大。像山东益都（广固）、河北定县（中山）、河南许昌、四川成都，都作过中央政府所在地，发号施令，威风凛凛。可是时过境迁，今天再去那些地方瞧瞧，"事如春梦了无痕"，再找不出一点遗迹矣。人事上的全非，啥帝啥王，都成了一声狗屁，不足为奇。盖天下没有不死的人,也没有不垮的政权。如果朱元璋先生一直到今天都杀气腾腾地坐在金銮殿上,初看尚觉新鲜,久啦岂不煞风景乎?人事全非,固在意料之中也。

问题是当初筑城墙也好,盖宫殿也好,虽然备受圣崽们的阻挠,但结果该盖的还是照盖。可能受舆论的影响,规模要小一些,工程要简一些,但它总是存在的焉,照样峨峨然、巍巍然,金碧辉煌。王维先生诗不云乎:“绛绩鸡人报晓筹,尚衣方进翠云裘。九天阊阖开宫殿,万国衣冠拜冕旒。”任何一个古都,都有过这种伟大的场面。可是现在啥也没有啦,“美女可怜歌舞地,如今只有鹧鸪飞”。由雄伟的建筑,变成一片废墟,它们哪里去了乎哉?李白先生咸阳怀古,便有“汉家陵阙”之叹,真是具有代表性的一叹。李白先生距秦汉尚近,已找不到秦汉时代的建筑,我们更不用说矣。其实又何必谈千年以前的秦欤汉欤,明王朝距今不过三百年,南京的明宫明殿,都再无残迹。呜呼,当初那些浑蛋之主也好,英明之主也好,辛辛苦苦,百般经营盖将起来的玩意儿,却一下子就变成了鹧鸪窝,即令天天台风,月月地震(当然是小地震),恐怕都不能把我们五千年文物,如此这般地一扫而光。

天灾虽不能一扫而光,英雄豪杰和正人君子,却能放把火使之一扫而光。中国历史上,人祸之烈,远胜过天灾。项羽先生是毁灭雄伟建筑的第一凶手,该穷小子革命起兵,打进咸阳,一瞧秦王朝的宫殿,好家伙,简直是民脂民膏呀。老子吊民伐罪,替天行道,拯小民于水深火热之中,对这种伤风败俗的玩意儿,如果不把它一火烧之,内不足以泄心头之妒,外不足以扩大政治号召。好啦,一个家伙有此一念,损害还不算大,每一个家伙都有此一念,中国所有的雄伟建筑都化为灰烬矣。项羽先生烧掉秦王朝宫殿。到李白时代,汉宫殿也不见啦,也被烧啦。接着是唐宫殿被烧,宋宫殿被烧,明宫殿被烧,烧烧盖盖,盖盖烧烧,真是一项最可观的恶性浪费。建筑界的朋友真该统计一下,中国历史上到底有多少雄伟的建筑,那些雄伟的建筑的下场如何,被烧掉的有哪几个,被拆掉的又有哪几个。——柏杨先生一直对统万(陕西横山)困惑,赫连勃勃先生把它建筑得那么坚固,怎的也不见了欤?我们也一直怀念襄国(河北邢台),石虎先生也把它搞得铜墙铁壁,怎的同样一滴无存?还有扬州的迷楼,一定也了不起,中国人不知道谨慎保存,反而一一烧之拆之,追究起来,还是圣崽思想在作祟;盖非烧它一把,不足以表示该英雄豪杰兼正人君子厌恶暴政和除旧布新。想不到过了两年,自己也如法炮制,照样猛盖。何如当初不烧不拆,以保元气。

圣崽们和新兴力量似乎都有一种观念,那就是,任何雄伟巨大的建筑都是不当的,罪恶的,不道德的,以及劳民伤财,奢侈淫逸的焉。未盖之前,固然努力反对盖,既盖之后,也总得放火烧掉,或动手拆掉,才能表示大义凛然,与民同乐。于是,中国五千年来像点模样的建筑,统统荡然无存。其实荡然无存也没有关系,而是这种对建筑物深恶痛绝,严重地影响人民心理,因而认为建筑不是一种正当的学问,中国的房子,遂不可居矣。现在流行的宫殿式建筑,只不过屋顶是中国宫殿式,其墙壁焉,其窗子焉,其天花板焉,却都是洋大人的一套。盖中国宫殿式的美,在于古色古香,在于叫人看了之后,发思古之幽情,使我们联想到当年大小帝崽以及大小后妃作威作福,把天下搞得一塌糊涂的场面。除了那“古”字,就没有啥值得亮相的矣。故无论如何,房子硬是西洋的好,在这方面,外国月亮比中国月亮圆得多啦,不但圆,而且亮。我敢跟你赌一块钱,便是义和团同志,租房子时恐怕都要租花园洋房。

然而西洋的太太小姐们便差劲得多矣。住外国洋房,固然是人生一大享受,如果该家伙鬼迷了心,举一隅而三隅反,认为洋大人的房子既然如此高明,他们的女人也一定差不到哪里去,因而娶了一位洋太太,那就糟啦糟啦。君不见有一则小故事乎,一对夫妇流亡到美国,住了三年。那一天,丈夫欢天喜地,一蹦一跳回家,大叫曰:“我们的公民申请已批准啦!”太太问曰:“你的意思是说,我们今天起就是美国公民啦。”丈夫曰:“然也。”太太立刻解下围裙曰:“好吧,你去厨房洗碗吧。”你说一个丈夫一旦发现他的妻大人忽然之间把围裙解给他，那真是五雷轰顶，后悔已迟。当然也有些人对洋太太这种作风看不顺眼，起而反抗，力挽颓风的，不过无不大败。去年(1962)报上，曾载有一则美国电讯，电文还是美联社发的。说某城有一位丈夫，拒绝为妻大人洗碗，妻大人就一状告到法院。法官判曰："丈夫回到家来，有为妻子洗碗的义务，必要时还得洗洗衣服，因本法官便是如此如此的也。"这项判决一经成立，当然成为一项判例，判例往往跟法律有同等的效力，于是美利坚的丈夫们从此有了法定的地位，很难翻身。

美国女人好像都是从一个模子里浇出来的，娶了一个洋老婆，等于娶了全体洋老婆。这大概和交通太发达，人工太贵有关。大家都是看广告而邮购，于是衣着一样矣。大家都是看类似的妇女杂志，于是想法看法，理想观念一样矣。大家又都是同在一种绝对自由的家庭和社会环境里长大成人，于是性格和脾气一样矣。

31. 新三从新四德

西洋太太中，以美国太太最为顶尖，最具代表性。有充分的知识，有独立的财产，有谋生的能力，有无数以女人利益为前提的妇女团体，又有搔首弄姿，勾搭男人的本领。呜呼，只要有其中的一项，便会无敌天下，何况兼而备之乎？犹如十八般武艺，件件精通，臭男人便很难唬她们矣。在某一个角度来看，上帝创造万物，真是公平万状，首先叫日本发明了和被，又小又硬，以惩罚日本人焉；接着叫中国发明了旗袍，其领如锯，以惩罚中国女人焉；最后则叫美国培养出来美国式的太太，刚健婀娜兼泼辣刁蛮，似乎是专门作为惩罚美国男人之用。中国太太本来是以三从四德叫座的，三从者，"未嫁从父，既嫁从夫，夫死从子"。没有结婚之前，听老爹的话；结了婚之后，听老公的话;不幸老公一命归天,则听儿子的话。女子们如果奉行唯谨,当一个男人真是舒适得哎哟哎哟。“三从”似乎仍不够劲,接着还有“四德”的学说,四德者:妇德、妇言、妇容、妇工。妇德,大概指的是三从而言,一个三从牌的女人,才叫道德高超,而且既贞又烈,你就是送给她一栋花园洋房加上一部汽车,她连陪你跳一次舞都不干。妇言,不但贞烈,而且还会说温柔缠绵,丈夫听了既悦耳又窝心的话。丈夫脾气上来,骂了个狗血喷头,即令她有一百分的理,也不顶嘴,更不要说对骂啦,反而低声下气,向他解释赔罪。如果是她的错,那就更不用提啦,她的嘴更甜得像蜜。妇容,容颜和蔼也,一辈子都是笑嘻嘻的叫男人高兴,不但不敢怒,也不敢愁;不但不敢表示悲哀,也不敢表示痛苦。老公一旦发了脾气,臭揍一顿,她还是满面笑容,不作兴啼哭,盖啼哭起来,老公就更不耐烦,就更生气矣。妇工,织布焉、纺线焉、种田焉、灌溉焉,啥苦活都会,至于做饭洗衣,更不在话下。

呜呼,发明四德的是班昭女士,发明三从的是谁,尚待查考。全中国的臭男人都应凑份子请她们二位喝一杯。按说中国女人比日本婆子还要叫臭男人心痒才对。可是,自从鸦片战争之后,欧风东渐,中国的老一套,垮台的垮台,完蛋的完蛋,不垮台不完蛋的,苟延残喘,寿命也不太长。三从四德的名目尚在,而内容全变。盖现代女子,未嫁的从男朋友,已嫁的从女朋友,丈夫死了的从乱七八糟朋友,此新二从比旧三从厉害得多啦。结婚之前,涂脂抹粉,疯疯癫癫,父母的话使她“烦死啦”,父母的意见也千篇一律地归纳为“老顽固”。心目中只有男朋友焉,叫她逃学她逃学,叫她向父母宣战她宣战,叫她反抗“礼教和家庭的迫害”,她就反抗,叫她偷钱偷东西去“人生几何,对酒当歌”,她就偷之,唯男朋友的话是从,是一从也。结婚之后,度蜜月的那一个阶段还好,一旦蜜月过去,新娘就开始发现她嫁的丈夫竟是一个奇大的浑蛋,这也不如意,那也不对劲,百般失望,此时该臭男人的地位逐渐没落。同性的朋友取而代之,张太太穿了一件怪旗袍,她要从之;李太太穿了一双怪皮鞋,她也要从之;王太太家有一个电冰箱,她更要从之;赵太太出门必汽车嘟嘟嘟,她眼睛大睁,更是非从之不可矣。从不上就闹，小者猛噘其嘴，合家不欢，大则不用说啦；此之谓唯女朋友的模样是从，是二从也。

从前女人，丈夫死掉，就安分守己，关在家里，教养子女。而现在则不行矣，除了少数真正值得崇敬的贞节女士外，大多数当太太的，一听说成了寡妇，起初可能真的又哭又喊，表示非自杀不可，家人如果防范不佳，也可能真的吃点巴拉松。可是过了些日子，则朋友开始如云，如果自己再长得年轻貌美，朋友就更多啦。有女性朋友焉，有男性朋友焉，有善良朋友焉，有坏蛋朋友焉，有想娶她为妻的朋友焉，有想把她当情妇的朋友焉，有想仅揩揩油的朋友焉，有只不过跟着她吃吃油大的朋友焉，有骗她几个钱的朋友焉，有骗她几分感情的朋友焉。反正是乱七八糟，挑也挑不清，分也分不明；有的劝她守寡守到底才对得起过去的爱情；有的劝她算了吧，嫁给打狗脱王去美国也不错；有的警告她去美国还不是要自己洗碗拖地，不如嫁给张老板，有的是钱，汽车洋房，无一不备；有的劝她找个小白脸过几天快活日子，才算不虚此生。至于上了年纪的女士，则吃斋有吃斋的朋友，打牌有打牌的朋友，来来往往，无非是三姑六婆，帮忙帮闲，气象万千。唯乱七八糟的朋友是从，是三从也。

三从既已成为今天这种惨不忍睹的局面，四德又如之何哉？第一德"妇德"便叫人气喘如牛。这年头贞操观念大变特变，去岁不是有一位电影明星的太太，以和野男人有一手为荣乎？事关风化，不谈为宜。便是最普通的和丈夫相处之道，似乎也走了模样。从前的家庭中，妇女都是以婉顺为美的，到而今当丈夫的还没有多说两句，太太的黄脸便像铁幕一样拉了下来。如果作丈夫的人性未泯，受不了那种气，又多说了两句，好吧，看谁的嗓门高吧。别看有些太太在交际场合中风度翩翩，弱不禁风，好像你打一个喷嚏她就要栽斤斗，可是一旦发作起来，简直像赵子龙先生大战长坂坡，在斗室之中，一身是胆，所向披靡。有理的时候，固然气壮如虎；无理的时候，眼泪就是理；泪越多，理越大；哭的声音越高，自己阵地就越坚强，此时如果把该镜头卖给拍电影的，准可发一笔大财。

至于第二德“妇言”,也今古不同。现代妇女,大概投胎时小鬼都为她们动过削舌手术,哇啦哇啦,啥一知半解的话都讲得出。这两天报上不是登载越南大权在握的吴廷珍夫人谴责佛教的谈话乎,吴夫人虽然是越南人,她的荣华富贵虽然来自越南,她的社会地位更是靠着可怜的越南小民。可是她却不说越南话,而说的是殖民时代主子法国的话,这种假洋鬼子的干法,乃落后地区有头脸女人的特征之一。美国人特别提出来,觉得好笑,柏杨先生则觉得没有啥好笑的,不过是半瓶醋罢啦,一天到晚哗啦哗啦乱响,此之谓新的妇言。

第三德“妇容”,从前妇容,讲的是对人和颜悦色,现在则一笔勾销。当小姐时,凛凛然如庙里的神像,多看她一眼就说你色狼,不看她一眼就说你死鬼模样。嫁了之后,如果丈夫有财有势,或有点别的可吹牛的玩意儿,声势就更雄壮。刚来台湾时,我有一位朋友在某地方法院当首席检察官,其太太的神色便锐不可当。她对任何人说起她的丈夫,向不提名字,而只提“首席”。有一次,我去她家串门,她开口就曰:“你看,你和首席是老同学啦。”“首席这个人,啥都精干,就是不会贪污,对部下再好没有。”说这些话时,气不发喘,面不改色,我真想脱下破鞋照她玉脸上就是一顿。当时虽然没有下手,以后也再不来往,后来“首席”翘了辫子,房子被赶,她哭哭啼啼到处奔走,才不再“首席”矣。这属于对人,还可敬鬼神而远之,躲上一躲。至于对于己的“容”,就躲不掉啦。当丈夫的三天没有钱缴柜,妻人人的耳朵都会发青;一星期没有钱缴柜,则脚趾上也会发青矣。而一旦把她领到拍卖行,请她随意买十件八件,你看她笑得露白牙吧,如果再送给她两张环游世界的飞机票,一张美国公民证,一本可透支三千万美元的旅行支票,呜呼,她笑得不但会猛露其牙,恐怕还会猛脱其衣也,此之谓新的妇容。

“妇功”是第四德,不要说纺棉织布,便是煮一点饭,做一点菜,有几个女士能胜任愉快乎?我有一位学生,去年结婚,一定要请老师师母阖第光临。届时驾往,等得肚子雷鸣,学生奔走于厨房与客厅之间,慌张失措,汗如雨下。老妻乃到厨房观察,原来新娘子用了五加仑煤油都生不着煤球,烟雾飞腾,好像失火;正倚在墙角,一面哭一面骂两个老不死的客人哩。盖她在大学堂读的是法律，只会对被告起诉，不会掌灶也。这一类的女士多啦，你说跳舞焉、游泳焉、划船焉、开汽车骑单车兜风焉，样样精通，可是一旦弄点吃的喝的，便得一手执勺，一手执食谱。阁下记得一则对话乎？一对新婚夫妇，太太遵书炮制之后，丈夫喝了一口汤，其味奇特，马上就呕，太太曰："一定是少放了一样东西。"丈夫曰："非也，一定是多放了一样东西。"

（柏老按：六十年代，厨房只有用煤球的。八十年代，家家瓦斯矣。时代进步，一日千里，回想当年，恍如隔世。）

然而，这并不算稀奇，遇到半瓶醋女人，还以她不会烹饪为荣哩。而且像宣传福音一样，见人就引经据典，唯恐别人不知道她是半瓶醋。这种朋友，柏杨先生也颇为有之。该朋友乃鸭毛级的官崽，太太美而贤，但我就是怕该太太，不是怕被她的汽车压死，也不是怕被她的高尔夫球棒把敝头打一个洞，而是怕她的宣传。她一见我的面就唱曰："哈啰，迷死特，迷死特……"我急应曰："敝姓柏。"她曰："迷死特柏，你看我手粗了没有？"我曰："没有没有。"她曰："约翰就是不切实际，厨子昨天走啦，我们用不起，我一个月才给他八千块钱（现在一个大学堂教习，每月不过四五千元），人家却给他一万四千呀。我说叫司机（表示她有汽车）代做一天有啥关系，约翰心疼他，说他开车太累，硬要叫我做。我自出娘胎（她也有娘，诚是奇事），都没下过厨房，昨天搞了一顿稀饭，害得我手都起了泡，今天一气，就叫副官（表示她有副官）打电话叫馆子送饭。"如今柏杨先生比刚来台湾时老奸巨猾得多啦，故不再兴脱破鞋揍她玉脸之念。然而此之谓新的妇功，试问你的观感如何？

32. 画虎不成反类鳖

中国人最拿手的一件事，莫过于讥笑日本人不会发明，只会模仿。盖无论啥玩意儿，只要西洋大人搞一个新的出来，东洋大人立刻就来一个大搬家，不要说武化如此，文化也如此。无论哪一个国家有新书出版，只要稍微有点价值，不出三个月，日译本就出现啦。所以如果从学术研究的观点上看，会日文等于会英法德西各国之文，仅只会英文，或仅只会法文，便只能唬唬凡俗夫子。我说这些，是佩服日本人学啥像啥，马援先生曰："刻鹄不成反类鹜，画虎不成反类狗。"日本人便是一个刻鹄的民族，刻得好，刻出来硬是一只天鹅；刻得不好，虽不像一只天鹅，但至少也像一只野鸭子。而中华民族，千百年来，被一连串圣崽官崽文崽，酱得死气沉沉，不要说发明啦，就是在模仿上，连刻野鸭子的灵性都没有。却一味张牙舞爪，大画老虎。民国以来，画得尤其是凶，圣崽官崽文崽在上面画，专家学者在中间画，知识分子以及可怜的小民则在下面画。洋大人不是流行民主乎？我们也来一个民主；洋大人不是法治乎，我们也法治？结果没有一张像老虎，不像老虎没有关系，像只猫也行，偏偏猫也不像，而是东一只狗焉，西一只狗焉，南一只狗焉，北一只狗焉。其中有的是哈巴狗，有的是狼狗，有的是吃洋屁的狗。有的是癞皮狗，有的是黄毛黑毛白毛绿毛红毛狗，有的是没有毛的狗。有的是一见中国人就咬的狗，有的是一不顺眼就飞帽子的狗，有的是暗下毒手的狗，有的是乱蹦乱跳专打小报告的狗。呜呼，张张像狗，却没有一张像老虎，我们的模仿成绩竟是这个样子，还有老脸讥笑人家日本鬼子乎？

中国女人旧三从四德垮台之后，等于把秩序井然的铁轨拆掉，代之而起的不是新的秩序井然的铁轨，而是乱铺一通的铁轨。女孩子一旦坐上新三从四德的火车，在乱七八糟的铁轨上，又歌又唱，又碰又撞，真是危险万状。前天柏杨先生去朋友家串门，他太太因孩子打架纠纷，正在那里骂大街哩。小脚如肘，却光着残废而肮脏的脚趾，穿着一双破烂高跟拖鞋，又穿着奇臭扑鼻的四角裤，上身是一件男人的背心，两只瘪乳在穿黑了的背心里一晃一晃，头如蓬鬼，面上的汗水和脂粉打斗成一团，观众人山人海；她因有人看她听她而大喜若狂，乃又跳高又喊叫，骂的话不用说啦，每一句都能吃风化官司。我一看情形不对,赶忙撤兵。她阁下便是一位画老虎的朋友,一心要学洋女郎的刚健婀娜,故穿四角裤焉;一心要学洋女郎的倜傥不群,故只穿汗衫焉;一心要学洋女郎的风流潇洒,故蓬其头而散其发,挺其胸而挥其扇焉;一心要学洋女郎大胆作风,故一开口就“干你老母”焉。

不但该朋友太太如此,知识程度甚高的女士,画起虎来,也很惊人。越南吴廷珍夫人固是一例,中国柏杨夫人又是一例。她阁下原名吴玛丽,故我们府上门口是挂着两个招牌的,一曰“柏寓”,一曰“吴寓”。当初为了挂这种招牌,曾经打过好几次架,虽然她读书不多,识字有限,却颇了解男女平等的真谛。家既由两个人组织而成,当然非“吴寓”一番不可,以致弄得来往亲友,往往问曰:“你们和吴家合租的呀。”必须解释半天,才能恍然大悟。而挂招牌固小事也,遇到某一位电影明星的太太,画起虎来,就更是大手笔。她和野男人明目张胆不算,还发表言论曰:“这事如果发生在美国,有啥关系哉。”则不但画成了狗,简直画成了鳖,离老虎的模样就更远啦。

说了这么半天,反正一句话,西洋女子不宜乱碰,娶了一个西洋太太,她给你来一个既民主又独立,就难以消化。而中国的画虎女人,也不宜乱碰,娶了一位画虎太太,她动不动就画起虎来,小焉者光天化日之下穿着睡衣到马路上乱晃,大焉者不用说啦。天下只有日本太太小姐,真是上帝第一等杰作,柏杨先生最大的遗憾是此生没有和东洋女人结婚。一个人能娶到东洋太太,准是上辈子修桥铺路,这辈子才善有善报。呜呼,当丈夫回到家来,太太已跪在门内,把丈夫的鞋脱掉。还没有走两步,太太已从间道绕到二门之内,再度下跪,请安嘘暖已毕,就为丈夫脱袜。然后战战兢兢,站将起来,仍双腿微屈,以求美化曲线,而示小心承欢。再然后笑容满面,脱下其外套,解下其领带,剥去其领口如锯的衬衫,再拉下其西裤,恭恭敬敬为之穿上宽大舒适的和服;猛一抬头,面前已摆上香茶一盏(夏天当然是冰水一杯),旁边还放着原封折叠的晚报。更然后,太太又跪下啦,轻移玉膝,爬到跟前,给你捶腿捶背按摩哩。一面乱捶,一面以人类中最悦耳的声调向丈夫讲话,如果发现丈夫面色沉重,就像大祸临头,赶紧闭口。诗不云乎:“此妻只应天上有。”盖日本妻道的精华是,使臭男人有一种伟大的感觉和一种羽化而登仙的感觉,对社会可以增加自信,在家里则容易消除疲劳。老妻最近看报看入了迷,颇为欣赏西洋大人“自己做”那一套,偏偏柏府厨房漏啦,她既不通知房东来修,也不事先向我请示,竟托人买了十大张油毛毡,又借了一个摇摇欲坠的A字梯。前天我下工回来,正要歪一下休养休养,她却叫我依着书上的吩咐,去“自己做”。噫,凭天地良心,你听说过谁家七十多岁的老头还爬到房上“自己做”乎?这就吃亏在她阁下乱画老虎矣。如果换了日本太太,她连说话都不敢自称为“我”,岂能忍心让老头上房欤?写到这里,越写越气,不禁振臂高呼曰:“日本太太万岁。”这是真心的呐喊,不是一脸忠贞学想当官时的表演,望上天鉴之也。

33. 拼命地吃

在建筑上和老婆上,中国可以说是一无是处。中国房子实在不能住(就是顶尖的义和团朋友,也是住在洋楼里大吼大叫),中国画虎式太太虽无法避免,乃天命如此,既无法跳槽,谈起来徒增伤心,不谈也罢。看样子中国真是样样差劲,问题也就出在这上面。上帝叫这么一个大国生存在地球上,一定赋给一点特别的玩意儿,才能使之屹立不动。中国人的“吃”,包括烹饪和知味,遂脱颖而出,把东洋之国焉,西洋之国焉,北洋之国焉,南洋之国焉,打得抬不起头。很多人到了日本,对日本的生鱼生虾以及那些半生不熟而且有怪味的饮食,碍难以下咽。很多人到了欧美,情况亦然,看见一盘又一盘轮流而转,刀光叉影,也不由胃口全倒。然而无论他是哪一国人,一进中国餐馆，包管吃个痛快淋漓，有口皆碑，这就说明中国的肚子文化，是如何容易被外国朋友接受也。世界上西餐馆最为普遍，无论大城市小乡村，无论非洲亚洲，几乎触目皆是，但它们是挟武力而来，靠着洋枪洋炮，当然无远弗届，没有啥可稀奇的。只有中国餐馆，既无武力可挟，也无枪炮可靠，竟也普遍到世界每一角落，完全艺术本位，乃姜子牙先生钓鱼，以硬碰硬，愿者上钩。

中国同胞处处不忘肚子，故由肚子可引申出来一切。最近常听朋友们叹息曰："现在不如从前啦，抗战时候，大家在重庆受苦，毫无怨言，那种精神现在没有啦。"呜呼，这种话幸亏是向我这个走过来的老头说，如果是向年轻小朋友说，他们还以为抗战时民心士气兴旺得很哩。柏杨先生认为，只要读一下"瓜豆学"，便啥都明白，盖种的是豆，结出来的果实准是豆；种的是瓜，结出来的果实准是瓜。绝不可能种的是豆，而结出一个大西瓜或结出一个大冬瓜。如果它结出来的是一个豆，用不着引经据典，找科学，讲化学，当初一定种的是豆，绝不会种的是瓜。抗战胜利后，国民政府只不过两三年工夫，便稀里哗啦砸了锅，可知抗战时的民心士气已腐烂到什么程度。问题在于那一批种豆分子大部分守着既得利益，留在大陆，小部分去了美国巴西，来台湾的不多乎也。现在在台湾的新贵和混得有头有脸的人物，一个个阔而抖之，那时候几乎全都在穿草鞋过日子，怎么不发思古之幽情，说重庆时代是一个刻苦时代乎。

当时社会上最流行一句话，和肚子有关，曰"前方吃紧，后方紧吃"，道出整个秘密。有一天柏杨先生在台北市重庆南路峨嵋餐厅门前经过，见里面人山人海，满坑满谷，桌子上当然坐得满满的，一个个目不斜视，筷动如飞。而走道上也站满了人，猛一瞧，好像北方那种立在背后伺候客人的"相公"，然而仔细一瞧，固衣冠楚楚，又不像是"相公"，原来也是食客，站在那里等座位哩。我还以为峨嵋餐厅一定在作喜事，每逢黄道吉日，施舍一天。再一打听，竟然又猜错啦，真是有钱没有地方送，又一场"前方吃紧，后方紧吃"的景象也。

然而现在之吃，似乎没有啥了不起，明王朝之吃，才是亡国之吃。

有一次冒辟疆先生在水绘园请客，由一位厨娘主持，问她酒席的等级，她曰："席有三等。"哪三等？曰："上等席，羊五百只；中等席，羊三百只；下等席，羊一百只。其他的肉类菜蔬和这比例一样。"冒辟疆先生听啦，简直下不了台，只好硬着头皮曰："上等的太贵，下等的太简，吃中等的吧。"但心里着实难过，到时候前去厨房参观。厨娘已经驾到，助手凡百十人。她阁下并不亲自动手，而是大元帅派头，穿得珠光宝气，好像是参加什么国宴，高高坐在上首，颐指气使，助手们屏声静息，东奔西走，只有脚步声和刀盘声，连一句大声的话都听不到。厨娘首先下令把三百只羊取来，每只只割下唇肉一片，其他的全都扔掉。冒先生大惊曰："你这算干啥？"厨娘曰："羊肉上的美味精华，全集中到它们的嘴唇上，其他的地方既腥且臊，不足用也。"这种酒席，我们一辈子都吃不到，但它的伟大场面，却可以想象出来。该餐厅后门口仅没有嘴唇的羊就堆积如山，"他物称是"的结果，一场宴会下来，恐怕猪也是三百只，鸡也是三百只，鸭也是三百只，牛也是三百只。每位畜生先生都被割掉嘴唇，满口滴血，在厨房外乱跑，不是请客设宴，而是开牧场开屠场矣。其场面的精彩，和亡国的速度，成正比例焉。

《庸庵笔记》上有一段记载，不可不传诸后世，流芳百载。清王朝中叶，漕运总督驻在清江埔，该地红包盛行，贪污公开，花天酒地，穷极奢侈，真是一个小型的大清帝国也。大小官崽，把小民的纳税钱，除了猛下腰包外，还猛花之，而这些花之，花到女人身上，还占其次，而主要的是花到肚子里面。仅只豆腐而言，就有二十多种花样，一桌酒席，几个月前就开始准备，不但买这买那，还要挑选工人，以致一盘豆腐就得七八百美金。猪肉花样比豆腐的花样更多，而有五十余种；有一次大家吃一盘猪肉，虽叫不出啥名堂，但其味精美，好吃得不像话。一个客人忽然要去厕所，走到后院一瞧，有几十只死猪躺在地下，不禁冒出冷汗，急问老板，原来刚才那一盘啥子肉，便是这几十只猪先生背上的肉也。盖在烹饪之前，先把一群猪先生请到一间房子里紧闭门窗，每人手中拿一根竹竿，拼命地打。猪先生就如所预料地又奔又跳,又叫又闹,而终于天昏地暗,纷纷驾崩;驾崩之后,即由厨师在每位猪先生背上割下一刀。一盘啥子肉,需要几十只猪。这和厨娘女士的那一套,固建立在同一的哲学基础上。盖猪先生被打得将要驾崩之时,全身精华,全集中到尊背之上,割而烹之,妙哉妙哉,而其余的肉都腥苦不堪,丢到垃圾箱里矣。该客人恭聆已毕,不免叹息,厨夫笑曰:“那里来的土豹子,目光如豆,我到差才几个月,打死的猪已有几千啦。”噫,“几千啦”,真是大吃巨吃,亡国之吃也。

34. 驼峰猴脑

把羊活活割死,把猪活活打死,还不算残忍,比起来“鹅掌”,简直天上和地下之别。厨师先生先在厨房生起炭火,上面盖一张铁皮,铁皮被火烤得又红又烫,然后把鹅赶到上面。鹅先生便成了被三作牌修理的小民,左跳右蹦,前奔后跑,终于也纷纷驾崩,全身精华,集中到两掌之上,吃时只剁掉双脚就够啦,躯体臭而不可闻也,一律扔掉。和这同样干法的,还有“驼峰”,由兽医先生挑选健壮而丰满的骆驼,绑到柱子上。用滚水慢慢浇它的背,一直把它浇死,则精华集中于驼峰,一盘“驼峰”,需要浇死三四只骆驼。

比骆驼更残忍的,还有“猴脑”。餐厅里设有特制之桌,桌当中有一个活动的圆孔,恰恰卡住猴先生的脖子。吃的时候,把猴先生套在其中,下面用铁链拴住手脚,用剃刀把头上的毛剃光,这不是喜它爱它,为它理发化妆,而只是为了吃起来方便。然后用利刀从头顶当中划开,活活剥开它的头皮。此时猴先生痛极哀号,声闻户外,街上行人,驻足谛听,围成一堆,不但没人挺身而出,反而一个个大流口水。此时一群亡国型的食客再用滚水浇到猴头上,用铁锤轻轻敲它的头盖骨,把头盖骨敲碎。大家各以银勺探进去挖出脑浆来喝,心狠手快的顶多喝两勺,慢的则喝一勺,已经完啦。那个可怜的猴先生此时往往还没有断气,叫虽叫不成声,可是两眼灼灼,望着那些吃它脑浆的食客,泪珠滚滚而下,真是比鹅掌还使人心碎也。吃猴如此,吃鱼亦然。阁下到过沿黄河一带的大城市乎?客人进得餐馆,一会工夫,堂倌来啦,手里提着一条活蹦乱跳的真正黄河鲤鱼,举起来叫曰:"客官请看。"一言未毕,当场就在地板上大摔特摔,活活摔死。有一次我陪了一位初到开封的外国朋友下馆子,就遇到这种场面,该洋大人勃然色变,认为中国人残酷无情,我为之解释了半天他也不明白;盖当面摔死,表示下锅之前,固是活的鱼,不是用死鱼冒名顶替,以示童叟无欺也。当时该洋大人就曰:"难道你们中国人竟如此互不信任乎?"我看他孺子不可教也,就没有理他。呜呼,他如果看到前述的那些场面,不知道该说些啥也,而只摔死一条鲤鱼,又算屁哉。有一种"鱼羹",味道也美得不像话,用不着在地板上乱摔,而只把它倒悬到梁上,下面放着汤锅,敲碎鱼头,使血滴到锅子里。仅仅敲碎头,鱼先生还死不了,被蒸气一逼,自然地摇头摆尾,于是血从它的碎头之中,红丝一线,流将下来,它不动时,再换一条上去,做一碗鱼羹,要十几条鱼惨死。

任何一种文化,发展到了极致,大概就一定会拚命地乱搞猛搞,只注意生理上的快感,不管心理上的美感。罗马帝国文明,是现在欧洲文明的老祖宗,至少可以说罗马文化是现代欧洲文化的基石,它们的法典和政治形态,以及战争的原则和建筑工程,一直到今天都灿烂辉煌。当整个欧洲和非洲还是一片荒土的时候,他们已经拥有高度的文化,成为人类向上的象征。可是,跟高度文化同时并存的,却有惨无人道的奴隶制度和竞技场上纵兽吃人的野蛮行动。跟中国肚子文化,发展到鹅掌上和猴脑上,其毛病一也。猴脑好吃不好吃,是另外一个问题,即令好吃得要死,喝下一口,能三天睡不着觉,但面对着猴先生滚滚泪珠和灼灼目光,恐怕都难以下咽;在那种气氛之下,稍微有点人性的朋友,不要说吃啦,就是看都看不下去。君拜读过《西游记》乎?唐僧先生走到五观庄,小童献上人参果,唐僧先生一瞧,简直跟活婴儿没有丝毫差别,立即拒绝下咽。该人参果三千年一开花,三千年一结果,再长三千年才能长得熟,连头带尾,需时九千年才结三十个。书上说,有缘分的朋友,只要远远地闻一下,就能活到三百六十岁,如果再福星高照地吃上一个,就可以活到四万七千岁。噫,一个人能活到四万七千岁,生活准无问题,再没有出息也可以当上一名历史教习,连书本都不必看,就可开讲,即令口才不行,或人事关系不够,教不成书,在报纸杂志上写写掌故之类的杂文,也饿不死矣。

可是天下有唐僧先生这样高贵气质的朋友不多,多的却是亡国之吃,不要说人参果,便是真正的婴儿,只要能延年益寿,都有人照吃不误。隋王朝有位大官麻叔谋先生,奉杀父凶手杨广先生之命,开凿运河,横冲直撞,气焰之盛,不在话下。管是谁家的祖茔,开了再说,你如果不想祖茔被挖,也有奇法,弄个活小孩蒸熟了送来便可。据说麻先生天生异禀,非吃小孩不乐,最初靠着"红包"还能支持,后来不行啦,乃派他的卫士到四乡去偷小孩回来蒸而吃之。比起唐僧先生,性善性恶,真是人类两大极端。

麻叔谋先生是不是真的吃小孩,所谓"正史"上没有记载,但正史这玩意儿,问题重重,不足为凭。可能官书的作者以为吃小孩没啥了不起,但其他笔记书上固写得清清楚楚也,麻叔谋先生不过干得太凶,后来又被明正典刑,砍了脑袋,才惹人注意。而不惹人注意的奇怪吃法,更是多矣多矣。想当年南北朝时,刘邕先生,好吃血痂,去哪里找那么多血痂乎?他部下南康封国的官吏共有二百人,不管有罪无罪,经常打得鲜血淋淋,等伤口结痂,就小心翼翼揭下,送到厨房炒炒吃或煮煮吃,满口生香。

35. 啥都能吃

其实,吃血痂还不算高竿,使人毛骨悚然的,还有唐王朝蓟国公鲜于叔明先生。他喜欢吃臭虫焉,好在有的是钱,自己家养的不够吃,可以招标购买。这几天报上载,台北若干戏院和若干国民小学的凳子上发现臭虫,对鲜于叔明先生,真是一个喜讯,如果派他为捉拿委员,准可公私两便。臭虫怎么吃法,书上没有明白记载,想一定香甜无比。另外还有一位权长孺先生,喜欢吃指甲,就更妙啦,指甲其硬如铁,是煮一煮只喝它的汤乎?抑用鸡蛋炒炒,全部吞下乎?书上介绍的过于笼统,使如此前进的肚子文化因而不传,真是千古遗憾。

周王朝有一位张怀肃先生,唐王朝也有一位任正名先生,都是知名之士,喜欢吃的东西,比臭虫、指甲还要使人哎哟不止,他们二人最好服男人的精液,真是他妈的也。还有一位驸马先生(偶忘其名字矣),喜欢吃女人的月经,则更使人跺脚。这些当然都是极端。黄河流域一带,常可以看到一种吃蝎子的人,蝎子这玩意儿,其厉害仅次于毒蛇,故称玩火的女人为"蛇蝎美人",可知它颇不好惹。它阁下尾巴上有一根刺,不幸被它刺了一下,便是正人君子,都得痛得哭爹叫娘。但有些人却天生的喜欢吃它,柏杨先生读京师大学堂时,有一个小工,每天晚上,一手提灯,一手执钳,沿着墙根寻觅,一会工夫,就捉到三四只。然后当场表演,把尾巴上的毒刺切掉后,放到口中,让它活生生地爬进咽喉。只听咕噜一声,一个已经下肚矣,在旁参观的女学生,无不花容失色;柏杨先生从小泼皮大胆,也不免直打冷颤。噫!真不知吃血痂、吃臭虫、吃精液、吃月经,又是怎么一番风景也。

记不得是哪一本书上说的,某一位太守老爷去庙里进香。中午吃饭时,有一盘细肉,不但味道奇美奇香,而且切的样子也叫人看了舒服,盖该细肉又瘦又小,大小均匀,个个都是椭圆之形,厨师用啥刀法切成那个样子哉?太守老爷大疑,一再向和尚请教,和尚都不肯讲,和尚越不肯讲,太守老爷越觉有一窥奥妙的必要。于是有一天,他化装送菜小贩,跑到厨房一看,不看犹可,一看不得了啦,当时就在灶前来一个上吐下泻,不可开交。原来厨师把肉往院子里一放,任凭苍蝇先生在上面叮之咬之,恋爱结婚,不久蛆就生了出来,太守老爷吃的那一盘奇妙之肉,便是用蛆先生做成。这种干法,据说谓之"肉芽",是最最上等的菜。大号官崽之家,养有专门制造肉芽的苍蝇,全身上下都经过消毒,故它们的蛆是镀过了金的,不同凡品,吃之准保无恙。读者先生有亡国吃的朋友,不妨打听一番,说不定台北就可以找到这种珍味也。

中国人真是无所不吃,韩愈先生在他的《进学解》中曾曰:"牛溲马勃,败鼓之皮俱收并蓄,待用无遗者,医师之良也。"呜呼,所谓良医者,不是得了医学博士,挂牌开业,手到病除,而是无论啥东西都可以吃。不但牛尿可以吃,马粪也可以吃,甚至破皮破革,都可以吃,吃了不但有营养价值,更有治疗价值。柏杨先生幼时,西医尚不发达,有一位堂叔大人,不知道他害的是啥子之病,医生叫他服"五毒汤"。五毒者,蛇、蝎、蜈蚣、蜘蛛、马蜂是也,我想用不着伸脖子去看,仅只想一想锅子里咬螯翻腾的镜头,怎能张得开嘴往下灌乎?这就要说到中医矣,中医有没有道理,我不知道,但我想它是有道理的。我曾亲眼看见很多朋友,西医束手撤退,无可奈何,只好投奔中医试试,结果竟看痊愈,不服气不行也。我有一位女学生,就读彰化女子中学堂时,她的母亲害着多年胃病,在香港连皇家洋大人都请过,也曾搬动了各式各样说不出名堂的电子机器,结果钱花了个满天飞,胃病还是胃病,而且越来越严重,简直不能支持。当女儿的自然心如火焚,想不到她有一位老师苏镛先生,世代御医,听到消息,义务为老太太诊治。也不知道他弄了些啥药,汤焉丸焉,不到一年,竟康复如初。就这一个病例,所有以西医为主的医学院学生,都得上吊。和这怪事一模一样的,还有诗人覃子豪先生之病,覃先生害的是癌,洋大人谓之

"砍杀尔",不治的绝症也。在台大医院开刀时,医生一瞧,宣布不必操心啦,就是上帝动手,顶多再活一个星期。无可奈何中,朋友介绍了一位中医,该中医自称没有把握,但可一试,乃弄了点药给鸡吃焉,然后把鸡杀了烹之,由病人喝汤。到今天已半年矣,他不但没有魂归天国,反而活得满面红光。

(柏老按:写此之时,覃子豪先生还健在。然而不久仍蒙主宠召,哀哉。)

中医妙哉固妙哉,只是他们那种乱吃一通的干法,实在叫人不舒服。堂叔大人为啥要吃"五毒"乎,大概他害的可能是梅毒之恙,医师就来一个以毒攻毒。这不是科学的,而是哲学的矣。英国王夫爱丁堡公爵前些时就为中国医生这种哲学的吃法,大发雷霆。盖非洲的犀牛是天下最愚最蠢、最笨最凶的一种野兽,眼看就要灭种,虽然一再下令保护,却仍然有人捕杀,杀了后干啥?并不是吃它的肉(犀牛肉好像木屑),也不是穿它的皮(过去刀枪时代,犀牛皮可制战士的盔甲),而是把它的角锯下来卖给中国医生做壮阳补肾的药,取其坚而且硬也。于是爱丁堡公爵忍不住发话曰:"椅子腿也坚而且硬,为啥不吃椅子腿乎?"对啦,为啥不吃椅子腿乎?大概和多寡有关,椅子腿太多啦。也大概和天然的有关,犀牛角乃天然的也。

36. 大蒜万岁

其实爱丁堡公爵到底是西夷之人也,未免少见多怪。盖中国之吃,无论是医药也好,或平常下肚果腹也好,不但是哲学的,也是形象的,主要的是相信"吃啥补啥"。吃猴脑补脑,吃犀牛角壮阳,吃鱼眼则目明,吃虎骨酒则康健如飞。以致到了最后,牛的尿马的粪,都可治疗百病。柏杨先生曾见很多人火气上攻,医生给他开的药方是

“童便一杯”,由三四岁的男孩,撒上一泡尿,老家伙一饮而尽,能不能治好病,历史书上没有考证,我不知道,但喝过尿后那分表情,实在使人没齿不忘。

中医固然奇不可言,但中医的那种啥都下肚的吃法,却是要人老命。大概我们吃的文化发展得太高太巨,连最科学不过的医药学,都受其影响。于是,中国人遂成为一个吃的民族,稍微有点银子在手,就生出种种办法,满足口福。有一天晋武帝司马炎先生去他女婿王济先生家串门,开饭的时候,丫头数百人,每人捧着一个玻璃碗,气派之大,使人咋舌。但最精彩的还是他们的猪肉,简直特别的美,询之,噫,王家的猪先生有福矣,盖它们吃的不是糠,而竟是人奶,你说其肉还有不好吃的乎哉?这种养猪之法,连遍地黄金的美国都得大瞪其眼。柏杨先生此生一直都在饥饿边缘,真是宁愿到头来被王驸马杀上一刀,只要平常日子养得白白胖胖,亦甘心也。

小孩子专吃人奶可以发育成长,老头子或大人如果专吃人奶,是不是可以活下去,尚木宰羊。不过史书上却是硬说有的。张暮先生,官做到丞相,钱多得不用说啦,他到了老年,牙齿全光,就全靠吃人奶;家里姬妾几百人(好家伙),每人似乎都刚生过孩子,有的是丰富奶汁,就让张老头吃个够。这种吃法,既实惠又艺术,现代有钱之士,不妨参考实行。然而张老头到底老啦,没有用啦。唐王朝开国名将侯君集先生,家有两个漂亮的小姐,浑身雪白,肌肤纤细得跟炼好的猪油一样,简直吹弹得破,原来该两位美人是只吃人奶而不吃人间烟火。呜呼,猪先生也好,丞相先生也好,美女小姐也好,一旦以奶为生,就妙不可言。

吃人奶是一种极为普通的吃,洋大人还不是照吃牛奶乎?不过洋大人天生陋质,有的时候没有中国人想得通耳。中国人无论杀猪宰羊,除了上面说的那种亡国吃外,普通情形,都是连皮带肉,管你什么肠焉、肚焉、胃焉、肺焉,以及心脏焉、屁股焉、皮革焉,一律煮之炒之,蒸之合之,稀里哗啦,影踪全无。洋大人这些年来受到中国高度文化的感染,不但肠肚吃啦,连大蒜也吃啦,真是欧美朋友一大喜讯也。

当一个洋大人,生活优哉游哉。夏天有冷气,冬天有暖气,出近门有汽车,出远门有飞机,荷包里麦克麦克,把人羡慕得要死。柏杨先生亲眼看见有些女人,发誓非洋大人不嫁,有的固然如愿以偿,去美国;有的壮志未酬,老公仍是低鼻梁而麻袋脸,遗憾终身;洋大人真是了不起得很也。可是要是谈到吃上,不要说嫁给洋大人没啥意思,便是投生为洋大人,也等于虚度一生。西洋大人,固不用提啦,即令东洋大人,也是只吃猪肉羊肉而不吃杂碎的,愚蠢过度,有福不知道享,使人扼腕。然而同是中国人,也有人同样愚蠢过度,有福不知道享,不知是何道理。即以大蒜一节而论,呜呼,大蒜之为物也,乃天地日月精华,其中含有各种各样的"霉素",各种各样的"荷尔蒙",以及各种各样的这个"训"那个"训"。《圣经》不云乎:"上帝爱世人,甚至把他的独生子赐给他们,叫一切信他的,不致灭亡,反得永生。"我们可套之曰:"上帝爱世人,甚至把他的大蒜赐给他们,叫一切吃它的,不致灭亡,反得永生。"大蒜之功用大矣巨矣,神矣妙矣,无以复加复增矣。据柏杨先生的考证,一口气吃上半斤大蒜,发出来的卡路里,连火车头都推得动,如果成年累月地吃,包管吃成钢铁,啥病都不害。写到这里,顺便建议人寿保险公司的负责先生,调查投保人健康情形时,只要了解他是不是吃大蒜就够啦。如果他每天都吃,已经吃了十年,则尽管保之可也,准是赚钱生意。不特此焉,再顺便建议一些千娇百媚的小姐,在选择佳婿时,千万记住考察他吃不吃大蒜。如果他也是每天吃大蒜,而也已经吃了十年,好啦,尽管嫁之可也,核子弹砸到他头上他都不在乎。盖大蒜中有一种奇妙的精灵,到了肠胃之后,碰到病菌就展开大战,必杀之而后已。如果尊体没有病菌,它就在五脏内为你悠悠按摩,你说美不美哉。柏杨先生高龄七十有四,但走路却像飞的一样,连拐棍都不要。银须飘飘,望之俨然圣崽,而且声如洪钟,摆龙门阵一摆就是三四个小时,余气仍不能尽,而看起来固四十许青年才俊也。何以故哉,完全是大蒜之功,世人不可不知。

问题是,大蒜虽然功盖天下,却有一样毛病,那就是吃了大蒜的尊嘴,实在是王二妈的裹脚布,奇臭奇臭,臭而不可闻也,臭而不可耐也。有一次,柏杨先生因公去台湾银行看一位协理(忘其名字矣),寒暄已毕,刚在沙发上坐下,该协理先生的屁股就像刚挨了三作牌的一脚,一跳而起,奔到远远的他的座位上。我以为他发了羊痫风,谁晓得他曰:“柏老,对不起,你大概刚吃过大蒜。”呜呼,在这种场合之下,主人和客人相距三百公尺,一方时时提防另一方的奇臭蒜味冲倒,不要说公事,便是红包都送不进去。

37. 昭然若揭

俗云吃大蒜口臭,岂止口臭而已,简直是从胃底深处发出一种胃臭。又岂止是普通的臭而已,简直是生了蛆的腐尸味道。如果大家都吃大蒜,还闻不到,或虽闻到,也颇为恕道,觉得没啥了不起。但如果有一位先生不吃,而周围却全是些蒜君子,那位先生不啻一头栽到新坟里。烂肉盈鼻,热烘烘的刺脑怪味,从四方八面扑来,他如果想活下去的话,除了也急吃大蒜外,恐怕别无他法。不要说吃之者众,闻之者寡,闻之者受不了,便是吃之者寡,闻之者众,闻之者也受不了。柏杨先生便经常有此奇遇。一群视大蒜如毒药的朋友——我尊称他们为“非蒜委员会”,正聚在一起谈天说地,而我恰好吃饭时有美味下肚,则只要我一光临,张口说一声:“你们谈些啥呀!”怪味勇猛射出,他们就立刻四散逃命。遇到尊老敬贤的年轻人,为了不使我难堪,就掏出小手帕掩到鼻上,咳嗽两声,以表示他不是因为我的口臭胃臭,而是因为昨天感了冒也。

北方各省,民间有很多治臭之法,最普通的是把茶叶含到口中,咀之嚼之。文明一点的朋友则吃过大蒜之后猛嗽其口,猛刷其牙,有的口噙青果,有的口噙萝卜,效果都有,但总不能根除。盖吃大蒜吃的时间太久,或吃的数量太多,不但口臭胃臭,甚至连拉出来的粪便和冒出来的汗珠都是臭的,真是木法度木法度。我们形容女孩子出汗,曰"香汗淋漓",如果该女孩子是一位吃蒜委员会,出的汗包管使你呕吐不止,那场面才叫难以卒睹矣。

非蒜委员会对大蒜的感觉特别敏锐,你只要吃上一瓣,他就毛骨悚然。不但对大蒜的感觉如此,对其他类似大蒜味道的菜蔬,也是如此。民国初年,我有事去上海,在一位北方朋友家吃了他们的"鸡蛋炒韭菜",此乃一种最最平常的菜。可是等我坐上电车,便觉得该菜颇不平常,起初一位坐在我左边的少妇叫曰:"臭来兮。"我心里想你兮啥兮,可是一会工夫,坐在我右边的长衫先生忽地跳起,直皱其眉,也叫曰:"臭来兮。"结果我好像刚当选的扒手大王,全车的人都向我怒目而视。后来到了办公室,大家哗曰:"你又吃草啦。"草,指的是韭菜,其状似草,他们并非调侃我,而是实在不知道韭菜是啥。

大蒜的利弊相连,其功效也昭然若揭,如果能除去它的臭味,真是得其所哉。美国人已研究出来一种"大蒜精",像味素一样,放在菜肴里,既无臭味,却保持着它原来的营养价值和杀菌价值(假定它真有营养杀菌价值的话),老饕朋友不妨去市面上打听一下,说不定有走私进口货,可购而食之。问题是,正因为它没有臭味,也因之没有了辣味。吁哉,你知道辣味之妙乎?它能把你吃得汗流浃背,直喊哎哟哎哟。但如果不叫你受这种哎哟哎哟的苦刑,你还不乐,还食不下咽也。

中国固然是一个吃文化很高的民族,但这种文化似乎只集中到高阶层,成为一个既得利益阶级所特有的文化,小民们不与焉。于是,烹饪乃贵族艺术,而不是民间艺术。有一种现象可作为说明,柏杨先生住家附近就有不少馆子,有山东馆焉,有四川馆焉,有江苏馆焉,结果啥馆都不馆。有时候老妻生气,拒绝做饭,我就去吃碗阳春面、牛肉面,偶尔积攒了点钱,还要一盘炒猪肝、烧蹄膀。说句老实话,实实在在难以下咽。说它咸淡不对乎,固没啥不对;说它没有搞熟乎,固也搞得烂熟;说它酱油味素放得不够多乎,固放得到处都是酱油味素。看起来无一或缺,可是吃起来硬使人肠胃悲号。研究原因,在于厨师来自民间,或是军队退伍下来的焉,或是公教人员半路改行的焉,山东人开个山东馆,四川人开个四川馆,凭记忆所及,就小时候在家乡吃的那些玩意儿,做而卖之。台湾如此,外国的"中华料理"情形更糟,很少由名厨掌灶,也是同样干法。几个中国人聚在一起,不管是干皮匠的或是干布庄的,甚至是当教习职员的,忽然一想:"咱们是中国人呀,中国的吃名震华夷,何不开一个中国饭馆,赚赚洋人的银子?"如此这般,搞出来的菜,怎么能高级乎哉?

中国是一个奇穷的国家,吃的文化既集中在高阶层,广大的小民不但没有吃的文化,简直更进一步,根本没得吃的。当皇帝的家伙福气最冲天,每顿饭至少有一百样菜,不要说吃不完,就是把该陛下的头割掉,从脖子往里塞,都塞不完也。不但皇帝如此,抗战时有一位大官,仅厨子就有一百位,参政会上有人掀出他的底牌,报上也大登特登,据说对振奋军心士气,有很大帮助。可是论到小民,就提不起来。很多洋大人研究中国菜馆,说只有滋味价值,没有营养价值,事关科学,我们不便插言,但有一点很重要的,君没见过漂亮的小姐乎?要知道美女往往都很聪明,只要她外形漂亮,不用打听,内心一定有两下子,很少美女是蠢而愚的也。吃的东西亦然,如果它色香味三者俱备,即令没有使你吓一跳的营养价值,也会有相当可观的营养价值。有人说燕窝没有营养,营养在它的汤里,这就对啦,所谓"燕窝",不是孤立地指柏府梁上燕夫妇的那个既脏又臭的窝,而正是指包括汤在内的那种食品。

普通中国人最大的特征是瘦骨嶙峋,弯腰驼背,不要说比不上美利坚和英吉利,就是和日本韩国朋友较量,都招架不住。前些时韩国队在台北市比赛足球,三十分钟过后,韩国人越战越勇,而中国同胞们却上气不接下气,跑不动啦,不要说看台上掌声如雷他们跑不动,便是弄个原子弹照上屁股上轰一下他们也跑不动,听说这种球队也要去参加世界运动会,众人闻之,一身发麻。

38. 没啥可吃

中国人体格的衰弱,和中国烹饪艺术的精美入化,成一个讽刺的对比。杜甫先生诗曰:“朱门酒肉臭,路有冻死骨。”正是中国五千年来畸形社会的写照,即令再有营养价值的食物,叫一些高阶层人士吃啦,帮助都不太大。盖他们有两种现象,一是没有运动,一是色欲过度。有些当皇帝的先生,十四五岁登极,二十岁便不能“御女”,翘辫子的平均年龄,低得可怕,一查便知,非柏杨先生闭眼造谣也。等而下之的富家子弟,也半由此原因,而难享高寿。一直到民国初年,还保持一种传统,一个人一旦过了三十岁,就算开始完蛋;四十岁就得咳嗽带痰成了老头,五十岁如果不含饴弄孙,袖手在家享清福,简直没脸见人。中国历史书上虽很少恋爱记载,但在广大的民间,恋爱镜头固多得是。柏杨先生在台北《自立晚报》上曾介绍过七世夫妻,除了七世夫妻外,故事传说,如恒河沙数,说三天都说不完。问题是,无论哪一对自由恋爱,从没有超过二十岁的。男孩子往往只有十五六岁,顶多十七八岁,而女孩子也往往只有十二三岁,顶多十四五岁。君看过《梁山伯祝英台》电影乎?电影上男女演员,都是结过婚生过孩子的婆娘矣,看起来自然有一股劲,实际上那一年梁山伯先生才十七岁,祝英台才十五岁,怎能有电影上那种仪态万千的爱情哉?不要说民间故事啦,就是从中国第一部文学名著中去研究,贾宝玉先生和林黛玉小姐爱得如火如荼,又发疯又挨打,他才十五岁,而她才十三岁,还是两个吃奶的娃儿,叫人听起来真没意思。十几岁的孩子大谈恋爱,真是货真价实的儿戏,即令缠绵得不像话,因他们跳不出年龄给他们的限制,加上经济不独立,学识不丰富,意境也升高不到哪里去。而我们中国的恋爱却都是这种型的恋爱,大概和身体有关,过了二十岁,便进入成年,而且就要老矣衰矣。

因为身体的羸弱,使人误会到中国饮食的营养价值,其实中国人身体不好,固和吃的文化无关。高阶层体弱的原因已如上述,广大小民体弱的原因,和根本没啥可吃有关。柏杨先生曾举过北方人吃糠的例子,有一天遇到新闻界老兵黄丽飞先生,他曰:"吃糠算啥,我们那里乡民更苦。"他是广西人,而广西群山起伏,居民有二十年三十年,甚至几百年下来,没有燃过灯的。天黑了倒头便睡,天亮了才起床,要灯干啥?有些人自生到死,都没有吃过盐,读者先生不要误会他们害了肾脏毛病,遵医嘱不吃咸的,而是他们啥都吃不起。呜呼,北也如此,南也如此,正因权贵分子吃得太多,小民们才吃得太少,甚至没得吃的也。

不要说得太远啦,就是目前现象,台湾生活水平,可说在全中国首屈一指。单身宿舍开起饭来,无不四菜一汤,可是随便找一位同胞问问,谁不是见饭愁乎?

(柏老按:写本文时,台湾生活水平虽在全中国算不差的,但仍低得可怜。而今二十世纪八十年代,生活水平提高,一个个吃得脑满肠肥,见了大鱼大肉都没有胃口。但依旧不改一字,原样刊出,以发老头读者之回忆,年轻读者思古之幽情也。)

道貌岸然集

提　要

《道貌岸然集》中柏杨陈述了若干官场文化的特质。“影钟学”，指部属跟随上司唱和，不辨是非，“‘影钟学’——也可从俗之名曰‘听话学’，博大渊深，与‘一脸忠贞学’有互相发明之处，融会贯通之后，可无敌于官场也。”又有“奇响学”，指拍人马屁，或“自己的马屁被人拍”；“颜陈症”、“朝琴路”等现象，亦有异曲同工之妙。而当官员恶形恶状，小百姓又该如何因应？柏杨发明了一种“茅坑学”，当官崽道貌岸然，训诲不已时，“你应对该官崽或该圣崽仔细打量一番，想象其拉屎时所摆出来的种种奇妙姿势……”

抨击官场文化最烈的《“的”和“家”》一文指出：“中国知识分子的唯一出路是做官，除了做官，没有别的方法可以使自己安富尊荣，于是遂成为一种恶性循环，做官的目的为了发财，而发财的目的又是为了做官，一个知识分子一旦做不上官，就四大皆空。”“但非官的行业，其贱如故，于是除‘官’之外无人才，从事非官以外的行业，顶了不起，只能成为‘的’，而不能成为‘家’。”精辟的分析直指世人对于“做官”的迷思。

序

听说敝大作销路奇好，故柏杨先生最近发了财啦，很多老朋友食古不化，仍从门缝里瞑人，实堪浩叹。他们吃亏的是没有驾临柏府观光，如果驾临柏府观光，发现柏府早饭桌上，连咸菜都有两碟；洗脸用的都是美琪牌香皂；连面巾也都换了新的；昨天去小铺子买酱瓜，一买就买了两罐；上个月还到当铺购进一辆三成新流当的脚踏车。柏杨夫人看别的太太小姐都有可以往手上乱抹的指甲油，早看得两眼发干，柏杨先生也努力慷慨，为她买了一瓶。呜呼，盛哉。

人一旦有了点钱或有了点势，就必须道貌岸然，才能一正视听。柏杨先生岂敢例外，何况我天纵奇相，用不着对镜练习，到时候嘴脸自然出笼。凡夫俗子，穷酸措大，以及前途堪怜的家伙，和我讲话，我理都不理，以示金钱万能，人心大变。本月之初，书店老板建议我再出版一本大著，我本来也不理他的，可是后来一想，如不理他，钱从何来？遂隆重理之，并假以辞色，但心中固瞧他不起也。乃将本大著定名为《道貌岸然集》，以记此妙。读者先生拜读了之后，如果也成了道貌岸然，那才是天将降大任于阁下，必先变其嘴脸。

是为序。

1963 年 11 月于台北柏府

1. 听话学

1945年抗战胜利时，北平小贩们指着曾当过汉奸的前额，斥之曰："现在不兴你们啦。"言者一语中的，听者垂头丧气。"不兴"是北方话，即南方所谓"不流行"，国语所谓被淘汰也。"不兴你们啦"，就是说一切荣华富贵都告结束。所以，如何才能使自己"兴"起来，乃是一门最重要的学问。

有这么一个故事焉，一位老人在桥旁叹气，别人问他为啥，他曰："我年轻的时候，皇帝喜欢用老年人，说老年人可靠，所以不得志。现在我年老啦，新登基的皇帝却又喜欢用青年，说青年人有活力有勇气，我还有啥希望？"

那位老先生的意思当然在埋怨他的运气不佳，其实误矣。岂不闻人类可以创造历史的明训乎？若能考上做官大学堂，专修"影钟学"，则包管你无官者有官，已当官者永远不垮。即令国家亡掉，只要影钟学滚瓜烂熟，包管仍可以在新政府继续得意。这门功课是墨翟先生发明的，他显然的没有张宗昌先生的学问大，以致在这门功课后面，拖了一条害人的尾巴，必须加以修理，才可应用。

《墨子·鲁问篇》载："鲁阳文君谓子墨子曰：'有语我以忠臣者，令之俯则俯，令之仰则仰；处则静，呼则应，可谓忠臣乎？'子墨子曰：'令之俯则俯，令之仰则仰，则似景也；处则静，呼则应，则似响也；君何得于景与响哉！'"

译成白话是："鲁国阳文君问墨翟先生曰：'有人告诉我，一个当忠臣的，叫他爬下就爬下，叫他仰起就仰起；放在那里，不准他动他不动，叫他一声他才应，算忠臣了吧？'墨翟先生曰：'叫他爬下就爬下，叫他仰起就仰起，那是影子；放在那里，不准他动他不动，叫他一声他才应,那是钟;您要一个影子和一口钟干啥?'"

我说墨翟先生"拖了一条害人的尾巴",就是指最后一句而言。盖大小官崽,无不喜欢影和钟,自古皆然,于今更烈。一个人一旦大权在握,为了干净利落,他说二加二等于五,大家立刻恍然大悟也说等于五,何等舒服。有人读书入迷,贸贸然硬说等于四,大小官崽不能伸其志,还有啥意思也。

故,"影钟学"——也可从俗名之曰"听话学",博大渊深,与"一脸忠贞学"有互相发明之处,融会贯通之后,可无敌于官坛也。

2. 月　饼

中国人对于吃的艺术,登峰造极,在世界上首屈一指。抗战时就有"前方吃紧,后方紧吃"之谚,乃真正的救国不忘口福也。今日台北街头,越是贵得要命的馆子,客人越是满坑满谷,充分地表现出为了嘴巴奋不顾身的精神。看样子一旦世界大战爆发,敌人射出洲际核子弹头飞弹,我们只要祭出一盘红烧肉,则不被我们击垮者,未之有也。

问题在于,并不是每一个中国人一年三百六十五天都能酒醉饭饱。当皇帝的自然最最威风,每顿饭都有一百样小菜,但大多数穷苦的小民,却往往几个月不知肉味。以黄河流域一带来说,从新年到正月十六,中产以上之家,倒是天天都有肉和"白面馒头"的。正月十六之后,一直到阴历九月,全部吃的是玉米面做成的,难以下咽的粗饭,不但没有肉,连油都没有一滴。九月是收割麦子的时候,虽有"白面馒头"可吃,肉却仍无消息。九月一过,恢复玉米面原状,要一直挨到除夕。

在这上面,我们可看出端午节和中秋节在小民心目中,为啥占重要地位的原因矣。好像是两个中途加油站,使那堆枯干的肠胃,借着过节,润泽润泽。至于说端午节吃粽子和屈原有关,我就怎么都不明白有啥关。一个失意政客乱发了一阵牢骚之后,跳水自杀,有啥可取的乎哉?即令有啥可取,为啥非大吃粽子不可?反正是嘴巴为先,有了借口,吃得就更理直气壮。到了中秋节,则轮到吃月饼。不提起月饼,倒还罢了,提起月饼,叫人泪流满襟。呜呼,吃粽子尚可说是为了解馋,吃月饼却不知道是为了啥。

粽子似乎可以分为北粽南粽,形式虽同而内容全异。北粽以枣为主,南粽则大包其火腿、鸭蛋。叫一个北方人吃南粽,恐怕和叫一个南方人吃北粽一样的痛苦不堪。好在截至目前,小民尚有吃粽的自由,谁想吃啥粽便吃啥粽,无人干涉。只有月饼不然,无论天南地北,都是一样——虽有豆沙、四仁、鸡蛋等等之分,实际上难以入口则一,难以下咽则一。

柏杨先生真奇怪,中国人既是一个最讲究吃的民族,为了一样名菜,不惜下三年五年工夫去研究培植,却独独对一年一度最有诗意的月饼,连碰都不敢碰。弄得包括小孩子在内,没有一个人口服心服地真正喜欢它。以致一过中秋,扔到街上都没有人要。假使联合国要选世界上最难吃的美味,我敢打一块钱的赌,月饼是非当选不可。政府真应该颁布一条法令,凡是用月饼作礼品去送人,因而被人打死打伤者,不但无罪,反而倒赏银子十两,以资鼓励。

盖不管怎么说,月饼实在是难吃。

3. 一旦发财

世界上最贱的东西,你知道是啥?据柏杨先生考察,莫过于台湾薪给制的公教人员。前些时和一个朋友逛马路,碰见一位卖奖券的老太太,朋友不由分说,立刻买了一张。我在一旁叹曰:“第一特奖不过二十万,能干个啥?”他曰:“你的口气可真不小,我要是得了二十万,别的东西虽买不到,却至少可以买两个公教人员玩玩。”我以他出言不逊,着实义愤填膺,为了国家的正义和民族的尊严,简直要和他打上一架。可是他却有他的解释,盖二十万元,以市价二分半利息计算(二分半利息还是低的,柏杨先生欠了一屁股债,均在三分以上,而且还借不到,悲夫!),每月可收入五千,不要说买两个公教人员,简直可以买三个四个,甚至可以买五个六个焉。柏杨先生这么大岁数,现在月俸不过九百六十元,每天挨骂受气,战战兢兢,生趣全无。如果手中有二十万,兴之所至,真可买上几个,给他们厘定章程,分为七七四十九级,五年一升。每升一级,加薪一元。有眷属的则有眷属津贴一元。有孩子的,多一个孩子多发一元。不供给宿舍,却发房屋津贴;没有特约医院,却发医药津贴;各为一元。至于一块钱对他们有何补何益,一律不管。《官场现形记》上,瞿耐庵先生的干法就是开现代风气之先的杰作。有乡下人告状,他大怒曰:“这是你们的家务事,亦要老爷替你管乎?我署这个缺,原是上头因我在省里苦够啦,所以特地委给我,调剂我的意思,不是叫我来替你们管家事的呀。”可见不管别人的死活,古已有之。

只要有二十万,养上几个薪给制,亦人生的巨乐。该朋友真是人杰,把柏杨先生说得雄心万丈,于是也买了一张奖券。以便一旦中之,如法炮制,到了那时候,每天把群员叫到座前,训勉有加,大意不外鼓励他们忠君爱国,杀身报恩之类。遇到柏杨先生寿诞之日,前两个月便叫老妻假装无意中泄之,我对他们既又养又用,他们自非努力庆祝不可。但柏杨先生是何等的高贵谦虚,届时一定固辞;他们再请,再固辞;他们三请,又三固辞;反正打死我,我也是固辞定啦。但他们也反正努力祝贺定啦,或鞠躬焉,或送蛋焉,或送赤金铸成的牛焉(按:柏杨先生本来属鼠的,为了适应自动自发的献宝运动,才改成属牛,取其量重,以便猛捞一记也)。或由其女儿跳芭蕾舞焉,或索性由其娘认柏杨夫人作干妈焉，热闹烘烘，好像真的一样。然而，这还不算精彩，精彩的还在后头哩。我从北投什么阁（那里美女如云）避寿回府，不但不表感谢，反而大大斥责他们不能体谅时艰。这必须等到半年之后，才能看出苗头，凡当时肉麻透顶的人，一律加薪晋爵。自以为他了不起，不肯鞠九十度的躬，或是拒绝摊份子的（送一只小小金牛，价钱准叫他瞪眼）。均一一记在心头，觑个天赐良缘，就来一个大义灭亲，一脚踢之使滚。老子有二十万在手，怕没别的人可玩乎？

最近听说有人在办职务分类，不知对官的职类如何分法。柏杨先生积七十年之经验，发现中国之官，可分为二大类，一类是供给制之官焉，一类是薪给制之官焉。供给制之官，奥妙无穷之官也。柏杨先生有一个朋友，初到台湾时他还骑脚踏车上班，每天用香烟盒翻过来擦屁股，去年不知道怎么搞的，忽然成了供给制。那才叫怪，用不着他哼，报上发表消息的第二天，总务处长就来请他参观新的官邸，他说不用啦，现在住得还不错。于是，不到两个月，开来一批泥水匠、电灯匠、玻璃匠、瓦匠、木匠、抽水马桶匠，以及其他各式各样的匠，把他那栋违章建筑，修建得美奂美轮。而且以后啥都不用操心，汽车没油，司机自会去领；抽水马桶用的草纸，到时候自有人送来交给下女，由下女悄悄地搁到架子上；接到别人的婚丧帖子，他要送花就有人替他送花，他要送钱就有人替他送钱；太太生孩子，自有人代付住院医药费。最叫人往上飘的是，他想在瑞士存点瑞士法郎，以备必要时用之，亦有人为他办妥，把支票簿送到他办公桌上。至于黎明即起，去打高尔夫球，那就更不用说啦，球及球棒及汽车，均为可怜小民纳税的钱。

我的那位朋友即令得了二十万，想要玩供给制的官，恐怕是玩不起，他那小庙装不了供给制的大神。盖可以玩供给制的人，非你我之辈，不必细表也。所以一旦得了二十万，顶多养几个薪给制娱乐娱乐而已。玩之之法，除了上述花样，还规定他们每月写自传一份，以凭亲民。每周召见一次，面授机宜。每天早上三时至四时半，举行朝报,听取柏杨先生的训示。然后再弄一个什么考绩制度和什么人事制度,吊他们的胃口,把他们活活吊死。呜呼,人生到此,真是快乐极矣,无以复加矣,一直等到把那二十万元玩光,然后树倒猢狲散,各奔前程。

幸好的是,天下有这种“玩之”瘾头的人不多,柏杨先生一旦真的有那么一天,也宁愿把钱倒到茅坑里。但问题不在我个人如何,也不在我的朋友如何,李耳先生曾有言曰:“天地不仁,以万物为刍狗。”而今则是以薪给制为刍狗矣。在这里我们必须加以说明,供给制者,大家伙是也,我们玩不起。至于薪给制,就是习惯上所称之的公教人员。一个官一旦进入供给制佳境,他便脱离了公教人员的苦海,升到另一个天仙境界。但在没有升天之前,固是刍狗,固是可怜动物也。

世界上奇贱之物,公共汽车上最多,有一次柏杨先生挤公共汽车,车掌小姐在门口怒目而视曰:“叫你等下班车,你挤啥挤?”我仍是硬拉车门不放,几番挣扎,终于挤了上去。刚刚吐一口气,车上有人说话啦,埋怨我不该自私,因一个人误大家,我曰:“各位请听,我要是赶脱了这班车,下班车不知何年何月才有,届时老板会叫我爬出大门,大家都是穷朋友——不是穷朋友,挤公共汽车干啥?恭请原谅。”一言未了,鸦雀无声,盖从他们的穿着上,就可知道他们是干啥的。呜呼,君不见有些四十岁以上的中年人乎?头发一个月理一次;胡子经常长长如戟;两目无神,好像拉向屠场的老牛,两眼恐怖哀愁,随时都会掉下眼泪;脸皮焦黄,手上胳膊上的皮,松松地挂在骨头上,青筋累累然像刚挨了三作牌一顿皮鞭;西服陈旧,至少亦为十年前之物,博物馆出的价钱比当铺还要高,式样之老,更不用说啦,裤脚管早磨得补了又补;皮鞋也盖有年矣,打了好几次鞋掌,擦两公斤油都擦不亮;背弯弯焉,耳聋聋焉。呜呼,用不着掐指一算,包管他是薪给制。得了二十万元的有志之士,真可养上若干,反正他叫别人玩也是玩,叫你玩也是玩也。

夫妻之间,如果一到漠不关心的程度,那对夫妻迟早要砸锅。长官和部属之间,也是如此,一个月给他一千多元,甚至一千元都不到,而只有寥寥的几百元,就心安理得,认为已恩重如山啦,天下有如此舒服的算盘乎?这种现象好像也是时代产物,据说从前有这么一则故事。俄国代表去美国访问,问他们工人的待遇,美国佬曰:"一月八百元。"俄国代表曰:"然则多少才能维持生活?"美国佬曰:"五百元。"俄国代表曰:"多出的三百元干啥?"美国佬曰:"我们不管,那是他们自己的事。"接着美国佬反问之,俄国代表曰:"我们工人,一个月也是八百元。"美国佬曰:"然则多少钱才能维持生活?"俄国代表曰:"两千。"美国佬吃惊曰:"不足的一千二百元怎么办?"俄国代表曰:"我们不管,那是他们自己的事。"

盛哉,俄国代表真是学问冲天,不但一句话把美国佬的嘴塞住,而且一句话也为他们政府省了不少麻烦。不特此也,闲来无事,还呼吁薪给制节约哩。于兹柏杨先生发明了一条规律曰:天底下都是供给制的官要薪给制的官节约,盖悯其愚而且穷也。抗战时某大头目(现在美国做寓公),有一天诧异曰:"人家都说钱不当钱用,我身上装的十块钱,三四年都没用完。怪哉!"真是怪哉,大概薪给制之官挥霍成性,天生不是善类,故过几天就得让供给制之官敲打敲打,叫他们节约,否则不知他们将乱搞到啥地步也。

4. 公用电话

台北电信局在街头巷口,普遍设立公共电话亭,真乃一大德政。未设电话亭前,有紧要之事,想叫一个电话,简直如大难临头。或是三更半夜,或是狂风暴雨,去敲隔壁朱门借电话,世间还有比这更使他们暴跳如雷的事乎?自从设立电话亭以来,有电话的人可以安枕矣,没电话的人也同样心情舒泰。盖从前借一次电话,下自婢仆的言语,上至主人的嘴脸,无一不难以消受。柏杨先生小时候,电话比现在自用汽车还要贵重,非绝大头目,不能装置。有一次为了借电话,几乎被狗咬断了腿,之后我就宁愿跑十里路,不肯去战战兢兢敲门,再战战兢兢而言曰:“对,对不起,借,借个电话。”现在这种毛病总算一扫而空。只要身上装五毛钱,就可理直气壮地大打特打,无论啥时候,无论啥事体,老子愿打给谁,就打给谁。打之前固不必婢膝奴颜,未语先笑;打之后也不必感激涕零,磕头如捣蒜。就此一点而论,现代的小民可以说福比东海。

不过天下事无论干啥,总不能不出点别扭,电话亭固功德无量,但有时候打电话的人,也能把肠子都气直。君看过美国连环画《小亨利》乎?有一幅漫画上,该小子在电话亭中打电话,亭外下着大雪,天寒地冻,男女站成一排长龙,一个个愁眉苦脸。小子曰:“哈啰,我这边二十一个啦,你那边如何?”小妹在另一个电话亭中沮丧曰:“我这边只有八个,怎么办?”遇到这种打电话的朋友,真是有缘千里相会,三生有幸得很也。

漫画终归是漫画,看了使人会心一笑,实际上如果真的碰上该顽童小亨利,恐怕就会心不起来,也一笑不起来焉。小亨利还是一个孩子,必要时可伸出巨掌,强制执行,如果对方是一个千娇百媚的小姐,或是一个豹头环眼的大汉,恐怕除了仰面呼天之外,别无他法。有些人打电话就好像嚼槟榔,越打越有劲,视亭外之人如犬豕,你在外边越急得发疯,他在里边越安闲得很。有一次我的侄媳肚子大痛,马上就要分娩,柏杨先生打电话叫出租车,有两个花枝招展的烂女人,正挤在亭子里,叽叽呱呱,说个不停。只听得其中一个曰:“你猜我是谁?”“你连我的声音都听不出啦?”“哎哟,到底是留学生啦,连腔调都变啦?”“我呀!嗨,我不告诉你,让你猜猜看。你的女朋友很多,猜不完!是不是?”“我妈叫我问你,明天晚上请我们看电影好不好?嘻嘻嘻嘻!”“什么,你姓张,啊,对不起,你不是王——王——王——,挂错啦!”我以为可以熬出头矣,想不到挤在一旁另一个女的,接着又拨号码。然后她叫曰:"我一听就知道是你,你猜我是谁?"(他妈的"你猜我是谁"?)"哟,哟,不是,不是。""对啦,我和美丽在一起,嘻,嘻。"(掩口而笑)。"你明天中午有没有时间呀?""没有事,你看哪个电影院的片子好?""我不喜欢什么什么哪。"

说到这里,已十分钟过去。我老眼昏花,心如火烧,就绕着亭子乱转,希望她们能垂鉴及老头一脸焦急之色,兴起怜悯之心,把话早一点说完。可是足足转了四十几圈,她们仍相应不理,我只好敲玻璃窗,哀号曰:"小姐,我有点急事,拜托。"烂女人之一怒曰:"我也有急事。"呜呼,柏杨先生真是有点自制力,否则当时就给她一拳。

打电话虽是小事,但它代表的意义却庞大如山。古人"醉之以酒观其德",今人则"玩之以牌观其品",其实根本用不着费那么大的劲,只要看他打电话的态度,便可明了他的内在成分是啥。"你猜我是谁"乃天生的烂女人腔,烂女人们说之,固然同样的罪无可逭,但总算情有可原;有些臭男人也说之,就未免肉麻加三级矣。其他像"你听不出我的声音啦""你猜我在哪里啦"等等,更是浪费生命之词。有一次一位也是老头朋友,从台南来,打电话给我,我曰:"我是柏杨。"他曰:"啊,好吗?我刚下车,借电话哩,马上就去啥啥旅馆,你能不能来一下。"我曰:"你是哪一位?"他曰:"怎么你听不出我的声音啦?"我曰:"听不出来,你可能有点变啦。"他曰:"我还是老样子呀,你倒是变啦,在台北混了几年,六亲不认啦。"我曰:"老哥,电话上没有眼,我怎么认你呀。"他曰:"说了这么半天,你仍听不出?"我开台湾省骂曰:"干你娘。"后来他向别人宣传我"夜郎自大""忘恩负义""目中无人""过河拆桥",我听了就更"干他娘"啦,盖我如不教训他一下,谁还肯教训他也。

我想《六法全书》应增加一法,成为《七法全书》,那一法就是"废话连篇法"。记得十年前台北《公论报》发行人李万居先生家失火,他正在接长途电话,急叫曰:"失火啦,请快挂断。"对方相应不理,仍喋喋不休,结果报警电话叫不出去,弄得全家一扫而光。遇到这种情形,法律便可出笼,把那个死不肯挂断的朋友,重打四十大板,才能收惩一儆百之效。

不过法律虽严,总有漏洞,万全之法,似乎只有科学家可以解决。依柏杨先生高见,最好发明一种机器,附设在电话之旁,为纪念柏杨先生此一伟大的先见之明,以及对中华民族文明的贡献,为全人类和平而作的努力,可定名为“柏杨治疗机”。构造如何,当然由科学家设计,柏杨先生要求的是,该机之内装着一个大而巨的拳头和一只结实的橡皮脚,因人而制其宜焉。对男人用拳头,对女人则用橡皮脚。且因其年龄而异其重量。年轻力壮的则重一点,小孩子——若小亨利,老头——若柏杨先生那位朋友,则轻一点。

该机的用途,顾名思义,在于治疗废话连篇的毛病。好比说有一位千娇百媚的太太小姐,在电话亭里一面大扭其臀,一面嗲曰:“你猜我是谁?”只听“通”的一声,橡皮脚已脱笼而出,照她的屁股上就是一下,把她踢个玉嘴啃地。如果她有大无畏的精神,不在乎一踢,仍坚持曰:“你听不出我的声音啦?”第二脚就比第一脚要重三分之一。如果她仍说个没完,只要超过两分钟,该机就像出租车上的计程表一样,喀嚓一声,马上又是一脚。遇到男家伙们,发了废话毛病,也同样治之,不过那特效药是拳头而不是橡皮脚矣。以柏杨先生那位从台南来的朋友而论,呜呼,幸亏他打电话时,柏杨治疗机还没有发明,否则危矣。电话亭里拳下如雨,下巴焉、胸脯焉、面颊焉。我敢赌一块钱,他以后打电话时一定简单明了。这种机器,不仅可装在电话亭,办公厅和家里的电话上,也都应配置一个,不但可节省不少电话费,即令失火,也可迅速求救,而且大快人心,真是人类有史以来最隆重的发明,科学家们,盍兴乎来。

(柏老按:二十世纪六十年代末期,三分钟电话出笼,但有钱的家伙仍可盘据地盘,不如拳打脚踢来得釜底抽薪。)

5. 新年快乐

阳历年元旦终于过去，由 1962，跨进 1963，如此大变，快乐之人自然应运而生，姑且举出几种。

一

第一种快乐之人，乃深明大义的公教人员。案查日本帝国主义侵略我堂堂中国，割据我堂堂宝岛台湾，凡五十年。经过了八年抗战，打得一塌糊涂，总算吐赃似的把台湾吐了出来。吐了出来之后，凡是日本的一切暴政，统统加以铲除，十三年来，颇着成效。可是只有一件暴政一直维持到去年才改革掉，那就是所谓“年终奖金”。盖中国从来没有这种“年终”什么的谬说，当一个公教人员，能够献身救国救民大业，工作本身就是一种荣誉，还是啥奖金哉？而竟容忍日本鬼子留下的残余措施，凡十二年之久，自令人痛心疾首。幸亏去年人官巨公，振臂一呼，万众响应，把年终奖金之制取消，这又是公理战胜强权之一例，真是快乐得很也。

去年初冬，报上载有各方面酝酿要求恢复年终奖金的消息，柏杨先生看啦，龙心大怒，如果这种侵略残迹竟可恢复，则啥侵略残迹不可恢复乎？幸大人先生择善固执，不为所动，邪谋未能得逞。否则，人人在最后年关，都捞一笔，算啥体统！如今元旦已过，铁的事实终于毁灭那种一定发年终奖金的恶毒谣言，柏杨先生乃额手称庆。其实不但我一人而已，凡是深明大义的公教人员，相信也会跟我一样非常高兴，现在孔孟学说大行的目的，就在于此。君没有听说圣人之一的颜回先生乎？穷得连枕头都没有，枕着胳膊，还欢欢喜喜地唱歌哩。我曾经到过很多朋友家,有一家可以说最穷,老少五口,靠月薪一千一百元度日,只有一条破被,小孩子天天去污水沟里捞菜吃,八十岁的母亲辗转床上,已四年之久,无钱送医。可是,他们竟赫然有一个枕头在焉,比颜回先生高级得多矣。而竟不知道用唱歌以表示其快乐,其蠢固如猪也。不过因孔孟学会成立,朱熹先生阴魂复活,再加上取消年终奖金之故,终有一天可以把他们的气质变化过来,一定会快乐一阵。如果仍有执迷不悟,非愁眉苦脸,唉声叹气不可之辈,无疑的都是些不堪造就的家伙,属于"没有办法阶级",为柏杨先生所不喜,自亦为国人所共弃。法门寺刘瑾先生不是说过乎:"桂呀,拉出去给我哗啦了吧。"际此啥啥前夕,以及啥啥之际,真应如此如此,这般这般。

二

第二种最快乐的人,则是邮差先生和秘书先生。盖"贺年片之灾"已过,邮差先生可舒舒腿,秘书先生可舒舒手矣。世界上各种灾情均有,唯中华民国的花样特多,连修堤都能修出洪水,何况贺年片乎?只不过贺年片之灾,没有洪水那么来得有劲而已,但其害人的程度却并轻不了多少。我有一个朋友,在某大衙门秘书处任书记之职。前天我去找他,一进其门,便发现气氛有异,原来他正替他的顶头上司向人写贺年片哩。桌子上堆了一大堆——有别人写给他顶头上司的贺年片焉,有各机关,各公司行号,各公会,以及其他平常连名字都没有听说过的公私单位的职员名册焉。该朋友已写了七八天矣,写得两眼冒火,手像要掉了一样,愤怒之情,上冲霄汉。他每写一字,便开一句台湾省骂,曰"干你老母"。我坐在那里只十分钟,看他写的有局长焉,有部长焉,有委员焉,有科长焉,有科员焉,有编辑焉,有记者焉。不仅暗暗吃惊,假如他们的老母真的有点知觉,知道该官崽贺年片的代价,竟如此之大,母子们尚可为人乎?

贺年片一旦发展到"干你老母"的程度,那才是真正的祸延考妣。贺年的结果,不仅贺者无心,受者也同样无意。呜呼,只有在郎有心妾有意的情况之下,才能两情融洽,贺年片达不到这种任务也。有一个极大之官焉,贺年片里还附有一张油印的信件,上面印的是:"兹寄上某大官之贺年片一张,敬请查收为荷。大官秘书处启。"接信的人拜领其贺之余,真是非拉一泡屎,不足以言感激。我有一个朋友,便接到一张这种贺年片,看毕一语不发,就往字纸篓里一丢。问他啥子原因,他曰:"这种从名册上抄下来的交情,屁都不如,我平常向他磕三百个响头,他都不会理我。而今靠着名册就想使我对他产生好感,做他小舅子的梦吧,天下有此廉价的东西哉?"君不见报上常登着向死人寄贺年片之事乎?假定他们之间真有一份友情,不致连朋友翘了辫子都木宰羊也。也可能秘书照鬼画符,"干你老母"干得起劲之余,即令明知道该家伙已死,也照样寄发,反正跟自己毫不相干。

柏杨先生深知有"干你老母"之危,故一向对贺年片有两大原则。一曰,每年只印五十张,拣若干至少最近一两个月未见过面的朋友寄之,寄得恭恭敬敬,亲笔书写。对长辈则在自己姓名上加一"晚"字,绝不滥发,凡七八年,年年如此。然而每年认识的新朋友又如之何乎?呜呼,柏杨先生还有啥前途?认识我反而有被打小报告的危险,一个小民,一旦上了年纪,朋友只会越来越少,不会越来越多也。二曰,我对接到的贺年片,凡是秘书书记手笔者,一律撕成碎片,投入水沟(有一次不小心投入抽水马桶,害得花了八十元雇人去通),不但不复,必要时还国骂省骂一齐开之,以表隆重回报。

但附带声明曰:柏杨先生今年却没有印贺年片,非不印也,实在因那一笔开支太过于庞大。同时我发现不印贺年片也是一种德政,如果乱七八糟,四处乱寄,岂不是惹得秘书先生又要蠢动乎?刻新年已过,圣人曰:"放下屠刀,立地成佛。"而今秘书先生放下写贺年片之笔,虽成不了佛,其快乐固差不多也。

三

除了上述两种人之外,还有第三种人,其快乐也是无穷的,那就是脚踏车上没灯的朋友。每逢过年过节,世界上最紧张的地方,恐怕要算台北市的黑巷子。人影幢幢,细语切切,神秘恐怖,好像诸葛亮先生的八阵图,一旦看见一个没灯的脚踏车贸贸而来,一声呼哨,蜂拥而上,那家伙就算倒定了霉。先是一顿猛训,然后是一笔罚款,不服气的话,则警察局见。呜呼,骑脚踏车的朋友乃抵抗力最弱的动物,自然掏钱消灾。柏杨先生前些时借了一辆,骑着去看耳朵(最近听觉不太灵光,真是老矣)。那个该死的摩电灯,早不坏,迟不坏,偏偏走到埋伏阵地时坏啦,怎么修都不亮,刚推着走了两步,三作牌一跃而出。我一看情形不妙,立刻笑容满面,但那无济于事,仍是付款结案。

有人造谣说罚的那些钱除了一部分缴库外,剩下的大家瓜分,显然是恶意中伤,我誓死不信。盖查灯完全是爱民措施,你要是不燃亮,一下子骑到琉公圳里怎么办?故抓得起劲,乃是热心公务。我们这里说了半天,不是批评谁对谁不对,而是说,新年一过,买不起车灯的铁马之士,可以喘一口气,身上的细胞,留待过端阳节时再紧张可也。

(柏老按:贺年片之灾,自二十世纪五十年代末期起,延续数年之久,天怒人怨:二十世纪六十年代末期,始销声匿迹。今天回忆当年官场百态,恍然若失。)

6. 颜陈症·朝琴路

天下事利弊无不相连,有一利焉,往往准有一弊,天老爷安排得停停当当,很难跳出那个圈子。屁股被拍固然有入骨的舒服,但那就要冒被马屁精出卖的危险，越是舒服，那危险就也越大。想当年齐桓公姜小白先生，想吃嫩肉，易牙先生立即就把自己的亲生儿子杀死，包成饺子端上去，把姜小白先生感动得双目流泪曰："易牙诚忠于寡人者，杀子以进。"管仲先生怎么警告他，怎么分析"忠"和"拍"是两回事，可是姜小白先生硬不相信，结果活活饿死，尸首上的蛆虫，都爬出户外。

柏杨先生有志把中国历史上这一类官崽圣崽的其人其事，写一本书，曰《奇响学》，盖无论拍人之马屁，或自己的马屁被人拍，都要发出一种奇怪的声响，该声响包括的学问就太大啦。该书出版后，包管叫座，这是中国官场文化中一支主流。你看那小号官崽见了大号官崽丑态毕露，大号官崽看见小号官崽对自己丑态毕露，膀胱一紧，忍不住自己也丑态毕露起来，大家一齐毕露，我们的政治史便有得看啦。而且这本巨著还不包括行贿受贿，以及金银女色、杀人如麻在内。乃是一本高尚的书，谁看了谁都要大大地肃然起敬。这种艺术如果弘扬于世界，西洋什么原子弹和什么核子弹，恐怕都要大败。不要看洋大人的武器那么凶，弄个中国官崽去堂而皇之地拍上一阵，包管把他们拍得鼻涕都流出来。

1959 年的春天，柏杨先生和柏杨夫人，两老无猜，同作一趟日月潭之游。恰好日月潭国民学堂正在翻修大门，地上扔着一块石刻的招牌，上面写的是"日月潭国民学堂，李国祯题"。李国祯先生者，以前的南投县县长也。而新砌到墙上的那个招牌，上面则是"刘真题"的焉，刘先生那时正当台湾省教育厅长，红得冒烟。看了之后，一夜都没有睡好，老妻以为我年迈力衰，发了十年老疾，不知我是在想心事哩。我担心的是，再过三年两载，万一刘真先生也下台鞠躬，那大门岂不又要翻修一次乎？而如今他果然下台鞠躬，阎振兴先生当了台湾省教育厅长矣，不知又动工了没有也。呜呼，该校门一天不动工，我一天不得安。

和这玩意儿有异曲同工之妙的，还有一个胎死腹中的"颜陈症"，也是当年的精彩节目。若干年之前，台湾南部发生了一种据说只有上帝才知道的奇症，经过几位年轻医师辛辛苦苦研究，好容易研究出来一点名堂。几个马屁精一嘀咕，嗨，你瞧，老官崽的尾巴撅起来啦，正露出屁股，此时不拍，更待何时，只听得“咚”的一声，官崽们将该症定名为“颜陈症”的建议出了笼矣。姓陈的指的谁，已忘其名，姓颜的则指的是颜春辉先生，台湾省卫生处长是也。悲夫，那奇症和他阁下有啥关系乎哉？学术界惯例，谁发现的就是谁发现的，谁发明的就是谁发明的，多半以当事人的名字命名，想不到即令是纯学术的东西，一传到中国，就会有官性兴旺的人往里挤，你说倒他娘的胃口不倒？

幸亏那玩意儿当时就被反对掉，否则如今颜先生已经卷了铺盖，现在处长是一个姓许的，岂不又得更改？

然而，世界上的怪事永远没有完。前天阅报，有些人正加紧要搞“朝琴路”，黄朝琴先生者，台湾省议会议长，身兼这个银行那个公司的这个长那个长，货真价实的位尊而多金。人一旦位尊而多金，弄个“路”玩玩，和当初颜春辉先生弄个“症”玩玩一样，固理直气壮得很。该提案是不是认真，我们不敢预言，但拍马屁拍到如此这般的奇响连天，不能不说是时代的飞突进步。盖从前之人，一旦阔之，小者制万民伞，大者修生祠，历史上修生祠修得最茂盛的，莫过于十七世纪的阉货魏忠贤先生。他的威风可大啦，幸亏他生在明王朝，如果他生在现代，柏杨先生早伸出巨掌把他拍得屎尿俱流。他当时的生祠遍天下，宰相以下的大小之官，每年每月，都要去烧香叩拜，那份热闹，才叫过瘾。现在的人小家子气，只不过在招牌上题个字，弄条马路，或搞个什么症，魏忠贤先生地下有知，羞都要羞死。

呜呼，柏杨先生之生也，据有人考证，黄河都清了一次。自写专栏以来，更名满寰宇，真是哪个不知，哪个不晓，除了穷兮兮之外，无论立德立功立言，均有伟大的贡献。问题是，我虽如此伟大，而迄今竟没有人前来猛拍，真叫无可奈何。但我固有我的绝招也，就在我自己的柏府之上，有所策划。昨天下午，由老妻率领子女孙女以及老佣人阿巴桑，一致向我要求，为了纪念并崇敬我的道德学问，以及供他们吃穿玩乐的大恩厚德，誓死要我同意她们下列的建议——

一曰：由客厅通厨房的那条过道，定名为“柏杨路”。二曰：由厨房通厕所之间那条过道，定名为“柏杨街”。三曰：后边那个晒尿布搁马桶的小院，定名为“柏杨广场”。四曰：我每天吃茶用的那个缺了口的杯子，定名为“柏杨杯”。五曰：柏杨夫人脚后跟上长的那个奇痛的鸡眼，定名为“柏杨鸡眼”。

柏杨先生听了之后，马上表示不能接受，并恳切地晓以大义。但她们还是一再烦渎，我就更怒，呜呼，看人家处长议长，都虚怀若谷，我怎能唐突先贤。为了坚决拒绝，我还痛哭兼赌咒曰，如果他们一定要那么办，我就买一块钱的巴拉松下肚。表演了一阵之后，众意难违，我还是答应下来，当时就每个小孩发一块钱买糖，以示庆祝。

我说了这么多，用意在于敬告各位亲友，柏府内现在已经焕然革新，尊驾来访，千万刮目相待。你如果忽然拉起肚子，问我厕所何在，我叫你“走柏杨街就到”，你必须知道柏杨街何在，否则恐怕只有把尊屎拉到尊裤里，勿谓言之不预也。

7. 圣崽太多

古人曰：“无癖不累，无癖不乐。”盖没有嗜好的人固然没有负担，但也没有快乐。有这么一个笑话焉，一位道貌岸然的家伙去检查身体，他说他年已八十，问能不能活到百岁大关。医生曰：“你喝酒乎？”他曰：“不喝。”医生曰：“你吸烟乎？”他曰：“不吸。”医生曰：“你喜欢泡女人乎？”他曰：“不喜。”医生曰：“然则你有别的啥嗜好乎？”他曰：“我啥嗜好都没有。”医生大惊曰：“那么，你活一百岁干啥？”那家伙回答了些什么，我们不知道，实在遗憾。他可能接受医生的当头棒喝，恍然大悟，弄上一点嗜好；也可能食古不化，茅坑里的石头，臭硬到底。不管他的反应如何,我们注意的是那位医生的意见。盖人和其他动物不同,人有人的生命内容和生活情趣。有很多朋友,把全副精力用到他自以为了不起的事业上,除了该项工作,对别的任何东西,都不屑一顾。我真为他祈祷,请上帝赐给他一点人性,再赐给他一点较大较远的眼光,否则真要像医生老爷说的,即令活到一百岁,甚至一千岁,跟马上寿终正寝,有啥分别?

凡是对人类文明和社会进化有真正贡献的人物,都有一种本行以外的爱好。即以爱因斯坦先生而言,他二十七岁时就发明了相对论,学问够吓我们一跳矣,可是他并不是整天把头埋到数目字中苦干,事实上,他大部分时间都在拉他的小提琴。罗斯福先生领导自由世界击败轴心国,宣布四大自由,其官其权,都够大啦,可是他却喜欢从信封上往下剪旧邮票乱贴,每天搞那些旧邮票,就得一两个钟头,此中国圣崽所谓"玩物丧志",死都不肯为者也。至于那位拯救英国的丘吉尔先生,嗜雪茄如命,烟劲奇大,普通人承受不住,而丘先生不但吸了没得癌症,反而越吸越老当益壮。我们不能想象一旦断绝了他阁下的这种供应,该有啥现象发生。

中国可能是因为孔孟之道大行,朱熹先生之类的圣崽太多之故,专门讲究卧薪尝胆,闻鸡起舞。想当年吴国国王吴夫差先生为了报老爹之仇,派人站到门口,见他过来,就喊一声:"你忘记杀父之仇乎?"他曰:"不忘。"这种戏剧化的干法,在中国历史上受到最高的赞扬,把人的神经拉得像弓一样,看起来可以随时发射,猛劲足能射穿八寸厚的钢板。其实拉得程度太紧,拉得时间太长,反而把弓拉疲啦,不但该射的时候射不出,即令射出,也射不了多远。我们最常见的口号是"娱乐不忘救国",好像一个逃学的儿童,书既没有念,玩也没有玩;国既救不了,乐也娱不好,弄得两头落空。

这不是说柏杨先生反对"救国",而是对于那种无时无刻不在拉疲弓式的"救国",十分提心吊胆。我也不是宣传嗜好第一,盖嗜好一旦压过他的本行,那就百无一成,全盘都输。罗马皇帝尼禄先生对弹竖琴作歪诗,颇有一手,结果放火把罗马烧掉,断送老命。南唐皇帝李煜先生词学的造诣，空前绝后，用在填词上的精力，远超过用在治国上，结果被宋王朝的军队生擒活捉。所以，我们的意思是，一个人如果除了工作而没有嗜好，甚至还以“啥嗜好都没有”为荣时，该人如果不是一个庸碌颟顸的木瓜，则一定是一个不近人情的危险分子；不出毛病则已，出毛病就不可收拾。前面不是说过吴夫差先生乎？看他那股拼命的模样，一定以为他真了不起，他的下场如何，连小学生都知道。

伟大的工作有赖于深入的情趣，在这方面，阿拉伯人有他们的一套。他们认为天堂也者，不是一个虚无缥缈的地方，而是三个实实在在使人迷恋的地方，曰，“《圣经》上”、“马背上”、“女人胸脯上”，后一个所在，最最妙不可言。哀哉，中国圣人从来不谈女人，好像当一个堂堂的正人君子，根本不应有关于女人的念头，真是他妈的一大骗局。而官崽圣崽，更来得精彩，他们甚至还口不言女哩。宋王朝第二任皇帝赵匡义先生曾咬牙曰：“俺视妻妾如敝屣。”表示大英雄以天下为念，事业第一，女人算老几。可是他见了李煜先生的太太小周后，却啥都不顾啦，还叫画家为他画上一幅活泼的春宫。超级官崽中公然承认“女人胸脯上”的，历史上似乎只有汉王朝第七任皇帝刘彻先生一人，他曰：“能三日不食，不能一日无妇。”仅这一点，姓刘的比姓赵的多少还像点人。

阿拉伯人的三上政策，实际上包括了整个人生。有些正人君子认为一提“女人的胸脯”，就是大逆不道，有碍前途，好像他娘一直到死都是处女似的，乃属于朱熹先生的一党，另当别论。我们说这些，并不是赞成女人第一，也并不觉得非女人不乐，但每个人似乎都应有一个“癖”，就是嗜好女人的胸脯，也比没有嗜好强。从前是阿拉伯人，现在则轮到美国人矣，别看好莱坞铜墙铁壁，多少女人把头碰破了连门都碰不开，可是只要有一副大胸脯，挺而晃之，就可以所向无敌。不但好莱坞，几乎全美国的男人和女人，两只冒火的眼都集中到女人的胸脯上，尤其是低开到胸前而露出乳沟的装束，能使全世界都为之喘气三分钟。据说伟大的胸脯和伟大的《圣经》一样的圣洁，英国都铎王朝时代,只有处女才有资格露之,结了婚的便不得不盖起来。君不见吾友英国女王伊丽莎白一世乎,她在垂垂老矣的时代,还穿着低领露胸的衣服,非她老来俏,硬要风骚也,而是用以表示她守身如玉。

8. 吸烟戒烟

人之异于禽兽者,在于吸烟。盖"饭后一支烟,快活似神仙"。其他动物则没有这种情调。你见过老虎大嚼之后,掏出淡巴孤来一口乎?你又见过孔雀开屏之后,掏出烟斗也来一口乎?吸烟乃人之所以为人的最大享受,上帝之恩待人类,可谓仁至义尽。这一套虽然不能说是生而知之,却是学而知之。一个年轻小伙子,到了初级中学堂毕业,最跃跃欲试的,莫过于弄支烟吸吸。柏杨先生少年时看见大人吸烟,羡慕得心都乱跳,整天幻想着一旦自己也口叼纸烟时的优美姿态,立刻就飘飘欲飞。十三岁时即偷着吸,十四岁时每天可吸一支,十五岁时每天已三支矣。到了后来,也就是说,到了四年之前,就每天非三包"新乐园"不能活下去。若"双喜"也者,味淡而劲小,四包都不够。所谓三包者,不包括写稿时吸的在内,一旦执笔在手,或者只要烟一入唇,用不着正式喷云吐雾,该烟虫就像听了王云五先生保证的台湾"国大代表"一样,马上停止大闹。

柏杨先生可以说是老枪之一,任何情形下都不能不吸,当然,如果官崽说,再吸就活活打杀,那当然例外,不要说活活打杀,便是钢鞭一响,也早就住口。但普通情况之下,总是非吸不可的也。于是一直到了 1959 年,也就是四年之前,柏老忽然异想天开,说戒就戒,而且硬是戒掉。事前既没有锣鼓喧天,大肆宣传曰:"嗨,我戒烟啦!"事后也没有努力拍胸,逢人夸耀曰:"你看,我的决心如何?"可是戒烟成功的美名，却不胫而走，真是一伟大壮举。我戒烟日期为该年7月4日，今年7月4日，乃三周年纪念，本应大宴宾客，隆重庆祝一番，因经费困难作罢，但心固欣欣然也。

既有戒烟成功的美名，瘾朋友们闻讯，无不奉若神明。来信求救者有之，登门请训者有之，目前虽尚无送匾额者，但此文一出，受惠者众，饮水思源，总也有那么一天。盖我在此写出戒烟妙法，按法实施，包管受用无穷。此法本来绝不外传，可是有一天焉，一位朋友专函请教戒烟之道，信上曰，他因身体关系，已不再打麻将矣，也不再喝酒矣（特此存照，够交情的朋友千万不可对他硬拉硬灌，坏人名节）。只是烟戒不掉，好容易戒了几天，一个字也写不出，靠爬格纸为生的人，岂不死路一条乎哉？故问我戒烟之法。我当时便回了一信，接着又补了一信，惜纸短情长，不能畅所欲言。今天看报，冯仲先生也在报上谈戒烟问题，心乃大动，决写而出之，以示不敢自秘。同时也希望依此法而戒烟成功的朋友，良心永在，送给柏杨先生一点小礼物才好。

首先我认为不宜劝人戒烟。劝人戒烟的人统统心不可测，假如他从未吸过烟，那种人不足语人生，怎知吸烟时得其所哉之劲，乃金不换的劲乎？一个食欲不振的人，坐在饭桌上发愁，一旦想起饭后有烟可吸，立刻精神百倍，稀里哗啦，一会工夫三大碗。如果在办公室，屁股刚坐下，第一件事便是先摸纸烟，一旦摸到手，就好像在电影院摸到美女一样，浑身细胞都会伏贴，桌上如果是一张借五百元的签呈，说不定批准一千。如果往口袋里一摸，啥也没，有或是有虽有之，却是一支有个小洞的漏气家伙，或者不漏气，却有烟无火——“有烟无火”乃天下最最窝囊的事。于是，不要说借五百元，恐怕就是借一块钱都要批驳。这是门外汉永远不懂的一面，随便劝他戒烟，岂不是胡说八道。

如果本身是一个老枪，竟也劝人戒烟，那就更使人想开汽水。如果他连自己都未戒成，而去劝别人戒之，那和官老爷告诫他的部下不可收红包有啥分别？盖目的不在使人听从，而只在替自己宣传也。

如果他自己已戒,若柏杨先生者流,更不可劝人戒之,盖戒烟的痛苦仅亚于落到三作牌之手受修理。自己已受过该苦,眼巴巴盼别人也照样受之,未免太不人道矣。尤其是这类朋友,在劝人戒烟时,那股改邪归正的俨然嘴脸,使人毛骨悚然。盖越是把吸烟之害说得罪大恶极,越显得自己是何等有魄力和何等伟大,比从未吸过烟的人劝戒烟,更为低级。柏杨先生有时觉得前途茫茫,便找个吸烟的年轻朋友训之曰:“君知之乎,我都戒烟啦,天下无难事,只要有毅力。吸烟有啥好处?肺癌、胃癌、咽喉癌,百丽俱臻。我之所以老当益壮,非我比别人强,乃是我比别人有决心也。”训毕,就稍微好过一点,盖我只在露我自己的一手,不管那小伙子戒不戒也。

我之认为不宜劝人戒烟,还有更基本的学问。盖“人”这个玩意儿,听劝而改变生活方式的不多,古今中外,“闻善言则拜”的,只有夏王朝第一任帝子天乙先生一人,因之他阁下上了史册,供后人景仰。其他千万众生,尤其这个年头,无论干啥的,往往“闻善言则怒”,对这种气质,不可没有了解。幸亏吸烟的朋友手握生杀之权的甚少,如果你的朋友手握生杀之权,你劝他戒烟,他不杀你才怪。古时候因规劝皇帝的嗜好而尊头搬家者甚众,你听说有几个官崽因人规劝或谴责,而改了点啥乎?劝人戒烟等于白劝,孔丘先生曰:“不可与言而与之言,谓之失言。”此之谓焉。

9. 痒

生物学家一致承认,蟑螂是世界上最有韧性的一种生物,你别瞧它不起,想当年它横行世界时,人类还没有出世哩。千千万万代之后,其他的太古生物,全完了蛋,只蟑螂先生昂然独存。其实韧性最大的还有一种生物,那就是吸烟的朋友,简直和蟑螂可以媲美,发明吸烟的那家伙真是罪魁,应该人人得而诛之。一直到今天,什么方法都不能使瘾君子绝种。有些地方绝对不准吸烟的,若监狱之中,为了怕犯人放火,严禁吸烟,一旦捉到,就带上脚镣;可是你不妨去调查一番,瘾朋友固有烟吸的也。狱吏以高价卖之,或家人藏在饭盒下送之,照样喷云吐雾过日子。若汽油仓库之内,简直拿自己生命和邻居生命开玩笑,但该吸的仍是猛吸。柏杨先生有一次去拜访一位坐了十年土牢的朋友,刚坐下来,他就拉开抽屉,把头伸入,久久不出来,我以为他发了什么奇异之病,料不到他在那里用坐土牢的方式,埋头苦吸,心中大惊。呜呼,那股劲真是蟑螂劲也。

所好的是,纸烟和鸦片烟不同,鸦片烟入口,引起的是生理上的变化,纸烟引起的则是情绪上的变化。鸦片烟有麻醉作用,使人晕晕乎乎,飘飘荡荡,每吸一口,就好像中了一次"爱国奖"券,除了吸烟,对啥都没有兴趣,他活下去的目的就是吸到老死。而纸烟则不然,戒鸦片烟能戒死人,打呵欠焉,流泪焉,腰酸背痛焉,浑身不对劲焉,呼天抢地,哭爹叫娘。戒纸烟时便无此精彩演出,盖纸烟的作用在于安定情绪,戒纸烟的人顶多精神恍惚,好像刚偷了你一块钱,生理上固无异状也。真正为害人类的则是鸦片,所以任何政府都拼命叫小民去戒,想当年清王朝为了小民之戒,还和英夷打了一仗,结果被打得头破血流。对纸烟则没有这样狠矣,不但没有这样狠,台湾还设了一个"烟酒公卖局",做起与民争利的独家生意,而且成为台湾的主要税收,怎不使鸦片自叹命薄乎哉?

所以目前万不可提倡戒烟,盖可能被认为有不"爱国"之嫌,你竟敢一下子把烟戒掉,是何居心哉?假如台湾人全都像你一样,"公卖局"岂不要关门乎?"公卖局"一关门,台湾税收便受严重影响,际此伟大的啥啥之际,重建家园的啥啥之夕,你不思努力"救国",反而鼓动风潮,发动卑鄙恶毒的戒烟运动,使巨功大业,受到阻碍,好啦,已经够啦,如此这般,用我们这个社会特有的逻辑一推一演,你虽不送掉老命,也要脱一层皮。故不宜劝人戒烟,自己也不宜戒烟也。

我们固不可轻易劝人戒烟,同时,也不可以轻易自己去戒。常看到有些瘾朋友一旦恍然大悟,那股非戒不可的猛劲,实在使人血液沸腾。有的把价值连城的打火机送了别人;有的则索性用斧头砸个稀烂;有的则立刻新买一包,发誓那是最后一包;有的指天发誓,不到人类登陆冥王星,绝不开戒。结果又如何了哉?过了几天,烟虫在尊肚之中乱爬,爬得他万般难受,坐也不是,站也不是。柏杨先生有一朋友焉,有一次忽然大义灭亲的要戒烟,拉我为证,跪在地上,向过往神灵赌咒,如果再吸,他就不当人子,叫他全家横死,其血淋淋的程度,使人毛发悚然。当时我就叹曰,惜哉,他弄错了对象,他如果用这一套去大家伙面前表演忠贞,准有官可干的也。果然,去岁他口叼冒烟的家伙当了某中学堂校长矣。过年时我就没去他家拜年(他自当了校长,地位大增,自然不再理我)。非是我骨头硬,不巴结他,而是我总记得他的"全家横死"的恶咒。千金之子,坐不垂堂,万一天老爷认起来真,我不敢冒那个殃及池鱼之险也。

烟虫在瘾朋友肚子里乱爬,是谓之"戒烟之痒",那股痒劲大矣盛矣。鸦片的痒属于生理,故其反应是痛苦的焉,纸烟只不过情绪难于稳定,故其反应是奇痒难忍。凡痒皆有"痒源",蚊子在你腿上叮了一口,你只抓胳膊,就是把胳膊抓掉,该痒还是痒。一旦戒烟,爬格纸动物不过写不出文章而已,有些人则还有更恶劣的遭遇。即以柏杨先生为例,我这一辈子最怕顶头上司戒烟,当他戒烟的第一天,面有喜色,好像啥癌他都不怕啦,此时大家就不得不大加赞扬,说他有毅力有果断,说他英勇而且智慧,说他戒烟乃明智之举,真是世界上第一等货色。可是到了第二天,戒烟之痒发作,情形就开始不对,他阁下初则唉声叹气,继则对着桌子发呆,一会叫工友买口香糖,一会叫侍女买花生米,张科员偶尔谈了一句大声的话,他就大发雷霆,斥其不懂规矩;老板打下的官腔,他也不买账,表示已无生趣。此时千万别惹他,一惹必爆。有些有学问的人先意承旨,佯作不知他已戒烟,急递一支,上司勉强受之,这才算天下太平。因而想起来,上帝的十诫应多增一诫,曰"不可在戒烟的人面前恭维他戒烟"。

戒烟最大的危险,在于如果戒不成,二度复吸之后,瘾会更大。

诗云:“一番秋雨一番凉。”我们可套之曰:“一次戒烟一次重。”一天本来只吸一包的瘾朋友,如果稍微有点头脑,千万别戒,盖戒成是祖宗的福,戒不成再吸时,便一天非两包不可矣。一天吸四包的瘾朋友,如果戒烟失败,便非五包不可矣。这玩意儿不宜随便去试,尤不可因人劝告去试,大多数瘾朋友都是“掏井式”的戒法,越戒越深。

10. 难戒难戒

有烟瘾的爬格纸动物一旦没有了烟,犹如老兵一旦没有了枪,亦犹如官崽一旦没有了权。其惨兮兮之状,不忍卒睹。有些朋友在夜色初降时,伏案写稿,烟盒内支支并列,毫无缝隙,口袋里还有一包后备军。斯时也,意气昂然,气壮山河,每支只不过吸三分之二,便随手丢掉。可是到了后半夜,文思虽仍泉涌,而纸烟则已吸光,抓耳搔腮,恨不得全世界沉入地狱。于是伸出其苍白之脖,再伸出其颤抖之手,在烟灰缸里仔细拣屁股焉,拣到一根长一点的,便心花怒放。最惨的莫过于一时不慎,缸中有水(有人喜以茶水浇灭烟头,乃天下最坏的习惯,慎之,慎之)。懊丧之气上冲,不大开国骂者,未之有也。不要说爬格纸动物写稿如此,据说搞政治的也以吸烟为佳,盖可使其更深入人生焉。丘吉尔先生的大雪茄就闻名于世。第二次世界大战时,英国雪茄采配给制,独对他无限供应,没有那玩意儿塞到嘴里,他就心乱如麻。当6月6日诺曼底登陆时,他的雪茄忽然不见,前线火急电报竟压到案头,得不到批示。满头大汗的秘书进去催他,见他老人家正在翻箱倒柜找他的烟哩。后来若不是那位秘书从垫子底下替他找出,说不定那次登陆会陷于失败。然而,即令如此,英荷联军的滩头阵地在岩石中便停滞了半小时之久,因接济不上而几乎全军覆没。

呜呼,爬格纸动物没烟便写不出文章,可谓小焉者矣。

灵感如自来水,烟乃龙头,打不开则流不出,啥都不能代替。有些人在报上看了洋大人写的补白文学,就起而实践,戒烟之后买口香糖乱嚼,或买泡泡糖乱吹,以求贯彻。其实那有啥用乎?如果糖可代烟的话,烟店早关了门矣。所以戒烟之举,真不简单。马克·吐温先生曰:"戒烟?嘿,那玩意儿容易得很,我已戒了几百次啦。"常听有些人讥讽美国历史太短,文化没有根底,但马克·吐温先生这一句话足可以抵得上一部《论语》,道尽人生的全部奥秘。社会越进步,世界越繁荣,人的情绪也越彷徨,需要吸烟稳定。虽明知有害,但理智不能抵挡精神需要。这年头,理智坚强,往往太刚则折,对一个洁身自好的人,吸烟遂成为生命中唯一的乐趣。

于是,戒烟不但是不可能的,而且是惨无人道的。圣人常曰:"戒烟的人不可交,他对自己都如此残酷无情,对朋友就更下得毒手啦。"这种"不可交"的种类多,有"离婚的人不可交"焉,有"喜欢告状的人不可交"焉,有"写文章攻击人的人不可交"焉,有"打老婆的人不可交"焉,有"借钱不还的人不可交"焉,但以戒烟的人最为罪大恶极,盖别的都是对人,情或可原;对自己竟也如此,不是蛇蝎是啥。

根据"戒烟是对自己残忍"的理论,瘾朋友乃得到最大的鼓励,这和穿不合脚的鞋一样。有一个老头每天都在抱怨他的鞋子太窄,挤得他脚下痛苦难忍。朋友就劝他何不买一双大一点的,他答曰:"你懂得啥,老妻去年逝世,女儿今年跟人跑掉,房子失了火,又被宣告破产。万般无奈,只好穿一双窄鞋,盖只顾得抱怨窄鞋,便把那些痛苦都忘啦。"呜呼,吸烟似乎就有穿窄鞋之妙,如果把那老头的窄鞋丢掉,另给他穿一双合脚的,他的脚固不再痛,可是各式各样别的痛,纷至沓来,恐怕非上吊不可。瘾朋友一旦一支在手,心中就有一种笃定泰山的感觉,坐也坐得住,站也站得稳。这个时代的烦闷多矣,大烦闷不用说啦,小烦闷也足以使人发羊痫风,如果再狠心去把烟戒掉,使感情天平上少了一块砝码。劝人如此,固不通人情,自己去戒,也未免太过于自苦。于是,仁人君子们乃发现,这种虐待自己的朋友,最为危险。

戒烟的人可交不可交，我不置词，因柏杨先生乃是戒烟之人，不好开口。但却因戒烟之故，发现了两点，好像颇有点学问。一点是，逃避现实之法甚多，不一定非吸烟不可。像阿Q先生，其逃避之法是“儿子打老子”，一想到把自己揍得脸青耳肿的家伙，竟是自己的儿子，用不着吸烟，气就自消。最近学术界由辩论而飞红帽子，就是用的这种妙法。居学格先生一看胡秋原先生抓住了自己的小辫子，心中一急，立刻说胡先生是共产党。于是，他阁下虽不知道工业革命是那一年，照样的理直气壮。

另一点是，把灵感从脑子里搞出来的方法甚多，不一定非吸烟不可。据我所知，名作家中，不吸烟的固有的是也，即以当代自以为妙语如“猪”的柏杨先生而论（这年头谁不是自己捧自己？有部属或门徒的家伙，尚可扭捏作态，教唆部下或门徒去干，而由自己假装谦让。柏杨先生光杆一条，只好自己下手。大家都在眼前欢，便多我这一欢，也不足怪）。回忆当初，一天八十支到一百支的光荣，恍如一梦；而今戒烟四载，学问还不是照样威不可当乎？

11. 戒烟妙法

戒烟的人很少出于自动自发，多半出于害怕，看完《吸烟之害》专论的瘾朋友，该吸还是吸，盖吸烟不过容易生癌而已，并不铁定的生癌。丘吉尔先生吸了一辈子比纸烟还巨大的玩意儿，现已八十高龄，还不是活蹦乱跳？四十万个吸烟的，只要有一个不生癌的机会，那一个可能就是我，就不必去戒矣。但如果经过医生检查，警告他已发现砍杀尔的迹象，好比肺尖上已有了一个硬化的细胞等等，他准汗流浃背，不等到回家就戒了个干净利落，故劝之不如吓之也。有一位朋友，瘾头奇大而不肯就医，他曰：“宁愿吸烟死，做鬼也风流。”其言固壮，但喜作壮语的，其心必虚。有一天，我端详了他的尊面之后，沉痛告之曰："糟啦，看你眉梢有网状斑，这叫沙克里千维训，是一种内分泌集结到饱和点的现象，你身内可能已有癌在形成。这种情形，医生一时也检查不出，而尼古丁足以增加它的凝固性，你是个吸烟的人，小心为宜。"那位朋友一听我满口专有名词，尤其是又夹着英文（天晓得"沙克里千维训"是他妈的啥，反正能英语发音就能唬人），一定权威，不由面色苍白。第二天他太太告我，他在床上辗转反侧，唉声叹气了一夜，天亮便戒了烟矣。如今他阁下养得肥肥胖胖，经常讲演教人戒烟爱国，均吓之之功也。你若是劝他，他比你懂的还多，岂能服你？

戒烟最大的好处在于把喉管那块老痰打扫得干干净净，瘾朋友早上起来漱口的场面，可谓人类十大奇观之一。你看他伸脖瞪眼，狼狈凶狠之状，好像一条抢骨头呛了嗓子的恶犬。一块脏兮兮，软腻腻的玩意儿贴在喉管之上，咽又咽不下，吐又吐不出，只听嘎——嘎——嘎一连串地往外咳，猛一吸鼻，好容易吐出一半，老痰之中，带着黑丝；而留在喉管里的那一半，即令你官拜"咳痰王"之职，也再咳不出矣。那块痰与瘾朋友陪伴终身，瘾朋友不死，它不消失。故我隆重建议：漂亮小姐和瘾朋友亲嘴时，请千万别想离朱唇不到一公分处那块老痰，否则你吻不下去啦。我说这话不是挑拨漂亮小姐不爱吸烟的，当然，不爱吸烟的更好。而是说，有此情调上的矛盾，不可不知。如果天下的小姐都非不吸烟的不嫁，瘾朋友自然会逐渐减少。

然而，小姐们且不要乐观，爱情的力量固伟大之极，足可把一个可怜的男人搞得疯疯癫癫，摸不清东西南北。但如果碰到烟瘾，爱情恐怕非败下阵来不可。有些男人在追求时，一听说女朋友不喜欢吸烟的，就发誓不再吸啦，有学问的家伙还写一篇文章，在报上发表，以证明吸烟之害，并表痛改前非，看样子俨然忠孝双全。可是等到一旦结婚，蜜月旅行回来，坐在火车上，趁新娘子去洗手间之便，一支已含到嘴上矣。

劝人戒烟的固多，劝人吸烟的则尤其是多焉，乃戒烟运动的第一大敌。那种人不一个个送上断头台，戒君子要想不中途变节，真是难上加难。吸烟的人大都有“要滥大家一齐滥”的心理，恨不得天下所有的人都有这个毛病才好。盖戒烟之初，志虽悲壮，心却彷徨，于是有一个伪善的家伙，假装同情他的遭遇，把一支烟拿到他鼻子上曰：“你说啥？戒烟啦？笑话！简直活见鬼，来一支，来一支。”犹如千娇百媚的佳人硬往你大腿上坐，要想抵挡得住那种诱惑，至少得有五百年道行。差不多的人都会呻吟曰：“只吸一支，没关系。”谁晓得有第一支就有第二支，就有三支四支以至千支万支，到了后来，发现自己又下了海，再回首已百年之身矣。

从前有一人焉，在报上大登广告，专售祖传戒烟秘方，不灵包退还洋。趋者若鹜，那真是非常灵非常灵之方，照方行事，无不立奏奇效。方上曰：“切忌第一口。”他不仅是戒烟专家，简直是哲学专家矣。无论干啥丑事，第一下子最难，只要第一下子硬着老脸闯过去，如剪裁布匹，只听“嘶”的一声，双手一撕，就撕到了底。戒君子如果谨记此言，再大的诱惑，再重的心烦，老子硬是不吸第一口，包管一帆风顺。如果一旦退却曰：“吸一口没关系。”若寡妇守节然，要始终保持清白才算数，一旦有一次“没关系”，便前功尽弃矣。那些死劝活劝戒君子吸烟的人，把香喷喷的烟猛往人家嘴里送，诚罪大恶极。引诱良家妇女，法院要判刑，舆论要指责，而引诱良家父老的人，却始终逍遥法外，真是不公平之至也。

戒君子另一个大敌是，吸烟时经济不见得特别困难，戒了之后却也不见得有啥宽裕。有一位太太年终时，拉着她的瘾丈夫去看一座高楼曰：“你二十年来吸烟的钱，可以买一座矣。”他听了后细胞乱跳，但不能改也。又有一位太太焉，瘾丈夫每买一包烟，她就以同样的钱存之，到了过年时，把那钱推到丈夫面前，竟然一大堆。太太乃实施机会教育，提耳而面命之，瘾丈夫大悟，马上戒烟。到了年底，他问太太曰：“夫人，咱们那一大堆钱哩？”问得太太目瞪口呆，瘾丈夫曰：“看样子还是吸烟的好。”该太太是柏杨先生亲戚，前来拜访，请教一下可有更好之法？呜呼，对付这种人，除了揍他一顿外，别无妙策。盖瘾朋友们一半以上持此怪论,致使戒烟大业,受到严重阻碍。天下事合逻辑的未必就是合理的,年终虽然没有那一大堆钱剩下来,但那一大堆钱难道倒到茅坑里去了乎?当然仍是花到自己身上。平常日子,一定宽裕得多,或者买了别的玩意儿如电视机等等,代替之矣。

12. 丰功伟绩

柏杨先生戒烟,资格似乎颇老。清王朝倒数第二位皇帝载湉先生翘辫子的时候,为了表示哀悼,就戒了一次,那是此生第一次戒烟,为时一天。后来最后一个皇帝溥仪先生登基,不敢不非常快乐,乃恢复吸之。然而既有成功经验,以后就经常的戒,几乎是一年一大戒,三月一小戒,每次都有声有色。最近这一次戒的时间,竟超过四年,嘴里也没有淡出鸟来,而且看样子还要戒下去,十年二十年,以至千年万年,永垂无疆之庥。连我自己都奇怪不止,难道一个人一旦有了学问,认识几个洋大人,神灵都要保护乎?

要想保持戒烟的丰功伟绩,心绪平衡是第一要义。一个失恋的人,叫他戒烟试试,如果没有别的玩意儿填补那个砝码的空缺,恐怕是戒不成也。一个忽然发了大财的家伙,同样道理,也不能谈戒烟。而一个戒君子一旦遇到这一类的庞大刺激,或失了恋焉,或发了财焉,或当了绝大的官焉,用不着打听,恐怕是非恢复吸之不可。

柏杨先生戒烟,与众不同,乃完全循哲学的指示。有一年,身在北平,贫病交加,一天只有一餐,每次经过饭馆门口,香味扑鼻,胃即作痛。但我毫无饥饿之意,只自言自语曰:“谁叫你没有钱,饿死不足惜也。”朋友大惊曰:“老头,你干啥?跟谁说话?”跟谁说话?当然是跟柏杨先生说话,他没有钱,难道是我的错乎?当然由他挨饿。如此一番折腾,气就自平,痛亦渐消,这便是柏杨先生的独有之劲,应付万物,都靠这一股劲。

一直到现在,此劲不改。前年戒烟,乃是柏杨夫人一句话,她曰:"你这么大岁数啦,来日苦短,死在旦夕,仍吸那么多烟,一旦得了砍杀尔,在床上翻来覆去,可没人伺候。而且你万一伸腿,家里老的老,小的小,将靠何人?"我一想,好婆娘,你胆敢软硬兼施,我戒给你看看,从此便不吸矣。每逢奇痒难熬,我就冷笑曰:"我说不准你吸,就是不准你吸,看谁是老板。"老妻知我有此脾气,心中暗喜。果然不负她的期望,胜利属我,那个堕落而没有志气的柏杨先生垮了台。盖吸烟本来就是不讲理的玩意儿,讲理去干,怎能干得过它?这股劲也,可以治饿,可以戒烟,可以平窝囊之气,可以忍千古之辱,不信的话,请当场试验,没有这股劲而想戒烟,一定事倍功半。

但主要的还在心情的稳定,既戒之后,老妻对柏杨先生确实好得多啦。从前我写稿时,如坐冰窖,无人理,亦无人睬。如今凡四年之久,一会送茶,一会送水,一会嘘寒,一会问暖,叫人有妙不可言之感。尤其是正在写得起劲,唯恐有人捣乱之时,她总在厨房厉声喝曰:"老头,要不要吃花生米?"呜呼,你说要不要吃花生米?但如此体贴入微,据我观察,这辈子恐怕都吸不成。

(柏老按:重读这篇大作,不由得脸色铁青。似乎是过了不久,我老人家就开了戒。后来全神贯注,努力坐牢,自无暇再吸。坐牢末期,偶尔偷偷地吸"老鼠尾"过瘾。出狱后,为了报复被迫戒烟之仇,就更吸得厉害,每天一二三四包。不过最近又兴起再戒的万丈豪情,岂不壮哉。)

13. 厕所·茅坑

世界上林林总总,千千万万人中,各人有各人的癖好,阿拉伯和美国喜欢女人的胸脯(女人是不是喜欢男人的胸脯,文献不足,免议)。而中国人喜欢些啥乎哉?中国人似乎专门喜欢做官和喜欢当圣人,最上策是既做官又兼当圣人,其次是当官,真到了做官无望,能弄个圣人干干,也还不错。故中国五千年来,一切做人行事,往往不是以发扬人性为最高的价值,而是以发扬官性为最高的价值。无论你干啥,如果那一套不能使你做官,就狗屁不如,不值得一提。因之画家焉,音乐家焉,作家焉,统统没有出息。中国人见了官就跟阿拉伯人美国人见了女人的胸脯一样,简直爱不忍释。唯一不同的是,爱胸脯是一种嗜好,爱做官是一种职业,除了做官,别无其他路子矣。

柏杨先生既是中国人,当然也有中国人的毛病,天生的有做官之心。依我之意,至少也得干到当朝一品,出门则汽车焉,张口则训话焉,闭门则心花怒放兼乐不可支焉。不过看情形因大批杂文出笼之故,泄尽了底牌,而且不够庄重——那就是说没有官威,此生做官算是无望啦。至于干干圣人,也不简单,圣人往往被神仙化,而我只希望当一个真正的人。有优点也有缺点,有伟大的时候,也有坏蛋的时候,足矣,不敢亦不愿升到圣人那一级也。柏杨先生平生第一快乐之事,本来有一度也学了洋派,喜欢女人的胸脯,每天无事,就到街头乱看,确实心旷神怡,延年益寿,可是被柏杨夫人闹了几架之后,只好改行。于是突然发现,人生最大的享受,莫过于去厕所,比起官焉胸脯焉,甚至比起雪茄焉高尔夫球焉,都有哲学意义,芸芸众生,不可不知也。

厕所最大好处是使你获得充分休息。柏杨先生每天在外做工,又气又累,回到家里,既要抱孙女,又要劈柴洗碗,更要打扫清洁。还没有坐一分钟,老妻就叫曰:“嗨,老头,去买块肥皂。”还没有打开报纸,她又叫曰:“你好纳福呀,这家也不是我一个人的家。”我唯一的对策就是忽然急皱眉头,龇牙咧嘴,一面大揉肚子,等她看到眼里,就往厕所里一蹲,闭目养神,外面虽天塌地陷,都不管啦。柏杨先生去厕所这一手,很是有点声望,不信的话,一打听便知。我去厕所,多者两个小时,少则一个小时,不双腿发麻三次,不出来也。老妻常把门擂得震天价响，而且还声言报警，盖我一进厕所，便如石沉大海，再无消息，是掉到粪缸里淹死了乎？是犯了脑充血，僵到马桶上乎？

欧阳修先生和阿拉伯人一样，也有他的三上，曰马上，曰轿上，曰厕上。妙哉，厕所不但是构思的佳地，亦是读书的佳地也。一个人为了生活，忙得像被砍了头的公鸡，左蹦右跳，一分钟闲暇都没有，不要说看书，连报都不能看。而躲在厕所里却能大瞧特瞧，真是一寸光阴一寸金，废时利用，妙也何如。柏杨先生的学问所以能如此之大，全得力于厕所。尤其是，厕所里关门闭户，还可以猛瞧查禁了的黄色书刊，既没有危险，又维持自尊。遇到年轻人往里探头，你更可以吼他不懂规矩，没有品德哩。

厕所乃喧嚷的人世上唯一安静之所，蹲在那里，可以逃孩子之难，可以躲贤妻之逼，可以读各式各样之书，可以思乱七八糟之想。据说有两句名诗就是蹲厕所蹲出来的，诗曰："板侧尿流急，坑深粪落迟。"在四川出过野恭的朋友，对此诗定能击节称赞。如今大家都用抽水马桶，再作不出这种好诗矣，谁说物质文明不损失精神文明乎？不过无论是啥厕所，其基本功用，固一样的也。柏杨先生所以嗜好"如厕"，除了上述的好处之外，如果照我的设计去办，还有发扬民主政治之妙焉。盖世界上似乎只有厕所一处，敢明目张胆地采取隔离政策，君不见军队乎？有"官长""士兵"之分。君又不见学堂乎？有"教习""学生"之分。前年发生在台北的一号凶宅老板陈奕先生，他每次拉屎都得回到他自己家里拉，否则据说就拉不出来，可见有钱有势人的屁股，都有点不同。

所以我的设计是，要想大家真正平等，必须从这上面着手。那就是，必须取消家庭厕所，而在每一个地区，设一个庞大的公厕，不分房间，不被隔开，而是通舱一个，但清洁舒适，都跟陈奕先生家里的厕所一样。然后不管你是多大的官崽，多粗的圣崽，或贫苦小民如柏杨先生，内急的时候，全去拉之。呜呼，胖瘦高低，贫富贵贱，挤成一排。龇牙者有之，挤眼者有之，哎哟者有之，哼唉者有之，摇头摆臀者有之，打挺弯腰者有之，真是百态出笼，万花争艳。人类似乎只有在厕所时露出来的，才是他真的人性面目。一个道貌岸然一旦得上痔疮，入厕之后，兽性一定减去不少。一个高官贵爵一旦便秘，入厕之后，亦再难戴假面具矣。真是绝妙的治崽妙法，不知有没有点道理也。

14. 拉屎雄姿

柏老在上期《人间世》杂志上，曾经隆重提议过大官应和小民同厕，而且最好建立公厕，只要那么一办，对发扬民主政治，就有不可磨灭之功。大官和小民同厕问题，原则上似乎已经解决，不过仍有一壁之隔，不能互相欣赏瞪眼的场面，仍不够彻底。至于建立公厕，因涉嫌到男女之别，深觉事体严重，相信即令天下再乱，总不致乱出两个陌生男女面对面拉屎的镜头。该大作刊出之后，遇到一位浙江朋友，偶尔谈及，他曰："柏老，柏老，阁下一世英名，快完蛋矣。我们乡下，便是采的男女同厕之制，你真是少见多怪也。"该朋友这番话叫人兴奋，浙江乡下是不是男女同厕，我不知道，该朋友非妄语之人，定有科学根据。不过他对拉屎时到底如何蹲法，未曾言明，是面对着面乎？或稍微文明一点，肩并着肩乎？如果真的面对着面，肩并着肩，拉屎拉到得意之处，呻吟哎哟之余，还可以参观奇境，那自然是天下第一妙事，可列为五千年传统文化之一，努力外销。如果仍然有点别的东西隔开，那便无啥稀奇矣，现在台北各衙门公司店铺，实际上固是男女同厕，只不过不同坑耳。

有人说即令有一天男女同起坑来，也没啥了不起，君不见大日本帝国不是一向流行的同池而浴乎？噫，不提起大日本帝国的同池而浴，倒还罢了，一提起大日本帝国的同池而浴，真使人连肺癌都能不治自愈。我年轻时，和一位表兄去日本读书，该表兄一向疏懒，再炎热的天都能三天不洗一次澡，必要时甚至四天五天都不洗。有一次他到我府上,进得房门,一股臭酸交加之味,扑鼻而来,好像他浑身上下涂满了猫儿屎。家里的人商议一番,不分老少,每人凑了十个铜钱的份子,送他去安乐池泡之。可是,如此猪公型的人,一到了日本,住进旅馆,我们两床相对,头一晚上尚平安无事,第二晚上就出了花样。不知道怎么搞的,他像得了奇疾妙症,一夜工夫,竟去浴室洗了十五次澡,去时两眼发直,回后魂不守舍,躺到床上,口中啧啧作声,好像有根刺扎他的屁股一样。停不到十分钟,矍然又起,大概觉得不好意思,徘徊复徘徊,最后还是鼓起大无畏的精神,再度前往。如此这般,我发觉有异,乃尾随观察,这一观察不打紧,发现了新大陆,原来他兴趣盎然的不是身体的清洁,而是那些赤条条一丝不挂的太太小姐。元曲《长生殿》上李隆基先生和杨玉环女士同池而浴,有词形容李老头云:"你看他凝睛睇,恁孜孜含笑,浑似呆痴。"该表兄虽一介平民,但其表情却不亚于唐王朝那个老帝崽也。

上述的精彩节目,已经是历史事件啦。柏杨先生固也有同样镜头问世,不过基于"隐恶扬善"的伟大精神,自然努力为自己隐瞒,以示不同凡品,故不再作报导;其实即令报导出来,千篇一律,也没啥惊人。只不过我每逢想到男女同厕,便不由自主地想到男女同池。表面上看起来固然一样,实际上却不一样,盖沐浴是一种艺术,而拉屎则纯是一种本能的和原始的动作,二者不能相提并论。

君泡过日本那种共浴之池乎?名义上虽是共浴,却有其共浴的分寸。池当中隔着一线,那一线即是万重关山,不能跨越。吾友猪八戒先生想当年大战蜘蛛精,在池子里乱闯乱钻,那一手幸亏发生在盘丝洞,如果发生在日本,准有官司吃的矣。所以要想带女朋友或带娇妻前去作鸳鸯浴,算是走错了路。而且当女客人太太小姐,徐摇光臀,轻移莲步,姗姗而来时,虽面露娇羞之状,但大方高贵,一节一拍,都清雅可敬。《法门寺》里刘媒婆那种恶形恶状的女浴客,固不多乎也。

但如果男女二位并蹲在茅坑之旁,或对蹲在茅坑之上,恐怕全部都要走样。即令同是男人,如果一个将军和一个士兵有同蹲之谊,恐怕结果也会很难不糟。柏杨先生这一生见的官崽多啦，见的圣崽也多啦，听过他们的训话焉，受过他们的臭骂焉，挨过他们的官腔焉，明明知道在撒漫天大谎，却无可奈何。有时候忍无可忍，真想上去揍两个嘴巴，以伸正气，而平民愤。可是再仔细一想，揍了官崽和圣崽的嘴巴，其不吃不了兜着走着，几希；利害既明，就只有暗中生气的一途矣。后来忽然心血来潮，乃根据"同蹲之谊"，而发明了"茅坑学"，我敢和你赌一块钱，此书如果流传海内，包管天下所有既穷又小的职员人等，不但不再暗中生气，反而有化气为乐之妙，真是空前伟大的发明也。柏杨先生已送出不少红包给瑞典的那些家伙，呜呼，吃了人的口软，拿了人的手软，以华测洋，今年的诺贝尔奖金，恐怕是非柏杨先生得之不可。看情形明年出国讲学，当无问题，有意托带托货的朋友，可早作准备。

"茅坑学"的精义是啥？当然不太简单，太简单岂能得诺贝尔奖金。主要的是，每当官崽圣崽，道貌岸然，作伟大状，把你搞得怒发冲冠时，第一步不妨先灭心头之火。盖暴跳如雷固然不行，怨声载道也得提防有人打报告。做到了这一点后，才能成为麻木之物。然后第二步是，你应对该官崽或该圣崽仔细打量一番，想象其拉屎时所摆出来的种种奇妙姿势，一会咬牙切齿，一会哎哟连天，一会摇头晃脑，一会眼如铜铃，一会猛弯其腰，一会老泪横流，一会发誓只要叫这次屎撒个痛快，以后再也不去北投玩烂女人矣。如此这般一想，该圣崽官崽便是再义正词严，你能不哑然失笑，悲极生乐乎。

柏杨先生此生最大的恨事之一，是从没有见过官圣二崽拉屎时的雄姿。只有一次，那还是一十年代，我在江苏徐州道道尹公署当个小差。有一次光临厕所，忽然看见堂堂道尹大人，站在尿桶之前，以其尊贵之头，像是跟墙有杀父之仇，努力而猛撞之，而且哼唧之声，不绝于耳。不禁大惊，这跟平常那个踱方步的正人君子，太不一样啦。事后因我乱闯道尹专用官厕，被师爷叫去训了一顿，并严戒开口。但经过打听，原来该官崽老大人，患淋病甚重，撒不出尿来也。呜呼，这虽是五十年前的旧事，但其启发性却愈久愈烈，如果能拍下一些这一类的茅坑嘴脸,不但可以特效治崽,而且还可以变化气质,有助世界和平。

15. 杨皓云女士信

读者杨皓云女士来了一封长信,她是一位高级中学堂刚刚毕业的女孩,叫人沉不住气,岂我们老了的这一代——即把国家搞糟了的这一代,要一个个封关,下一代将脱颖而出乎。

杨皓云女士信上曰:

一口气用六个钟头看完了你两本大著——《玉雕集》和《怪马集》,天可怜的我只有高中程度,区区一毫一厘,简直不能和你老先生相比,但我仍有勇气把我以为你不知道的告诉你。

恭维如仪之后,言归正传,杨女士曰:

您每论及小脚,必以五千年文化和孔孟学说并论之。如果我成绩单上九十八分的历史分数,不是上帝赏赐的话,小脚应该源自宋王朝,历史虽悠久,并无五千年,而且和孔丘无关。

我真要请杨女士的历史教习喝一盅,把学生教得如此明白。不过小脚始于何时,恐怕没人知道,有些人说始于宋,有些人说始于五代,有些人说始于南北朝潘妃的步步生莲花。但都没有证据,只不过偶尔在古书上碰到一句,就抓住大作文章。这真是奇怪的事,小脚这玩意儿乃天下第一残酷之刑,在中国流行这么久,竟考据不出来是谁发明的,谁推广的,实是遗憾。想当年中华民国成立,各地设"放足委员会",这种使妇女们免去酷刑的措施,曾遭受到强烈反对。则当初叫他们缠足,恐怕反对情形,会更为强烈,何以古书上没有只字提及耶?不过事情往往越研究越糊涂,可能当初根本无人推广,城里人一看大官太太都缠,便自动缠之,乡下人一看城里的人走路一扭一拧,美不可言,也跟着自动去干,风气潮流,时髦摩登,能把人搞得昏昏然也。

杨女士说缠足没有五千年,一点不错,又说和孔丘先生无关,大致也是对的。但在斲丧中华民族的灵性上,孔丘先生恐怕脱不了干系。孔丘先生的全部著作,只告诉了人们应该如何去做,没有告诉人们为什么要那样去做。有如《六法全书》,有条款而无理论。全部讲的是伦理,但中国却无伦理学,任何大学堂的伦理学,都得靠洋大人的学说,是何故哉?然而这些事我们都不管,我们管的是,他老先生的学问最容易和权势结合。那就是说,有权有势,有钱有地位的人,都喜欢孔孟二公,盖孔孟那一套大行,他们便安如泰山也。孔孟二公徒子徒孙中之一的朱熹先生,看准了这个苗头,乃挺身而出,注这个,解那个,讲这个,演那个,搞得黑云密布。中华民族如果没有这一批酱缸思想作怪,当不致沦落到今天这种惨境。

在此附带声明,我并不十分反对孔孟,只是想研究研究。盖我并不打算做官,天地自宽,如果我仍有前途,自然也会崇而拜之,叫你肉麻。

杨皓云女士又曰:

你说女人身上任何东西都有假,唯皮肤假不了,非也,老早日本就有一种粉膏类的化妆品(我从不用这些玩意儿,故名焉不详)。擦在皮肤上,光洁滑腻,一如白居易形容的杨贵妃,常有人说李丽华女士越老皮肤越好,答案在此。

李丽华女士是目前最当行的电影明星,用不着打听,她一定有一套秘而不宣的美容妙方,死都不对外人言之。我们虽没有看见她往身上涂什么粉膏,但可由想象而确信,盖靠美色吃饭的人,一定在美色上用功夫。潘金莲女士有一次看见李瓶儿女士身上雪白,妒火中烧,就也弄了点什么粉膏大涂特涂。我们说这话并非把迷死李当作迷死潘,而是说明一点,《金瓶梅》乃中国古典文学中,唯一提到女人修理自己皮肤的一部书,值得注意及之也。

不过柏杨先生仍以为往身上抹那些粉膏,只能发扬,不能改变。盖发扬易,改变难也。饭桶当了再大的官,可能满面红光,但不可能不俗;西崽可能满口上流社会用的牛津腔英文,但他的见解和境界固仍是西崽。如果皮肤白而且腻,粉膏可以延长之,亦可光辉之。如果皮肤又黑又粗,恐怕目前的医药没啥办法,否则美国的黑种人,早绝了迹矣。

昨天晚上,我去杂货店购袜一双,预备过年。看见一个女人在买雪花膏,和店老板交头接耳,鬼鬼祟祟,不禁大疑,就假装买别的东西,在旁细观。一会儿工夫,店老板拿了两瓶针药,锯了开来,倾到雪花膏之中,用钳子搅之拌之。柏杨先生立刻就知道是那男性荷尔蒙。等女人走后,向店老板打听,果然不错。该女人满脸粉刺(该死的粉刺),男性荷尔蒙有治疗之功也。但我却颇有点怀疑其功效如何,皮肤的颜色和质料,属于上帝的恩赐,化妆之则可,弄假的恐怕很难。

杨皓云女士又曰:

你说修金字塔的小民,全为哑巴,亦非也,只有陪法老王尸首入墓的几位高僧而已,他们出于自愿割掉舌头。

杨女士到底还是个小孩子,把事情看得太过于简单,用不着引经据典,仅从人情和逻辑上推断,便可知道底蕴。呜呼,“他们出于自愿割掉舌头”,说太轻松啦,世界上没有一个人会“出于自愿”割掉舌头的。那些人所以割掉舌头,在于使他们讲不出金字塔内部构造的秘密,不割恐怕不行。而且,是先高僧而后割掉舌头?抑是先割掉舌头而后才成为高僧?恐怕是历史上一件重要公案。

修金字塔的小民当然不全是哑巴,但修金字塔内部“寝陵”的小民,就非成为哑巴不可。政治这玩意儿厉害得很,不要说年纪轻轻像杨女士这样漂亮的女孩,便是力大如牛的男孩,有些活到老都弄不清其中板眼。中国帝王们对修寝陵的人差不多都杀掉殉葬,以防他们在外边乱说。法老王仅割掉他们的舌头,且捧他们为高僧,手法要高明得多矣。要说他们是出于“自愿”,嗟夫,自愿者,自动自发,没有一点压力恐吓者也,这种名词,用得多了实在心跳。而杨女士竟真的去相信它,天真无邪的朋友,似乎一直都层出不穷。

16. 眼睛往前看

杨皓云女士又曰:

你说有些大专学生,连家书都写不通(我就不信,我今年高中毕业,虽没有继续读大学,但没有写不通信)。即令有之,总不能归罪于文言吧。你说《二十五史》没有几人看得懂,还拿着往外国瞎送。为何没有几人看得懂?乃是文言文根底太坏。为何一般人文言文坏得一塌糊涂,此乃是那一些老而已死(如胡适先生)和老而未死(如柏杨先生)的学者们,力咒文言文的下场。难道你不觉得你如今下笔淋漓,痛快之至,乃和你幼时背向私塾,摇摇晃晃而得的文言文,小有关系乎?

这篇言论,叫人吓了一跳。柏杨先生曾声明过,大学生连信都写不通,乃是一种现象,不作抬杠之用。其实不仅大学生而已,试考一下各级学堂的教习,恐怕能把信写得像样的人不多。以致一旦闹了恋爱,就不得不组织参谋本部,派定专人代写情书,洋洋洒洒,文情并茂,然后由当事人照抄。一封情书的报酬,在抗战期间是猪肝面一碗,如今是啥价钱,不得而知矣。

杨女士写得极好,流畅而锋利,虽是高中学堂毕业,在文艺及灵性上的素养,已足可羞死大学生。于是我乃问曰:你能如此,是看小说看课外读物得来的乎?或是“背向私塾,摇摇晃晃”得来的乎?文言文只能把人酱住,酱得死气沉沉,走肉行尸,不能使人活泼也。杨女士如真的大读特读文言文,恐怕这封猛训柏杨先生的长函,写不了这么生动。

文字是表达感情和思想,替代言语的一种工具。而人类是为了将来而活着,不是为了过去而活着。我们生存的主要任务是创造历史,不是读历史。五千年历史固然悠久,但也把中国人压得够累啦,不能再要求每个青年朋友都花费若干青春去研究文言文,以便能读历史。应该使每个青年朋友把学问用到发展国家的前途上,去创造美景。

再重复一句,与其苦学三年去修补祖先留下来的三间茅屋,不如苦学三年去为广大的群众盖高楼大厦。这不是说抛弃祖产不要,而是说,不妨把那事交给少数几个有兴趣的家伙去做,不必强迫大家往里钻。

杨女士又曰:

台风来袭,小民受害。此非气象所之咎,如政府要员,少往美国银行存几文,多拨给气象台和水利局几文,小民自然要福气得多啦。我不知你老先生是不是游手好闲之徒,你如有空,调查一下大官们在美国的存款,一定会立即中风。而那些存款来自何处,谓之大陆带去的可也,谓之节约存下的可也,谓之红包可也,谓之回扣可也,谓之民脂民膏可也。

柏杨先生敢和杨皓云女士打一块钱的赌,我绝不中风,要中风早中风矣。不要说诸老爷们在美国存款不能使我中风,就是在月球上存款都不能使我中风。这年头如果没有一点麻木,能活到今天乎?盖这个问题,是一个古老的问题矣,杨女士还没有出生时,那时抗战正在惨烈,在重庆就有人嚷嚷,嚷嚷了二十年,嚷嚷的一代都嚷嚷得快要死光啦,也没有嚷嚷出啥名堂,而下一代杨女士又继起而嚷嚷矣。《三字经》不云乎:"身而子,子而孙,至玄曾。"恐怕还有得嚷嚷的矣。动摇民心,打击士气,莫此为甚,因之柏杨先生最反对讨论这个问题。无论是谁,只要一提大小老爷国外存款,我就生气。呜呼,际此"国难"严重,大敌当前,民不聊生,大陆同胞(抗日时则是"陷区同胞”)不能见面之际,“全国”军民,应该研究如何杀身报国,成仁取义才对,竟胆敢提议调查国外存款,不知是何居心,能不使人发指乎哉。

而且国外存款确有国外存款的好处,好比,如果国外没有点玩意儿,他们能在美国做寓公耶?能经常回国和我们可怜的小民共赴一下“国难”耶?请想一下,如果只剩下我们这批小民,没有人来和我们共赴一下“国难”,以资鼓励,这世界该是多么寂寞的也。如果他们也穷兮兮地跟柏杨先生一样,住在贫民窟,每日三餐不继,那又成何等体统。

更重要的还是美援问题。美利坚用大批美钞援助我们,感恩图报,乃人之常情,人家富比南山,岂在乎这几个小钱,将来自不会向我们索债。但受而不返,岂是君子?乃由上帝在冥冥中安排,把该项回报任务,交给我们的官崽,此所谓父债子偿,民债官还也。而且民瘦官肥,乃时代定律,违之者不祥。

杨皓云女士又曰:

> 你说当今一般崇洋心理,金发碧眼者,视之为祖宗;黑发棕眼者,视之如刍狗。但为何你论及笔录新闻时,洋大人记之如飞,而中国人记之如蜗牛?当心,过几天有人以洋文笔录新闻而遭人非议时,乃曰:这是柏杨先生赞成的。你岂不崇洋乎?

崇洋心理似不能如此解释,如此解释,则火车都不能坐,皮鞋都不能穿,床都不能睡,英文都不能念矣。我们所追求的不应是“洋文笔录”,而应是“记之如飞”,而应是如何改良中国的方块字和如何发明轻便的中文打字机也。现在的中文打字机实际上只是日文打字机,比一条大象还不灵活。用起来还不如爬格纸来得快。目的只在求打出来的玩意儿整齐美观,不在要求它的速度。假设有一个同胞,听了中国人的讲演而以洋文录之,我想该家伙一定满肚子都是小蝌蚪。但假使有一个同胞看见洋大人记得那么快,相形见绌,惭愧之余,发愤为雄,也发明了一套,比洋大人记得更快,你说他崇洋乎?抑说他可敬乎?承认洋大人的长处不是崇洋,见了洋大人阔屁股就伸舌头去舐,才是崇洋也。

17. 不承认是中国人

杨皓云女士曰：

谈到观光事业，你总是说日本如何如何（我相信），但你一定忘记有些同胞崇拜东洋人的心理矣（据说若干今天的知名之士，在电视里看见日本天皇，还下跪哩）。盖该等人士以为十全十美者，只有日本人。而十缺十无者，只有中国人。我说这话你或许不相信，高中时一位同学，我曾亲耳听她骂曰："我就不高兴承认我是中国人。"我乃问之曰："然则你高兴承认你是日本人乎？"她默然不语。呜呼，新青年尚有此惊人之语，无怪乎本班有两位同学，为此还到科学馆后面痛哭一场。而柏杨先生你再三赞美日本人（当然他们也是真好），必有若干人更以模仿日本人为今世真理，给你来个观光旅社的女招待必穿和服焉，必鞠躬到地焉，必满口沙扬那拉焉，届时从美国来的观光客，必以为乘错了船，到了扶桑三岛也。此不比在日本东宝歌舞团前大唱莫名其妙的日本歌，更恶心百万倍乎！故我建议你以后称赞日本人时，三两句就可。盖中国人的西崽活像没有骨头，我虽才活了十七年，已一览无余了矣。

杨女士才活了十七岁就一览无余，真是时代进步，连孩子都聪明起来，柏杨先生一直活到七十岁，才恍然大悟，真是老不如小也。杨女士年纪轻轻，然而行文如流水，较当代大文学家还过之。如果肯虚心学习，经我老人家再加指点，将更了不起，拭目可待也。

首先我向那两位跑到科学馆后面痛哭的同学，致无限的敬意。假设能把她们的姓名见告，柏杨先生拟赠书两册，略表寸心敬意，想不到中华民族有此青年，我们应快乐才对。至于有人不承认她是中国人,请杨女士不必为这个着急,盖硬不承认没有用。人虽是万物之灵,可以选择任何一件东西,好比说,我嫌蓝色衣服不好,可穿黑色的焉。我嫌屋子太小,可住大一点的焉。我嫌胖胖的小姐不好,可追瘦瘦的焉。我嫌坐公共汽车太挤,可改坐三轮车焉。可是只有一件东西不能选择,那就是自己的生身父母。有谁先在空中观光一番,调查了父母的身世前途,品格财富,才投胎的耶?如果连父母也可选择,恐怕美国总统肯尼迪夫人累都要累死,至少生下十万八万。若柏杨先生府上,家徒四壁,那些小精灵恐怕都会望望然而去之,还打算有儿孙乎?

父母既是不能选择的,如果父母是中国人,那他就铁定的非当中国人不可,再踢腾咆哮,只能献丑,对事实不能有所改变。我们常看到报上“脱离父子关系”的广告,那才叫奇文共赏,天下啥关系都可以脱离,只有父子关系如狗皮膏药,硬是揭不下来。一十年代之初,有一位满族的什么“格格”(郡主)(她在外洋自吹她是公主),发誓非洋人不嫁。那时美国还吃不香,乃嫁了一个英国伯爵,总算打上了如意算盘。可是无论她长多么漂亮,无论她的英语多么流利,英国上流社会的大门对她始终是关着的。犹如我们的朋友中,忽然有一位太太是非洲窝丸其族的酋长之女,目眭眭而牙奕奕,过年过节吃饺子或是举行家庭聚会,能请她乎?盖总觉得有点距离,多少有点别扭,不愿因为她一人而使大家均不欢也。在该“格格”想,丈夫的国籍乃妻的国籍,俺这一番成了洋婆子矣,却不知道一旦到了那种地步,她的中国国籍反而更为明显,人人都要挑明她是“中国人”,真是用铁钳拔鼻,都木法度。

法律上的国籍,可以很容易地去掉,大爷大奶只要在美国国土上生了一个娃,便可成为美国公民。但血统上的国籍,尤其肤色有别,便是再大的英雄,再厉害的学问,都束手无策。前些时接到一位入美国籍的朋友寄来全家福照片,一大群小孩,和台北街头的娃儿一模一样,他就是连姓都改成“肯尼迪”,人家照样也要说他是中国人,你说痛哉不痛哉?杨女士那位同学,幸亏她还在中国,如果她已到了外洋,而再以当中国人为辱,你想她还能愉快地活下去哉?以己之心,度人之意,可知其梗概矣。一个刚果籍太太,如果痛诋她的祖国,并以当刚果人为羞耻,我们对她还看得起耶?

至于说到对赞美日本的人,多有责备,而对美国人乱搞,却没有一个敢作声。其实固没啥可稀奇的,吃谁的饭自然就得听谁的吆喝,三十年风水东西转,鸦片战争后,英夷最为当行;甲午之战后,日夷也插上一脚;第二次世界大战结束,美夷代之出笼。大官之辈整天看人家的颜色,几乎成了习惯。如今既是美国人的天下,只要和美援沾上点亲,不贵焉就富焉,纵是天大的傻子,都不肯得罪衣食父母。前几年"教育部"一再通令各学堂不准讲日语,而且还派督学之类的官去查。我当时便开腔曰:"因何不准说日语乎?"答曰:"因日语是外国语。"我曰:"然则英语也是外国语,为啥可以乱说?"该官语塞。呜呼,我们自认为是一个讲中庸之道的民族,结果有的见了东洋人发麻焉,有的见了西洋人发麻焉,各趋极端。中国弄到这种地步,能怪谁哉?

18. 升学是第一大关

天正炎热,转眼间就是暑假,男孩女孩,有的初中毕业焉,有的高中毕业焉,表面上欢欢喜喜,人人高兴,但骨子里却都有一层阴影,心里也都有一块疙瘩。盖没有毕业之前,每天天亮,大家背着书包,拿着便当,或带车票,或骑单车;一蹦一跳,上学去也。一旦毕业,天虽大亮,街上车声人声,以及别的孩子上学声,闹成一片,而自己往哪里去乎耶?会顿然感到前途茫茫。功课差劲的,自问升学无份,不用提啦。便是功课棒的,一想起来考试的连闯三关,一半靠本领,一半靠运气,也会腾云驾雾,精神恍惚。而家长们更是跟着发忧发愁,提心吊胆。一位朋友从台中来信说,他的孩子这一学期高中毕业,功课甚好,考大学没有问题,但不知考啥科系才宜。另外一位住在台北的朋友，见面就愁眉苦脸，盖他的大儿子今年也高中毕业，而小儿子今年也初中毕业矣。他曰："我总得帮忙为两个孩子找个出路呀，不然的话，从下个月起，家里就得养两个无业游民。不但麻烦大，像服兵役啦，像闹情绪啦，甚至可能成了太保太妹，万一这样的一年一年拖下去，是何了局乎哉？"

我想这问题的严重性不是今天才有，自从二十世纪初清王朝末年，有了洋学堂以来，毛病就一天比一天发达，成为学堂教育的副产品。尤其中国人当初把学生当作士大夫的那种误解，使得洋学堂孤立在象牙之塔里，琼楼玉宇，与凡尘无关，教习和学生也统统成了不食烟火味的特殊阶级。故一直到一九三十年代，我们家乡，还把"毕业生"叫作"毕业松"，最初不过指那些高等小学堂的毕业生而言，后来水平渐渐提高，也指高中学堂毕业生，大学堂毕业生矣。该"松"字精彩绝伦，他还是一个学生的时候，真是天不收，地不留，见官加三级，谁都不敢惹。学生威望达最高潮的时候，房东租房子都不敢租给他，法官老爷对肇事的学生都不敢判罪，一旦判了学生的罪，全体学生就倾巢而至。呜呼，他们有成年人的破坏能力，却没有成年人的社会责任，真是一群地头蛇。而在教室里就更伟大啦，上谈天文，下谈地理，治国治民，易如反掌，不要说国王都看不到眼里，便是皇帝又算老几？可是一旦毕业，对着镜子一瞧，只不过仍然一个年轻小伙，办法不多乎也，像是《金陵十二钗副册》所说的："霁月难逢，彩云易散。心比天高，身为下贱。风流灵巧招人怨，寿夭多因诽谤生，多情公子空牵念。"回首前尘，好不伤感。

所以，学生升学固是一大关，毕业也是一大关。往往这两大关紧密相连，怎么样才能过得去乎？用现代话来说，那就是如何升学，如何就业乎？报上书上，以及大官致训词时，有关的言论多矣，没有一篇不可以作为参考，柏杨先生也想插上一脚，唯不知对不对家长朋友和青年朋友的胃口也。

提起来升学，不是三言两语可以说完，即以高中升大学而论，你说考哪一科系好？有些人说，不管它哪一科系，先考上再说，不合适时再转。这跟一位如花似玉的小姐曰:“管他是啥男人,先嫁了再说,不合适时再离。”同样的严重。与其心如火烧,急吼吼地嫁给王八蛋,不如少安毋躁,缓个一年两年,找一个高级一点的丈夫。盖离婚不是那么容易,即令离婚,经过若干时日的糟蹋,无论如何,都非昔比矣。小伙子选择大学科系,一旦进了不如意的甲系,往往由于惰性,而安于现状。学电机和学化工,还不是一样?学历史和学教育,都是社会科学,固可融会贯通的焉。这么一搞,不转也罢。同时有的科系一旦转将起来,还要吃亏一年两年。左思右想,算啦算啦,甲系也不错呀,就系到底吧。于是乎,终身定矣。呜呼,选科系的重要,只有女孩子嫁人可以跟它相比,女孩子嫁给王先生,她就是王太太,而且一辈子都是王太太;嫁给张先生,她就是张太太,而且一辈子都是张太太。小伙子们读的科系,固同样毛病,好比狗皮膏药,除了少数英明盖世的朋友,他这一生便很难跳出他所学的圈子。

那么,大学里哪一系最妙不可言哉?读了哪一科系才能前途灿烂,苗头百出哉,这就又一言难尽矣。抗战期间,各种行业奇贱,唯有干银行的吃香。1940 年冬的某一天,大雾弥漫。我的女儿从外面跑步进来,气喘如牛,急问啥事,原来她从学堂回家的归途上,有一小子在她背后曰:“小姐,我是大学堂经济系毕业的。”女儿不理他,小子又曰:“我现在在啥银行当行员。”女儿仍不理他,小子又曰:“我一个月可拿十两黄金的薪水。”说着说着,上前就要挽女儿的手,这才演出雾夜狂奔的镜头。

柏杨先生听了之后,一点都不生气,盖这种追迷死之法,早已闻名,不过因为太过于离奇,不敢相信,而现在相信了矣。那时候柏杨先生年纪还轻,不过五十岁左右,刮刮胡子,擦擦皮鞋,俨然青年才俊。就在第二天深夜,也去两路口一带徘徊,果然有一位妙龄女郎,彳亍而至。我先咳嗽两声以壮精神,然后从背后尾追曰:“小姐小姐,俺是啥大学银行会计系的教习。”她不理我,我曰:“俺一个月拿二十两黄金的薪水。”她啐曰:“你拿钱吓人呀?”我看有点希望,乃上前一步,和她并肩而行,叹曰:“俺虽然有那么多钱,可是太太隔在沦陷区,而俺又守身如玉,不甘心到那些不三不四的地方胡搞,心情甚苦。”她曰:“那当然免不了甚苦。”我曰:“小姐有空没有?”她不言语,我曰:“俺请你去咖啡馆坐坐,谈一谈可好?”她仍不言语,然而就在半推半就下,到了咖啡之馆;她对我的位尊而多金,深感爱慕;我对她的花容玉貌,更是倾倒,真是郎有心妾有意,一谈就好几个钟头。我就把银行的情形,向她胡乱介绍,以致分手的时候,还约定明天老时间老地点再见。

19. 日换星移

柏杨先生这场罗曼史进行得很是顺利,连老妻都蒙在鼓里,可是我仍然猫咬尿泡,空欢喜一场。盖在第三次约会时,该小姐不知道从哪里打听出来我不过只是一个薪给制公教人员,坐下来没说三句话,就揭了底牌,跺脚而去。呜呼,到如今一想起此事,就懊恨不已。想当年读京师大学堂时,如果念的是经济系或银行会计系,这场艳遇岂不沉醉到底也。可惜走错了路,弄得内则衣不蔽体,外则夸不得嘴。年轻人看了柏杨先生的殷鉴,选科系时,可不慎哉。

抗战时所有的公教人员都苦不堪言(当然只指薪给制的公教人员,供给制的公教人员自有移山倒海本领,不在话下)。只有干银行的朋友,既没有风险,生活地位又有保障,而待遇却最优厚。大学毕业后到银行做事,第一年的月薪,就足抵八个大学堂教习;经理阶级的待遇,更吓死人。既然有了钱,而有钱的王八都是大爷,何况堂堂皇皇的英才乎?嫁得一个在银行工作的家伙,真正的是嫁了名至实归的金龟婿。那时柏杨先生住在上清寺,邻居有一位女儿,正读求精中学堂高中一年级,平常面有菜色,见了我一定恭恭敬敬叫一声“伯伯”。可是后来她的两眼忽然朝天,我以为她害了啥严重之病,进一步打听，才知道她已和一家银行的出纳订了婚。我当时就想，幸亏仅只是订了婚，就两眼朝天，如果竟然结了婚，不知道还有啥花样出笼也。三个月后，吹吹打打结了婚矣，蒙她家看得起，给了一份帖子。婚后三朝回门，小汽车一辆，嘟嘟而至，我恰巧穿着木屐站在门口赶蚊子，见她归来，急忙上前迎接。我的装扮大概有辱她的门楣，乃冷冷地向新郎介绍曰："这位是柏先生。"噫，由恋爱而失恋，由伯伯而先生，等而下之，全都吃了当初没有读经济系银行会计系的亏。由此可以发现，哪一系最当行，可以从女孩子们的眼中观察得之，也可以从岳父母大人或准岳父母大人的眼中观察得之。

在银行工作，既然妙哉妙哉，如何才能在银行工作乎，当然是读经济系或银行会计系，最为顺理成章。于是大家有志一同，各大学堂考生中，几乎百分之八十，甚至百分之九十，都报考上列两系。一位朋友的儿子，初来重庆，我陪他去沙坪坝报名中央大学堂经济系，他坐在马车上，一路不语，问他想啥，他曰："我在想四年后毕业，进中央银行，先当练习生，熬上三年，就可以当行员啦，当行员一个月……嘻……那银子比俺爹多十倍哩，那时我想娶啥样小姐就娶啥样小姐！"我听了气得鼻孔冒烟，但我不怪他也，他能把眼光放到七年之后，还不算近视。可惜谁都没有预料，等到经济系或银行会计系毕业后，幸运的还可去银行坐两年冷板凳。运气糟的，连一天福都没有享，甚至还没有等到毕业，抗战就胜利啦。抗战胜利后，读经济系的小子叫苦连天，读银行会计系的小子更后悔不迭；盖银行职员已不叫座，而且整天正襟危坐，得痔疮有余，创前途不足。盖经济系和银行会计系的时代已经过去，代之而兴的是外文系时代矣。

抗战期间，小伙子崇拜经济系。抗战胜利后，小伙子改为崇拜外文系。盖外文系者，英文系也，英文系毕了业，洋大人说的啥，都可以听得懂，用不着太大的本钱，只要舌头一动，前途即辉煌万状。抗战末期，美国人大批拥至，在小民眼睛中，美国人的特征是有钱，只要能沾上一沾，多少都可以发点洋财。君不信的话，不妨打听一下，即令是当下女，只要会几句英文，能到洋大人家服侍，连电冰箱都可买到便宜的，更别说当翻译官了也。凡是位尊而多金的职位，大家对之都怦然心动，于是外文系的声誉，遂达到顶峰。当初削尖脑袋，往经济系钻的学生，只好悻悻曰："他妈的，当初老子瞎了眼。"有些从外文系吃了一年亏而硬转到经济系的学生，更怒火上升，怨天咒地。连那些嫁了银行行员的女士，如今都芳心叫苦。有一半老徐娘便对老妻曰："张德保那家伙，当初追我追昏了头，看他没啥出息，谁晓得他现在成了文化参事，既去欧洲又去美洲，早知道我应该嫁给他。"因外文系毕业的小子，既会说洋话，又会写洋文，不但可以把生活混得很好，还可以到外国去读书镀金。而一旦镀金，便不同凡响，小者成了学人专家，大者成了手握大权。呜呼，这是一个什么时代乎哉？曰：这是一个伟大的洋务时代。凡是和洋大人打交道的朋友，不富必贵；如果该家伙既不富又不贵，则一定是运气不佳；否则发财扬名，全靠ABCD，任何一个有眼睛的人，都看得出也。

所以投考外文系似又成一窝之蜂。有些年轻人前来请教，我也照劝不误，孔丘先生尚是圣之时者，啥时候说啥话。《儒林外史》上讲得明明白白，孔丘先生如果生在清王朝，他一定鼓励年轻人去应举会试，绝不再教他们"学而时习之"矣。同样道理，孔丘先生如果生在抗战初期，他一定鼓励年轻人去考经济系。如果生在抗战胜利后，一瞧到处都是盟军，都是美式配备，一定鼓励年轻人去考外文系。柏杨先生有一个邻居，十分讨厌，平常我们都不理他，可是不知道怎么搞的，有一天，老妻面色苍白，悄悄告我曰："王先生在美军顾问团做事呀。"她一说美军顾问团，我就出汗，连问是哪个王先生，原来我们平常都在背后叫他"那家伙"，而今也自动升格为先生矣。当天下午，老妻就找个借口，和王太太拉上关系。不出一个礼拜，王太太张嘴借五百元，老妻一想，在洋机关做事的人，钱堆如山，向我们借五百元，是瞧得起我们，立刻左张罗右张罗，又向别的邻居借三百元，再转借给他。

这五百元一借，便如肉包子打狗，一去不回，迄今没有下文。盖有一天他们搬了家，用的是闪电战术，神不知鬼不觉，等到前往送行，已凤去楼空矣。我所以把这故事写下来,不仅仅为了五百元心疼,而也是想说明一点,那就是世人对于会洋文的朋友,既如此的肃然起敬,大学堂里的外文系,自然动人心弦,拼老命都得打进去也。

20. 风气不断在变

可是,最近几年来,风气又在转变。盖英文好固然可到"美军顾问团"做事,又可到其他大衙门做事,月薪之多,前途之大,能使人流出口水。但人心不易满足,聪明才智之士,觉得当一个舌人,或纯靠外洋文字吃饭,不见得十分光彩,更不见得有啥分量。盖吃洋饭的朋友,在中国人眼中,虽高不可攀,羡煞羡煞,可是在洋大人眼中,你的英文即令比肯尼迪先生讲得都好,也没有用,中国人仍是中国人,舌人仍是舌人也。实在是洋钱易赚,洋气难受,没有一技之长,不足以维持自尊而挺起脊梁。于是,大家遂改弦易辙,考机械系、电机系、物理系,以及其他这一类系矣。这一类系的毕业生,出国比拉屎都容易,只要功课弄好,到时候箭在弦上,只要稍一用劲,就到美利坚矣。而美利坚这个国家,也真奇怪,专门收罗世界各国科学人才。中国人到了那里,老子娘有钱的当然不在话下,老子娘没钱的,则或为人洗碗,或给人看孩子,苦个三年五载,不是打狗脱,就是妈死脱,当一个技术人员,不愁没人用你。有的到了西屋公司,有的到了理工学院,年薪八千者有之,年薪一万者有之,有些运气好的朋友,年薪还有三万五千元的。呜呼,不但国内的小姐听了心跳,便是柏杨先生写到这里,都觉得血压上升。我实在是老矣,天若叫我年轻五十年,我一定投考电机系。听说电机系的朋友在美国,学着学着,就会被太空署或原子能委员会弄了去,那里的待遇更高得可怕。

这是最近三十年来大学堂科系兴衰史,将来是不是有别的科系,代之而起,目前实难预料。万一过了两年,中国人忽然发明了一个核子氢子或是其他乱七八糟的啥子之弹;如果丢一颗到俄国,俄国男人会全部死光;如果丢一颗到美国,美国百分之九十九可能成为焦土。呜呼,真的有那么一天,我敢赌一块钱,全世界青年都会以头猛撞中文系的大门。那时中文将大大的吃香,你怕全世界不都念"弟弟来""妹妹来"乎?不过看情形一时还到不了这种境地,所以截至目前,吃香当行,当然把眼睛放到理工方面,才万无一失,不知考大学的年轻朋友们,有没有同感耶?

也有一门学科,始终如一,既没有特别的盛,也没有特别的衰,那就是医学院焉。悲夫,不提起医学院,倒还罢了,提起医学院,好不叫人伤心。古人云:"进为良相,退为良医。"大丈夫应该上可救国,下可救民,孙中山先生便是由良医而救国救民的焉,而且,即令不谈救国救民,"人不可不知律,人不可不知医"。学医对自己也有好处,当初柏杨先生就是学过医的,只因第一学期便有七门不及格,才算罢手,否则今日何致如此之苦乎哉?

说了这么多天,到底哪一系才好,柏杨先生势不能一个系一个系加以分析,一则我没有这种本领,二则也没有如此必要。我的意思是,考大学堂选择科系,不必跟着大家一窝蜂,尤其不要太过分注意毕业后的职业——不是不要注意,而是不宜太过分注意。行行出状元,读哪一系只要读得好,都不会饿饭也。大学堂教育固然是培养一个人的谋生能力,但那不是唯一的目的,唯一的目的是要培养一个人的灵性和对特定学科研究的兴趣。十年以来,一切一切,似乎都在大变,大学教育也不例外。堂堂大学,几乎全成了"留美预备学堂",或"美国大学堂先修班",这还不算,青年朋友的眼光也越来越窄越短,千篇一律地希望走一条路,那就是,大学堂毕业后,考上公费或自费留学,如果考不上留学,则靠父兄关系,或参加道德重整会,或参加朝圣团,或参加其他凡是能够出国的团,如果参加不上那种团,则以天才儿童,或以球队领队,或以考察、开会等等名目,千方百计,跳到美国。

跳到美国干啥?女孩子嫁人,一了百了,不必细表。男孩子则重新读美国大学，读上了若干年，弄到妈死脱或打狗脱，然后进美国某一大学或某公司，教书的教书，当职员的当职员，年薪之多，不在话下。于是国内亲友羡之贺之，一霎时美女如云，汽车冰箱一齐而至。有些顶尖的朋友，干上十年八年，甚至还买了房地之产，消息传来，更是举国震动。可惜项羽先生生在公元前二世纪秦汉之交，他阁下如果生在公元后二十世纪“中华民国”，定会叹曰：“大丈夫当如是也。”

我对这一条路，并不反对，不但不反对，还努力鼓励年轻小伙子为之。不过有一点我的意见略微不同，一个年轻人一生努力奋斗的目标，如果只是希望在美国过一个安适的生活，该欲望未免太低矣。很多朋友在美国住得久啦，固然有汽车有冰箱，不过汽车冰箱这玩意儿，拿回台湾，固使人刮目相待，而在美国，连码头工人都照有不误，便无啥稀奇矣。财富多少在于有比较，而美国因电力和器械发达，生活水平大体接近，大亨出门坐汽车，工人出门也坐汽车，其差别在于大亨有人替他开汽车，工人自己开汽车而已。等于新几内亚的朋友来台湾买辆单车骑骑，消息传回去，固使他的村人又敬又喜，但在台北市上，实在没啥。

然而一个人一辈子那样活下去，十年二十年转瞬而至，能升到高级职员的不多，大多数都仍在低级中级位置上徘徊。再过若干年，人垂垂老矣。美国那种国家，对“老”不太尊重，甚至把老头视作瘟疫，儿女四散，友情更淡，真会有悔不当初之感。我谈这些，不是泄谁的气，而是说，以去美国谋生为最高理想的年轻朋友，应该在考大学选择科系时，坐下来仔细地多思考一番。

21. 最当行的系

现在最当行的当然是电机系、机械系（如果有一个大学堂动脑筋设立“原子能系”或“太空系”,报考的人一定更为空前)。这就未免使学文学法的年轻朋友绝望矣。记得我的侄儿当年投考大学堂时,因他颇有叔风,在中学曾掀起“横行革命”。横行者,若英文、若算术、若物理、若化学、若生物,一切不是竖写而是横写的课程,他统统加以反抗,故功课太差,不要说理工医农考不取,便是会计、统计、工商管理,也考不取。即令考取,触目都是横行,也念不下去。其父甚为发愁,向一位朋友诉苦,朋友曰:“容易得很,叫他考政治系算啦。”一语指破迷津。呜呼,在一般人印象之中,政治系恐怕是最妙的一系。盖读政治系的人前途远大,抗战时有些大学堂办“政治经济系”,既政治又经济,毕业后正好当国务总理兼财政总长。而且,政治系最好读,只要略识之无,有国民学堂程度,混到毕业,不成啥大问题。

于是,电机系学生走起路来,十里外都可以听见他的声势,连鼻孔冒出的气都有一股美利坚的咸味。盖出国放洋,在太平洋彼岸弄个职员干干,娶妻生子,固指日可待。而学文学法的朋友——像中国文学系的学生,便抬不起头。柏杨先生暨夫人有一次去某大学堂参观,站在二楼,俯视广场,观看来来往往的男女学生,就告诉老妻曰,就他们的脚步眼神,可以看出他们读的是哪一系。一位训导先生在旁听啦,大不服气,我就试猜几个,他才目瞪口呆。盖凡是眼中充满了自信,脸上薄薄敷着一层傲霜,走起路来,坚定而自然,必是留美预备科系的学生无疑;凡是双目无神,踽踽而行,脸上有一种茫然四顾,无归无依的颜色,则一定是读文法的学生。就在前天,也是为了考学问题,我劝一个朋友的孩子考中国文学系,在我毫无恶意,不过因他很喜欢文学,脱口而出。该孩子听啦,倒没有啥反应,但他的父亲却大为光火,说我看不起他,又说我存心不良,故意坑人;而今中国字不值钱,一切英文第一,只要英文好,退可以在中国衙门当大官当大使,进可以去洋大人之国当教习拿美金;中国文学读得再好,稿费一千字不过三五十元,又随时有碰上文字狱的危险。而我竟作如此建议,不是罪大恶极是啥?

其实该老头误矣,他还没有听我说完,就把我赶出大门,是他的失策。他如果听我说完,准请我喝一盅也。盖猛一瞧,文法科系中,似乎以中国文学系的前途最为黯淡,毕了业,出国不要谈啦,留在国内的,顶多去学堂教中文,改簿子都能把人改得吐血。可是形势比人强,固也不尽然。中国因有这么一大块土地和这么多人口的缘故,中国语文虽被西崽所唾弃,视为一种低级的语文(君不见有些场合,中国人对中国人讲话都用英文乎?乃标准的西崽,拍照留念,准没有错)。但现实政治,最为无情,以美国为首,各国学堂不得不开始注意并学习中国语文矣。最初只要是中国人,都可以当教习,逐渐地他们也要专家。我有一个年轻朋友便是如此这般到了美国,和他的一位美丽女学生结婚,两人亲热时,男的用英语曰:"埃拉夫油。"女的用华语曰:"我爱你。"一旦吵起架来,男的叫她"滚",女的叫他"该提奥提",热闹非凡。闲来无事,还有华洋合璧的诗集出版,生了两个娃儿,也同样精通华洋之文。噫,比起一些与草木同朽的朋友,他们更名利双收。

一个人的兴趣,来自两方面,一曰先天的气质,一曰后天的学习。有些孩子从小就喜欢敲敲钟,拆拆表;有些孩子从小就喜欢唱唱歌,跳跳舞。像《红楼梦》上的贾宝玉先生,从小就喜欢吃胭脂;像《水浒传》上的史进先生,从小就喜欢弄枪弄棒。长大之后,再经过不断地濡染,遂成为一种兴趣,这兴趣一旦养成,便很难更换。以后他所从事的工作,如果和他的兴趣相合,就可以发挥百分之二百的力量,有圆满的效果。如果和他的兴趣不相合,他本有十二分才能的,顶多发挥五分六分就足啦。以柏杨先生而论,平生有两大嗜好,一曰看书,一曰下棋。如果叫我当阅读委员会的委员,或象棋推广委员会的委员,包管胜任愉快。如果叫我去给饭铺管账,不但会心烦意乱,而且包准把它管得一塌糊涂,猛吃官司。

年轻朋友考大学堂,如果只把眼睛看到毕业后去美国落户生子,而没有考虑一下自己的兴趣是不是适合,真是一幕悲剧。盖兴趣虽可以在学习中得之,却不是一定可以得之,万一培养不起兴趣,那岂不痛苦一生乎？遇到“横行革命”的小子，便是把他保送到电机、机械、原子、核子各出国之系，恐怕他也读不下。即令读得下，也会苦不堪言。有一个朋友，数学奇好，高级中学堂时，就能把教习难住，大学堂数学系的课程他都全懂，被一方称为奇才。可是他一辈子没有看过一本小说，非他不肯看也，而是看不进也。每到失眠之夜，他就找一本《红楼梦》，翻不到三页，因其枯燥无味，便沉沉入睡。而他看数学方面的书，却能一看一个通宵。可是，他生不逢辰，清王朝末年那个时代，数学并不吃香，去美国等于去夷狄之邦，谈都不要谈。而学文学的朋友，每每在报章杂志上发表一点小文，既有稿费收入，复可名满天下，妙哉妙哉，比现在去美国还妙哉。他就把心一横，投考中国文学系，读了四年，总算毕业，可是用不着我继续报告，可知其结果如何。连《红楼梦》都看不下去的朋友，《诗经》《离骚》更不用提啦，不但不能有所成就，反而整天愁眉苦脸。这里有一个故事可作参考，一个酒徒向使徒彼得先生发誓，要好好做人，彼得先生大为感动，特准他进入天国。按说他应该满意了吧，可是他在天国待了两天，找到彼得先生告辞。彼得先生曰：“很多人想进天国都进不来，而你却要走，天国有啥地方不舒服？”答曰：“天国既没有酒吧，又没有妓院，既没有人和我赌博，又没有卖烟的，实在没啥好处，你老人家放我一条生路吧。”

选择科系亦然，天国虽是天国，如果不合自己的口味，也会待不下去。喜欢文学的应读文学，喜欢历史的应读历史，喜欢理工的应学理工，喜欢学医的应学医。无论你学啥，无论你将来干哪一行，只要你有智慧，再加上一点运气，都会出人头地。如果你没有智慧，再霉运当头，学文学法固然庸庸碌碌一辈子，学理学工，也同样庸庸碌碌一辈子。而学医的恐怕还要更糟，轻则当个乡村医生，重则吃上人命官司，真是何苦来哉？

一个人很难选择他的环境，一旦踏进了某一行，隔行便如隔山，想跳出来恐怕比上吊都难。盖朋友都是那一行的朋友，见识都是那一行的见识，生活习惯也都是那一行的生活习惯，就只有一直干那一行干到底，干到死矣。前天报上有一篇报导，忘记是谁写的，说凡是干电影的朋友，都很有股邪劲，明知道干不出啥名堂，却仍不肯放手，因他太爱第八艺术啦。呜呼，他们不放手可能是太爱第八艺术，但更可能是无法放手。不放手，还可以喝米汤，一放手，只好喝自来水矣。电影界的朋友有他们的行为规范和意识形态，哪一行都用不上。犹如柏杨先生，既然跌到爬格纸的一行，别人见了我便想到舞文弄笔，假使要写篇广告词，可能想到我，如果国防部长出缺，试想一想，能想到我乎？

当然也有所学的和所干的是两回事。若某某，本来是学矿的，后来当教育部长；若某某，本来是一位军人，后来当铨叙部长；若某某，本来是学医的，后来成了文学家。这种例子可举上一百两百，问题是不要说举出一百两百，就是举出一千两千，在庞大的就业群中，仍是绝对少数，而且得有奇妙的遭遇。一位朋友，本来是中国文学系的高材生，来到台湾后，却在基隆开了煤矿，其转变都是或然的，不是必然的也。而千千万万小子，只好学哪一行，干哪一行的焉。盖生活逼人，岁月荏苒，人总是往抵抗力最弱的方向走。我们不能想象学医的朋友大学堂毕业后去开铁匠铺，也不能想象学电机的朋友大学堂毕业后去办个农业杂志，学医的差不多都钻到医院，学电机的差不多都钻到工厂，既钻进去矣，再想拔出来重搞别的，真是“一失足成千古恨，再回首已百年身”矣。

所以年轻朋友选科系时，最好是严重地顾及到自己的兴趣和志向，记得有一年国立台湾大学堂人类考古学系，只有一个人报考，年轻人都以为该系没有前途。嗟夫，还是老话，只要你有智慧兼有运气，读啥科系都能读出前途，如果没有智慧而又没有运气，就是“皇帝系”、“国王系”或“总统系”毕了业，都没有用。人类考古系读出了苗头，照样的想去美国就去美国，想去埃塞俄比亚就去埃塞俄比亚，想发财就发财，想留名更不用说啦，只要从地下挖出一根骨头，证明是十万亿年前的人类骨头，包管你名震世界。

大学里的科系，没有哪一个是专门为断送青年前途而设的，这一点柏杨先生敢赌一块钱者也。不信的话，不妨闭眼想之。而且科系在谋职方面热门不热门，也是瞬息万变的事。前已言之，经济系垮啦，外文系垮啦，又焉知美国不稀里哗啦完了蛋，埃及不代之而兴乎？届时会英文的朋友只好回家孵豆芽，大家又拼命考阿拉伯文学系矣。不能自己掌舵，而总在风气后面赶，谓之“老赶”，乡下佬是也。

22. 重要一步

选择科系如女儿嫁人，嫁人岂有不当心的乎？可是天下多得是糊里糊涂嫁人的，因之天下年轻朋友也多得是糊里糊涂选择科系的也。有些学生报考科系，全凭一时冲动，一瞧女朋友考植物病虫害系，好啦，我也考植物病虫害系。有的学生则家学渊源，父亲是学医的，我还是学医为妙。当然也可能恰恰相反，以柏杨先生的长公子而论，他一瞧老头学中国文学系，学得贫无立锥，乃大彻大悟，幡然改行，改读殡仪馆学系，现在不但把妹妹接到美国，而且眼看就要入美国之籍，弄得万人称羡，也是一个例子也。

但有一点是不可勉强的焉，要考理工医农，则英文、数学、物理、化学、生物（全是横行），必须刮刮叫，不刮刮叫就早日回头去考文法，在这里我不得不叹气曰：凡是文章作得通顺，喜欢看看小说，看看文艺作品，甚至还喜欢写写稿，投投稿的年轻学生，他们的数学理化，大多数都糟。注意，这个“大多数”学问可大啦，那就是说，例外的很少。这些学生要想投考理工医农，不如去买麻绳上吊，不但投考理工医农有问题，就是投考文法也有问题；盖中国的教育制度，全是照抄美国的。有洋大人作后台，凡夫俗子自不敢插言，但有一点却一直不懂，像中国文学系、外国语文学系、政治系、法律系、历史系，一辈子都用不着数学理化，而入学考试时却偏偏考之，是何必乎哉。

要想考得好,百分之五十靠学问,百分之五十靠运气。有些学生把书本都能倒背,可是回回名落孙山,非他不行也,是他不得其法也。有些学生一入场就吓得浑身发抖,一直把脑筋里所有的玩意儿抖光为止,这怪谁耶。你越不叫他紧张,他越紧张,有这种毛病的朋友,最好是买点白兰地喝之,进得堂来,如果发起酒疯,顶多考不取,如果不发酒疯,说不定能考第一名状元。

参加考试,要有考试学问,功课好而又镇静如恒的,那是第一等考生,走遍天下都不怕。功课好而怯场的,属第三等,倒霉分子是也。功课糟而精神百倍的,则属第二等焉。想当初柏杨先生前往京师考学留美,我的英文程度不过只认识二十四个字母(其中两个字母还他妈的分不清),可是我乃天纵奇才,就托了几位英文教习,替我作了一篇英文作文。文内说的是我某年降生,家庭如何,父母兄弟如何,故乡如何,志愿如何——不外是希望去美国学一套,以便回国后增进两大民族友谊等等,简直是四通八达,包罗万象,说它是“自传”也可,说它是“故乡”也可,说它是“志愿”也可,说它是“对国事的建议”、“中美合作论”,更无不可,反正你说它是啥,它就像啥。写好之后,我就比葫芦画瓢,它怎么弯我就怎么弯,它怎么曲我就怎么曲,它在什么地方点一点,我就在什么地方点一点。不到两个月工夫,熟能生巧,写出来的竟龙飞凤舞,铁画银钩,连教习都说我可去剑桥大学当英文讲座。

事隔多年,当时出的啥题,已记不得矣,好在那并不重要。到了考试之日,进得堂来,发下了题目,一瞧,糟啦,密密麻麻,油印满纸,乃悄悄以肘捣邻座曰:“怎么没有作文题呀?”因我事前请过他吃了一顿小笼包子,故他不得不回答曰:“有呀,就是最后一行。”原来那次考试,颇为缺德,过去都是只出一道作文题的,不知道中了谁的遗毒,竟出了些真伪题、选择题、填充题、改错题,还有英译汉,汉译英,害人不浅。但我统统不管,就在最后一行的作文题下,把原文照抄。这就不得不归功于我的镇静,如果没有两下子,发起慌来,还能榜头高中乎哉?

我说这件往事,不是建议年轻人也只读上一篇,但读上三篇五篇,十篇八篇,对考试一定有其帮助。不但考英文有学问,考数学也得有学问。柏杨先生的长公子在抗战期间投考大学堂,他数学不行,一定要我为他出点奇计。我乃教了他一套,盖数学内又分三门:一曰平面几何,一曰代数,一曰三角。代数谈何容易,没有三年两年工夫,别想弄懂;三角则分量太少;只有平面几何,是敌人的唯一弱点,两三个月研之攻之,定可破门而入。我就特地为他请了一位家庭教习,专门教授该课,而把代数三角,全部放弃,看都不看一眼。长公子问曰:"老头,你这一套行不行呀?"我曰:"我是老经验矣,时代虽然进步,原则却不变也。"到了考试那天,发下试卷,一共五题,两题平面几何,两题代数,一题三角。长公子得心应手,不到一个小时,就把两道平面几何做完,然后左看右看,又趁邻座那个小子不备,偷抄了一题,六十分拿到了手矣。呜呼,仅数学一门就考了六十分,能不当状元乎哉?有些年轻朋友,一听要考,便手忙脚乱,又要看代数,又要看平面几何;结果门门都通,却门门都松;发下试卷,说不会吧,固仿佛会之,可是说会之吧,算了半天也算不出。真是灯草扁担挑鸡蛋,一头脱啦,一头掉啦,全打得粉碎。不如紧抱着一头,盖能保住一头,也就够了矣。年轻朋友应该知道有所取舍,柏杨先生教你这个窍门,你考取后,别忘来函致谢。

天下只有自然科学有定律,社会科学有定律已不太可靠,考试学问更没有啥硬性的道理。几乎所有的家长教习,都提住学生的耳朵,告诫他考试前一天,或前一晚,不要再看书啦,应该去轻松轻松。而年轻人也往往认为考前不看书才是正确,当别人看得冒汗时,他却去大玩特玩,不但表示他火候已到,而且相信可以使身心冷静,一旦进入试场,就下笔如神。我想这种情形当然会有的,不过不见得一定都是那样。年轻人记忆力强而理解推断力差,时间越近,越记得清楚,紧张的朋友即令他不看书也会紧张,不紧张的朋友便是看书看到打进场铃,也不会紧张。考试前夕——前一小时或前一天看的东西,一旦碰上,效果反而更大。

1959年的暑假,我陪同侄女去考大学。按说她那么大啦,应该可以独来独往,可是她父母晚年生她,娇生惯养,所以虽高中毕业,有时候仍坐错公共汽车。考试第一天,下一节就是生物,我带她到考生服务处吃汽水,忽然心血来潮。问之曰:“阿囡,你把门德尔定律弄清楚了乎?”她瞪眼曰:“啥是门德尔定律?”我曰:“门德尔定律你都不知道,该死该死,岂年头大变,把门德尔先生也变得立不住脚啦!把书拿来瞧瞧,如果没有变掉的话,那玩意儿重要得很哩。”她立刻打开书本,左查右查,总算查出。真是天老爷才知道她们女孩子是怎么念书的。她查出来后,立刻就背。真是上帝有眼,下节考生物学时,试卷就有了何谓门德尔定律的题目,该侄女以最低分数被录取,若不是祖宗有德,使门德尔先生临阵帮忙,她能上得了大学欤。

我说祖宗有德,一定有人说玄而又玄。古时科举,严厉得多啦。柏杨先生未读京师大学堂之前,曾参加过乡试。一进试场,衙役者流,挺胸就位,只听一阵锣鼓声响,就有一个家伙,凄厉喊曰:“各路神灵鬼魂,有冤报冤,有仇报仇。”把人喊得毛骨悚然,做过点亏心事的朋友,恍惚中就有一位被他一脚踢的少妇,掀帘而进,他屁尿直流之余,一不小心,把砚台打翻,卷子弄脏了矣。现在参加考试的年轻人,真是天不怕地不怕,可是以我的侄女而论,如果柏氏祖宗没有点德行,我能临时想起门德尔先生乎?一个当监考委员的朋友,有一次告我曰,在他考场上,有一个学生作弊,把小抄握在手里猛看,他不但没有抓他,反而站在他身旁保护他。我曰:“你收了他的红包乎?”他曰:“没有。”我曰:“然则他认识你,拜托过你乎?”他曰:“他既不认识我,更没有拜托过我。”我曰:“那你准是发了神经病。”他曰:“非也,他虽不认识我,我却认识他,他爸爸是我中学时的教习,对我恩重如山,我宁愿受撤职处分,都不能抓他儿子的卷。”如果他发现该学生的父亲曾经努力修理过他,恐怕不会那么轻松也。

柏杨先生不反对考试时瞧瞧别人的,但必须祖宗有德,否则那小子的答案竟是错的,瞧瞧还不如不瞧瞧。呜呼,考试舞弊的方法多矣,像带夹带啦,抄到手心上啦,写在表背上或大腿上啦,刻到桌子上或铅笔盒上啦,都和刀枪剑戟一样,过去虽也奏过赫赫武功,可是如今都落了伍。最现代化的办法莫过于电码传递,事先布置好的小子,弄到手一份试卷后,就在远处用木棒敲起桌面。嗒嗒嗒嗒,听得懂的,知道他在发电报,听不懂的,还以为他在娱乐哩。将来如果能更进一步地利用原子能传递,有科学头脑的学生,就更有福矣。

不过考学犹如世界大战,不胜则败;而且又因为名额有限,所以每一个考生都是自己的假想敌,最好能发明一种咒语,届时念上一咒,使所有的考生一律头痛脑涨,全考零分,那自然妙不可言。否则的话,千万别让人看自己的试卷,君以为然乎?

23. 搴旗斩将

看报纸,大学联考已开始报名,大战在即。这一仗真是绝大的一仗,打胜则摇身一变,变成了大学生。打败则不但没学可上,还要去服兵役。这不是说服兵役倒霉,而是说一旦去服兵役,便没有时间再念书,"趁热打铁",还不能打成。三年后再打,以生锈的古董,和新毕业的生力军碰,更危险万状。一不小心,四年五年下去,就不得不到此止步。如果再把握不定,娶妻生子(女生则嫁人生子),这一生就更进不得大学堂矣。

前已言之,有些家长常劝儿女"不要紧张",我建议这种废话少说为宜,如果不紧张,固不必说。如果他天生异禀,非紧张不可,恐怕你越叫他不要紧张,他越紧张。更不可信口开河,把本来不紧张的儿女,搞得紧张万状。我的一个朋友曾告他的女儿曰:"你考上大学,我供你大学。你考上留学,我供你留学。但你如果考不上,就给我马上嫁人,别在我跟前现眼。"老头之意,是寓鼓励于恐吓,想鞭策她用功。谁知道女孩子心眼窄,最初听听,还不太留意,听得久啦,乃血压升高,心里直嘀咕,万一考不取怎么办,反而念不下书。这种老头,属于教子无方之流,理应斩首。

柏杨先生说几点考试须知于下,年轻朋友切记,听我的话,好处无穷,盖我说的这一套,乃“置诸四海皆为准,百世俟诸圣人而不惑”的也。

一曰上得堂来,要先弄清楚号码对不对,君没有看过一则小故事乎?军营之中,班长问新兵曰:“你擦枪之前,先要做些什么?”新兵曰:“先看看枪支号码。”班长大惊曰:“那是为啥?”新兵曰:“别擦了半天竟是擦别人的。”呜呼,举一隅可以三隅反,年轻人不要错坐到别人桌子上去大考特考,万一那个该死的家伙偏偏那一天因拉肚子缺考,你说糟不糟哉,糟不糟哉。

二曰看清了号码之后,我劝你作菩萨状,闭目而坐,眼观鼻,鼻观心,啥也别想。即令非想不可,也千万别想女朋友。在那种场合下,女朋友最坏事,要知道女朋友不女朋友,关键在你考上考不上。如果女朋友成了大学生,而你被踢出门外,恐怕非失恋不可。故千万不要胡思乱想,这样一直静坐到试卷发下,此谓养精蓄锐之法,握拳打架之法。如果迷信的朋友,可在暗中祷告上帝或其他过路神灵,保佑你心平气和,智能大开,最好还保佑试卷上出的题目,都是你滚瓜烂熟的,祷告时要尽你的虔诚,则自然灵矣。千万不要以为这是笑话,以为这是笑话的,应该打四十大板。

三曰一旦试卷发下,先别埋头苦读,应该目观八面,耳听四方,耸起耳朵听考试官在台上说些啥。要一个字一个字地听,听不懂的就举手发问,不要怕羞,考不取才羞,发问没啥可羞的也。即令问的话太幼稚,惹得哄堂,也没关系,谁在发榜后笑,谁的笑才是真笑,考试前和考场上的笑算个屁!也不要作伟大状,心里曰:不必问他,我自己解决吧。恐怕是很难解决,如果能自己解决,该监考的家伙不啰嗦矣。我们家乡有句俗话曰:“过这个村,没这个店。”一旦你耳朵一滑,他讲了过去,你再想住店,就得再等三百六十五天,明年见也。

四曰等到主考官讲演已毕,而你也发问已毕,先别忙着下笔,一定要先打开试卷，从头到尾，从第一题到最末一题，详详细细，精精确确，看上一遍，然后再看上一遍。试题中当然有自己押中的，但是千万少安毋躁，有些人一看见会做的题，立刻心喜难抓，马上就写，那种人天生要栽斤斗，万勿效法。一定要全部看过之后，脑筋中有了通盘印象，几题会，几题不会，先从最容易的一题作起——别先做最难的。盖各题的分数都是一样，你辛辛苦苦刚写完最难的一题，而下堂铃响啦，何如先把最容易的弄完，再慢慢地搞最难的耶。《大学》不云乎："事有本末，物有终始，知所先后，则近道矣。"正是指此而言。

五曰这一点似乎应该放在最最前面才好，那就是考试的前一天晚上，应该把准考证、身份证、笔墨纸砚，以及零钱等等之物，放在床头桌上，或索性装到口袋之内。万一第二天起得迟啦，一时情急，拔腿就跑，啥都忘了携带，那才叫欲速反不达也。去年就有一位女学生，发现没拿准考证，急得又哭又闹，要去跳河，她和她的家长如果看过柏杨先生的文章，绝不致弄得那么狼狈。还有一点是，我建议年轻人考试时应尽量不用自来水笔，万一橡皮管漏了水，岂不抓瞎？用蘸水钢笔或原子笔，便无此误矣，即令非用自来水笔不可，最好也带一瓶墨水。我侄女考大学堂时，我叫她多带一瓶墨水，她嫌麻烦，我曰："钢笔临时没有水，麻烦就更大啦。"偏偏那一次她的笔没有缺水，而钢笔尖却不知道怎么搞的，竟拦腰折断，那比没有墨水还要人命，害得我老腿飞奔去买笔尖。如果她一个人去考，岂不糟了乎哉？因之附带告诫年轻小子，最好口袋里多装两个钢笔尖，以便"防而不备，备而不防"。

六曰假设你没有"作弊必成"的把握，希望你千万不要作弊。弄个小抄，打个派司，都是想当年柏杨先生年轻时搞的玩意儿，你如今再去搞之，必须有点更高明的本领才可。我想你一定要大干的话，最好是组织护航队，找几个高手，请客一桌，然后来一个"围标"，大家一齐前去报名。如果上天有眼，把他们分坐在你的左右邻座，则届时只要拼命斜眼，便至少可以解决一题两题，呜呼，斜眼最难破获，只要歪头不超过四十五度，监考先生木法度也。不过你还是以不作弊为宜,一旦胆大包天,露了马脚,便会后悔赌注下得太大。盖只要试卷不被抓,总有考取希望,一旦被抓,还提个啥。

最后一点曰千万别英雄主义,抢着交卷,常有一些男学生,不到三十分钟就交了卷,潇洒而出。全堂人士,都瞪着羡慕之眼,他的女朋友更是对他刮目相待。我想那准是一个标准的烧包,考取了才能历史留名,交头卷历史上留不了名也,即令题目全部作完,也应该一看再看,千看万看,非等打铃,就是不欠屁股。俗云:“不听老人言,不能成神仙。”年轻小子,盍兴乎来。

24. 工业教育

五千年来,中国知识分子有一种自命为“正统”的观念,认为人生的道路和目的是“一条鞭”式的。小学毕业上初中,初中毕业上高中,高中毕业上大学,大学毕业去美国,留美毕了业,就在美国找个大小差事干之,最好是入美国籍,找个女人结婚,生下孩子,了其残生。我说这些是经过浓缩的,看起来好像触目心惊,可是举目所及,哪一个青年不是如此的抱负?又哪一个家长不是如此期望他们儿女的哉?从前四川军阀某某先生,姬妾如云,一直没有儿子,而只有九个女儿。有人乃以一诗赠之云:“九个女儿不算多,再生一个够一桌。可怜一对贤夫妇,专门替人养老婆。”以我们目前的教育形态和国民气质来看,固可改成另一首诗,曰:“五亿同胞真够多,硬是不能凑一桌。可怜堂堂炎黄胄,专养人材去美国。”呜呼,你说这种干法,有啥意思乎哉?

我们只看见美国的富强,只看见德国的科学,而没有看见致他们于富强,致科学于发达的工业干部。没有那批干部——也就是没有那些熟练工人,根本谈不上工业潜力,潜力乃指的是该项熟练工人。德国在短短期间内就复兴到第一流国家的地位,是靠他们的工人,而不是靠他们整天开会钩心斗角。中国人在美国读了半辈子书,了不起的搞到一个大学堂当教习,薪水之高,国内朋友听啦,心胆俱裂。可是在美国,一个大学堂教习的待遇,不如一个熟练工人。于是乃发生一种现象,美国年轻人初中毕业后就大量拥到工业学堂,工业学堂毕业后就当起工人,优哉游哉过日子矣。很少人拼命去读大学,而是等到有了相当积蓄和年纪已大,心情由绚烂趋于平稳的时候,再去读之的也。

高级中学像是上飞机的长梯,高中毕业后,考入大学,等于上了飞机,凌云而去。可是一旦考不上大学,飞机已飞,把自己留在梯子尽头,上也上不去,下也下不来,真要坑死人。如果能稍微有点脑筋,毅然决然放弃"一条鞭"式身死异邦的想法,脚踏实地进入工业职业学堂,也是一种救国救己的伟大壮举。

中国传统文化中,"做官"(用现代话讲,曰当公教人员)。是唯一的一条正正派派出路,其他职业,全属左道旁门,为正人君子所不取。所以一个艺术家在中国人心目中没有地位,画家中如有做过官的,且和官有来往的,还比较有点分量。若是声乐家、雕刻家,则提都不要提,等而下之,一个人竟去经起商来,或做起工来,真是抬不得头,见不得人矣。于是,大家一齐往办公室里挤,日夜和桌椅为伍,以为那才是天经地义的光明大道。呜呼,每看到年轻的毕业生趴办公桌的背影,便不禁老泪纵横。

与其高中毕业后彷徨无依,甚至与其大学毕业后弄个趴办公桌的公教人员干干,不如有一技之长,会两下子。有一件事到今天记忆犹新,抗战时候,会开汽车的人很少,司机那一行业遂大为吃香。俗云:"马达一响,黄金万两。"言司机之富,也言司机之乱搞也。有一次,一辆客车从广元到重庆,该车司机是一位鸦片君子,走着走着,他就停下来,一会说引擎坏啦,一会说水箱坏啦,必须借工具修理,一去就是一二小时,客人们就在烈日下呆坐恭候,怨声载道。最后一次,一个辎重兵学堂毕业,调赴内江报到的学员,实在忍耐不住,略微试之,车子固好得很,就慢慢往前开动。好啦,这一开动,精彩节目上了舞台,该司机发现车子不见,吓得满头大汗,从后面飞奔追赶,一面气喘如牛,一面呼天抢地曰:“我的妈哟,我的妈哟。”我的妈哟结果是,他再也不说引擎有毛病,水箱有毛病矣,大家这才一路顺风,安抵重庆。要不是该乘客露一手,真不知要走到何年何月。

我的意思不是说瞧不起公教人员,而是说技不压身。一个人除了趴办公桌外,最好还会点别的,甚至宁可不趴办公桌。夫时代在变,由于工业发达,一切都不是原来模样,连女人的衣裳都变得一塌糊涂,何况求生之路乎?即以工业职业教育而言,从前的工业职业学堂,是一所具体而微的工业大学或工学院。你有建筑系,我有建筑科;你有土木系,我有土木科;反正是,你有啥我也有啥,结果大学生毕了业坐大办公桌,工职生毕了业坐小办公桌,均瞪其学院派的大眼,而一个月拿几百元薪津,既对不起自己,也对不起国家。现在的工业职业教育和工业职业学堂,大大的与前有别。呜呼,说来话长,中国五千年来的传统文化是一种只重官不重商,更不重工的做官文化。谈做官则眉飞色舞,头头是道,至于当一个商人,已经够糟。更不幸当一个工人,简直祖宗缺德,有辱书香门第,所以喊了几十年“劳工神圣”也没有用。而现在的工业职业学堂却一下子撕破了那些不切实际的小型工学院的害人面具,堂堂皇皇地交代,工业职业学堂的学生,不是为了要拿一张纸做的文凭,而是为了要学得一技之长。毕业后不是去豪华的办公室坐办公桌,而是要当一名工人。不是拿着介绍信东打躬西作揖地谋一个小小差事,而是闲在家中坐,等工厂公司前来邀请。不是一个月可怜兮兮的几百元,而是叫你吓一跳的一个月几千元。

25. 内行人语

无尘先生从新竹来了一封长信，对柏杨先生连日来的说论，提出他的意见。原函恭录于后——

无尘先生开始时曰：

最近拜读你几篇有关选择科系的文章后，觉得有些地方，似乎与事实稍有出入，我系刚从大学毕业不久的研究生，故愿以一己之见闻数点，给你老先生作点参考。

第一点，无尘先生曰：

所谓热门，不知你的定义如何？是录取的最低分数高，抑或毕业后出国深造较容易？如果是以录取分数的高低来制定其是否热门，则你提到的电机系、机械系，远不如医科、物理系、数学系来得热。如果是出国容易，则电机系、机械系更不如理学院的物理系、化学系、数学系，因为这三系的人才，美国大批而且急切需要，奖学金也特别容易申请，办护照时，美国大使馆的签证也特别容易通过。因为美国青年多半外向好动，不大肯钻到实验室、研究室里苦干，他们中有数理天才的，多半都学工程去了，他们自己学工程的人既如此之多，根本不欢迎外人去抢他们的饭碗。

第二点，无尘先生曰：

对那些热门的科系，不是人人都可以追求得到的。也许热门音乐人人得而听之，人人得而哼之。也许以前的经济系、银行系、外文系等热门，只要能考得取，人人可以读之，人人可以借它升官发财，或把钞票弄得滚滚而来。但依我的经验，数理化三系热门，与别的热门有点不同。大学四年,眼见多少攀龙附凤,追求热门的同学,读到最后,不是被迫转系,便是留级两三年,才勉强毕业。当然,读这三系的人并不个个都是天才,但一定得有点天才,才能培养出兴趣。而且,一旦打算追求这种热门的科系,便须抛弃追求功名利禄的念头,试问有哪一位物理学家是百万富翁的?又有哪一位数学家当部长院长的?即以你老先生的艳遇和经验,似乎抗战时期的女孩子是那种样子,现在的女孩子是否喜欢学数理化的,颇值得怀疑。以鄙人的英俊潇洒(的确如此),而且学的又正是一般人所认为顶顶热门的核物理,却始终没有被女孩子喜欢过。在大学的同班同学,以及现在研究所的同学之中,有所谓女朋友的,为数极少,你说怪哉不怪哉?

第三点,无尘先生曰:

学理工要出国,倒不一定一个个像拉屎那么简单,尤其纯理科的,除了自己本身要有点天分(并不一定要很高,但至少得有一点)。最重要的还得完全靠用功和奋斗。没有天分而努力用功,固木法度,有了很高天资而不用功,想整天到晚玩而坐享其成,同样木法度,出不了国也。这种屎容易拉乎?你后来说得很对,各人有各人的天资,各人有各人的兴趣,固不必劝人学理工,亦不可逼人追热门,只要肯奋斗,行行都可出状元,如果仅为了将来名利而去钻热门,必失败无疑,你老认为对乎?

无尘先生问到热门的定义,柏杨先生前已言之矣,根本和录取分数无关,也和出国无关。出国能赚大钱,当然能出国的科系是热门,如果出国不能赚大钱,能出国的科系,就热不起来。从前苏秦先生的嫂嫂曾经说过,她顶礼苏秦先生,不因他当了六国宰相,而因他位尊多金。如果他当的是六国囚犯联谊会会长,天天挨皮鞭,做苦工,恐怕他嫂嫂对他会另眼看待也。这年头不管学啥,毕业后"有办法"的科系,才是了不起的科系。如果没有办法,啥科系毕业都不行,此乃时代的一种特质,叫我们如之何哉?无尘先生虽英俊潇洒,而仍没有女朋友,那是你还没位尊多金之故。依我的建议,你最好把脑袋削尖,猛撞出国之门,一旦前往美利坚,三年五载,成了学人专家,或来一个“回国讲学”,或来一个“回国开会”,最好再做点单帮的生意,腰缠巨万。如果阁下天性迟钝,不会为非作歹,则即令你在美国积攒的那一点点美金,也够国内穷措大的小姐眼睛冒火光矣。来信用的信纸是“国立清华大学原子科学研究所”,呜呼,不要说研究原子,纵是研究核子、桃子、瓜子,以及其他什么子,都不值钱。这年头“霉得因有哎死俺”第一,“霉得因钳那”或“霉得因台湾”,等于一头栽到枯井里。你既一头栽到枯井里,不把你栽死已算宽大为怀,还想娶一位如花似玉的小姐,岂不把人笑坏。盖如花似玉的小姐专门用之输出,以供国外学人专家结婚之用,你选科系是选对啦,但你走路却走错啦。你不去美国,而去新竹,便注定不可救药,深夜三思,能不出汗乎?

我要有你两下子,爬都爬到新大陆矣。但留美也不见得一定前途辉煌,大多数仍是庸碌终身,搞不出啥名堂,还要看各人的踢腾情形如何。无尘先生说刚刚离开学堂,年龄一定不会超过三十岁,年轻的小伙子不知道努力猛钻,而天天想女朋友,我看简直要糟。三十岁以后再谈恋爱不迟,三十岁以前,应该是只问耕耘。我要是立法委员,一定制定一条法律,年轻的男孩,三十岁以前不准恋爱,否则打其屁股。无尘先生,你现在第一步是快想办法去美国当专家学人,如果按照我设计的去做,包管你美女如云,你敢和我赌一块钱乎?

26. “的”和“家”

很多朋友向柏杨先生请教:“怎么才可以成为一个作家?”好像我已经成为一个作家啦,想从我这里挖出一点秘诀,以便照方配药,也登上文坛宝座。呜呼,如果有此一念,那就是问道于瞎子,一辈子都得不到好处。这并不是说柏杨先生仪态万千,虚怀若谷,向谁表示谦虚,而是真正的如此如此,这般这般。盖这问题是一个根本问题,韩愈先生在两千年前便指出过,中国知识分子唯一的出路是做官,除了做官,没有别的方法可以使自己安富尊荣,于是遂成为一种恶性循环。做官的目的为了发财,而发财的目的又是为了做官。一个知识分子一旦做不上官,就四大皆空,不但别人瞧他不起,连他自己都瞧不起自己。诗不云乎:"万般皆下品,唯有做官高。"第二次世界大战时,以色列立国,恭请爱因斯坦先生回国当总统。如果换了柏杨先生,早大喜若狂,根本用不着请,只要招招手,立刻飞奔而往。但爱因斯坦先生竟然拒绝,这种情操智慧,不是中国圣崽和官崽所可了解的。我说我大喜若狂,飞奔而往,一定有些朋友脸上挂不住,解释曰:"太谦太谦,你老人家品学俱优,岂会如此。"那就是不知我也,我说我"若狂",已经够往脸上抹粉啦,到时候我如果给你来一个"真狂",就更精彩。《儒林外史》上的范进先生,并没人请他当总统,不过中了一个举人,离中级官还有十万八千里,可是他的反应又如何哉,他当场就高兴得发了疯。

既然全国同胞,同心同德,努力做官,非官不荣,非官不乐,则官以外的其他行业,自然都贱不可言。想当年苏秦先生周游世界回来,身兼六个国家的宰相,把他嫂嫂吓得连忙下跪。如果苏秦先生周游世界回来,只抱了几本他写的长篇小说和短篇小说,我想他的嫂嫂恐怕仍会保持原来面孔。如果苏秦先生连几本破书都没有,而只会唱歌跳舞,绘画打球,恐怕结果还要惨,一个织布梭子飞出来,不把他阁下头上打一个血流如注才怪。这种气质和社会环境,历三千年而不衰,现在虽然是二十世纪啦,但非官的行业,其贱如故。于是除"官"之外无人才,从事非官以外的行业,顶了不起,只能成为"的",而不能成为"家"。像柏杨先生干的这一行,洋大人之国,称之为"专栏作家",而中国称之为"写杂文的"。唱歌的朋友,洋大人之国,称之为"声乐家",而中国称之为"唱歌的"。依此类推,拥有五千年优秀传统文化的中国社会,没有"作家",而只有"写文章的"。没有"提琴家",而只有"拉提琴的"。没有"钢琴家",而只有"弹钢琴的"。没有“画家”,而只有“画画的”。没有“戏剧家”,而只有“演戏的”。没有“舞蹈家”,而只有“跳舞的”。没有“教育家”,而只有“教书的”。没有“体育家”,而只有“打篮球的”。处处都是“的”,没有一个“家”,这是个啥子模样的社会,可知之矣。

社会的素质如何,不必管它,盖管也管不了也,但假如人间还有因果报应的话,中国沦到今天这种酱缸局面,就是因果报应。大家几乎一致呐喊中国有五千年优秀传统文化,我看恐怕不见得,五千年虽然五千年,传统虽然传统,但似乎是文化很少,而酱化很多。所谓“正史”的二十六部史料,若这个“书”那个“史”,百分之九十篇幅,都是二抓牌升官做官录和血流成河的杀人录。除了这些,剩下有关人类性灵方面的玩意儿,微乎其微。在这种形态之下,官性兴旺,人性衰退,自然处处皆“的”,而没有“家”矣。

所以一些想当作家的朋友,实在是立错了志,这年头连真刀真枪,马上兑现的自然科学,都成不了“家”,在某些人口中,仍属于“的”。写写小说散文专栏,就是再来一个五千年优秀传统,如果仍是酱化,而没有文化,也成不了“家”,顶多是一个“写文章的”、“写小说的”、“写杂文的”,不要说混饭吃啦,就是印张名片唬人,都感到困难。柏杨先生前天便面临这种危机,印上“专栏作家”吧,噫,你老头竟然也“家”呀?那副嘴脸我就受不了。可是如果印上“写杂文的”,似乎和文化沙漠过不去,存心讽刺,自也有许多未便。尤其是一些口是心非的朋友,他心里固然想:“该老头总算有自知之明。”但口头上难免责备一阵曰:“老头老头,您太谦啦太谦啦,以您老磬磬大才,当然是大作家大作家。”何必惹他们费这么多无聊唾沫乎哉?

所以我誓死奉劝年轻小子,千万不可搭错了线,这年头做官第一。真正做官无望,则出国放洋,是第二个高着。出国放洋之妙,现在还看不出来,等到有那么一天,那才叫你拍案叫绝哩。届时你阁下摇摇摆摆回来“建国”。盖“救国”由小民负担,“建国”由专家负担,分工合作,是天老爷五百年前都注定了的,世人不可不知。如果限于困难,不能出国放洋,则仍以不走“写文章的”这条路为宜,宁可去当

"盖房子的"(洋大人谓之"建筑家"),"修马路的"(洋大人谓之"工程家"),"做衣服的"(洋大人谓之"服装设计家"),"卖膏药的"(洋大人谓之"演说家"),都比"爬格子的",要有光彩。

27. 千万别当作家

柏杨先生奉劝有志之士不要当作家,实在是为的你好。古人不云乎:"乱世文章不值钱。"呜呼,谁说不值钱?一旦吉星高照,写出文字狱来,不但值钱,而且还值命哩。一首七言诗不过二十八个字,就能血流成河,如此严重的稿费,世界之上,恐怕只我们这个五千年优秀传统酱化的国家有,其他那些落后地区,若美利坚,若加拿大,若瑞士,连做梦都梦不到这种奇境,外国月亮在这上就无法和中国月亮比矣。义和团诸公,不妨闻之大喜,开会庆祝可也。嗟夫,干其他任何一行"的",都没有这种危险,只有干写文章"的",有此良机。故我以为有志之士。除非是"进一步则碰死,退一步则跌死,旁让一步则饿死",真正无路可走,千万不可动当作家的念头,否则一旦中国固有的月亮猛圆起来,就悔不当初矣。

不过看样子说了这么半天,有志之士似乎仍继续是有志之士。有一位小子曰:"老头,你左宣传右宣传,不过怕大家群起写稿,挤碎你的饭碗罢啦。"我曰:"你说这话,就得兴文字狱,盖你直捣了我的心窝,犯兵家之大忌。"又有一位小子曰:"好啦好啦,你说的我全知道,现在我指天发誓,此生此世,都作顺调分子,你以为如何?"我曰:"有此一念,就既有洋房而又有汽车,即当代表而又蒙召见,何必写文章哉?"又有一位小子曰:"我和你们一些写杂文的人不同,我乃天生奇骨,专门会歌功颂德。"我曰:"专门会歌功颂德也不行,一旦表错了情,或者是老板嫌你拍得不够舒服,或者是你一下子拍到马蹄上,或者是拍着拍着,主子换啦。十年拍工,废于一旦,真是何苦乎?"虽然我如此苦口婆心,但该执迷不悟的仍执迷不悟。且有些人把写文章认为是"名利双收",写了一篇大作,或写了一本书,用自己的名字印出来,不但名闻天下,而且还有稿费收入,真是天之骄子,其他属"的"的朋友,便无此洪福矣。一个"做木工的"做出一张漂亮绝伦的桌子,虽然有点工钱,可是他却不能把他的尊名大姓,祖宗三代,以及妻子儿女,都刻到上面。从前盖房子的工头,还有机会在大梁上记下尊名,但知之者恐怕少而又少,研究之者更无人也,"做木工的"如此,做其他任何一种"的"的朋友,亦莫不皆然,只有写文章"的",才能既有钱又有名,得其所哉。

不过猛一瞧写文章"的",固然名利双收,好像大有可为,但这是浮光掠影的看法,如果弄个显微镜仔细观察观察,就会发现完全不是那么回事。夫"名"者,必须和实相连,名才有分量。有志之士不要发生误会,以为"实"是指的"真才实学",那就错啦。即令曹雪芹先生复活,莎士比亚先生生在中国,在我们这个酱化的大缸里,恐怕也很难保持他的自尊。呜呼,"实"是指的财富,名声遍天下,结果竟穷得吊起来都掉不出一块钱,那"名"也没啥意思。至于说到"利",更是坑死活人。若干年前,曾发生过这么样的事,有位在军中服务的朋友,偶尔写一篇小说,稿费下来,比他两个月薪饷都多,不禁大喜特喜,以为一旦退役,作家可待,届时既有大名,又有大钱,真是恨生也晚,巴不得明天就接到退役令。我当时就警告他不可胡思乱想,学点别的谋生技术要紧,除了极少数的顶尖人物外,大多数作家,稿费收入,只够买烟的,不够买饭的。纯靠稿费过得舒服又舒服的,目前说似乎少之又少,甚至于说简直没有。每个人都有一份公教人员之类的职务,先求饿不死再说。一个社会不能养活职业作家,是社会的耻辱,作家的悲哀,他们怎能不由"家"变成"的"乎?

最后有一位小子,面色苍白曰:"老头,反正我说不过你,所以算你赢啦,但我现在已到了绝境,如果我是女人,我宁可去当妓女。既然当不成妓女,就请教我当作家试试,也算一条生路。"既然如此可怜,我就不妨指点指点,不过附带奉劝的是,一旦天降奇迹,生活好转,就应马上封笔。想当年孔丘先生写《春秋》,写着写着,忽然不写啦,史书上说因为麒麟亮相,老头颇有感触,认为麒麟是一种瑞兽,只在太平时候才有,而今天下大乱,竟也出现之,不是天老爷和小民开玩笑是啥。我想事情似乎有点蹊跷,天下奇怪之事,多如牛毛,如果每一种奇怪之事都值得如此隆重地胡思乱想,不要说文章写不下去,恐怕连屎都拉不出来。依我的高见,一定是他在柏杨先生这里学了两手,既删《诗》《书》,又作《春秋》,弄了点稿费,就苦海无边,回头是岸,放下笔杆,立地成佛。君读过孔丘先生那本《春秋》大作乎?真能吓出一身冷汗,盖《春秋》里面,多的是对二抓牌的谴责,再写下去,可能不可开交,恐怕终于有一顶帽子唾唾而飞,忽冬一声,罩到他的尊头之上。左一思,右一想,算啦算啦,乃随便找个借口,封笔大吉,此谓之"明哲保身"。有志之士,应有此认识,才可受教。

28. 十一类型

世界上的事,非常奇怪,凡言者谆谆的,听者一定藐藐,凭我怎么说,想干作家的,仍继续想干作家。昨天晚上,一位小子降临柏府,大言曰:"您不要往别的地方拉,我打算干的是小说家、散文家、诗人,专门写哥哥妹妹我爱你,保证万无一失。"我曰:"那就更不对劲,假如你对现实社会没有感应,你的作品便是架空的。架空的玩意儿当然可以写,而且也可能受到赞扬,但要想名垂千古,恐怕便难了矣。"好啦,抬杠的话说到这里为止,天下只有打仗打胜了的,没有抬杠抬胜了的,有志之士不必一口咬定如何如何,柏杨先生也不必一口咬定如何如何,我们不妨谈之谈之,以解众小子的心中之痒。而且说不定歪打邪来,终于功成名就。届时饮水思源,送给我两瓶洋酒,也未尝不是一乐也。

怎样才能成为一个作家，截至目前，尚没有一定之规。众男众女在学堂埋头苦读，可以读出妈死脱、打狗脱，但读不出一个作家也。即以美国为例，社会上妈死脱、打狗脱满坑满谷，而作家有几人哉？无论你怎么读，都不能保证你在写作上有成就。毛姆先生曾为此提出过一个办法，他曰："一个人，每年有固定的一百镑收入，盖一百镑，正是吃不饱也饿不死的数目。然后去各地流浪，碰钉子，受轻视，虽有偶尔的欢乐，却有长期的痛苦，五年十年之后，或许可能成为作家。"这定义叫人看啦，实在泄气。依毛姆先生之见，太饿固不能成为作家，太饱也不能成为作家，太穷苦不能成为作家，太有钱也不能成为作家。太饿太穷，会铤而走险，整天想的是如何去偷去抢，或如何借贷，哪有心情一个字一个字写哉。至于太饱太富，酒肉朋友都打发不完，更没有时间爬格子矣。不过毛姆先生是英国人，说的话可能不适合中国国情，举目四顾，现代中国的作家，固其特质也。

现代中国作家，有十一大类型。前十型曰"阔大立发型"作家焉，曰"编辑老爷型"作家焉，曰"红包马屁型"作家焉，曰"点铁成金型"作家焉，曰"风气之先型"作家焉，曰"随稿登床型"作家焉，曰"保镖护院型"作家焉，曰"帮会袍哥型"作家焉，曰"沾沾自喜型"作家焉，曰"穷斯滥矣型"作家焉。这年头要想当一个作家，颇不简单，但假如你是一位阔大代表或立发委员，或什么什么之官，则易如反掌矣。夫阔大代表乃是最高民意之官，天生注定的要钱大王，而其地位凶猛，又所向无敌，不要说当作家啦，当任何"家"都没有问题，史册俱在，不必细表。如果祖宗三代尚有余德，身为阔大代表，则你之成为作家，乃旦夕间事。盖你六年才开一次会，脚趾上都能长出毛来，而平常又有的是钱；要开会，可以，拿钱瞧瞧。要选举，可以，拿钱瞧瞧。生活自然舒适非凡，有志之士只不过想写写文章，当作家过瘾，以便正正派派，扬名史册，则自然顺理成章。哪个报纸，哪个电台，哪个杂志，敢不买阔大代表的账乎？再加上多请几次客，把一些编辑老爷和节目大人的嘴，抹上一层层厚厚油腻。大作自然左也出笼，右也出笼,出笼了不算,还可广播,广播了不算,再一手执名片,一手提上一包啥子玩意儿,去斯德哥尔摩走一趟,诺贝尔奖金保管落到你头上。非阔大代表,怎能有此艳福哉?

我们所以强调阔大代表,并不是说要想当作家,就得先当阔大代表,当然不是这个意思,盖拿钱可以包办,当作家无法包办也。很多朋友固不是代表,还不照样是作家乎?不过假如你是一个阔大代表,当作家的成功机会,就比凡夫俗子多出十倍,这里说十倍,还算客气,实际上至少要多出六十六倍,因其毒殊可怖也。君若不信的话,我可以举出一张名单,若某某先生,若某某先生。君如果不认识他们,不妨打听一下,凡是茫茫然如丧考妣,兴冲冲若逢大典,这场面有他,除了推销他的大作外,还推销他的声望,既无班可上,又无公可办,俨然职业作家,就准是此型。盖在文化沙漠上,作家不值个屁,值个屁的乃是他本身的职位。人家敬他的文章,不是单纯敬他的文章,而是敬他阔大代表。如果他不是阔大代表,他怎能和诺贝尔奖金评审委员并起并坐,他又怎能得那笔奖金乎哉?噫,正因他是阔大代表之故,他自己就是诺贝尔奖金评审委员,则"举头望明月,低头思故乡"。他不得诺贝尔,难道王八蛋得诺贝尔乎?凡夫俗子的作家,便是把尿急出来都木法度。如果起而问之,他只要用一块泥巴就堵住你的嘴矣,曰:"我写得好呀,你写得不好呀!"你有啥法哉?幸亏曹雪芹先生和莎士比亚先生不生在台北,否则他也得先弄个阔大代表干干,才有前途。

其实不一定要干阔大代表,如果能弄个立发委员或者议员以及什么官干干,同样有着手回春,起死回生之妙。即令你的文章不够分量,但你的立发委员够分量,也就把你的文章带得有分量矣。肯尼迪总统忽然心血来潮写了一部大作,恐怕真要洛阳纸贵,即令该大作比柏杨先生写得差劲,但还是敢和你赌一块钱,该书的销路照样比敝大作要好。于是乎,立发委员曰:"你敢不叫我得诺贝尔,我质询你。"于是乎阔大代表曰:"你敢不广播我的小说,我就提创制复决权。"于是乎议员曰:"你敢不买我的画,好吧,你那一批德国器材是怎么进口的?”于是乎作家之戏开锣,不但有生前之荣,而且有生前之乐,可不羡哉?可不羡哉?

问题是阔大立发型乃先天的玩意儿,想当年既没有抬棺材抬到手,到了现在,统统成了终身职,他们既强硬地代表到底,你我也无可奈何,这固然是一条当作家的快捷方式,却有这种困难,岂是命欤?然则应该如之何乎,兹再介绍“编辑老爷型”,以供参考。

29. 某天黄昏之时

编辑的种类很多,如果是专门搞经济、化工、行车安全的,就离作家的座位远矣。而必须是一个当行的,而且是一个当权的,才能算数。所谓当行,举个例子便知,最好是编报纸副刊。退而求其次,能有机会编大型文艺杂志,也可以发挥威力。第三等人物则是编个综合性杂志,虽有政论专论,同时也有文艺篇幅。呜呼,君知道不知道“军阀”乎?军阀的要件有二,一曰“枪杆”,一曰“地盘”,像张宗昌先生焉,张敬尧先生焉,倪嗣冲先生焉,二者均兼的时候,金口玉言;一旦二者缺一,或二者全没有啦,戏就也跟着封箱矣。写文章的朋友,在外人看起来不过是一群可怜虫,但在自己圈内,却也有“编阀”崛起。该编阀就是编辑老爷,笔杆就是枪杆,地盘就是报纸副刊或他主编的杂志。他阁下本来也颇识几字,有时写上三行五行,居然通顺,于是雄心大作,遂写起小说大说,散文聚文,以及诗词歌赋。我说他“写”,还是昧着天良瞎恭维,如果真是他“写”,还算条英雄好汉,而往往地,他似乎只是“浇”了一篇。去古书上或洋书上乱找模子,在古书上找到模子,就用现代话一浇;在洋书上找到模子,就用中国文字一浇。如此一番踢腾,乃成功了一部辉煌巨著,“写”好之后,就在自己编的副刊上或杂志上发表,标题弄得大大的焉,稿费开得高高的焉。三个月后,哎呀一声,他就是大作家矣,你如果没有地盘,能叫人哎呀乎哉?

然而这还不算顶妙,诚如薛平贵先生武家坡所唱的“那妙的么,还在后头哩”。最大之妙是,可以和别的编辑老爷互相交换,他的大作在你的地盘上发表,你的大作在他的地盘上发表,而你又绝顶聪明,先下手为强,猛捧他是世界第一流作家,最初说他是莎士比亚再世,后来撕破了脸,索性说莎士比亚给他提鞋都不配。你既下手于先,人心是肉做的,他投桃报李,自然也说你是啥家伙第二——好比,说你是巴尔扎克第二吧,说着说着,多情起来,觉得还不能报答你的盛情于万一,乃把巴尔扎克说成是你的徒弟,要想不名满寰宇,不可得也。其次之妙是,一些没有地盘的写文章“的”,犹如军阀统治下的可怜小民,既然手无寸铁,只好凭有地盘的宰割。你高兴时把嘴脸一端,纵是海明威先生,都得向你摇尾乞怜,他投来一篇《老人与海》,你略微一翻,批上四个大字,曰“枯燥无味”,原封退还。他要想发表的话,第一件事就是得买你的账,常看见很多编辑老爷型,每一文出,都有想在他地盘上伸一脚的家伙,咬文嚼字,加以研究,研究之不算,还努力猛捧,直捧得神哭鬼号,天昏地暗。

在各型作家中,以编辑老爷型最天衣无缝,不露痕迹。如今柏杨先生著作等身,可以算大作家之一矣,否则何致有后生晚辈,向我殷殷讨教乎?而我当初就是以干编辑起家的,故深知这一型的奥秘。柏杨先生后来被人开革,从编辑宝座上摔了下来,但余情仍在。其他编辑老爷脸上一时磨不开,仍不能不发表我的大作,同时他们也万料不到我天生媚骨。他们每写一文,我就当着他的面,击节叹赏,叹到紧要之处,还感动流泪曰:“太好啦,太好啦!”他被我拍得受不住,只好也回敬两句,说我写的也“太好啦”,既然他亲口说我好,便无法可躲,我有大作一篇,敬请指正。呜呼,他就是捏着鼻子都得刊载来。

问题是,一个人如果既不是阔大立发,也不是编辑老爷,而又要想当作家,若贵阁下者流,该如之何乎?好像是靠着红包马屁,也可以直捣黄龙。假如你有的是冤枉钱,大可购洋房一栋,或汽车一辆,送给报纸杂志的老板,包管你的文章天天上报,威不可当。当然啦,你如果有那么多冤枉钱,也不会如此冤枉花法,大可自己也办一个报纸杂志,过过老瘾。我之所以如此说,是告诉你这个原则。我就知道有若干作家,以红包为武器,而俨然了得。若某某先生,若某某先生。你别看他现在颇不错啦,如果看到他当初送红包时的照片,准脸上挂不住。呜呼,话说当年,某天黄昏之时,晚饭下肚之后,黑影一条,轻轻敲门,编辑老爷问曰:"谁?"红包马屁型曰:"晚生柏杨。"然后战战兢兢,进到客厅,坐也不敢坐,站也不敢站,眼看就要下跪。幸亏编辑老爷发话曰:"何事?"红包马屁型这时就从怀里掏出一块布料,或两罐奶粉,或两筒烟丝,或索性是一百元美金,恭捧而谄笑曰:"小意思,小意思。"编辑老爷一瞧,眼睛为之一亮(放心,我和你赌一块钱,没有不一亮的)。就曰:"你的笔名叫啥。"红包马屁型曰:"没有笔名,就叫柏杨。"编辑老爷曰:"你怎么知道我住在这里?"红包马屁型曰:"打打打听出来的。"编辑老爷曰:"你投的那篇稿不错,只有稍欠锻炼。"红包马屁型曰:"请你老人家指指指教删改。"编辑老爷曰:"我看一看,可以的话,就发表。"红包马屁型曰:"谢谢你老人家提拔。"然后端茶送客,走到门口,柏杨先生把玉体一转,从口袋里掏出两张——这一次不再是美金啦,而是两张戏票,伸脖猛笑曰:"请你老人家和夫人去看,去看。"这几天不是篮球赛乎?能送两张篮球赛票,就更恰到好处。

30. 赔钱也干

商场上有一项公认的至理,曰:"杀头的生意有人做,赔钱的生意没人做。"但赚钱的技术固五花八门,要想赚大钱,往往必须赔小钱,甚至赔大钱,有时候会连老本都赔进去。最明显的莫过于托拉斯的形成,两个同行竞争起来,简直往赔光的路上走。成本十元一条的裤子,你卖十一元,我卖八元;你卖七元,我卖五元;你卖四元,我卖两元;你卖一元,我卖五角还加送一条裤带。真赔得鲜血淋淋,惨不忍睹。芸芸众生,消费起来,准前仰后合。不过笑着笑,等到你隆重倒闭,只剩下了我一家,恐怕就笑不出啦。盖大战之后,等于大病之后,要喝点鸡汤补补,补的办法当然不是喝鸡汤,而是价钱猛涨,从前我卖五角一件,外送裤带一条,现在我卖三百元一件,啥也不送,买也由阁下,不买也由阁下。消费者等于一条老牛,过去所吃的草,都得吐出来。

柏杨先生不是在讲经济学,而是在研究"赔钱也干"的道理。盖有些人反对作家中有红包马屁型,曰:"稿费能有几文哉?值得送礼?"故我特搬出经济学以壮声势,须知世界上硬是"赔钱的生意也有人做"。不过此做只是一种手段,不是目的,其最终目的仍是大抓一把。红包马屁型稿费虽然无几,而仍猛送其礼者,便属于这种高级眼光。以柏杨先生而论,能在报上杂志上写稿,一写就是四年,别人的地盘,由我平空踢腾,天下岂有如此简单之事?不知道内幕的人,还以为是报馆杂志社,目识泰山,重金礼聘我写。知道内幕的人,才晓得完全是红包马屁攻势。每次去报馆去杂志社,至少都得请编辑老爷吃碗牛肉面,过年过节,初一十五,更要或送火腿,或送蛋糕,或送一只母鸡。妙哉,只要他一天收我的母鸡,他就一天不能停我的稿,否则我叫他把鸡骨头吐出来,他就糟啦。现在有一件大事预告,我向各方募捐,已募到了三万美金,看情形到明年春天,五万美金没有问题,募好了后,即行起程前往瑞典,活动诺贝尔。有些少不更事的朋友,以为诺贝尔何等公平,活动岂不等于白活动,其实不然,以华测洋,不要说柏杨先生,便是我家那个老三——他正读乐群幼儿园小班,只要拥有如此巨金而又肯猛送,他也会得诺贝尔。你如果还有一分聪明,便不必为此担心也。问题是,诺贝尔奖金不过只四万美金,而我却花五万美金前往活动,岂不连棺材都赔进了乎哉?噫,学问就在这里,我得了诺贝尔,可名扬世界,到处曰:"你看,没办法,我一再恳辞,他们一定要给,嗨,嗨,嗨。”嗨嗨嗨者,笑声也,以表示我啥世面都见过,诺贝尔算哪一门亲,根本不在乎。然后到处讲学,说不定当上了“美援知识分子委员会”一名委员,借机猛捞,银子自然滚滚而来。如果不这么投资,我能印名片曰:“家有美金五万”哉,而明年此日,就可印上“诺贝尔文学奖金得奖人”矣。后生晚辈,凡夫俗子,不妨先在心理上作一个准备,免得明年听我得了诺贝尔的消息,大惊之余,断了尊气,须知均红包马屁之功也,勉之勉之。

“点铁成金型”是啥,说起来能叫你发疯。要弄清这一型,必须先要弄清现阶段大多数中国同胞的气质,尤其是现阶段二抓牌的气质。盖现阶段二抓牌的气质,一切洋大人第一,无论干啥,你纵有通天本领,都没有用,必须由洋大人用其毛手一点。你明明一块废铁,洋大人毛手一点,就会立刻成为黄金。你明明是一只乌鸦,洋大人毛手一点,就会立刻成为凤凰。于是你阁下必须用出浑身解数,千方百计,以便洋大人照你头上点那么一点,用不着点得太多,只要轻轻一下就行啦,你就成为国际闻名的大作家啦。以林二先生为例,他原来和柏杨先生一样,一老一少,均默默无闻,在十字路口喊叫三年,都没人知道是谁。可是忽然有一天,一个洋大人曰:“林二先生,真乃大音乐家也。”台湾人大吃一惊,你说啥?台湾还有音乐家?从此林二先生阔而抖之,现在不是在美国娶了一个洋小姐作太太,真正誉满两洋乎?独柏杨先生仍在枯井里挣扎,吃亏就在于缺少洋大人那么一点。如果一旦有位洋大人鬼迷心窍,照我尊头上一点曰:“柏杨先生,真乃大作家也!”运气来了山都挡不住,我就是不想当大作家,你想尚可得哉?

至于怎么才能巴结到洋大人,其法不一,我不能再进一步的为你设计啦,盖我在这方面还不能得心应手,否则我早应美国国务院之邀,去美国讲学落户啦,哪有闲工夫和你们这些穷得绷绷紧的小子聊天乎?盖问题在于文章不比音乐,音乐可唱给洋大人听,文章便木法度,洋大人不认识中国字,是最严重的障碍。故第一步要做的,是如何把你的大作翻译成洋文,不把握这一要着,纵你写出《战争与和平》都没用。有些智慧甚低的朋友可能要问:“即令译成洋文,可是写得一塌糊涂,有啥用哉?”呜呼,说这话的人至少得挨四十大板,才能使之头脑清醒。盖英译汉的作品固多如牛毛,而汉译英的作品却少得要命,偶尔有若干本汉译英出笼,洋大人喜欢的是新鲜,而又有援助落后地区的美德。一片文化沙漠竟然也有小花小草,上天还有好生之德,何况洋大人慈悲为怀,为了“以资鼓励”,说不定明年的诺贝尔、普利策,以及其他什么,就是你的。噫,事急矣,一旦大家译得多啦,好坏有了比较,就困难啦,盖不速欤(有志之士依照此法,得了点什么玩意儿,如果不送柏杨先生一块钱,上天都要罚你腰痛背酸,切记切记)!

31. 好不如巧

风气之先和点铁成金,有异曲同工的功效。一个人本领通天,如果没有运气,他的本领便等于一个屁,即令不等于一个屁,硬干苦干,着实挣扎了一阵,结局也会稀里哗啦,锅也砸啦,碗也砸啦。而一个啥本领都没有的人,一旦吉星高照,就是在马路上闲荡,都会有一块五十克拉的钻石掉到口袋里,不要都不行。俗云:“来得早不如来得巧。”柏杨先生套之曰:“写得好不如写得巧。”常有些小子,喟然叹曰:“有些名扬国内,妇孺皆知的大作家,他们写的,使人看了直觉发麻,实在不忍卒睹,若某某,若某某,连初中二年级学生写的都不如。”原因简单得很,该作家得风气之先,也就是写得“巧”也。一十年代,中国文学由文言蜕变成白话,凡是会写两句白话的朋友,就一律得其所哉,写到如今,该作家怎能不“大”?等到台湾光复,文坛一片真空,大多数作家都留在大陆。几个半路出家的和尚,或者确实有很沉重的感慨,或者根本穷极无聊,闲着也是闲着,写写文章,也可以消磨时间。继而发现,写文也是一条谋生之路,盖1950、1951年的稿费,一千字十元,固高得使人神魂飘荡。于是你也写我也写,他也写她也写,三篇文章一登,男的成了男作家,女的成了女作家,年纪小一点的成为新作家,年纪大一点的成了老作家。

呜呼,干啥都得有眼光,要看得准,发得狠,一口咬定,锲而不舍,终必会搞出名堂。风气之先型的大作虽然不忍卒睹,可是声名既在,仍然有吃有喝。柏杨先生在三十年代便迟了一步,若那时候就一马当先,活到今天,轻则可以当上理监事,重则可以出国讲学。而如今依然故我,乃眼不明,手不快之报也。我说这些,对年纪大的朋友没啥用处,但对后生小子,却有裨益,既有志当作家,自应目观四面,耳听八方,觑空就钻,文章通与不通,俗与不俗,笨与不笨,均没关系。不过凭天地良心说,风气之先型对中国文化的提高和普及,有其崇高的贡献,盖此型非同小可,与其他型迥然不同,其他型均因其他凭仗而起家,大家既知底蕴,也就不再苛求。有志之士,因无法弄到那些条件,自无可奈何。唯独风气之先型是靠文章起家的,所以其影响也特别巨大。年轻小子,往往对作家十分崇拜,拜读了大仲马先生的文章,包管目瞪口呆,可能此生连笔都不敢提。但是拜读了风气之先型的文章,用不了看三十页,准拍案而起曰:“写这种文章的竟然也是作家,早知如此,我早成了作家啦。”然后翻箱倒柜,把小学堂时的作文簿找出,撕下一篇,寄到报馆,于是乎作家出世。噫,风气之先型对年轻后进有这种鼓励,世人不可不知,故不宜一笔抹杀他们的价值也。

介绍作家介绍到“随稿登床型”,实在非常抱歉,好在这个名词,不是柏杨先生发明的,总算差堪告慰。此语大概来自电影明星的“随片登台”,某某某先生套之以指责某女作家,说她为了出版她的大作,不惜和书店老板或编辑老爷,双双携手,进入洞房(写到这里,柏杨先生插一句话,只不过两年之后,不知道怎么搞的,该某某某先生义愤填膺，反过来为该女士努力辩护，又说她是淑女啦。变化莫测，难懂，难懂）。我们这里乃借用一下他阁下的发明，来阐扬这一类型的奥秘。

呜呼，年头显然很乱，但有一项定律却千古不变，那就是，一个女孩子如果一旦甘心情愿为她的“事业”而登床，不管她是自己登床，或是使人登床，也不管是演电影登床，或是写文章登床，反正一句话，只要她“肯”，她就可以成大名而捞大钱。这和她漂亮不漂亮，美丽不美丽无关。纵是《红楼梦》上的刘姥姥女士，如果也忽然向往起来新潮派，以新潮派笔法写下一本完全以做爱和乱伦为主题的小说，同样的也可千古不朽，把一些臭男人勾得精神恍惚。如果该女作家不是刘姥姥女士而是潘金莲女士，她就更有招徕的力量，该书准定十分畅销，她也就非成为委屈万状的淑女不可矣。

我们隆重地介绍这一型，并非对谁有所不敬，而只是说明天地之大，无奇不有。一个女人焉，或者去洋大人之国泡上一泡（泡一天就够啦，如果泡十年八载，当然更是上策）。或者在大学堂读了几天（读几天就够啦，只要嘴硬，就等于毕业啦）。或者在高级中学堂或初级中学堂读几天，作文簿上连续三次都得“乙”，想成名的欲火再烧得她浑身不舒服。去当影星吧，一时没有门路；去当歌星吧，嗓子不太听指挥；去当舞星吧，苦于找不到大亨；去当画家吧，又不能马上见效；于是当女作家遂成为唯一快捷方式。克里斯汀小姐以一个土头土脑的乡下姑娘，一旦“肯”啦，再加上一点先天的异禀和后天的努力，以及臭男人贱气冲天，搞到后来，竟搞得英伦三岛都为之震动。则一个文理尚称通顺的女人，一旦她“肯”，一面写稿，一面脱而登之，她能不成为空前绝后的伟大淑女兼女作家乎？谨此隆重介绍，读者先生如果不信，不妨举目向名女人群中搜索搜索，包管你掩口而笑，乐不可支。

32. 前途辉煌

作家十大型,已介绍其六,剩下的四型,实在不忍割爱。夫保镖护院型者,也就是御用文人。二抓牌一旦声势浩大,就不可避免地有若干爬格子朋友,拍胸捶肚,歌功颂德,歌得他越舒服,颂得他越过瘾,该朋友就越是大作家。历史上这种现象多得是,不过今之保镖护院,好像没有从前值钱。古之恩主,想豢养一批文人,并不容易,多多少少,都要花一点钱,赏一个官,颇为实惠。如今真是可怜兮兮矣,给他一封亲笔信或给他一笔奖金,或委他一个七八流的小差事,或派他去洋大人之国开一次会,代一次表,他阁下受宠之余,精神就抖擞起来,自动自发地靠拢,成了手执钢鞭的打手。其骨头之轻,一阵大风都能把他吹到印度国。在他笔下,连恩主身上的狐臭都是香的,甚至踏香蕉皮摔了个狗吃屎都有其哲学基础。除了猛打别人的小报告外,还见人就咬,越是咬得吐沫四溅,越是洋洋得意。这一型的作家,前途最为辉煌。

帮会袍哥型作家,古已有之,运用得心应手时,锐不可当。三个一群,五个一堆,或者香味相投,或者有共同利害,或者有庞大组织。不妨以柏杨先生为例以说明之,夫柏杨先生大著一出,三朋四友,五老六少,就各写一篇读后感,在报纸上焉或杂志上焉,甚至在教室里、课堂上、讲演台上焉,一口咬定我老人家才通四海,学贯中西,如果不读我的大作,真是枉活了一辈子。万一有一位不识时务的家伙,批评了几句,好啦,那比戳了马蜂窝还要糟。一霎时工夫,小子们群起而攻之,有的骂他混蛋,有的骂他不学无术,有的掀他的底牌,说他偷过别人的东西,甚至思想都有问题;有的找出他读书时的成绩单,一连八年,英文都不及格;有的则敬老尊贤,拒绝刊登他的大文;有的则主持正义,拒绝颁发他文艺奖金;反正是把他搞得金星四迸,还不住手。于是柏杨先生遂傲视文坛,凛然不可侵犯。这种青帮红帮以及四川袍哥的码头奇境,只要人多势众就成,即令你的作文在学堂都是吃的“丙”,照样也会成为作家,受用无穷。

沾沾自喜型,乃上列诸型综合发展的结果。盖世界上只有知识和智能可以使人谦虚,知识程度愈高,愈知学无止境,也愈知人事沧桑,势力金钱,都不足为凭。然而十大类型的各位作家,则各靠各的法宝,阔大立发靠的是权势,编辑老爷靠的是地盘,红包马屁靠的是脸皮,点铁成金靠的是洋大人,风气之先靠的是好运气,随稿登床靠的是臭男人,保镖护院靠的是恩主,帮会袍哥靠的是江湖义气。几乎没有一人是靠他真才实学的,而没有真才实学竟然成了作家,而且还是大作家、名作家、老作家,他怎能不沾沾自喜乎?柏杨先生就是这一型里的杰出人物。前天在公共汽车上,一个写文章的朋友看我满面红光,想巴结巴结我,乃请我上小馆。席间谈起进修问题,他的意思是仍要多读书,我捻须笑曰:“我们都是写书给人读的,用不着自己再读啦。”他恭听之后,当场就打了一个大呃,善哉,善哉。

第十型则是穷斯滥矣型,也就是不可说型,亭子间文人型。一个文人最怕锵冬一声掉到亭子间里,一旦掉进了亭子间里,那场面真比其他九型还要使人仰天长啸。我们说亭子间文人,不是说他一定住在亭子间,而是说他拥有上海租界时代,有些住亭子间文人的气质,这气质就是穷斯滥矣。“穷”不是指银子,而是指正义感的贫乏;“斯滥矣”则是指的为了私欲,而无所不为。我不希望后生小子弄到这步田地,前面九型的作家,可为之时,不妨为之,只有这最后一型,能小心就应小心,能不锵冬一声就应不锵冬一声,勿负我老人家苦口婆心也。

夫亭子间文人和小水沟里的螃蟹先生,有相似的地方。横行的时候多,直行的时候少;动气的时候多,忍性的时候少;钳人的时候多,高抬贵手的时候少;头脑糊涂的时候多,头脑清楚的时候少;讲利害的时候多,讲是非的时候少;没有理智的时候多,有理智的时候少。

呜呼,报馆编辑先生为了柏杨先生的安全,过去九型,都不允许我举例以说明之,敝大作因而大大的减色,如果叫我真的一一举出真名实姓,包管法院立刻就热闹起来。现在穷斯滥矣也不再举例啦,好在用不着我转弯抹角地讲,你一瞧便明白了也。即以发明“随稿登床”的朋友而论,当发明这句话时,是因该女作家不买他的账,等到后来该女作家因脱裤文学问题,四面楚歌,买了他的账,看着顺眼啦,她就变成了“淑女”。即令孙悟空先生的变化,都不能如此之快也。他阁下有一位朋友,在台湾银行做事,是他最重要的借钱之处,三元五元,三十元五十元,经常地借,十二年如一日。有一天,又去借二十元,一时不便,没有借之,勃然大怒之余,第二天内幕杂志上就有一篇,说有一人焉,当初得过他阁下的帮助,现在某银行做事,忘了他的恩,而又负了他的义。介绍到这里,柏杨先生插一句话曰:亭子间文人是内幕杂志的寄生虫,专门在黑巷子里放冷箭,有时候冷箭放得太远,被射的家伙还不知道射的就是自己哩。

从这一个例子可看出螃蟹的本源,或一言不合,或小不如意,他就悻悻然,提笔而上,高举双螯,左右乱钳。亭子间文人是一种没有原则的动物,一点点小利都能牵着他的鼻子走,所谓小利,比保镖护院型更差劲。不过一杯咖啡,一条领带,一包烟丝,或一顿小馆而已。然而认真地请他来点大块文章,却立刻显出原形,其特色就在于此。写了一辈子,却一辈子没有一本像样的或一本正正经经的作品。甚至根本没有作品,连一本歪歪邪邪的作品都没有。这并不是说他没有零碎作品,他的零碎作品固多得是,不是瞎捧,就是瞎骂,三百字以上就不通,连灶王爷都看不懂他说的是啥。

吾友魏子云先生对穷斯滥矣型最有研究,他曾为此型下四个字的读后感曰:“可怜可憎。”可怜的是“穷”,可憎的是“斯滥矣”,以自己能写小文就不可一世,就用之混码头的朋友,千万把稳了舵才好也。

33. 真刀真枪

当代作家十大型,介绍已毕,不禁腰痛背酸,长哼短叹。嗟夫,天老爷不知怎么搞的,唆使柏杨先生一时胆大如斗,往作家身上乱碰,俗云:“武人的枪端,文人的笔端。”都是最可怕的玩意儿,碰不得也。你敢和枪端碰乎?碰得轻时,头破血流,碰得重时,家破人亡。尤其是到了二十世纪,枪端和法律结婚,就更所向披靡矣。笔端虽没有枪端那么现时现报,可是一旦碰之,那就走着瞧吧,第二天就会造你的谣,而且结下血海冤仇,三辈子都算不清。不过柏杨先生既然一失足成千古恨,戳了马蜂窝,戳一下也是戳,戳十下也是戳,大不了多戴几顶帽子,丢盔掼甲。

然而,十型并不能包括作家全体,十型之外又有一型。在新诗上,叫着“外一章”,外 章者,就是另外还有一章,这一章我们称之为“真刀真枪”。盖十大型的作家,都是靠写作之外的玩意儿,如果没有那些“之外”的玩意儿,他根本就成不了名,更成不了家,即令成了名,又成了家,一旦“之外”的玩意儿没有啦,好比说忽然间他的阔大立发,编辑职务被革除啦,或者忽然间她年老色衰,风骚不起来啦,他的“名”和“家”就摇摇欲坠。而真刀真枪型,上山打虎,下海捉蛟,凭的全是地道本领。你说练刀,他把刀练得哗啦哗啦响,你说练胸脯,他把胸脯练得锵冬锵冬响,既不是炙手可热的官崽,也不是千娇百媚的淑女,既没有洋大人的毛手照头上一点,也没有保镖护院张牙舞爪。而只埋头苦写他的小说,或埋头苦写他的诗,苦写他的剧本和他的散文,兢兢业业,孜孜不倦。一方面他不肯靠别的东西,另一方面他也无别的东西可靠,他只有靠他自己的创作造诣。前述十大型作家,严格地说,不应称之为作家,而应称之为“混家”,如果社会上根本没有文艺这个行业，他们在其他各行业里，如官坛焉，商坛焉，妓女户焉，流氓窟焉，同样的也会混得很好。而社会上竟有了所谓文艺，而他们读国民学堂时的作文课，其批语又一向是“尚称通顺”，混到门口，往里一望，文艺这个行业照样有利可图呀，于是他就混进来矣。

只有真刀真枪型才是真正的作家，完全靠作品而不靠关系。前天我去报馆送稿，曾目睹一幕奇景。“编副刊的”向一“写小说的”翻脸曰：“我把你捧起来啦，你竟忘恩负义，不肯帮这个小忙。”该“写小说的”结巴曰：“我不是谁捧起来的呀，我是自己干起来的呀。”那个小忙是啥，我不知焉，我只知道该两位“的”代表两种境界，一种是前十大型，是靠别的玩意儿起家，因此认为他人的成就，也要靠别的玩意儿。另一种就是我们现在介绍的真刀真枪，靠自己的努力，而不靠自己的姿色。呜呼，柏杨先生说这话不是轻视“赞扬”，赞扬的重要，有目共睹，轻视它也没有用。我只是说，赞扬可以使人昙花一样引人围观，但他终于要落叶归根。必须真刀真枪，才能像岩石般持久，纵是遇到严冬酷寒，狂风暴雨，仍然屹立不动，即令一时出不了头，却会终于出头，出头虽然出得慢，却出得结实。

说了这么多，最后终结一句话曰：作家必须以作品为第一，身外之物——若权势，若金钱，若交际，均不可恃也。

有些朋友打听，当作家要不要有点天才，完全靠辛辛苦苦地真刀真枪，就可以了乎哉？关于这一点，圣人们的意见颇不一致。有的说世界上根本没有天才，有的说世界上硬是有天才，我们不必跳进这种争论里。世界上有天才也好，没天才也好，却是有一点非常奇妙的，若干作家的作品真是够好，而另一些作家的作品却实在窝囊。若某某某先生，若某某某某先生，从小写到老，不但写小说，而且写剧本；不但写剧本，而且写新诗，写散文，写理论，真是十八般武器，样样精通，一辈子下来，著作等身，可是他阁下的作品却始终停留在他第一部书的水平。前天一位学生来看我，谈起来若干惨不忍睹的大作，不禁落泪。我问曰：“贤弟，你竟为此感动?”他曰：“非也，一想起我如果到了他那么大的年纪，而仍写出那样的文章，便不由得悲从中来。”其实世界上岂止作家，无论干哪一行的，似乎都得有点天才。没有天才而全靠努力，去掏水沟，尚可应付，去干必须有灵秀之气和有灵性才能有成就的文艺工作，恐怕是心有余而力不足。孟轲先生不云乎：“挟泰山以超北海，非不为也，是不能也。”一个人再努力，把筋都努断，该挟不了泰山，仍挟不了泰山，该超不了北海，仍超不了北海。

一部分所谓老作家的作品，二十年前如此，二十年后仍是老样，漫长岁月下来，一直毫无起色，真叫人替他着急。有人归咎于他们不肯努力，不求长进，但这只是现象，不是原因。盖他们连自知之明的天分都没有，还以为他的大作已经空前绝后啦。前些时报上不是登有一篇名小说家某某某先生的一篇大作乎，名曰《蛇蝎美人》，用不着看内容，仅只看一下该题目，就够人临文泣涕，不知所云。

我想，有些人天性近于做官，不妨去官坛上闯。有些人天性近于做生意，不妨去商坛上闯。有些人天性欢喜蹦蹦跳跳，不妨天天练之，以便去世界运动会上拿回几个金牌。有些人天性喜欢舞文弄墨，而且能跳出老套，不妨爬爬格纸。这不是说谁生下来脑袋上就刻了字，宣布他宜于做啥，兴趣固是慢慢培养出来的，不过既努力而又有天才，成就必大。仅有努力而没有天才，顶多成为中等货色。纵是尼禄皇帝，别看他弑母杀妻，火烧罗马，威风凛凛，奇计之多，不可一世，但艺术上却俨然一头肥猪。因之他的竖琴永不能在音乐史上占地位，他的诗也永不能在文学史上占地位也。

有些作品光华四射，有些作品其笨如牛，关键似乎就在有没有天才。你阁下对文艺如果一点天才都没有，柏杨先生就劝你去搞别的。行行出状元，何必一定限于文艺这一行乎哉？

没有天才，绝对不行，千万别相信“努力可以代替天才”的屁话。有些学问颇大的人，等于图书馆大搬家，只不过把图书馆里的书搬到他尊肚里，而且大概是请高级搬运公司搬的，以致搬运到该尊肚之后，连书上的灰尘都原封未动。那就是说，书虽读了不少，力虽努了个够，可是却不能消化，遂不能突破。一十年代男女间的恋爱，和现代六十年代男女间的恋爱,大有不同。彼时扭扭捏捏,含羞带愧,作首诗,吐口血,君看过《断鸿零雁记》乎?简直能酸得你鼻涕直流,而若干现代作品中的恋爱,竟作是断鸿零雁式的,你说奇怪不奇怪?夫努力有它的极限,永远是成功的二分之一,无论怎么努力,二分之一是铁定了的,它可以很接近成功点,但它永远到不了成功点。画龙点睛的故事,人人皆知之矣,画是努力,点睛是天才,必须点上眼睛,也就是说,必须有天才,该画的龙才能变成真龙,一声霹雳,腾空而去。如果点不上睛,没有足够的天才,龙固然是龙,谁都不能说它不是龙,但它却是一条死龙,一条不能飞的龙。再阔大、再红包、再登床、再有人拔刀相助都没有用。而如今,中国文坛上的死龙和不能飞的龙,固举目皆是,盛哉。

于是乎有志之士怀疑努力没有用矣,努力当然有用。一个人只会点睛而不会画龙,比只会画龙而不会点睛还要糟。只会画龙,他画的不能不说它是一条龙,顶多是一条瞎龙而已。如果只会点睛,画的只是眼睛,天老爷都不能说它是龙,欲求瞎龙而不可得焉。常有些人被认为一夜之间成了名,这"一夜之间成了名"的话,坑人不浅。嗟夫,天下根本没有一夜之间成了名的事,该"一夜"之前,不知道有几千几百个不为人所知却辛酸艰苦的"一夜"也。某些所谓大作家有没有天才我不知道,但有一点却是知道的,那就是他不努力,不努力当然写不出像样的文章,就只好归罪于灵感矣。不过灵感这玩意儿如果一旦被人深信,也坑人不浅。文坛上关于灵感的故事多的不像话,几乎一个比一个扯淡。有天才再有努力,才有灵感,否则你就是用肉架上挂猪头的铁钩去钩,都钩不出来。

政治上有一种"实干硬干,撤职查办"的嘲弄,因之一些后生小子对真刀真枪型不抱乐观。关于这一点,我敢打一块钱的赌,尽管放心,政治上军事上可以把人打倒,而学术上文艺上,却是谁都无法打倒谁,要倒也是自己倒,要站起来也是自己站起来。真刀真枪要站起来时,不要说十大型挡不住,就是二十大型都挡不住也。

前仰后合集

提　要

《前仰后合集》先说皮条客为达官贵人引介"名女人"之事,再谈到陆谦不顾朋友之情,布下陷阱,设计陷害林冲,乃是为了取悦上司,献林冲之妻也。柏杨曰:"上流社会腐败,皮条型活跃,不但活跃,而且骑在小民头上,一手抓着小民辫子,一手挥舞着乳罩,顾盼自雄,不可一世。"古来习以为常的"皮条学",经由文化意义的探究,可知其为害社会之深。

再就娼妓问题而论,"所以说娼妓问题是和人类共存的一个问题,这个问题是人性问题和社会问题,不是政治问题,不是军事警察问题,更不是道德人格问题。"由皮条客而娼妓,柏杨就本质考虑娼妓的存在,澄清了关于娼妓的几许争议。

延伸至中国宫廷的性混乱,"我们说宫廷之事,想指出一点,那就是所谓万人羡慕的皇宫,实际上只不过壳子金碧辉煌,里面固流血流脓。罗素先生说过,"权力产生腐败,绝对的权力,产生绝对的腐败。"柏杨揭示了"性文化"的多层面向,同时也以权力及文化观点批判了恶质的"性文化"。

序

柏杨先生每出一书，都要自己写上一序，努力猛捧。写得多啦，翻来覆去都是那些废话，有啥意思。本书付印时，我就决心不再写之，可是事到临头，发现不写不行，盖一则有违前例，将上干天怒；二则听说出版社要请别人写。呜呼，别人所写之序，千篇一律地一顿马屁，拍者无心，受者有意，而且拍将下来，恐怕不是太多，就是太少；不是太重，就是太轻，难得恰到好处。还是自己拍自己吧，须知抓痒是别人抓得舒服，马屁却是自己下手过瘾也。

本书收集的，乃 1963 年 9 月至 1964 年 3 月间大作。有一点要特别说明的是，柏杨先生的大作。一篇比一篇精彩，一本比一本叫座，本书之妙，当然不在话下。至于为啥叫《前仰后合集》，说起来当然有哲学的意义，还是不说为宜，就是说了你也不清楚，而且还免得你大笑特笑，真的前仰后合，来一个倒栽葱，那就太对不住你矣。

是为序。

1964 年 4 月于台北柏府

1.《报刘一丈书》

"孚"的意义是啥,言人人殊。有人说应该当"孵"讲,有人说应该当"鹜"讲,有人说应该当"包"讲,又有人说应该当"信"讲。各有各的见解,这都是文言文捣出的鬼,研究起来能把人研究得血压增高。不过不研究又对问题无法明了,心痒不止。柏杨先生曾为它下过不少工夫,今天才算豁然贯通,不敢自秘,写出以告读者先生。呜呼,这个字已发明了五千年矣,一直到今天才有适当解释,列祖列宗,真是抱歉得很。

君没有听过相声乎?陈逸安先生和魏龙豪先生上台鞠躬之后,陈先生乃曰:"有那么一天,我饥饿难忍,走到火车站,看见一件西服上衣没人看管,察言观色,就把它俘了过来。"魏先生曰:"俘了过来?嘻,那是偷嘛。"陈先生曰:"不,那叫俘。"魏先生曰:"明明是偷。"陈先生大怒曰:"你食古不化,懂得个啥,那就叫俘。"魏先生乃不得不屈服曰:"好好好,就算是俘。"连魏先生对这种定义都完全同意无误,我们这些观众还有啥说的。前天柏杨先生到朋友家串门,趁他不备,就曾俘了一大块年糕而归。

于是乎我们可以知道"孚"到底是啥矣。盖孚者,俘也。其音相近,所以说十分的古典文学。有一次我去领稿费,趁人不在,刚拉开出纳老爷的抽屉,该出纳老爷从背后喊曰:"嗨,你想俘点啥?"我立刻自动自发地把它关上,这才真是有大学问在焉,一想便知。我固无所获,他也无所损,双方一笑了之。如果他喊曰:"你想偷点啥?"我有如此伟大的人格,岂能轻易和他了之?这是孚字的一解也。

孚字还有第二解,君拜读过明王朝宗臣先生的大作《报刘一丈书》乎?你如果没有读过那篇文章,犹如没有读过柏杨先生的文章一样,真是枉生人世,应立刻发动马达,赶紧去读。如果读过,那当然是太好了也。在该文中,用的“孚”字最多而最有力,他虽没有对孚字下一定义,但可以推测出来(智力稍差的读者,虽推测不出来,经柏杨先生一开导,谅不难恍然大悟)。宗臣先生问曰:“今之所谓孚者,何哉?”这个孚,则高级得多矣,把上面那句话翻译成白话,便可知其传神。宗臣先生问曰:“现在之所谓忠实分子,是怎么一回事呀?”这比文言文更能使人耳目一新。

“孚”这玩意儿,真是伟大。既可以偷之骗之,又可以忠之实之,此中国文字之奥妙,洋大人弄不懂者也。

宗臣先生不是严厉问过了乎:“所谓孚者”是啥?那就是说,“所谓忠实分子”,是“何哉”耶?该《报刘一丈书》中,有精密的描写。文曰:“所谓忠实分子者,一天到晚,策马(如今则坐汽车矣)于大官之门。秘书(或副官焉,或传达焉,或门房焉,或听差焉,或下女焉,或工友焉)故意不给他通报,他就低三下四,拼命说好听的话,像妓女一样婉转赔笑,然后从皮夹里掏出红包送上。这时候秘书才把他的名片拿进去,而大官并不马上接见。只好站在马棚里,和马匹马夫挤在一起,粪臭扑鼻。冬天又饥又寒,夏天又蒸又热,实在难受,可是不敢走,亦不肯走也。一直熬到天黑,拿红包的那个秘书出来,告之曰:‘大官累啦,今天不再见客啦,明天请早。’到了第二天,不敢不来,亦不肯不来,半夜就起床,穿戴整齐,正襟危坐。忽然听见鸡叫,马上前往,敲大官的门,秘书大怒曰:‘你是谁?’答曰:‘昨天来的那个。’更大怒曰:‘你来这么早干啥?哪有大官这时候见客的?’他心里颇为难过,但仍勉强忍住,结结巴巴曰:‘可是怎么办呀,求你让我进去站站!’秘书第二次拿到红包,才算打开大门。他仍照老样站在马厩里。幸而大官起来,高坐堂上召见。他紧张万分,双手按地,爬到台阶那里,秘书曰:‘进去呀!’他假装害怕,硬是不动。后来还是抬起了头,捧上‘寿金’,大官表示不接受;他一定非孝敬不可,大官表示拒绝到底;他又第三度努力请求,这时候大官才勉勉强强,不得不留下。然后他才爬起来,爬起来后又鞠躬,一连鞠了五六个躬,方叩辞而出。

“出来后的动作更引人入胜，他向秘书哈腰曰：‘大官和我谈了很久，再谒见时务请帮忙。’秘书还他一礼，他心中大喜，狂奔而出。途中遇到朋友，立刻停马扬鞭（现在则是停汽车而从窗口探出其头），吹曰：‘我刚从大官公馆出来，大官为人，真是忠厚。’然后添枝添叶，信口开河曰：‘他一定要留我吃饭，我因为有别的应酬，还不是为了那件什么事，老人家还骂了我一顿哩。他家太清苦啦，我看他们的饭只有一菜一汤。’朋友一听，因为大官对他甚好之故，立刻肃然起敬。终有那么一天，大官偶尔谈起曰：‘某某很可靠，某某很听话。’听的人谨记在心，也跟着到处宣传，这就是所谓忠实分子。”

呜呼，很显然的，宗臣先生就不会“孚”。他在文中曰：“所谓那个大官，除了过年时送过一个名片外，一年都不去，偶尔从门口经过，也掩耳闭目，飞快而逃。”如此这般，他就是想孚，都孚不起来。

明王朝的各级官崽都是如此“孚”出来的，怎不叫陈逸安先生和魏龙豪先生失笑也乎？

孚的意义，已介绍得很清楚矣，宗臣先生是明王朝时人，无怪现代学者研究明史的层出不穷。想当年的风云人物张学良先生，就是其中之一，大概静中容易观察万物。吾友韩道诚先生则专门研究明末时被忠实分子魏忠贤先生杀掉的袁崇焕。读明史的朋友都可看出，那些君和那些臣，竟能维持政权达三百年之久，真是奇哉奇哉，怎么想都想不通。

从前的孚固如是矣，现在的孚，又是如何，说起来恐怕连宗臣先生都得瞪眼，故不说为宜。盖从前的孚，后天血缘的多；现代的孚，先天血缘的多。这不是说现代的官老爷从他娘胎呱呱坠地时就孚了起来，而是说，他如果没有点运气在青年时期念个啥校或进个啥班，便是孙悟空先生，有七十二变化，恐怕都难孚之。半路出家孚出来的朋友不能说没有，但少之又少，而且必须有《报刘一丈书》男主角那种择利固执的大无畏精神方可。稍微有点自尊心，或稍微有点是非心，一辈子都孚不出来也。柏杨先生虽垂暮之年，最近颇研究孚之之术。

年关即届，红包已准备妥当，有美国银行存折焉，有巴西橡园产权焉，看我大显身手，不要说叫我立在马厩里，就是叫我立到马桶里我都干。虽无先天血缘的关系，但能弄好后天的血缘关系，大前程虽没有，小前程则有希望焉。

于是乎有些头脑简单的朋友不耻下问，问有血缘关系的和化外之民的区别何在。昨天就有这么一位朋友曰："你的分法也有道理，但是有血缘关系的人，如果犯了错，不是照样垮乎？若某某，若某某……"我曰："你再说若某某，若某某，我就敲掉你的门牙。"呜呼，真正的血缘关系，再大的错都不会垮，像魏忠贤先生，后台不倒，他就有得官做。有时候运气不济，弄得和化外之民一齐垮之，但化外之民垮啦就是垮啦，有血缘关系的朋友，过两天却会东山再起，又冒了出来。化外之民则不得不一垮到底，永无出头之日。随便举一个例子可知。晋王朝八王之乱被杀的第一个王，汝南王司马亮先生，讨诸葛诞先生那一仗，大败而归，被撤职（史书上曰："免官"），看情形一辈子都要完蛋。可是过了几天，又"拜左将军，加散骑侍郎，假节，出监豫州诸军事，五等建，改封祁阳伯，转镇西将军"。再过了几天，又"封扶风郡王，邑万户，置骑司马，增参军掾属，持节，都督关中雍、凉诸军事"。后来因援救胡烈先生不及，第二次被"免官"，可是过了几天，又拜"抚军将军"，进号"卫将军"，成了皇族的领袖。好啦，如果仍有人还不明白，那才是真该跳井。有血缘关系的朋友，其艳遇便是如此这般。化外之民，则只有靠《报刘一丈书》上那一套，才有希望乎。否则，恐怕是无法乎也。

2. 土行孙先生之淹

没有来台湾之前，连做梦都梦不到世界上竟有台风这玩意。四十年代来台湾之初,还是一个土豹子,看见朋友钉门钉窗,张皇失措的模样,简直笑得前仰后合。新疆大戈壁上的飓风都不在乎,台风又算老几?可是十年八年下来,终于发现台风也者,实在厉害。一瞧公共汽车屁股挂上了红牌,不但也如法炮制地钉门钉窗,张皇失措,而且更有过之。盖柏杨先生住的是低洼地区,不敏感不行也。呜呼,世界上所有的不幸,可归纳为两大类,一曰"人祸",一曰"天灾"。凡是人祸,受苦的多半是有钱的人;凡是天灾,受苦的则多半是贫苦小民。住在低洼地区的朋友,若柏杨先生者流,其身份可想而知,怎的不闻台便跳乎?

柏府位于台北建国南路一六九巷巷口,不但台风光临时,会水淹金山寺,就是普通时节,稍微落了点雨,排泄不及,也会水淹金山寺。不过台风之淹,乃汹涌之淹。普通时节之淹,乃土行孙先生之淹。君看过《封神榜》乎?土行孙先生真有两下子,只要把身子一扭,就能扭到地下,在地下乱跑,如履平地,玩耍已毕,然后再从地面冒出来。柏府进水,便是这种冒出来的形式。盖老屋年久失修,墙基剥蚀,院里只要有一点积水,它就渗入地下,潜到柏杨夫人的闺房之内,东也冒焉,西也冒焉,一会工夫,汪洋大海,真是伟哉盛哉。有钱之士,永远不知道世界上还有如此奇景也。

过去几年,每有台风,柏府一定进水,从今年开始,连一阵像样的雨也同样进之。每进一次水,不是大人病,便是小孩病,屡试不爽。故我早就立定决心,搬到一个高级一点的地方,最好是花园洋房,其次高楼大厦也无不可。可是努力了七八九十年,一直到今天,才自动自发地打消此念。盖穷人天生的是一种点缀品,如果没有穷人,台风每次光临,大家就热闹不起来矣。你听说哪个大亨家进了水,塌了屋乎?而进了水的焉,塌了屋的焉,水到了房顶的焉,淹死的焉,电线掉到头上电死的焉,统统是一些讨厌万状的小民。我也何人,怎敢不一体遵行?虽住低洼地区,有水必进,但无论如何,下雨的日子少,不下雨的日子多,一年中便是有三个月泡在水里,还不是有九个月跟百万富翁一样,也在干地上活蹦乱跳乎?所以这次"葛乐礼"台风之来,家人恐惧万状,老妻更是哭哭啼啼,好像三作牌明天就要修理她。盖柏府的家具等物，常遭水泡，脱皮的脱皮，裂缝的裂缝，没有一个抽屉能爽爽快快拉开。大门屋门，更是奇妙，每次要关时，都得用脚猛踹，好像天老爷在那里打雷。可是柏杨先生却笃定如泰山。我写此稿时，乃1963年9月11日上午十一时，窗外大风大雨，屋内水已上床，我英勇地蹲在书架之上，鸟瞰波涛汹涌，被子焉，衣服焉，鞋子焉，书籍焉，在屎尿交流的巨水之中，努力翻腾，不禁大乐。呜呼，就是换了你，你能不大乐乎？

金圣叹先生发明过很多条“不亦快哉”，应该再加上一条，曰：“台风之夜，忽然停电，屋外神哭鬼号，屋内波浪滔天，黑漆一片，伸手不见五指，生死不卜，前途茫茫。老妻稚子，均已落荒而逃，独老头一人，爬到书架之上，佝偻如狗，左手执烛，右手执笔，怡然写稿，不亦快哉。”盖此正柏杨先生的奇遇也，时维1963年9月12日凌晨五时，床上积水已达三十六小时矣，毫无减退之状。我蹲在书架之上，如霸王之盘踞仙岛，按笔四眺，顾盼自雄。我老人家受命于天，唯钱是视，虽如此之惨，而写稿不辍，狗娘养的台风，岂奈何我哉？

据说“葛乐礼”乃台湾二十年来最大的台风，能适逢其会，不是有缘是啥？前天晚上，广播电台说它转向啦，当时高兴得就大喊大叫，然后俯首祷告，感谢上苍，恨不得割掉一个耳朵，以表忠贞。可是该台风乃混蛋台风也，惹得可怜小民空欢喜一场。我本来要上床大睡的，老妻曰：“老头，再听听广播吧。”我曰：“还有啥可听的，台湾气象所郑子政所长，金口玉音，已宣布可以放心啦。”老妻曰：“如今年头不对，你不是发明过‘说不准学’乎？”我一看连老妻都记得我的发明，定必时来运转，乃姑妄听之。谁知道不听还好，一听之下，不得了啦，又回头来啦。老妻一言不发，收拾收拾小包袱，带着孩子，雇了一辆三轮车，扬长而去。遇到这种场面，我向不挽留，盖她乃最标准的国民，防台中心不是呼吁住在低洼地区的小民要迁到高地方去乎？她迁到高地方去啦，我视财如命，不肯迁之，已经成了反调分子，岂能再妨碍别人守法乎哉？

老妻走后，我就把东西堆了起来，然后高卧御床。到了昨天凌晨一时，只听哗哗之声大作，初以为身在乌来观瀑哩，谁晓得水正往房里猛灌。好啦，上面灌焉，下面冒焉，不到五分钟，水与床齐，积十三年的经验，再大的台风都上不了床，可是这一次却是硬上了床，上了床不打紧，所有和床一样高的地方也全部浸入水中。尤其缺德的是，我正要跳起来抢救，而电灯熄矣。

正人君子娱乐不忘救国，我则逃命不忘写稿。这次损失，恐怕把柏杨先生碎尸万段，当狗肉卖掉，都弥补不了十分之一，语云"烂家值万贯"故也。我要是一个漂亮的电影女明星，自会有影迷支持，而一个写杂文的老头，只有一个字一个字地写矣。其实，问题也简单得很，天老爷如果够朋友，让我得一次爱国奖券第一特奖，便啥都解决。水退后第一件事就是买它一张，势利眼朋友，千万别太快瞧不起我这个进水之家。

3. 感谢放水

"葛乐礼"台风把柏杨先生官邸搞了个一塌糊涂，这两天在家挖泥焉，拖地焉，坐没有地方坐，站没有地方站。从前台风过后，天会马上转晴，可是"葛乐礼"过后，却照样又风又雨，把老妻气得咒天怨地，每隔一会儿，就伸头望天一次，有一点晴象，或有一颗星光，即老脸生春，好像当年少女时代望柏杨先生焉。或仍浓云密布，淅淋淅淋，就又像向小铺赊账未遂，气就更大啦。只有柏杨先生深懂哲学，故不喜也不愁，盖老天总有放晴的一日，今天不晴明天晴，这个星期不晴下个星期晴，我不相信雨能下三年零六个月。

柏府虽然惨不忍睹，一家大小，哭哭啼啼，但物虽已矣，人却平安，而人平安就是福。当时我困在水中，固然伤心欲绝，可是等听到广播，看到报纸，我这一点小水，差得远啦。三重、板桥、北投、台北中山北路、迪化街、延平北路，简直等于光荣陆沉，小民死的死伤的伤，不死不伤的,也水淹到房脊上。呜呼,我这才真正地生出亚里斯多德先生所说的那种"悲剧的喜感",虽不能快乐到哈哈大笑,但哼哼的声音则小得多矣。并且十分感谢石门水库执行长徐鼐先生,他如果再迟几个小时放水,我岂不要一命归天乎?因之我倒想联合这次凡遭淹而未蒙淹死的朋友,凑份子向徐先生献上一匾,题曰:"放得好,放得妙,放得小秃刮刮叫!"以表感激之忱。有志之士,可将巨款汇下,除依风俗习惯,大部分下我的腰包外,定将小部分招标制作,专程呈献。

徐鼐先生最精彩的言论是大骂气象专家王崇岳先生,盖王崇岳先生千不该万不该,早早地建议徐先生应如何如何。盖王先生于今年(1963)4 月,在水文人员讲习会上发表专题讲演,当时便预测 7 月 23 日将有台风来袭,并有豪雨;更预测 9 月还要有一个很大的台风来袭,也有豪雨,要求石门水库提前放水。王先生的讲词曾有报导,可是,专家政治和官崽政治的区别,就在于此。我们都知道原子弹是美国发明的,但美国为啥想起了原子弹乎?不过起因于爱因斯坦先生写给当时总统罗斯福先生的一封信。信的原文已忘之矣,大意曰:"总统先生:我觉得必须提醒你,在理论上,早已确定原子可以撞破和分裂,现在证明它用在军事上的可能性很大,你最好能指定科学家加以研究。爱因斯坦。"爱因斯坦先生假如生在中国,一个穷教习胡乱发言,祸不单行已够他有福的啦,我不相信他这封信能得到重视。徐鼐先生不是还讥笑王崇岳先生是"有一位先生",说的是"神话",发表的是"预言"乎?幸而罗斯福先生没有讥笑爱因斯坦先生是"有一位先生",说的是"神话",发表的是"预言"。否则世界上第一颗原子弹恐怕不会落到日本,而落到美国矣。官崽之为物,真是可怖。

王崇岳先生说,台风是可以预测的,不但可以预测短期,还可以预测长期;不但可以预测几天以后,还可以预测几个月以后。王先生这一套和徐鼐先生那一套完全是两回事,故徐鼐先生勃然大怒,但王崇岳先生这一套不是靠太上老君赐给他呼风唤雨之术,而是靠他下过做一个科学家的笨工夫。爱因斯坦先生预测原子可以击破,结果击破啦,美国人尊他为原子之父,给他最高的荣誉。王崇岳先生预测台风要来,结果台风来啦，不但没有获得赞美，反而被官崽讽刺，说他是神话焉，是预言焉，叫人觉得活着没意思。然而，这种干法，并非史无前例。君没有看过《三国演义》乎哉？袁绍先生要攻打曹操先生，田丰先生建议不可，袁绍先生不听，田丰先生曰："若不听良臣之言，出师不利。"袁绍先生气冲斗牛，马上就要斩之，还是别人劝解，才免一死，下到监狱。等到大军出发，田丰先生忠心耿耿，又在狱中上书，指出宜静不宜动，袁绍先生再度气冲斗牛，马上又要斩之，众人苦苦告免。袁绍先生理直气壮地发狠曰："待我破了曹操，再明正其罪。"结果在官渡被曹军打得落花流水，大败特败。且看书上如何说吧——

军行之次，夜宿荒山，袁绍于帐中闻远远有哭声，遂私往听之，却是败军相众，诉说丧兄失弟，弃伴亡亲之苦，各个捶胸大哭，皆曰："若听田丰之言，我等怎遭此祸。"袁绍大悔曰："吾不听田丰之言，兵败将亡，今日回去有何面目见之耶？"次日上马正行间，逢纪引军来接，袁绍对逢纪曰："吾不听田丰之言，致有此败，吾今归去，羞见此人。"逢纪因谮曰："田丰在狱中闻主公兵败，抚掌大笑曰：'果不出吾之所料。'"袁绍大怒曰："竖儒怎敢笑我？我必杀之。"遂命使者赍剑先往冀州狱中杀田丰。却说田丰在狱，一日狱吏来见曰："与别驾贺喜。"丰曰："何喜可贺。"狱吏曰："袁将军大败而回，君必见重矣。"田丰笑曰："吾今死矣。"狱吏问曰："人皆为君喜，君何言死也。"田丰曰："袁将军外宽而内忌，不念忠诚，若胜而喜，犹能赦我。今战败则羞，吾不望生矣。"狱吏未信，忽使者赍剑至，传袁绍命，欲取田丰之首。狱吏方惊，田丰曰："我固知必死也。"狱吏皆流泪，田丰曰："大丈夫生于天地间，不识其主而事之，是无智也，今日受死，本无足惜。"乃自刎于狱中。

袁绍先生为啥要杀田丰先生乎哉？远因是袁先生外宽内忌的老鼠性格，潜意识中，始终痛恨别人比他有见识。近因则是他的自尊心受到打击，不甘向比他地位低的人表示歉意。呜呼，王崇岳先生险哉，如果徐鼐先生也有袁绍先生那种赍剑杀人的大权，此时王先生恐怕已身首异处，还能在松山机场答记者问也。

4. 又是老花样

现在的年头,乃是有没有后台的年头也。有后台的人,再大的责任都负得起;没后台的人,才发生责任问题。即以尊府而论,贵下女如果把杯子打破,你准大瞪其眼,可是贵小姐如果把杯子打破,你不但不大瞪其眼,恐怕还担心她受惊,赶紧抱到怀里,又拍又哄哩。政治上的奥妙在这上可看出苗头,如果换了柏杨先生去管水库,管到现在这种杀人如麻的程度,早丢盔卸甲,锒铛入狱了矣。而徐鼐先生固坚硬如故也,故孔丘先生闻而叹曰:"责任云乎哉?"即令当初他听了王崇岳先生的建议,早一点放水,而台风竟没有来,王先生那一套竟真的成了神话预言,徐阁下不是问之乎:"谁负责任?"看起来俨然一个政治家,但柏杨先生敢打一块钱的赌,便是库水放得一滴不存,全省大旱,徐先生也没有责任,照样坚硬如故,谁都动不了他一根毫毛。延迟放水淹死小民,和提早放水旱死小民,假设有责任的话,同样有责任也,以此测彼,责任不过一屁。这些时,报纸报导"政府"又要追查责任啦,又要检讨得失啦,又要谋求改进啦。今天早上,柏杨先生起床,取报观之,还以为是1959年八七水灾后的老报纸哩。当时便唤老妻曰:"夫人,我在外整天辛苦,挣钱养家,连当天的报纸都不能看,却给我四年前的历史。"阿巴桑曰:"你手里就是今天的报纸呀。"呜呼,原来报上的消息,不过八七水灾的翻版。这里奉劝报馆记者先生,最好把今年的报纸剪下保存,明年后年再有大水,便不用再写啦,原封不动刊载来就行啦。苏东坡先生词曰:"墙里秋千墙外道,墙外行人,墙里佳人笑,笑渐不闻声渐悄,多情却被无情恼。"就是灾难之后,追查责任的场面也,盖圈里的做官如故,顶多把圈外的弄掉一位两位,以示天下为公,然后皆大欢喜。噫,“责任尚未查明,小民仍须被淹”,壮哉。

最有趣的一件事,是据说石门水库担当了两千年来最大的流量,这可真是神通广大。不过吾友耶稣先生诞生,也不过才一千九百六十三年,徐鼐先生竟连耶稣出世前的流量都有记录,真是无远而弗届也。三国时代,台湾好像还没有人居住。郑成功先生开台之前,所谓“土番”,也只居住平地。他们住进山地,乃是郑成功先生开台以后的事,不知两千年前,是谁爬到山上,为徐鼐先生量雨量也。我们家乡有句俗话曰:“嘴上没毛,说话不牢。”言年轻人少不更事,被逼急啦,不管轻重,会乱开簧腔。然而徐鼐先生已是上了年纪的人矣,何至于忽然幻想到两千年之外乎?历史上本来有很多不可解的奇案,此可列为其中之一。全案存“官崽大学堂”资料室,千百年后,后生小子,有志于此,可申请参考焉。

5. 弯烟筒

《汉书·霍光传》上有“曲突徙薪”的故事。突,烟筒也。薪,木柴也。有一天,客人拜访主人,见他厨房建筑得很是特别。别人烟筒是弯的,他家烟筒是直的。仅只烟筒是直的还不算,偏偏该直烟筒旁边,还堆着木柴,火星从直烟筒喷出来后,迸裂四散,危险万状。客人劝曰:“老哥,最好把烟筒弯过来,使筒口向上,喷出来的火便流失到空中矣。而且那堆木柴也以搬开为宜,万一火星掉到上面,引起燃烧,就糟糕啦。”书上形容主人听了劝告后的表情是“嘿然不应”,不应,表示不理;嘿然,表示不耐烦也。客人碰了钉子,忠心不死,又猛劝之,于是主人大怒曰:“你这是啥预言呀,啥神话呀。”客人急啦,为之进一步分析，主人更怒曰："我对我自己的生命财产自有道理，岂能听你算命的？"不久该主人家果然失火，邻居纷来抢救，千辛万苦，才算把它救灭。于是杀猪宰羊，大摆宴席。救火救得焦头烂额的朋友，都坐上座；而那位劝他曲突徙薪的朋友，却因唱反调而早被乱棒打出。书上说，当时就有人谓主人曰："如果听了那人的话，根本用不着杀猪宰羊，大摆宴席，早就可以防止火灾。如今论功行赏，劝你曲突徙薪的没有份，而焦头烂额的反而成了上客，天下有是理乎？"主人听啦，恍然大悟，乃再把客人请了过来。

呜呼，书上说主人恍然大悟而再把该家伙请了过来，以今测古，我看未必。君不见石门水库执行长徐鼐先生乎？依我们小民之见，王崇岳先生既然言中，他至少应该拜访拜访，请益请益，才合乎人性。可是他的反应是啥，已用不着介绍啦。弯烟筒和移木柴乃是常识，既不是预言，更不是神话，看情形爱因斯坦先生如果生在中国，都得成为"算命的"也。我们除了自叹命薄，逢此官崽外，还有啥办法哉？昨天看报，徐鼐先生和总工程师顾文魁先生一唱一和仍一口咬定："如果早日放水，而台风不来，明年灌溉无水，谁负责任？"噫，责任，责任，又是责任，责任实在是太多啦。有些心术不正的人，把官崽谈责任，比着妓女谈贞操，我想这种比喻未免太过于入骨，为道貌岸然所不取。不过这个年头，无论是谁，只要一提起"制度"，或一提起"责任"，我就要发羊癫之风，那都是骗死人不抵命的玩意儿，没意思，没意思。但前已言之，放水放得过早，致使灌田无水，固是责任。现在把可怜小民淹成这种样子，弄得半个台北陆沉，也同样是责任，谁又能奈何他？搞水库既不知道气象和雨量，又不肯尊重专家的意见，只凭事后几句官腔，便一推六二五。柏杨先生并不希望徐先生打破冻死不下驴的风气，盖任何官崽，只要有后台，不要说仅只淹了一半台北，就是把全台湾都淹光，照样坐在虎皮交椅上，发号施令。

6. 第一标就对准小民

无论哪一个地区,对趁火打劫,处罚都很严重。无论是谁,乘人之危,都会为人所不齿。至于火上加油,更是人类中最严重的恶棍。好比说,尊府恰巧和柏杨先生为邻,不幸火光冲天,柏杨先生不但不帮忙扑救,反而把一桶五十加仑的汽油搬到你院子里,笑嘻嘻曰:“老哥,暂存十分钟。”那是啥滋味乎,即令你有高深学问,不当场抽刀子,你心里能不恨我哉?该桶汽油如果再爆炸燃烧,那份恨恐怕就更入骨矣。故古人形容帮凶行为是火上加油,发明该形容词的朋友,真应得诺贝尔奖也。

跟火上加油有同等贡献的有“水上加淹”,乃石门水库的杰作也。呜呼,正当台风咆哮如雷,沟满河平,千钧一发之际,徐鼐先生下令放水。最初还有点磨不开,每秒钟只放六百吨,后来大概觉得“救人救活,杀人杀死”,一不做,二不休,良心一横,大放特放,每秒钟达九千五百吨,于是波浪滔天,不可收拾。可怜小民已奄奄待毙,正在盼望风雨快过,早日出头,料不到库水汹涌而至,反而往上猛涨。我写这不是煽动那些淹死的冤魂找谁算账,据古老的传说,凡是大号官崽,都有六丁六甲、门神土地,在空中暗暗呵护,冤魂活着的时候对他还木法度,死后挺着满是臭水的肚子,更没有胆量和他碰矣。我也不是反对水库放水,已经到那种地步,除了放水,还有啥法哉?再不放水,堤坝万一崩裂,那就更糟啦糟啦。问题是,被水淹得惨兮兮的小民,有权利怀疑:在不良的管理之下,石门水库给我们带来了啥?官崽们动不动就吹胡瞪眼曰:“俺是多目标的呀。”多目标当然是多目标,但第一标就对准了穷苦小民,灌得一批一批,纷纷断气。呜呼,幸亏是多目标的,成绩已是如此斐然,如果是单目标的,专门淹人,我看台北桃园一带小民无噍类矣。想念及此,能不晕晕然,陶陶然乎?

当然,石门水库挡住了台风初期的山洪,于是官崽沾沾自喜,还告诉小民也要自喜。意思说俺入的多,出的少,如果不是如此如此,你们贫苦小民还要惨哩。这话猛一听很对,但仔细一想,似乎也不太奥妙,如果不是水库在那里挡,在还没有沟满河平之前,山洪早流到大海里去啦,何至积而蓄之,等实力充沛,一次放出淹之乎?所谓进的多,出的少,是前前后后,加在一起的总数量。固不知当危急存亡之秋时,进的水和它放的水一样之多,或放的水比进的水还要多也。

事已至此,反正已经反正啦,水灾风灾既属天灾,我们小民有当仁不让的义务,嚷嚷也没有用。不过科学这玩意儿,即以石门水库为例,落到专家之手,是多目标的;落到官崽之手,便成了一目标的——以淹人为唯一目标的矣。我们可文艺腔曰:"科学建设,固可造福人群,也可为害人群,只看何人用之。"值此水上加淹之后,一夕数惊,怎能不含笑呻吟,以免有人看着不顺眼乎哉?

说来说去,这年头的官府,啥花样都有,有恩怨焉,有派系焉,有圈子焉,有联盟、联邦、邦联焉,独独没有责任。有责任的话,不但徐鼐先生卷铺盖,就是郑子政先生也早卷铺盖了矣。不过大势所趋,一直到今天,和可以预见的将来,不要说仅淹了一个台湾北部,即令把全台湾都淹不见啦,恐怕还是卷不了铺盖。后台奇硬故也,其铺盖都是铁做的,只有后台老板有力量卷,千万小民卷不动也。郑子政先生当了台湾气象所所长,一当就是十几年,把小民当得死去活来,而他职位如故。过去种种精彩表演,自有孤魂冤鬼为他记录,我们不必再翻旧账,即以这次在"葛乐礼"面前,郑子政先生玩的几手,就轰轰烈烈,可歌可泣。当所有气象单位都说台风不会转向的时候,郑先生咬定银牙,硬说它会转向,而且很诗意地请那些不久就要淹死淹糟的小民去睡觉吧。常有些人责备小民不信任气象所,有损其信誉,而这一次不信任气象所的朋友有福矣。凡是信之的,多多少少都触了点霉头,或死或伤,或淹或泡,百丽俱臻,无美不收。

等到台风已经通过基隆北部海面,电台的记者老爷再去访问郑先生,郑先生彼时大概已经得到淹死了很多同胞的消息,所以芳心大悦。记者问曰:“你看台风还会不会又来一个转向乎?”郑先生拍胸脯曰:“这一次绝对不会啦。”又问曰:“你怎么敢再肯定?”郑先生瞪眼曰:“当然敢肯定,台风已进入基隆北部,其动态全在我们的控制之下。”好像对他的“控制”很是满意,所以发出愉快笑声。呜呼,郑先生竟能控制台风,其神通颇不简单。问题是,当初“葛乐礼”“转向”的时候,在不在郑先生控制之下乎?如果它不在控制之下,郑先生信口开河,应负责任;如果它在控制之下,则郑先生的控制无术,也应负责任。前不已言之乎,政治的责任就是辞职,于是郑先生的铺盖不但是铁的,简直还是钢的也。

郑先生势将继续努力,以整小民,我们实在是束手无策。为了减少小民生命财产的损失,我想建议凡是患香港脚的朋友,应自动自发地组织起来,分成若干组,每天派一组去气象所服务。该组朋友到得所来,直入所长之室,并排坐下,脱鞋脱袜,然后露出脓疱交集,奇臭奇丑之脚,翘到郑子政先生的尊鼻之上,以凭他仔细观察。盖香港脚乃天生的晴雨计,不要看万里无云,气象所说已经控制在握,香港脚忽然痒之痒之,准有大雨,出门如果不带雨衣雨伞,便非淋成落汤鸡不可矣。遇到阴雨连绵,气象所说有一个低气压如何如何,香港脚忽然也痒之痒之,包管它准定放晴。香港脚既有如此妙用,郑先生看到得意之处,再以手捏而嗅之,岂不小民万幸乎!

7. 英国大嫖案

打狗脱华德先生,人杰也,我想用不着再作啥介绍,恐怕台北连丙种妓女户的老板都知道他。论华德先生的职业,不过一个按摩师。唱起高调来,我们可以硬说职业平等,当部长的和当泥水匠的同样高贵。不过实际上恐怕并不那么简单，好比说，一位女科学家的职业和妓女小姐的职业，便颇有点贵贱之别。盖妓女也是一种职业，而且是女同胞专利的职业，女同胞混得没有办法啦，脸皮一拉，当上了妓女，固是一条活路。男同胞混得没有办法啦，想把脸皮一拉，去靠原始本钱吃饭，还没人要哩。这是妇女们比臭男人多了一招之处。但要说妓女职业乃得到政府许可的，就可以和女科学家、女教育家、女文学家、女外交家，平起平坐，就有点不对劲。话说克里斯汀·琪莱小姐和萨冈小姐在白金汉宫的盛大晚宴上碰了头，克里斯汀·琪莱小姐问曰："你在哪里做事呀？"萨冈小姐曰："写小说，刚写完了一部《你好，忧郁》，明天送上一本敬请指教。"接着反问曰："你在哪里做事呀？"克里斯汀·琪莱小姐曰："我在华德甲种妓女户当妓女，刚送走了国防大臣，明天介绍一个给你认识认识。"如果发生了这种场面，你说萨冈小姐能沉得住气，仍和克里斯汀·琪莱小姐握手言欢，再订约会，交换工作经验乎？无论如何，在某种意义上，职业不分贵贱，而在另外一种意义上，却颇是分点贵贱也。

华德先生不过是一个按摩师，大不列颠社会阶层，最为森严。干他这一行低微职业的朋友，要想爬到上流社会，比一条泥鳅爬上桑树还要困难，不是该泥鳅不努力，也不是它运气不好，而是它先天的没有脚，没有爪，根本木法度，即令再努力都爬不上。英国这个国家，政治上虽然民主，但门阀却是奇硬，连英国狗都特别讲究血统，对人更不用说啦。英国以大雾闻名于世，因为雾多雾重，雾浓雾久，所以养成英国人那种沉郁的性格。我们中国的包拯先生便是整天板着面孔的，好像谁欠了他一块钱，历史书上曰"人以包拯笑比黄河清焉"，言他难得笑一笑也。其实世界上难得一笑的除了包拯先生外，还有英国人。有人说，英国人是难得笑的，如果你看见英国人笑啦，不用打听，他附近准有一个贵族。

说了这么半天，主要的是说，英国那种古老的社会，以华德先生的职业和身份，他根本爬不到上流社会，就是在屁股上绑一个马达，该爬不上还是爬不上。然而,问题就在这里,他到底仍是爬上啦,不但爬上啦,而且和上流人物,若啥啥亲王,若国防大臣,若某某某某,还耳鬓厮磨,混得很熟很亲。呜呼,喜欢用常识去作判断的人,岂不都得翻白眼乎哉?说穿了固也十分泄气,盖在屁股上绑马达,固爬不到上流社会。但如果屁股上绑的不是马达,而是美女如云,他就爬上了矣。

华德先生如果靠他那一点按摩的本领,即令爬三千年都不会爬到上流社会,可是他竟爬上啦,不但和国防大臣平起平坐,和王夫爱丁堡公爵也平起平坐。靠的不是他的按摩,而是他屁股上绑的美女如云,那些美女如云有三万匹马力的奇劲,使他连蹦带跳,挤进了高阶层,而俨然人物。呜呼,靠女人往上爬,古今中外一也,中国的华德二世者流,古谓之"清客",今谓之"帮闲"。帮闲并不简单,表面上固然有正当的职业,但他并不靠之吃饭,盖表面上的职业只是一种掩护,以便被人干掉之后,报上登起来好看,其实际的职业则是每天陪着达官贵人,使他们窝心欢心。达官贵人不是喜欢画两笔乎?华德二世先生颇会画两笔。达官贵人不是喜欢打四圈麻将乎?华德二世先生连牌九沙蟹都万分精通。达官贵人不是喜欢玩女人乎?那更是华德二世先生的拿手。达官贵人曰:"克里斯汀·琪莱妞儿不错呀。"华德二世先生拍胸脯曰:"包在我身上。"达官贵人又曰:"李裁法的太太妙哉妙哉。"华德二世先生也拍胸脯曰:"包在我身上。"达官贵人能不喜欢这种朋友乎?而帮闲的威力,遂所向无敌。

从上流社会的形态和其影响,可以看出上流社会的腐败程度。君留意《红楼梦》上那些帮闲乎?凡是贾政先生所在之地,该等正人君子一定奉陪在侧。以第十七回"大观园试才题对额,荣国府归省庆元宵",写的最为画龙点睛。贾政先生带领了众帮闲和他儿子贾宝玉先生,到了大观园。书上曰:抬头忽见山上有镜面白石一块,正是迎面留题处,贾政回头笑道:"诸公请看此处,题以何名方好?"众人听说,也有说该题"迭翠"二字,也有说该题"锦嶂"的,又有说"赛香炉”的，又有说“小终南”的，……种种名色不止几十个。原来众客心中早知贾政要试宝玉的功业进益如何，只将些俗套来敷衍。”等到贾宝玉先生提出“曲径通幽”，众帮闲立刻赞叹曰：“是极。二世兄天份高，才情远，不似我们读腐了书的。”

这一类“是极，妙极”，凡有帮闲之处，耳朵都能聒聋。假如其中有一位认假作真，拿出真才实学，见一山题一山，见一水题一水，以致贾宝玉先生成了锯嘴葫芦，当老爹的贾政先生能和他善自罢休乎哉？届时借个小故，把他一脚踢之，便从上流社会垮下来矣。所以有些人一辈子都成不了上流，像王勃先生，便是一例。他阁下本来去南方探望父亲的，路过南昌，恰巧江西刺史阎伯屿先生新盖好了一座亭子，名之曰“滕王阁”，大宴宾客，请大家作赋。“请”，不过骗鬼之词，实际上早由他女婿作好啦，只等大家纷纷推辞之后，便即席上演，以求名垂千古。与会的文人朋友，哪个不知，自然你推我让。偏偏王勃先生假装木宰羊，笔墨传到跟前，竟留了下来，把阎伯屿先生翁婿弄得眼冒金星。这种朋友，其结局不问可知，不要说他阁下终于隆重淹死，就是不被隆重淹死，包管他一辈子都爬不上去。

贾政先生的帮闲，乃正正当当的帮闲，高级知识分子末路，功既不成，名也不就，只好投靠一个有钱有势的主子，说两句顺耳的话，办两件顺心的事，主子高兴，或介绍一份差使，或多赏几两银子，自不在话下。然而权势之门，哪个不愿前往投靠？于是问题就发生了矣，第一个困难是投靠不进去，如果没有两下子，纵然把头削尖都没有用。第二个困难是，即令投靠进去，也苦于没有分量。战国时代，孟尝君、春申君、信陵君，三位纨绔子弟大肆招揽宾客，投靠有了门矣，但投靠归投靠，要想有分量，却得再下一番工夫。等于皇帝选妃子选宫女一样，几千几百貌如天仙，拥进皇宫，哪个不想一步登天哉？但奋斗的结果，有的成了皇后皇太后，神气活现，有的只好仍是三级四级以及末级侍女，任人杀剑。故冯谖先生焉，毛遂先生焉，当帮闲当了那么久，如果不是天赐良机，恐怕非和草木同朽不可。

问题是天赐良机不多，而要自己制造良机才行。厚黑教主李宗吾先生对此有过分析，盖有隙必钻，有啥稀奇？无隙而硬弄出一个隙来钻之，才是第一等高手。而普普通通之人，怎么才能弄出一个隙来钻之乎？呜呼，国民革命以打倒军阀为目的，张宗昌先生，不但是一个大军阀，更是一个臭军阀，有名的狗肉将军。为狗肉将军办财务盐运的朋友，应该属于"军阀余孽"之类，而竟然爬到国民革命成功后的上流社会。当上国家银行的监察人，他手里的两下子，一定大为可观。该两下子说穿啦也没啥了不起，不过仍是绑在屁股后的美女如云而已。第一步用女人往上爬，第二步用女人巩固自己的既得利益。不要看达官贵人站在台上或坐在办公桌后面，伟大之状，犹如车轮。一旦动了凡心，让清客帮上了闲，那就是说，被其绑在屁股后的美女如云纵体入怀，他的小辫子就被清客抓到手里，除非杀之灭口，否则他就前途如锦，稳如泰山。想当银行监察人就当银行监察人，想当人事处长就当人事处长，不要说鸡毛蒜皮的差事啦，他就是想当驻车迟国大使，想当朝圣团首席执事，都得给他。

所以有贾政先生"雅座型"的帮闲，便有华德先生和华德二世先生"皮条型"的帮闲。雅座型的帮闲，只要会吟诗作赋，写点猛拍马屁的文章；主子有诗，雅座和之，而且还步原韵；主子有赋，雅座捧之，而且还从字里行间搞出一点哲学基础。皮条型的帮闲者流，则全靠口红胭脂高跟鞋，华德先生以一个根本爬不上去的按摩师，华德二世先生以一个简直应被执行枪决的军阀余孽，而竟像苏东坡先生《赤壁赋》上所说的："夜出于密室之上，徘徊于官商之间。"而且揪住了各式各样正人君子的小辫子，怡然自得，完全植根于上流社会腐败生活之中。呜呼，华德二世先生过去以此术伺候反革命的军阀，如今以此术伺候达官贵人。孔丘先生曰："官僚之道，一以贯之，嫖赌而已。"正是皮条型存在之因焉。

8. 皮条客

相传有这么一个故事。明王朝第一任皇帝朱元璋先生，有一天闲来无事，换了小民衣服，到乡下走走。走到一家猪栏，看见一个年轻农妇正站在屋檐底下喂猪，不觉心有所思，两眼发直。追随在他屁股后的皮条型帮闲，恍然大悟。于是当天晚上，太监老爷向朱元璋先生请示曰："那个娘儿已弄进宫来啦。"朱元璋先生曰："哪个娘儿？"太监老爷曰："就是您早上看的那个喂猪娘儿呀。"朱元璋先生曰："非也，非也。"太监老爷曰："怎么会非也非也，您早上还对她一味嘻嘻地笑。"朱元璋先生大悟曰："我不是看她漂亮笑，而是看她喂猪的模样，想起古人造字，真有一手，檐下养豕，岂不就是'家'乎？想到会意之处，故而忍俊不住。"

这个故事后面的帮闲活动，读者不可不知，试想想自从朱元璋先生看了那农妇第一眼起，皮条型的大脑就猛烈跳跃。回宫之后，我们虽没有亲眼看见其种种表演，但在极短的半天期间，大家交头接耳，秘密会商，第一步判断老板的同意，第二步决定进行的程序。然后派出特使，找到该农妇之家，亮出招牌；如果该农妇天生傻蛋，有点骨气，抵死不从，还要展开一场说服性的舌战，说不定还得动员邻里长县长省长之类的官，光临寒舍，晓以大义。不外："你进得宫去，皇帝玩得高兴，荣华富贵，享受不尽。""你如不肯，我们无法交代，只好请你全家去伊犁充军。""皇帝能看上你，是你三生有幸，别的女人求还求不到手哩。"如果该农妇有朝圣团的气质，一听说皇帝看上啦，不但可以去车迟国，而且还可以被车迟国以国宾之礼相待，那份快乐就不用说矣。临行之前，准有一番言论，曰："阿妈，我进得宫来，一定把你接进去，瞧瞧你那皇帝女婿。""阿爸，过了两天，我和元璋一提，给你弄个部长干干，或弄个驻朱紫国大使干干。”“亲爱的，非是我把你甩掉，实在是天生丽质难自弃，等我送你几两银子，再娶一个，也是一样。”于是亲友云集，你也捧之，我也捧之，脱下木板履，换上尼龙袜，披上群官自动自发献上价值十万美金的貂皮大衣，吹吹打打，抬进了乾清门。

呜呼，史书上对该农妇的下场没有记载，真是一大遗憾。如果把她被赶出皇宫后的遭遇和心理状态，由大作家写成小说或报导文学，一定不让霍桑先生的《红字》专美于前。好在我们不是研究文学，而是研究“帮闲学”，皮条型费了这么大的劲，察言观色，把该农妇献到床上，朱元璋先生虽然没有收留，但因皮条型的出发点是一脸忠贞学，也会牢记在心。盖朱元璋先生暗想曰：“好小子，正搔到俺痒痒的地方！”自然有各式各样的好处，降到他头上也。以今测古，皮条型只不过医了大臣的痒痒，就锐不可当，一旦医了皇帝的痒痒，前途还有限量乎？

华德二世先生在台北挨了二十七刀，真是气象非凡。我们的社会有一种传统，曰：“死人都是好人。”尤其是被人捅了二十七刀，就更是非好人不可矣。我们说这话并不反对他是好人，而是觉得有点高血压。最奇妙的莫过于报上瞎嚷嚷他的太太要来奔丧啦，儿子也要来奔丧啦，结果雨过天青，谁也没来奔丧。天下竟有这等之事，读者先生夜静更深，不妨思一思想一想，能不觉得有点不对劲乎哉？当英国华德先生吃官司的时候，那些拍过他肩膀，咬过他耳朵，拜托他弄个妞儿娘儿玩玩，玩得又喊姐又喊妹的朋友，一看苗头不对，一个个猛缩其脖，把华德先生气得七窍生烟。他为啥七窍生烟？如果仅是嫖客和老鸨关系，不可能生那么大的烟也。用不着去苏格兰场看他的口供，我们可想到其中镜头，一定不太利落。甲家伙看上了赵小姐，华德先生曰：“赵小姐的爹是头号大官，手握大权，玩不得玩不得。”甲家伙拍胸曰：“老华，只要弄到手，一切后果有我哩。”乙家伙看上了钱太太，华德先生曰：“钱太太的老公是国际知名之士，影响力大，玩不得玩不得。”乙家伙也拍胸曰：“老华，只要弄到手，一切后果有我哩。”于是皮条型日理万机，大忙特忙，连国防大臣都和他交头接耳，在他面前跟克里斯汀·琪莱小姐游龙戏凤，他的社会地位自然蒸蒸日上。想不到一子走错，全盘皆输。打起官司来，当初那些拍胸脯的朋友，都脚底抹油，华德先生怎能不一佛出世，二佛升天乎？

而华德二世先生在台北殡仪馆出葬，虽然其妻其子，都因种种神圣的理由，没有驾莅柩前，出出风头。但台北的上流社会，比伦敦的上流社会，有人情味得多矣。君没有见仍有很多刎颈之交，照样光临致祭，“想起来美人儿，泪洒胸怀”耶？有人说，要想看看英国国防大臣游泳池上裸体追逐的嘴脸，最好当天去台北殡仪馆看之，嘴脸固多得很也。又有人说，当华德二世先生伏尸暗巷的当天晚上，那一项最后的欢宴，报上只发表了一些名女人的名单，而没有发表名男人的名单，实在是一件亘古机密。如果能把那一批名男人的名单发表出来，小民们当更可大开眼界，叹一声好光彩呀好光彩。

我想伦敦和台北不同之处，在于华德先生吃了官司，而华德二世先生吃了刀子。如果把它翻过来，是华德二世先生吃了官司，恐怕酒肉朋友也会一哄而散。至于夫不夫妻不妻，父不父子不子，更属于另一种学问。华德先生病故，还有妓女小姐扬言要为他复仇。华德二世先生驾崩，连妻子儿女都像遇到瘟疫，恐怕和中国圣人的教训有关，然乎？

9. 名女人

一个人想当皮条客，颇不简单，盖达官贵人玩女人的欲望，永无止境，我们曾介绍过宫廷的种种搞法，当皇帝的玩女人玩得眼红，上自庶母、姑妈、姨妈，下至姐妹、侄女、甥女，都不放松，行同禽兽，不可开交。达官贵人虽然不像皇帝那样不受法律的和舆论的拘束，无法不可开交。但是出奇制胜,换换口味,也是常情。一谈起玩女人,大家就想起“名女人”。名女人者,以演电影为主的女士,其次则是一些“交际花”“交际草”之类。一个女人竟以“交际”为职业,自然非成为名女人不可,而她的身份也就建筑在这种“名”上。一提起来某某,哎呀,就是她呀,不由得多看几眼,她要的就是这个。盖臭男人天生的有一种玩名女人的念头,和一个名震天下的女人睡上一觉,飘哉飘哉,能飘到九霄云外。不要以为臭男人是取她的美,有些名女人高头大马,面色铁青,还不够六十分,但是她在电影上却是女主角呀,臭男人一样虎视眈眈。

名女人者,任何有钱大爷都可玩玩的女人也。我说这话不是说你在大庭广众之下,弄一把钞票捧到她鼻子上,订约曰:“晚上第一大饭店见。”如果如此,她就是心跳如捣,也会板下面孔,严词拒绝,曰:“俺可不是那种人呀。”恐怕得艺术化一点才行。以目前行情,一个月八千元,就可包下,十拿十稳矣。不过听说华德二世先生当天“姑娘宴”,还有女作家出笼。帮闲史上似乎已面临到划时代,仅只一点点艺术化恐怕还不行,势必恶狠狠地艺术化,方有希望到手。惜哉,华德二世先生已死,否则他又得从头学起也。然而问题也就出在任何名女人都可以用钱购买这一点上,达官贵人玩名女人,玩了个天昏地暗,不管是用直接方式焉,或用艺术方式焉,反正,日子一久,便平淡无味。于是乃把主意打到良家妇女头上,盖越是到不了手的东西,越觉得宝贝。对于名女人,虽然拐弯抹角,颇费手脚,但结论却早知道啦,盖被人玩是她的职业,不怕不就范也。而良家妇女则不然,完全另一种情调,玩名女人是初出茅庐的干法,能和良家妇女有一手,则进入高阶层矣。话说达官贵人在峨嵋餐厅吃饭,抬头一看,噫,墙角那张桌上有一位如花似玉的年轻太太很有营养呀,能和她睡一觉,死也甘心。皮条型曰:“交给我办好啦。”用不了三天,回复曰:“不行啦,啥老,她老公是某某某,家产万贯,二百万元美金都别想碰她。”达官贵人顿时垂头丧气,哀告曰:“只要达到目的,我派你当银行监察人。”皮条型一听,精神大震,乃用出种种法术,使他们在某一神妙之处碰头。

臭男人荒唐起来，大玩女人，固然混账，但如果仅玩玩电影明星、“女作家”、名女人，或歌星、应召女郎等，危险性还小，顶多得杨梅大疮而已。君没有看报乎，伦敦丑闻案女主角克里斯汀·琪莱小姐，她的印度籍嫖客揍了她，被捉上公堂，她说她给过他钱，他吼曰：“她啥都没给我，除了淋病。”讲起来真是太黄，不讲也罢。我的意思只是隆重指出，和名女人有一手，也就是说，和凡是可以购买的太太小姐有一手——直截了当说吧，男女之间不可告人的关系，只要是花了钱的，就没有危险。得杨梅大疮也没啥了不起，中国治不愈，还可以参加道德重整会去美国治；被太太知道，顶多大闹一场，固不致要老命也。即令泄露出来，这玩意固是达官贵人的特权，大家还敬之不暇，羡他艳福不浅哩。

然而，如果一旦姘上的那位太太小姐是不花钱的，就糟了糕啦。老光棍走江湖，有最紧要的一戒，曰：“不玩不花钱的女人。”一则是老光棍只懂肉欲，不懂恋爱。二则是一个女人如果花了臭男人的钱，她自己和她的家人，都会心甘情愿受他摆布。有一天他曰：“大爷没钱啦”，或“大爷垮啦”，或“大爷不玩你啦”，她自己和她的家人绝不会顿萌杀机。可是一旦他不是“姘”上而是“爱”上啦，他追求的除了肉欲还有情调，而她也并不是爱他的钱，而是爱他的人。那就是说，他就等于自己用绳子打个活结套到自己脖子上，危机四伏矣。呜呼，当事人已经如此危机四伏啦，造成这种危机四伏的皮条型，其危机四伏的程度，更可想而知。华德先生干的，超过以一个鸨儿身份，介绍妓女小姐，以供娱乐，说穿了没有啥太大的严重。然而一旦青出于蓝而胜于蓝，到了华德二世手中，除了介绍妓女小姐、明星小姐、女作家小姐、名女人小姐外，还兼办介绍良家妇女，在刀光血影之中，怡然自得其乐，其胆识真是使人咋舌也。

主要关键在于这项皮条如何拉法。达官贵人看上了张太太，二者之间风马牛不相及，皮条型夹在中间将如何下手乎哉？普通情形，既然同桌吃饭矣，皮条型和张太太张先生，至少是点头之交，更可能和张先生是老朋友啦。点头之交,已经足够,再是老朋友,就更天作之合。即令双方根本不认识,能娶漂亮太太的臭男人,多少都有点社会关系。天下无难事,只怕有心人,转弯抹角,总能结识。如此这般,皮条型用下巧计,尤其是他本人并没有野心,所以太太焉丈夫焉对他也没有警觉,一旦混得熟啦,他就可以抽皮条费矣——该小账至少是一个监察人,届时那位头戴绿帽的丈夫,可能还不知情,仍以朋友待之哩。

10. 陆谦奇计

呜呼,皮条型不可恕的正是这一点,既叫人戴绿帽子,又叫人当大茶壶。“大茶壶”是北方话,妓院当差的龟奴是也。有嫖客莅临,他就出来招待,听候呼唤。姑娘曰:“买烟呀。”他就去小铺买烟;嫖客曰:“订席呀。”他就去馆子订席。一个美丽太太一旦陷入皮条型之手,该丈夫四顾茫然,往往还以为皮条型是知己朋友哩。皮条型偕达官贵人每次驾莅其宅,该丈夫叨在知交,自然亲切复恳切地招待,再也想不到皮条型暗暗掏出绿帽子,趁他不备,给他扣到头上。到了最最高潮之时,达官贵人神魂荡漾,向美丽太太眉目传情;美丽太太也身心不安,向达官贵人搔首弄姿;至于那个傻瓜丈夫,在重围之中,头顶绿帽,憨状可掬,递烟端茶,抓瓜子焉,抓花生焉,谈到得意之处,简直肝胆相照,深感相见恨晚,巴不得和该嫖到家里的达官贵人,结成刎颈之交。于是,从此有了通家之好,穿堂过户,亲如家人。一直到了最后,发现刎颈之交者,其目的不过想跟自己的娇妻上床,那股气能受得了乎哉?一个人最伤心的事,莫过于蓦然发现他所最信赖的人对他不忠。一定要讲恕道的话,不忠还可将就。如果再被当作丑角玩之弄之,凡是有点血性的人,恐怕都得有所反应。轻则动刀子,重则施毒计。我想世界上再也没有比既戴绿帽子而又当大茶壶,更窝囊的盛事矣。一个人对此能忍,真是只有官性,没有人性矣。

我们说华德二世先生,指轰动社会的程度而言,要是就他的本质和往上爬的手段和方式,以及他们的结局,诚陆谦先生二世也。看过《水浒传》的朋友,对陆谦先生一定熟悉。可能也有不熟悉的,然而如果提起来"陆虞候",你一定恍然大悟。你说双料二世先生那种干法,和陆先生有啥分别乎哉?话说当朝一品,官做到太师的高俅先生,有一个儿子高衙内(书上没有把他叫啥写出来,遗憾遗憾)。看上了林冲先生漂亮的妻子张女士。看上了不打紧,大概张女士太美太艳的缘故,竟得下了相思之病,眼看要死。主子既如此忧愁,圣人不云乎"主忧臣死",臣虽无意去死,然而解解忧倒是应该的也。于是皮条型脱颖而出,该皮条陆谦先生,怎有那么大的能耐?说穿了也十分简单,盖他和林冲先生是老朋友啦。夫"老朋友"一旦变了心,便防不胜防。陆谦先生最初的目的,不过只是制造机会,让高衙内玩玩老朋友的太太而已,轻松得多啦。呜呼,陆谦先生只撮合了一对,而且还没有撮合成功,便被窝心一枪。双料二世先生不知道撮合了多少对,破坏了多少幸福家庭,拆散了多少恩爱夫妻,不但比华德先生高一着,也比陆谦先生高一着,谥之为"双料二世",可谓名至实归。

陆谦先生,官做到"虞候"。虞候者,副官之流也。高衙内是富安先生的主子,富安先生又是陆谦先生的顶头上司,诚所谓奴才的奴才,奴崽而已。偏偏他和林冲先生是四十年的老朋友,就非出事不可。且看这位皮条型的帮闲,是如何的下手,书上曰:

陆谦一时听允,也没奈何,只要小衙内欢喜,却顾不得朋友交情(半上流的危机在此,他要用朋友的娇妻往上爬,便只好出卖朋友矣)。且说林冲连日闷闷不已,懒上街去,巳牌时,听得门首有人道:"教头在家么?"林冲出来看时,却是陆谦(好朋友来啦),慌忙道:'陆兄何来?'陆谦道:"特来探望,兄何故连日街前不见?"林冲道:"心里闷,不曾出去。"陆谦道:"我同兄长去吃三杯解闷。"林冲道:"少坐拜茶。”两人吃了茶起身。陆谦道：“阿嫂，我同林兄到家去吃三杯。”林冲娘子赶到布帘下，叫道：“大哥，少饮即归。”林冲与陆谦出得门来，街上闲走了一周。陆谦道：“我们休家去，只在樊楼内吃两杯。”当时两个上到樊楼内，占个阁儿，唤酒保吩咐，叫取两瓶上色好酒，稀奇果子案酒。两个叙说闲话，林冲叹了一口气。陆谦道：“林兄何故叹气？”林冲道：“陆兄不知，男子汉空有一身本事，不遇明主，屈沉在小人之下，受这般腌臜气。”陆谦道：“如今禁军中虽有几个教头，谁人及得兄的本事？太尉又看承得好，却受谁的气？”林冲把前日高衙内的事告诉陆谦一遍，陆谦道：“衙内必不认得嫂子，兄且休气，只顾饮酒。”林冲吃了八九杯。

本来约定去陆谦先生家吃酒的，他临走时还向林冲太太大喊一声曰：“阿嫂，我同林兄到家去吃三杯。”为的是加深她的印象，以便把她骗到陆宅，和高衙内翻云覆雨。可怜的小民如果交上皮条型帮闲，真得小心为宜。然而对达官贵人来说，妙也就妙在有皮条型帮闲，才能得心应手，兽欲横流。陆谦先生第一计不成，还有第二计，第二计比第一计毒得多矣，非好朋友不能出此也。书上曰：

高俅问道：“我这小衙内的病，你两个有甚计较？救得我孩儿好时，我自抬举你二人。”（读者注意，这就是将来当银行监察人的张本。）陆谦向前禀道：“恩相在上，除非如此如此。”高俅道：“既然如此，你明日便与我行。”不在话下。再说林冲每日和鲁智深吃酒，把这件事不记心了。那一日，两个同行到阅武坊巷口，见一条大汉，头戴一顶抓角儿头巾，穿一领旧战袍，手里拿着一口宝刀，插着个草标儿，立在街上，口里自言自语说道：“不遇识者，屈沉了我这口宝刀！”林冲也不理会，只顾和智深说着话走。

11. 法律场面

到了最后,林冲先生仍是买了那把宝刀。书上曰:"林冲合当有事,猛可地道:"将来看!"(就是要你"将来看")那汉递将过来,林冲接在手内,同智深看了,吃了一惊,失口道:"好刀,你要卖几钱?"那汉道:"索价三千贯,实价二千贯。"林冲道:"值是值二千贯,只没个识主,你若一千贯肯时,我买你的。"那汉道:"我急要些钱使,你若端的要时,饶你五百贯,实要一千五百贯。"林冲道:"只是一千贯,我便买了。"那汉叹口气,道:"金子做生铁卖了,罢,罢!一文钱也不要少了我的。"林冲道:"跟我来家中取钱还你。"回身却与智深道:"师兄且在茶房里少待,小弟便来。"智深道:"洒家且回去,明日再相见。"林冲别了智深,自引了卖刀的那汉,去家中将银子折算还与他,就问那汉道:"你这口刀哪里得来?"那汉道:"小人祖上留下,因为家道消乏,没奈何,将出来卖了。"林冲道:"你祖上是谁?"那汉道:"若说时,辱没杀人。"林冲再也不问。

呜呼,如果看一下那汉的身份证就好啦,不过,既是一个阴谋,恐怕就是看了那汉的身份证也没有用。法官自然只听官的,不听民的也。于是乎,一切都按照着陆谦先生的设计进行,书上曰——

次日,巳牌时分(上午十时),只听得门首有两个承局(传达、秘书、书记之类)叫道:"林教头,太尉钧旨,道你买一口好刀,就叫你将去比看,太尉在府里专等。"林冲听得,说道:"又是甚么多口的报知了。"两个承局催得林冲穿了衣服,拿了那口刀,随这两个承局来。一路上,林冲道:"我在府中不认得你。"两个人说道:"小人新近参随。"却早来到府前。进得到厅前,林冲立住了脚。两个又道:"太尉在里面后堂内坐地。"转入屏风,至后堂,又不见太尉。林冲又住了脚，两个又道："太尉直在里面等你，叫引教头进来。"又过了两三重门，到一个去处，一周遭都是绿栏杆。两个又引林冲到堂前，说道："教头，你只在此少待，等我入去禀太尉。"林冲拿着刀，立在檐前。两个人自入去了，一盏茶时，不见出来。林冲心疑，探头入帘看时，只见檐前额有四个青字，写道："白虎节堂"，林冲猛省道："这节堂是商议军机大事处，如何敢无故辄入。"急待回身，只听得靴履响、脚步鸣，一个人从外面入来。林冲看时，不是别人，却是本管太尉，林冲见了，执刀向前声喏。太尉喝道："林冲，你又无呼唤，安敢辄入白虎节堂！你知法度否？你手里拿着刀，莫非来刺下官，有人对我说，你两三日前拿刀在府前伺候，必有歹心。"

林冲先生既忽冬一声栽到陷阱里，下文如何，用不着说矣。陆谦先生真有两手，别看他不过一个皮条型帮闲，动起脑筋来，却能击中要害。盖自林冲先生踏进白虎节堂一刻起，已由政治问题进入法律问题矣，该设计主要的精华在此。呜呼，如果从前闹了起来，林冲先生说了个备细，高俅先生脸上便挂不住；而如今林冲先生再说备细，高俅先生便理直气壮啦。一个谋刺太尉的凶手，自然血口喷人，胡说八道。堂堂太尉的公子，玩的女人比你见的都多，岂会看上一个穷教习的妻子，不是自己往脸上抹粉是啥？如果有人强调这一点，高俅先生准大笑曰："你说啥？我儿子看上他老婆？也没叫他老婆撒泡尿照照镜子？妙啦，连老婆都搬出来啦，弄些是是非非，打算混淆听闻，徒见心劳力绌。"如果有人知道底蕴，劝他不要把事做绝，算了罢，高俅先生恐怕要大怒曰："这是法律问题，叫我怎么办？我总不能干涉司法呀！"如此堂而皇之的泥巴，往你嘴里一塞，任凭谁都木法度也。这正说明陆谦先生的妙计，天下无双。且看法律问题的场面如何，书上曰——

林冲躬身禀道："恩相，恰才蒙两个承局呼唤林冲，将刀比看。"太尉喝道："承局在那里？"林冲道："恩相，他俩已投堂里去了。"太尉道："胡说，甚么承局！敢进我府堂里去。左右，与我拿下这厮！"话犹未了，旁边耳房里走出三十余人，把林冲横推倒拽下去。

高俅先生的"承局在那里?"便是现在最有名的一句流行之问，君不见一旦有人谴责某官某事，就有贵人勃然大怒曰："拿证据来！"夫林冲先生，盖世英豪，都拿不出证据，可怜兮兮的小民哪里来的证据乎？于是书上曰——

太尉道："你来节堂有何事务？见今手里拿着利刃，如何不是来杀下官?"林冲告曰："太尉不唤，如何敢见！有两个承局望堂里去了，故赚林冲到此。"太尉喝道："胡说！我府中哪有承局。这厮不服断遣!"喝叫左右："解去开封府，分付府尹好生推问，勘理明白处决，就把宝刀封了去。"左右领了钧旨，监押林冲投开封府来。

林冲这一场官司，幸亏遇到一个侠义心肠的孙定先生，是开封府的孔目，"孔目"者，类似法院的书记官。可惜这种英雄不多。全靠他一力斡旋，林冲先生才免一死。书上曰——

孙定禀府尹道："此事果是屈了林冲，只可周全他。"府尹道："他做下这般罪，高太尉批仰定罪，定要问他'手执利刃，故入节堂，杀害本官'，怎周全得他?"孙定道："这南衙开封府不是朝廷的，是高太尉家的?"府尹道："胡说!"孙定道："谁不知高太尉当权，倚势豪强，更兼他府里无般不做，但有人小小触犯，便发来开封府，要杀便杀，要剐便剐，却不是他家官府?"

然而，虽有孙定先生一力拯救，林冲先生仍免不了"脊杖二十，刺配远恶军州"。

12. 董超·薛霸

陆谦先生请林冲先生吃酒，是第一计。第一计不成，再施奇谋，诱他到白虎节堂,把政治问题变成法律问题,把皮条问题变成官司问题,是第二计。第二计不成,则第三计推出,第三计比第二计更毒。书上曰——

且说解差董超正在家里拴束包裹,只见巷口酒店酒保来说:"董端公,一位官人在小店中请说话。"董超道:"是谁?"酒保道:"小人不认得,只叫请端公便来。"却原来宋时的公人,都称呼"端公",当时董超便和酒保径到店中阁儿内看时,见坐着一个人,头戴万字头巾,身穿领皂纱背子,下面皂靴净袜。见了董超,慌忙作揖道:"端公请坐。"董超道:"小人自来不曾拜识尊颜,不知呼唤有何使令?"那人道:"请坐,少间便知。"董超坐在对席。

一会儿工夫,把另外一位解差薛霸先生也请了来,请了来之后,立刻从袖里取出十两金子,一人五两。呜呼,五两金子在十一世纪宋王朝时的购买力如何,不得而知,似乎五两金子不应该以打动人心,更不值得害一条命。但二位解差到底仍是接啦,遂不得不有野猪林一幕惨剧,书上曰——

第二日天明起来,投沧州路上来。时遇六月天气,炎暑正热。林冲初吃棒时,倒也无事,次后三两日间,天道盛热,棒疮却发,路上一步挨一步,走不动。董超道:"你好不晓事!去沧州二千里有余的路,你这样般走,几时得到。"林冲道:"小人在太尉府里折了些便宜,前日方才吃棒,棒疮举发。这般炎热,上下只得担待一步。"薛霸道:"你自慢慢的走,休听咭咕。"董超一路上喃喃呐呐的,口里埋冤叫苦,说道:"却是老爷晦气,撞着你这个魔头。"住得店来,薛霸去烧一锅百沸滚汤,提将来倾向脚盆内,叫道:"林教头,你洗了脚好睡。"林冲挣得起来,被枷碍了,曲身不得。薛霸便道:"我替你洗。"林冲忙道:"使不得!"薛霸道:"出路人那里计较得许多。"林冲不知是计,只顾伸下脚来,被薛霸只一按,按在滚汤里。林冲叫一声:"哎呀!"急缩起时,泡得脚面红肿了。

这还不算,第二天天不亮便走,董超先生还叫林冲先生穿新草鞋,走不上二三里,便鲜血淋漓,唉声不止。于是乎,来到野猪林,乃开封去沧州路上第一个险峻所在。进了野猪林之后,费了些手脚,最后薛霸先生和董超先生拿起水火棍,看着林冲先生曰:

不是俺要结果你,自是前日来时,有那陆虞候传着高太尉钧旨,教我两个到这里结果你,立等金印回去回话,便多走的几日,也是死数。只今日就这里,倒作成我两个回去快些。休得怨我弟兄两个,只是上司差遣,不由自己。你须精细着,明年今日是你周年,我等已限定日期,亦要早日回话。

林冲先生怎么哀求都没用,薛霸先生双手举起水火棍,就往林冲先生脑袋上劈将下来。事到如今,书上叹以诗曰:"万里黄泉无旅店,三魂今夜落谁家?"陆谦先生为了完成皮条使命,不惜谋害四十年老朋友。呜呼,他怎能不当盐运使,不当监察人乎?

话说薛霸先生正要打死林冲先生,忽然一条铁禅杖飞来,隔开水火棍,跳出一个胖大和尚,把两位王八解差打得落花流水,用不着我介绍,读者先生当可知道该胖大和尚是谁矣,乃鲁智深先生是也。于是陆谦先生第三计又告覆没。不过皮条型一旦帮起闲来,虽然困难重重,望着皮条拉成后的种种良辰美景,仍会努力到底。于是陆谦先生施出了他最后一计,这最后一计和第三计差不多,不外杀了该倒霉的丈夫,以便他的娇妻上床。可惜千算万算,不如天老爷一算。一阵折腾之后,事与愿违,林冲先生没死,皮条型却横尸暗巷,真是奇妙安排也。

且看陆谦先生这一次如何表演,书上曰——

林冲把手床上摸时,只拽得一条絮被。林冲钻将出来,见天色黑了,寻思:"又没打火处,怎生安排?"想起离了这半里路上,有个古庙,可以安身。"我且去那里宿一夜,等到天明却作理会。"把被卷了,依旧把门拽上锁了,望那庙里来。入的庙门,再把门掩上,把枪和酒葫芦放在纸堆上,将那条絮被放开,先取下毡笠子,把身上雪都抖了,把被扯来盖了半截下身,却把葫芦冷酒提来便吃,就将怀中牛肉下酒。

正吃时,只听得外面必必剥剥地爆响。林冲跳起身来,就壁缝里看时,只见草料场里火起,刮刮杂杂烧着。当时林冲便拿枪,却待开门救火,只听外面有人说将话来。林冲就伏在庙听时,是三个人脚步响,且奔庙里来。用手推门,却被林冲靠住了,推也推不开。三人在庙檐下立地看火,数内一个道:"这一条计好么?"一个应道:"端的亏管营、差拨两位用心。回到京师,禀过太尉,都保你二位做大官,这番张教头(林冲岳父)没得推故了。"

(柏杨先生曰:一切伤天害理,血淋淋杀人放火的勾当,不过是只为了做大官,壮哉。)

一个道:"林冲今番直吃我们对付了,高衙内这病必然好了。"又一个道:"张教头那厮,三回五次托人去说:'你的女婿没了。'张教头越不肯应承。因此衙内病患看看重了,太尉特使俺两个央浼二位干这件事,不想而今完备了。"又一个道:"小人直爬入墙里去,四下草堆上点了十来把火,待走哪里去。"那一个道:"这早晚烧个八分过了。"又听得一个道:"便逃得性命时,烧了大军草料场,也得个死罪。"(又回到"法律"上矣,一片血腥。)又一个道:"我们回城里去吧。"一个道:"再看一看,拾得他两块骨头回京,府里见太尉和衙内时,也道我们也能会干这事。"

呜呼,两个家伙正是皮界巨擘:陆谦先生、富安先生和另一个想做大官的差拨(汯警者流)。林冲先生听到耳里,手廾庙门,大喝一声:"泼贼那里去?"底下不用抄书啦,杀的杀,砍的砍,挖心的挖心,皮条型朋友,光荣地以身殉皮。

13. 小心皮条

看了林冲先生的故事,奉劝天下凡是有漂亮太太或漂亮女儿的人,交友应该特别谨慎。一旦朋友中有皮条型,就是没有高衔内,他也会生办法推荐出去。一有机会,就向那些色迷迷的达官贵人献起宝矣。吾友科培特先生曰:“正是因为有人想一跃至顶,世界上才有许多灾难。”有些人靠道德学问往上爬,有些人靠辛苦耕耘往上爬。皮条型既没有道德学问,也不肯辛苦耕耘,但往上爬的心固也有之,那该怎么办乎耶?就全靠屁股上绑的美女如云矣,像火箭一样,把他从卑微的地位送上顶端,或把他从囚犯的地位和敌人的地位,变成可以咬耳朵的密友。

不过,世界上也以皮条型的朋友最为难防。盖为了升官发财,有献上娇妻叫主子玩的,也有献上弱女叫主子玩的,更有献上姑姨姐妹叫主子玩的,古书上记载多矣,反正是不要脸啦,也就无啥稀奇。而且也因为太刺目的缘故,人人都看得清楚。不过他想献上的不是自己的娇妻而是朋友的娇妻,这种行业在三百六十行之外,有坚强的地位,使人已经戴上绿帽子啦,还茫茫然要为他两肋插刀。不特此也,据我所知,有漂亮太太和漂亮女儿的人,往往只怕交上色狼,而不知道皮条型比色狼的危险更大。因为色狼也者,即令他是桃花公主注册有案的一等一级老狼,既有“色”在作祟矣,只要细心观察,他不可能不露出马脚。而皮条型则不然,因事不关己,故冷静如铁,再光艳夺目的太太小姐,在他眼中不过是一件美丽的敲门砖,对于这种人,便实在难搞也。

用女人床第功夫,而达到尊严的地位,是古老的法术之一。利用的如果是自己妻女,固属“忍人所不能忍,狠人所不能狠”。而利用别人妻女,更得有点高深莫测的学问。华德先生和陆谦先生往上爬的外表是一样的,但实质却不一样。华德先生和台北何秀子女士差不多,都是豢养一批美女,以供娱乐。不过何女士目的只是一个“钱”字,而华德先生的目的则除了“钱”外,还要“势”要“名”,乃是轰轰烈烈的干法。双料二世先生走的似乎是陆谦先生的路线,自己不储备货色,而只从中介绍,想不到结局也大同小异。

上流社会越腐败,皮条型越活跃,不但活跃,而且骑在小民头上,一手抓着小民辫子，一手挥舞着乳罩，顾盼自雄，不可一世。很多人都是靠“皮条学”上去的，那些只知道实干苦干的朋友，可以凛然矣。不要以为台北异于伦敦，那是伦敦掀开了粪缸盖，而台北没有掀开而已。若某某，专门为主子找女人，已当上啥啥之官，不时训他的部下仁义道德。若某某，备有专用游泳池，以供克里斯汀·琪莱小姐陪贵人度美丽的黄昏，也早当上啥啥之长，既有外汇，又有贷款。呜呼，等着瞧吧，一旦也掀开了粪缸盖，定有更可观的节目也。

14. 人生一大困扰

英国克里斯汀·琪莱女士，最近把大不列颠搞了个天翻地覆，除搞垮了一个国防大臣外，还搞死了一位按摩医生，看情形还可能搞垮英国内阁。而余波荡漾，该小姐不但没有受到惩罚，反而因出卖自传，着实发了一笔大财，这世界真是五光十色，叫人弄不清也。不过有一点是可以弄清的，那就是，女人较男人多一种求生的武器。这话说起来似乎太黄，但这话不是柏杨先生说的，而是伦敦《泰晤士报》说的（我祭起洋大人招牌，你就得心服口服。），即令不是洋大人说的，谁也无权用“太黄”两个字来掩饰有史以来一直都不能解决的严重社会问题，也就是娼妓问题。君没有看洋大人的报导乎？当五年前克里斯汀·琪莱女士到伦敦时，还是一个乡下姑娘，身上无一文之钱，除了那身脏衣脏裙，只有脚下一双破鞋。可是，她却拥有一项雄厚的资本——美丽的面庞和堕落的灵魂。先是陪华德医生睡觉，继是陪别的男人睡觉。一个年轻的女孩子，只要肯陪臭男人睡觉，就会有的是钱。这正是女人和男人不同之点，女孩子急啦，可去作妓女，或维持自己生活，或养家供弟妹上进。男孩子便木法度，除了去当小偷，便只有活活饿死一途。克小姐以不到五年的时间，从赤手空拳，发展到腰缠万贯,而且震动世界。今年克里斯汀·琪莱女士不过才二十二岁,世界上只有女孩子才可以创造出来这种传奇故事,怎不使堂堂大丈夫浩叹乎哉?

娼妓是一个古老问题,我想太古时候,母性为社会中心,一定没有妓女,有的话可能只有妓男。盖经济大权握在女人手中,男人被关在后院洗衣做饭,太太出发到别的部落卖牛买布。女人们聚在一起,酒醉饭饱,难免不叫一个男人出来游凤戏龙,然后女老板扔给他一个贝壳,作为被玩代价。那男人拿了该一贝壳,欢天喜地而去。呜呼,历史书上虽没有这种妓男的记载,但很多事情固不必那么刻板,想也想得出来。后来天下大变,变得男性成了社会中心,妓男才告没落,而妓女代之而兴。如果今天仍是母性社会,克里斯汀·琪莱小姐能如此轰轰烈烈耶。所以说娼妓问题是和人类共存亡的一个问题,这个问题是人性问题和社会问题,不是政治问题,不是军事、警察问题,更不是道德人格问题。世界第二次大战时,英国军队到了法国,第一件事便是找妓女,他们告诉法国军官曰:“我们英国只讲现实,不像你们法国讲什么理想,我们需要妓女,使我们的官兵精神平衡。”而中国军队也是一向口不谈妓的,日本皇军侵略我们,都自带随营军妓,中国人一瞧,简直丢脸,连嘴都要笑歪。后来美国大人曾向中国政府建议也要设立随营军妓,被官崽们道貌岸然拒之。

可是拒来拒去,拒到台湾,也拒出了“军中乐园”。军中乐园者,即随营军妓,由官府向各地聘请各色女娃,集中在一栋建筑里,编上号码,由食色性也的官兵排队买票,轮到克里斯汀·琪莱就是克里斯汀·琪莱,轮到曼蒂·戴维斯就是曼蒂·戴维斯,春风一度,四大皆空。呜呼,军中乐园的建立,在中国历史上,是划时代的一页,不但观念上和法律上呈现前所未有的变化,而在道德标准上,也受到崭新的估价。盖近代中国的娼妓,一向都由私人经营,几位有钱的朋友凑出份子,开上一个妓馆,将本求利。但军中乐园却是军办的焉,虽没有挂起官府招牌,但挂招牌不挂招牌,实际没啥影响。不特此也,该园中的妓女小姐,在法律上也得到公开的承认。尤其是道德上,军中乐园造成的真是一个尴尬的场面,如果说娼妓是高尚的职业,如果鼓励女孩子卖淫是道德的,我想一定有人要打说者的嘴巴。其实用不着别人打,就是说者自己都会打自己。可是,问题就因之而来啦,如果说娼妓是一种不高尚的职业,如果说鼓励女孩卖淫是不道德的,为啥政府还开这一行,重金礼聘女娃干之乎?

娼妓问题是人生一大困扰,很多基本原因促使娼妓发达,最主要的是上帝赋给人类一种性的本能,和一种喜新厌旧的愿望,这两种因素促使男人不能久安于室。有一位在韩国联军中服务的美国军官,办公室里用的女职员全都不敢恭维,朋友笑他曰:"你每天和这些职员在一起,不恶心乎?"他曰:"你真乡巴佬,这是一种测量器,等到有一天我对她们都起了邪念,我就知道该去东京度假矣。"中国从前的部队里,流行着两句谚语,曰:"当兵三年,母猪赛貂蝉。"盖兵大爷的年龄都在二十岁至三十岁之间,正是生命中性欲最兴旺的季节,不给他找正当的出路,它就发生变态,所以每有军事行动,往往"奸淫"和"烧杀"结合在一起,以致弄得贼军和官军没啥分别。明王朝末叶政府军追击流寇张献忠先生,小民畏官甚于畏贼,曰"贼如梳,官如篦",政府军还来得更凶猛更彻底哩。军纪的败坏原因甚多,而性欲的不得适当疏导,似乎是重要的一端。

性心理学上特别指出,人类是一种杂交动物。人们常讥笑牛焉马焉狗焉猪焉,说它们乱七八糟地交,是名至实归的畜牲。其实人类固高级不到那里去,唯一不同的是,人类创造了文明,把上帝恩赐的杂交本能,划出一个小小的纯洁领域。张献忠先生便说过:"生我者不淫,我生者不淫。"总算比禽兽稍高一点,但张先生对他的同胞姐妹如何交代,实在使人担心。普通讲起来,文明和道德使这个纯洁的圈子稳定,但在这个圈子外,凡是异性,无论是老太太也好,二八佳人也好,美如天仙也好,丑如癞皮狗也好,都没有拘束也。

15. 天子圣明

世人因受顺调分子和传统宣传的影响,差不多都有一个观念,曰“天子圣明”。认为凡是当皇帝的,无不天纵奇才,神妙非凡,论聪明,论智慧,论学问,论道德,都是第一流的焉,或者都是顶了尖的焉。可惜的是,开国皇帝多少还有点脑筋(即令是开国皇帝,也不见得每人都够水平,若晋王朝司马炎先生,便差劲得很),以后的儿孙皇帝,差不多都是鸭子屎,甚至连鸭子屎都不如。被世人认为神圣不可侵犯,简直跟教堂一样尊严的皇宫重地,外表固一派风光,内容却不过是一个杂交大院。皇帝是老嫖,后妃是妓女。皇帝治理万民之余,高起兴来,锣鼓喧天一番,啥丧心病狂,败德乱伦的事都干得出。那些事如果是小民干啦,早被万人唾弃,即令不被抓到警察局吃官司,也不能为人,上街买酱油都没人卖给你,说不定还揍你一顿。可是那玩意儿一旦出自皇帝,不但没人敢说啥,反而惶惶然向他磕头。南朝宋王第七任皇帝刘彧先生,最喜欢看女人裸体,经常下脱光之令,以资娱乐。有一天,喝酒喝到半夜,他阁下兽性大发,凡是参加宴会的女人,不管她是皇后也好,妃子也好,宫女也好,公主也好,贵夫人也好,统统把衣服脱掉,大家一块玩之。皇后妃子宫女,都是宫内之人,本来共拥一个嫖客,一定要她们裸体,也没有啥。可是贵夫人却是大官们的太太(呜呼,别看大官神气,他们的官得来固不易也),照样也得一丝不挂,供在座的男人参观。尤其混蛋的是叫公主们脱,盖公主是刘家的女儿,不是刘彧先生的姑母,便是刘彧先生的姐妹侄女,而竟也脱之。天子圣明到如此程度,真使文化打手难为情也。幸好就在当时,刘彧先生的妻子王女士就硬不肯脱,刘彧先生大怒曰:“你们家一向寒酸,如今有这般乐事,却用扇子把脸盖起来,是啥意思?”王女士曰:“快乐的事多得很,难道非姑侄姐妹聚在一堂,脱光了才算快乐?”刘彧先生骂曰:“贱骨头,不配抬举,滚。”王女士即用扇掩面而去。王女士的家人,不但不为她出气,她的哥哥王景文先生还赞之曰:“我妹妹在家时,很是懦弱,想不到竟会如此刚正,难得难得。”其实没啥难得的,如果刘彧先生不是皇帝,王景文先生早把他揍扁啦。

南朝宋王开国皇帝刘裕先生,大概血液里不太干净,所以他的王朝,可以说是一个杂交王朝。第五任皇帝刘骏先生,也是杂交先生,他叔叔刘义宣先生的几个女儿,一个个如花似玉,他就趁她们入宫朝见太后之便,留住不放。这简直比齐襄公姜诸儿先生还要冒烟,终于把刘义宣先生逼反,打了个民不聊生。刘义宣先生失败后,刘骏先生索性公开把姐妹收进宫去,生下儿子。刘骏先生在那个小朝廷偏安王朝中,被人列为中等,已经如此搞法,其他下等的,更不用说啦。

宫廷之中,人兽合一,乱伦成了常态,不乱伦反而稀奇稀奇。刘骏先生奸淫了他的姐妹,固很精彩,他的儿子第六任皇帝刘子业先生更青出于蓝而胜于蓝。不但他儿子青出于蓝而胜于蓝,就是他的女儿山阴公主也青出于蓝而胜于蓝。刘骏先生和刘义宣先生的女儿,尚是堂姐妹,依西洋大人的礼法,堂姐妹固可结婚者也,孔丘先生讲的是忠恕之道,正人君子又猛烈提倡温柔敦厚,我们可以不必提之。但刘子业先生和山阴公主,同父同母,都是王女士所生,却自己乱七八糟起来,乱七八糟之不足,当哥哥的还为妹妹选了三十个年轻漂亮,力大如牛的小伙子,以供淫乐,就更出类拔萃。

最妙的还不是兄弟姐妹乱七八糟,兽欲如强弓上的箭矢,不射出则罢,一旦射出,连自己都无法控制。刘子业先生乱七八糟之余,忽然想起来他的姑母新蔡公主,新蔡公主是刘子业先生祖父刘裕先生的第十女,生得杏脸桃腮,美不可言。年龄虽大一点,但大一点有大一点的迷人之处,刘子业先生乃请她入宫。这一入宫,姑侄不但通奸,而且恋奸,她贪图侄儿风流,竟不肯回家啦。刘子业先生心生一计,用毒药毒死了一个宫女(可怜这个宫女),宣称公主急病死亡,抬出交还她的丈夫何迈先生。何迈先生怎能不认识自己的老婆,越想越气,而又无处可以伸冤,只好谋反。谋反失败,全家斩首。何迈先生真是差劲,他若早向柏杨先生请教,知道宫廷乃是乱伦之地,皇室乃杂交大本营,便不会冒那么大的火矣。

刘子业先生平生最大的乐趣大概只有一个性字,他镇日宣淫,召集王妃公主(不是刘家女儿,就是刘家媳妇),欢宴一堂,然后下令脱去衣服,由他身旁的帮闲分子轮奸。南平王刘铄先生的妻子江女士,是刘子业先生的婶母,誓死拒绝。地头蛇人物一旦有了一点权势,便会六亲不认,何况当了皇帝?刘子业先生大怒曰:"你若不肯,我杀你三子。"江女士仍是不肯,刘子业先生竟真的打了她一百皮鞭,然后把她的三个儿子杀掉。这还不算,刘先生还大游华林园竹林堂,使宫女和羊交马交。天子如此圣明,小民还说啥哉。

不特此也,有侄女和叔父相奸的。南梁第一任皇帝萧衍先生的女儿永兴公主,和萧衍先生的弟弟临川王萧宏先生,因恋奸情热,热昏了头,亲女儿竟打算把老爸爸杀死,由萧宏先生当皇帝,而由她当皇后。幸亏事败身死,否则的话,叔父当了皇帝,侄女成了妻子,真是一大奇闻也。有弟弟和嫂嫂相奸的,北齐第七任皇帝高湛先生和李女士上了床,李女士是高湛先生哥哥高洋先生的太太,可是一旦高湛先生当了皇帝,管你是嫂嫂不是嫂嫂,先乱七八糟了再说。同样叫座的还有北魏太后胡充华女士和丈夫的弟弟清河王元怿先生,叔嫂二人,搞得满城风雨。这种事如果发生在民间,腿都会被打断,可是发生在宫廷,谁也无法。

16. 乱七八糟

上面的举一反三,还可以说那些都是短命王朝在乱世干的勾当。问题是短命不短命,乱世不乱世,乃后代对他们的论断,而当时却都是天子圣明,天下太平也。以“唱筹量沙”闻名于世的檀道济先生,读者先生知之甚详矣,他和陶潜先生是朋友。有一天,去拜访陶先生,看他穷兮兮的模样,乃劝他出来当官捞几文,陶先生不肯,檀道济先生曰:“大丈夫只有在天下无道时才隐居不仕,如今天子圣明,天下太平,你却不肯为皇家效力,岂不是包藏祸心呀。”结果如何了哉,没有多久,檀道济先生就被他歌颂的那位天子圣明的刘义隆先生,依天下太平的法律,把他逮捕砍头,连子孙也无一孑遗,杀了个净光。盖生在乱世而做官之心又如火烧的人,他怎能不昧着天地良心,硬说天子圣明,天下太平乎?

然而,即令是正正派派的天朝,所谓风调雨顺,国泰民安,宫廷之中,其精彩镜头,也是一样。唐王朝第九任皇帝李隆基先生和贵妃杨玉环女士的关系,便很够圣崽叫一阵子。盖杨女士是寿王李瑁先生的妻子,而李瑁先生却是李隆基先生的儿子。也就是说,李隆基先生乃是把儿媳收归己有的,在社会上,称之为“扒灰”。问题是,小民扒灰,被人不齿;皇帝老爷扒灰,不但没人敢不齿,大家还不是照旧向该“扒灰”下跪,说他是天子圣明乎?其实仅只是往下“扒”,还没啥了不起,甚至还往上“蒸”,就更无法无天矣。呜呼,下淫谓之“扒”,上淫谓之“蒸”,古人特地为皇帝“上淫”的行为弄了一个专用名词,可知圣明天子上淫的普遍和严重。在这方面有声有色的家伙要推卫宣公姬晋先生,他当国君之前,就“蒸”上了他的庶母齐姜女士。从前见面,他叫她“妈”的,既“蒸”之后,大概叫她“打铃”了矣,结果生了一个儿子叫姬急子。过了几年,姬晋先生当了国君,为该姬急子先生娶妻宣姜女士,进了国门,老头一打听她比齐姜女士还要漂亮,竟把她的轿子一直抬到自己卧房,来一个“扒灰”盛举。本来她见了他要喊“爹”的,既扒之后,大概也喊他“打铃”了矣。隋王朝第二任皇帝杨广先生在乱伦王国中,地位也很崇高。他即位后的当天晚上,第一件事就是急急然去“蒸”他的庶母宣华夫人陈女士。史书上对这一段的描写,颇有文艺气息。杨广先生一等他爹断了气,便弄了一个小盒子,亲笔写上“封”字,派人送给陈女士。陈女士还以为是毒药,要报她当初拒绝他的一箭之仇哩，吓得花容失色，不敢打开来看。可是不打开不行呀，宦官等候回话，催她赶快动手，只好打开，想不到里面装的竟不是毒药，而是一个同心结，你说妙不妙哉。陈女士又气又怕，可是也无可奈何。中国五千年传统文化中，似乎有这么一个现象，那就是天理国法人情，都抵挡不住权势。她呆坐了良久，最后也只好下拜。杨广先生平常喊她“娘”的，“蒸”了之后，大概同样也喊“打铃”了也。

或许有人说，上述的玩意儿都是变态，正常情形，固不如此。我倒希望它是变态，站在子孙立场，实在不愿意列祖列宗竟受治于这种禽兽人物。不过研究起来，好像不太乐观。不要说乱搞啦，就是正式婚姻，只要出自宫廷，也经常地离不开杂交和乱伦。如果柏杨先生忽然和嫡亲甥女结婚，恐怕连三作牌都要多查两次户口，以示生气。可是西汉王朝第二任皇帝刘盈先生的妻子张皇后，就是他的嫡亲甥女。盖张女士的母亲是刘盈先生的嫡亲姐姐鲁元公主，刘盈先生是鲁元公主的弟弟，嫡亲甥女成了舅父大人的妻子，而且普天同庆，真不知双方家庭来往，如何开口也。同样也是西汉王朝，第八任皇帝刘弗陵先生娶妻上官女士，上官女士是霍光先生的外孙女。第十任皇帝刘询先生是刘弗陵先生的侄孙，见了上官女士，如果他是北方人，应该叫她“奶奶”；如果他是南方人，应叫她“婆婆”；如果他写起信来，应叫她“叔祖母”。可是他却娶了霍光先生的女儿霍成君女士，这一下子，真是天下大乱，恐怕非画个世系表什么的才能说清他们的关系。上官女士本来叫霍女士成君姨妈的，这一下霍成君女士反而叫上官女士祖母；那就是说甥女变成了祖母，姨妈变成了侄孙媳妇；叔祖父成了内侄女女婿，侄孙成了姨夫。呜呼，听起来这不像皇帝家谱，而像黄色禁书。

西汉王朝如此，唐王朝亦然，大概人一当了皇帝，都以不论辈分为乐。唐王朝第十四任皇帝李纯先生的妻子郭女士，就是他爷爷亲妹妹升平公主的女儿。凡事一涉及乱伦，便十分曲折，郭暧先生娶的是唐王朝第十一任皇帝李豫先生的女儿——升平公主。李豫先生的儿子李适，跟升平公主是亲兄妹，而李纯先生是李适先生的亲孙子，简直其乱如麻，说也说不清。其实，宫廷中不但瞎搞瞎娶，也同样的瞎往外嫁，李家皇帝不是把升平公主嫁给了郭暧先生乎？生了一个儿子名叫郭钋，李家皇帝一瞧，郭钋先生堂堂一表，名门之后，乃把第十三任皇帝李诇先生的女儿汉阳公主嫁给他。好啦，读者先生如果有闲工夫，不妨研究研究郭李二家的婚姻线条，简直像进入迷宫。其中最得意的当然是李纯先生，不但自己越级娶了表姑，自己的妹妹也越级嫁了表叔，真是一场大烂污也。

这应该从根本上讲，那就是，皇帝者，乃地头蛇型人物，又因生活在"妇人与小人之手"，对伦常和贞操，根本视为粪土（当然，如果有野男人和他的皇后太太，勾上一腿，他自然咬牙），把乱七八糟，看作稀松平常。西汉王朝第七任皇帝刘彻先生的姑母馆陶公主，原来嫁给陈午先生，陈午先生享不起那种艳福，半路死掉，那一年馆陶公主已五十余岁矣，还养了一位小白脸迷死脱董偃。有一天刘彻先生去馆陶公主家吃酒，曰："请介绍介绍主人翁。"该"主人翁"乃出来亮相。刘彻先生一看，好朋友，算你有一套。史书上说亮相的结果是"诏赐衣冠"，大概做了两套西装，说不定另外还送了一辆小汽车，作为他乱搞的报酬。

17. 窝里腐烂

我们在这里并不是专门研究宫廷之事，柏杨先生将来如果上天假年，能活到一百岁两百岁，可能写一本宫廷学。盖宫廷和监狱两个地方，实际的内容和它们应该有的内容，恰恰相反。按字面来讲，监狱该是一个守法之地，凡是不守法的家伙，或是犯了法的家伙，统统关到里面，教他守法。可是固不见得也，左搞右搞之下，监狱反而成了一座藏垢纳污之所。社会上各式各样违法犯法的行为,监狱里都可以找到,而且公开地干,谁也没办法。在社会上犯了法,有监狱可以关他。在监狱里犯了法,就没有啥地方可以关他啦。高雄看守所不是发生狱吏活活打死犯人之事乎?犯人是个穷光蛋,拿不出香烟钱,狱吏就大发雷霆,予以臭揍,以励来兹,结果打得一命归天。归天还不是白白归天,你有啥办法乎哉?二十世纪的监狱尚且如此黑暗,之前的监狱更可想而知。夫监狱者,招牌上是“有法有天”,实际上是“无法无天”也。

宫廷等于监狱,小民可怜巴巴地认为天子既然是圣明之人,宫廷当然也是圣明之地。无论啥事,只要弄到皇帝那里,一定可以得到公平裁定。当皇帝的一个个正直公正,内圣外王,做人做事,无不皇恩浩荡。小民眼中,皇帝乃神仙的化身,一举一动,一言一笑,都有哲学的基础和道德的规范,简直又好又美,又高又尖。于是事情就不对劲啦,盖每一个普通小民,都有一个清洁圈,没有人去侵犯它,即令有人一时昏了头,侵犯了它,也会为法律和道德打击得头破血出。而宫廷便不然了矣,皇帝不但可以杂交,而且还可以公开乱伦,杂交视为当然,乱伦也无人可奈他何。别看有些当皇帝的不过只十五六岁,十七八岁,满身都是兽欲,但他却硬是法律的和道德的化身,强奸姑嫂姐妹都有法律基础,上“蒸”庶母,下“扒”儿媳,都有道德规范。于是宫廷也者,遂和柏杨先生府上的茅坑一样,臭不可闻也。——写到这里,看见香港《自由报》上一篇文章,文章名曰:《南宋偏安有人才》,作者李伸侯先生,摘几句原文于后,请你拜读,原文曰:“(岳)飞二上章辞太尉,诏仍不许。未几,(岳)飞扈跸至建康,召至寝阁,玉音宣谕曰:如何,何如。”读者先生请看其中叫人发麻的“玉音”吧,夫玉音者,皇帝说的话也。现在已是 1963 年 9 月,尚有人把那满腔私欲的卖国贼赵构先生说的话,称之为“玉音”,可见中国知识分子中权势之毒之深矣。呜呼,在老鸨型知识分子眼里,有权的王八就是大爷。

我们说宫廷之事,想指出一点,那就是所谓万人羡慕的皇宫,实际上只不过壳子金碧辉煌,里面固流血流脓。罗素先生曾说过,权力产生腐败,绝对的权力,产生绝对的腐败。一个人一旦成了高阶层,而那高阶层又无所畏惧,如果再有一种一意孤行的地头蛇性格,准会搞成一盆糨糊。不但男的乱,女的也乱。公主乱尚有可说,正牌皇后也乱,便没得可说矣。晋王朝第三任皇帝司马衷先生的妻子贾南风女士,嫌她的丈夫不懂风情,就派人到洛阳街头,物色年轻力壮的小白脸。物色到手之后,请他们喝上一盅,把迷药放到酒里,等到该小白脸人事不省,然后用毯子包起,载回寝宫。小白脸张目一看,噫,此何处耶?刚才还和一个老太婆说话呀。有侍女告曰:“小伙子,你有福啦,这是天宫。”男人都是臭而且贱的,既然有女自甘奉献,天宫就天宫吧,沐了浴,更了衣,一位个子稍矮一点,体态稍胖一点的女人进来,和他恩爱非常。如此神仙生活,过了若干天,再被药酒迷过去,送到刑场,照脖子上一刀,砍下尊头。

比贾女士高级一点的,有武曌女士。武曌女士是一位了不起的人物,南周王朝在她治理下井井有条,可惜生在那个女权低落时代,踢腾到最后仍是栽了个嘴啃地。这且不去说它,要说的是,她不像贾南风女士鬼鬼祟祟地搞,而是明目张胆地大搞特搞。张易之先生和张昌宗先生,两位兄弟,一个五郎,一个六郎,简直得其所哉。张昌宗先生尤其漂亮,杨再思先生便猛拍其马屁曰:“人言六郎似莲花,非也,正谓莲花似六郎耳。”杨再思先生是当时的宰相,圣崽们往往以官大官小来衡量是非,可知杨先生语不诬也。诗人以“桃花”比女人,宰相以“莲花”比男人,可见小白脸处处占便宜。这还不算,当时还有很多男人,自己吹自己的阳物巨大,床上功夫更超绝人寰,以求进宫献身。凡此都是史书上说的,非柏杨先生要写黄色文章也。

于是有人责备贾、武二位女士迷于淫乱矣,我想凡是责备二人淫乱的朋友,都应绳捆索绑,送到官崽大学堂解剖室去做实习标本。呜呼,历史上有哪一个男皇帝不是美女如云乎?男皇帝美女如云,没人敢讲话,不但不敢讲话,甚至根本没有想到那是不应该的,而且还努力奉献自己的女儿哩。一位只不过拥有三四位“面如莲花”的武女士,就容忍不得,其奴性何太深也乎哉。

人类的杂交本能，在宫廷中可以说发挥到淋漓极致，由杂交而乱伦，更如水趋下，顺理成章。《红楼梦》上柳湘莲先生对贾宝玉先生曰："你们贾府，只有门口两个石狮子是干净的。"我们也可以曰："中国宫廷，连门口两个石狮子都不干净。"贾府尚有一位尤三小姐例外，为天下有骨头的女子争一口气，而宫廷中却连一位尤三小姐都没有也。

18. 周公文王之化

世界上最大的嫖客，莫过于中国皇帝。在这方面，中国皇帝有最辉煌的贡献，连那些以荒淫神秘闻名于世的阿拉伯国王和王子，都得递门生帖子。历史书上写得明白如画，无论是谁，只要一当上皇帝，第一件事便是打女人的主意。搞搞漠不相关的女人，没啥稀奇，盖任何人都能搞之；搞搞母姑姨婶，姐妹嫂媳，才真的不同凡响。至于妻子的数目，一个两个焉，十个八个焉，有啥稀奇，盖任何有钱的朋友都可有之；必须三千五千，三万五万，才能显出地头蛇的英勇魄力。民女一旦被选入宫，成了宫女，就等于小老鼠被赶进了猫窝，凄凄惨惨，理所当然，不要说幸福啦，能够苟延不死，就算祖坟冒了青烟。呜呼，凡是宫女，都是不穿裤子的，以便皇帝万一情急，来不及传唤他的老搭档——皇后妃子，就可随时随地，就近取才。宫女们不能抗拒，也不敢抗拒，便是驾临"宝斗里绿灯户"去嫖，都没有如此方便，天子圣明到这种程度，可谓中国传统文化中的一绝。

老婆多如牛毛，是中国皇帝最大的享受，柏杨先生日夜都想活动一个皇帝干干，目的便是在此。埃及逊王法鲁克先生，是一位有名的色狼，当他还在位时，看见别人漂亮的未婚妻，不管三七二十一，说要就要，全世界为之开骂。其实比起中国皇帝的搞法，法鲁克先生差劲得远啦，连提鞋都不够资格。如果是中国的圣明天子，根本用不着拐弯抹角去“娶”，明火执仗地“封”之就行啦，封她为贵妃、为仪嫔、为婕妤、为夫人，便立刻就可以宽衣解带矣。小皇帝是小号嫖客，大皇帝是大号嫖客，全国妇女，在他龙眼之中，不过一群婊子，只要他一勾手指头，她们就得自动脱裤，不自动脱裤就是反调分子，就是心怀叵测，就是叛乱叛逆。中国文化中缺少灵性的部分，在当皇帝的身上，可以找出一大堆。呜呼，堂堂中华，五千年来，一直受着大小嫖客统治，真是怎不羞煞人也么哥。

多妻制据说是周公姬旦先生发明，怪不得圣崽们对他百般崇拜，原来大家都是站在一条战线的也。从前有一位老爷想讨小老婆，太太不肯，老爷曰：“这是周公定的规矩，你是什么东西，胆敢不听。”太太曰：“周公是男的乎？女的乎？”老爷曰：“当然是男的。”太太曰：“这就对啦，如果周公是女的，就不是这样也。”周公可以说是圣崽之祖，一块金字招牌，谁都不能碰。先是孔丘先生捧之，接着是孟轲先生捧之，最后朱熹先生更是捧得连吃奶力气都使出来啦。君看过“朱注”的《诗经》乎？连男女间的爱情恋诗，他都一口咬定“周公文王之化”，周公姬旦先生已经如此啦，周文王姬昌先生仅儿子就有一百（读到这里，请少安毋躁，夫姬昌百子，书有明文，不是我故意造谣），老婆之多，一定可观，是则他阁下不但是一个大嫖客，简直是一个超级嫖客矣，实在看不出他们有啥“之化”的。

前已言之，权力产生腐败，绝对权力产生绝对腐败。中国皇帝较世界任何国家的皇帝都有绝对权力，不但法律拘束不了他，连天理也拘束不了他。皇宫里种种花样，遂不可问。明王朝第十八任皇帝朱由崧先生经常吃下奇药，一夜间能淫死几个宫女，由太监从后门抬出埋掉。中国小民水深火热，民族灵性似乎是先从高阶层烂起来的。半个江山已经完蛋啦，朱由崧先生在南京坐金銮宝殿，任何人都会以为他一定拼着老命，发奋图强，虽不能像宣传上说的如此那般，卧薪尝胆，枕戈待旦，但忧心如捣，总应有的。谁都想不到，史可法先生已经殉国，清军已经渡江啦，他阁下死到临头，下的“诏书”却不是叫人如何抗敌，而是叫地方官捉青蛙，以便他制春药之用。悲呼，当皇帝的家伙无一不是性的奴隶，在性的征服和奴役之下，没有理智，没有自尊，没有人性，没有道德。

前些时我去花莲观光，有一个学生向我请教“文人无行”的意义。他问时两目闪闪发光，直把我瞰得汗流浃背，恨不得马上去警察局自首说我刚才杀了肯尼迪。真不知道这四个大字是谁发明的。盖文人即令无行，也不过小小地搞一下，根本大发不到哪里去。柏杨先生看上邻居的张太太，顶多爬爬墙头，挨一顿臭揍而已，我能下令把张先生杀掉，而把张太太接到房子里乎？柏杨先生看上一位漂亮大学生李小姐，顶多写些肉麻情书，拦住她挤眉弄眼而已，我能派一个钦差，堂堂皇皇到该大学堂选拔一百位美女乎？仅此一端，文人无起行来，也未免太可怜兮兮矣。发明这四个大字的朋友，所以如此发明，似乎又和中国传统文化有关。中国传统文化里似乎缺少是非观念，而只有利害观念。韩信先生曰：“识时务者为俊杰。”噫，家奴型探头一瞧，皇帝手执钢刀，可以随时杀人，怎敢乱碰。他如果发明了“皇帝无行”，也像柏杨先生一样，把研究的结果，公布出来，再下一个定义，曰：“大多数皇帝，都是超级嫖客和丧失人性的地头蛇。”恐怕定义还没有下完，喀嚓一声，尊头就砍掉啦，不但他的尊头砍掉，他父母妻子儿女九族的尊头，也会同样砍掉。既有如此危险，只好闭口不提；而且良心一昧，还一口咬定天子圣明，“周公文王之化”，消极地避免喀嚓一声，积极地以便弄个官做。至于文人，手无寸铁，骂之辱之，悉凭其意，而且毫无后患，于是一声吆喝曰：“文人无行。”加上有些文人先生，偏偏的也确实无行，被瞰在眼里，伸手抓住小辫子，就更振振有词地大喊大叫矣。昨天晚上，朋友驾临柏府聊天，聊着聊着，他忽然大骂起来钱谦益先生，说他明亡不死，投降满清，不是文人无行是啥？说时唾沫乱溅，声震四邻，唯恐别人看不出他是“有行”的忠贞分子。说得我心头痒痒，忍不住问曰：“吴三桂先生不但投降满清，还引敌亡明，又杀了明政府最后一个皇帝，你为啥不说‘武人无行’乎？为啥不说‘将军无行’乎？”该朋友听啦，半晌不说话，非他不肯说话也，是他不敢说话也。家奴型嚷嚷文人无行，顶多柏杨先生顶撞他两句，没有一点危险。他如果一口定武人无行或将军无行，他就有牢可坐矣。

19. 洋人宫廷

凡宫廷都是藏垢纳污之所，我真希望有人专门写一本研究宫廷的书，把天子圣明的嘴脸，全盘托出。如果这样做的话，真是对圣崽的一个打击。朱熹先生和他的狐群狗党者流，如果再瞎喊"后妃之德"，脸上就挂不住矣。不过宫廷之糟，不仅中国如此，洋大人之国，也是如此。盖不要说宫廷啦，便是普普通通的凡夫俗子，只要有一点权和钱，就难免不往腐败的坑里跳。

现在英国的民主政治为举世所钦敬，但他们的民主政治是英国小民用血争取的，不像落后地区的小民，一点一滴，都靠恩赐。所以他们的民主根深柢固，为国家带来万世太平，更为世界树立一个高贵的政治生活榜样。然而在小民用血争取到民主之前，英国国王也是混账的多，像样的少。不过因为民族性和政治形态的不同，英国国王拆的烂污，和中国皇帝拆的烂污，也有不同。

中国皇帝对他的太太，满意的话，当然不用多说，如果一旦不满意啦，倒是很少敲锣打鼓杀掉的，最普通的是"打进冷宫"。所谓冷宫，并不是该宫真的堆着很多冰块，不过是一个单独院子，有吃的也有喝的，大概也有玩的，只没有男人而已，如果柏杨先生住在那里，乐都要乐死。即令当皇帝的把太太杀啦，对自己的亲生儿女，差不多都仍顾念，只要不作出叛逆之事，也总会封王封侯，有得一碗饭吃。而洋大人的干法便不然矣，夫妻一旦反目，不是离，就是杀，几乎没有中间路线，中西华夷，长短不一，各有特色者也。英国最有盛名的国王亨利八世先生,其荒其唐,不逊色于中国任何帝崽。他一共结过六次婚,也就是说,他行过六次婚礼,娶过六位太太,在这一点上,他就没有中国皇帝舒服。中国皇帝只结一次婚,其他时节娶太太,只要“封”一下就成啦,真是天下最惬意的事,亏得圣崽们想出这种制度,而英夷便非得每一次都要结婚不可。

亨利八世先生对六位太太似乎都是玩玩便腻,玩腻之后,心头一烦,就下令杀之。没有中国来得文明。隋王朝第二任皇帝杨广先生大驾崩殂的时候,还提醒杀他的人曰:“皇帝有皇帝的死法。”那就是说,小民的死,可以拉到街上,亮相之后,咯嚓一声。当皇帝的如果也去亮相,高呼“二十年后又是一条好汉”,便不够意思矣。提醒的结果,叛军们乃免除了他的亮相,也免除了咯嚓一声,而改用一条白布,把他勒死,虽然听不见咯嚓一声,颇为遗憾,但杨广先生被勒得肚大如鼓,伸舌瞪眼,哼哼唧唧,屎尿直流,似乎和皇帝的身份也不太相称。

亨利八世先生对玩腻了的太太,既不肯采取高欢式的离法,让给别人。也不肯采取杨广式的死法,关门勒死算啦,所以他所有的太太都是在光天化日之下,送上断头台的,固王八蛋之流也。

亨利八世先生六个太太中,被他名正典刑了四个,只有原配凯瑟琳女士,感情最好,她生的女儿,亨先生也爱如掌上明珠。可是拥有绝对权势的人最不可靠,恩恩爱爱了几年之后,又感觉到腻啦,腻啦虽然腻啦,因为凯瑟琳女士是他的第一个老婆,大概多少还有点结发之情,没有咯嚓一声,而只把她囚禁起来。如果换到中国,囚禁起来就算啦,除非叛逆,不会祸连其子,可是西夷之人,也真奇怪,母亲失宠,竟连亲生女儿都不认账。亨先生把脸一翻,向国人宣布说,凯瑟琳女士只不过是他的寡嫂,他天纵英明,如圣如神,岂能和嫂嫂结婚?和嫂嫂苟合生的女儿,自然是“私生女”。按说私生女也是他的嫡亲骨肉呀,可是亨先生不管这些,竟把她逐出皇宫,不准进来,连她母亲凯瑟琳女士临死时想见一面都不行。中国历史上,这种例子不多,盖中国皇帝杀儿杀女的,虽代代皆有,可写一本厚书,不过大多数是基于政治理由,很少基于情欲理由。俗云“虎毒不食子”,连骨肉都不认账,何以当皇帝的和当国王的尚不如禽兽乎哉?我想亨先生实在没有不承认女儿的道理,可能是以后的太太以驱逐前妻儿女为条件,被搞昏了头。不幸的是,亨先生左杀右杀,一命呜呼之后,女儿仍继承了王位,当了英国女王,该女王即历史上有名的“血腥玛丽”,杀人如麻,大概恨透臭男人啦。

华夷宫廷再一个不同之点是,中国宫廷中的女人,除了皇帝的亲娘之外,其他各色人等,无论后也好,妃也好,贵人也好,昭仪也好,其他花样的名堂也好,不过是皇帝一个人的玩具,随时可以取乐,而且玩之即来,玩毕便去。皇帝喜欢谁,就把谁弄进宫,“封”她一个啥妃啥嫔,反正那些名号都是自己定的,想怎么定就怎么定,想怎么封便怎么封。中国历史上似乎只有两个皇帝在皇宫之外,还有正正式式的情人,一位是宋王朝第八任皇帝赵佶先生,他的情人是有名的李师师女士,经常到她那里去欣赏风尘女郎特有的韵味。其次就是唐王朝第九任皇帝李隆基先生和虢国夫人,也许是杨玉环女士吃醋,也许是李隆基先生觉得偷情另有风情,他竟没有把她也弄到宫里“封”之,而仍叫她住在她自己家,只不过经常“淡扫蛾眉朝至尊”一下。呜呼,换了其他皇帝,恐怕早都收归国有矣。

洋大人在这上似乎比较清洁一些,无论如何,洋大人不允许多妻制度存在,即令皇帝也不例外。亨利八世先生如果是中国国王,可能不会大动干戈,只要一道诏书下来,左“封”右“封”,六个太太和平共存,啥纠纷都没有矣。可是法律和风俗习惯只允许有一位太太,便不得不离之,离不了便不得不杀之,以清道路,而纳新鲜。所以洋大人虽努力反对多妻制度,却另外建立了情妇制度。几乎每一个国王,除了正式妻子王后之外,还要有一个以上的情妇。国王如此,小民努力效法,天下遂十分热闹。

20. 多妻制度

有些正人君子看了美国电影明星的搞法，不禁摇头。我想，如果是为道德堕落，家庭危机摇头，还算师出有名。可惜正人君子之摇，往往是义和团之摇，便离题太远矣。他们曰："哼，(此一"哼"很重要，用以表示抓住小辫子之意，)中国多妻制，洋人倍加讥笑，说我们野蛮啦，说我们腐败啦，而他们三天两天便离婚，可以合法而公开地和很多女人睡觉，仔细想一想，不是多妻制是啥？"要是不仔细想想，多妻制和情人制，倒有点一样，但如果真的仔细想想，恐怕大大的不同。多妻制的精华是臭男人可以在同一时间同一空间，拥有很多很多太太，而情人制则恰巧相反，绝不能在同一时间同一空间拥有一个以上的太太。一个人结婚次数再多，像亨利八世先生，结了八次婚，不是八位太太并肩进入他的皇宫，而是鱼贯进入他的皇宫。多妻制下的臭男人一辈子只要结一次婚就够啦，他一次就可以娶进八个，比起情人制下的零星进货，乃大手面者也。

因为多妻，所以产生宦官；因为一妻，所以产生情人。都是臭男人兽欲冲天的干法，教柏杨先生都有点不好意思。正人君子要想维持多妻，花了不少心思，皇帝的妻子最多，既怕她们跑掉，又怕她们跟别的男人上床，日夜战兢，放心不下。幸亏皇帝的权力也最大，乃把她们锁在一个院子里，风雨不透。不要说男人影子啦，就是男人味也闻不到，而且用的是以女人伺候女人政策，真是牢固可靠，万无一失。问题在于，有些较为笨重的工作，女人体力干不了的，或者和外界接触，女人有许多不方便的。不知道哪个家伙，大概是被称为周公的姬旦先生吧，竟发明了宦官这门学问。男人虽是男人，生殖器却是割掉了的，该一类朋友，有男人的用场，而无男人的危险，真是绝大的贡献。故当皇帝的一直乐此不疲,为中国五千年优秀的传统文化之一。呜呼,"孔曰成仁,孟曰取义",我想活生生把男人的生殖器割掉,恐怕不算是仁,也不算是义也。可是这种割掉生殖器的宫廷制度,五千年来,包括所谓圣人朱熹先生和王阳明先生在内,却没有一个觉得它不对劲,真是怪哉怪哉。以中国圣人之多,道貌岸然之众,又专门喜欢责人无已时,而对皇帝割人的生殖器,竟视若无睹,叫人大惑不解。我想不外两个原因,第一个原因是,虽然有人觉得不对劲,但因该事和皇帝的绿帽子有关,便不得不自动自发,闭口无言。如果皇帝听了他的建议,废除宦官,找一批年轻力壮小伙子代他看守美女如云,恐怕绿帽缤纷,杀气四起,届时真得服巴拉松矣。历史上任何一个吃冷猪肉的朋友,虽名震天下,可是遇到皇帝割生殖器,就只好假装没看见。

第二个原因是,五千年来,君焉臣焉,贤焉圣焉,都在浑浑噩噩混日子,可能根本没有一个人想到活生生割掉生殖器是不道德的。中国文化中缺少的似乎就是这种敢想敢讲的灵性。皇帝有权杀人,他就是"是",不要说割掉几个男人生殖器没啥了不起,就是杀掉千人万人的脑袋,也理所当然。积威之下,人味全失,而奴性入骨,只要你给我官做,你干啥我都赞成。

多妻制因有绿帽恐怖,所以产生了宦官,除了宦官之外,帮闲的圣崽还发明了些哲学焉、理论焉的玩意儿,把女人结结实实关在内院,除了"三尺之童"外,别无男人的影踪。幸亏十世纪之后,宦官是皇帝的专利品,大概当皇帝的也知道把人的生殖器活生生割掉,残暴不仁,是狗娘养干的勾当。可是为了自己的利益,又不肯把它取消。想了又想,乃拿出"幺鸡吃烧饼学"精神,只准他的幺鸡吃烧饼,不准别的幺鸡吃烧饼。也就是,皇帝防太太,可用割掉男人生殖器之法;其他小民防太太,则不准遵割炮制。如果大家都遵割炮制的话,男人中恐怕一半都要被动手术。呜呼,东夷之国也,西夷之国也,有阉猪的,有阉羊的,有阉牛的。只有中国,连人都阉起来,而且堂而皇之地阉,被阉的家伙一旦时来运转,像魏忠贤先生,像李莲英先生,简直把国家人民都当成玩具，玩了个够，你说中国传统文化中，真的不缺少一点东西乎？

洋大人因为只有一个太太，容易看守，用不着像中国这样出奇制胜。前已言之，中国皇帝固天生的超级嫖客，其实洋皇帝也差不多。女人如何，我不知焉，我只知道臭男人一旦衣食无缺，再有一点钱，或再有一点权，就会不安于室，脑筋里的怪念头就会纷纷上市。如果该臭男人是一个皇帝国王，法律既不怕，道德也不在乎，舆论更当成个屁，他自然更花样翻新，除了皇后王后一人之外，必须另有一两位“情人”，才算过瘾。洋皇帝中没有情人的，似乎还没有听说过。中国皇帝对女人，采取的是一把抓主义，若李隆基先生和虢国夫人有一手，那一手也不明显。不过小民想象，她每天进宫，和色狼鬼混，还能混出啥名堂？乃姑妄猜之，大家也觉得猜得不错，而他们自己固未公开乱搞也。

洋皇帝则有不同，情妇是光明正大的，犹如中国割掉男人生殖器是光明正大的一样。法国国王路易十五先生的情妇玛丽·珍妮·碧谷女士，不过是一个小小帽子铺老板的女儿，在遇见路易十五先生之前，穷得滴溜乱转。后来天赐良机，一个皮条型大臣杜巴利先生，发现她美貌无双，就把二人牵在一起。一个色中饿鬼，一个钱中饿狼，各取所需，以后的事就不要说啦。换在中国，早用宫车把她载到紫禁城，“封”个什么妃什么嫔什么夫人矣。可是洋大人之国不兴那一套，洋大人兴的乃是情妇制。路易十五先生就命令她和她的荐主杜巴利先生结婚，因而成了杜巴利夫人。他们结婚虽然结婚啦，据古书上说，却并没有发生结婚之事，白天在一起，一到了晚上，杜巴利先生去嫖他的，玛丽女士也去嫖她的，路易十五先生花到她身上的钱，共达一千万金元之多，而她从前固连二十块银币都没见过也。结果被法国革命军捉住，绑到断头台上，喀嚓一声，玉头落地，糟哉。

21. 女人不是人

把心爱的女人推给别人，叫别的男人当丈夫，而自己照样和她睡觉，这是洋皇帝的艺术。俄国名诗人普希金先生便是为了如此这般而死。他的妻子美如天仙，被俄皇尼古拉一世先生看中。如果是被中国皇帝看中啦，管你愿意不愿意，诏书一纸，宫车一辆，拉了就走，到了地点，圣明天子就来一个霸王硬上弓。但洋国王则一定想办法把该女人引诱得心甘情愿才行，如果她贞节自誓，国王也无可奈何。不过大多数女人都是眼皮薄的动物，只要能把她弄到美国，她都肯和你睡觉，甚至为你生子，何况当国王的情妇乎？普希金先生发现绿帽隆重而降，怒火冲天，要求和皮条型决斗，决斗的结果，普公以身殉帽。尼古拉一世先生一听普公死啦，龙心大悦，就叫普太太嫁给一个叫兰斯科依的家伙。呜呼，我想天下最理想的丈夫莫过于兰斯科依先生矣，他自结婚以来，除了供给太太花费挥霍外，啥都不管，也都不问。他的尊府和台北后火车站的绿灯户一样，尼古拉一世先生每逢光临，他招待一番，即行溜走，真是既戴绿帽子又兼大茶壶，人间最难得的好差事也。

为情妇找一个软壳丈夫，是方式之一。另一种方式是不管她丈夫愿意不愿意，反正郎有心妾有意，硬是公开地搞，该丈夫也没办法。这就又和中国不同。中国皇帝看上了有夫之妇，他想到的绝不是和该丈夫和平共存，而是把该丈夫宰掉。历史书上这一类事多得是，写不胜写。看起来便是戴绿帽子，洋绿帽子也比土绿帽子容易戴。法国蒙泰班侯爵夫人，本来是一位纯洁的女孩子，而且看不惯宫廷的乱七八糟，决心走开。可是就在走开的前夕，她做了一个春梦，梦见法王路易十四先生爱上她啦，呜呼。她之看不惯宫廷乱七八糟，是酸葡萄作祟，一旦自已有希望吃葡萄，葡萄也就不酸啦。自从有了春梦，她竟变卦，不肯走啦，蒙先生早已准备完竣，自然气得死去活来，只好向亲友扬言她已死矣，还弄了些仪葬队来为她出殡。后来蒙夫人果然当上了路易十四先生的情妇，而且一连串为他生了七个孩子。再后来，路先生觉得有点儿腻，换换口味吧，新口味也是一位有丈夫的司卡隆夫人。蒙夫人只好狼狈出宫，这时候她竟异想天开，想求蒙泰班侯爵收留她，蒙先生还算有点骨头，严予拒绝，否则男人便太不值钱啦。

然而，情妇也者，并不一定仅限于有丈夫的，在皇帝眼中看来，有丈夫的固然妙，根本没有出过嫁，仍是黄花女儿的小姐，当然更妙。蒙夫人出得宫来，还有投奔故夫一条路，如果是一位小姐情妇，便会两样矣。有些情妇被玩腻啦，逐出宫的时候，年已半百，儿女成群，可是仍是“某某小姐”，在中国便无此奇境也。

李隆基先生乱伦，所用的方法是一手遮天，把儿媳收为已有，正式“封”为贵妃。法国亨利先生乱伦，所用的方法是把弟媳诱到宫中，当作情妇。表面上她一直是菲立夫人，可是她却跟大伯子公开生下三个孩子。中国还全力掩饰乱伦的勾当，仍然塑成天子圣明的嘴脸。而法国却根本不在乎，不是法国小民不在乎，而是法国宫廷不在乎，这固可看出中西文化不同之处，同时也可看出中西文化相同之处。盖无论中西华夷，极端的权力，一定产生极端的腐败，人性固一样也。

多妻制既产生宦官，所以中国政治史上，宦官占有重要地位。现在如果遇到有一位为了当官，而竟割去生殖器的朋友，大家准笑得前仰后合。这是时代有异之故，如果我们生在有皇帝的专制时代，恐怕见了该因做官而割去生殖器的朋友，便笑不出来。柏杨先生还说不定猛撅屁股，以头碰地，喊他万岁万岁万万岁哩。中国最早的阉货赵高先生，他能把开国功臣李斯先生杀掉，还能用政治力量把鹿变成马,最后一高兴,索性连秦王朝也都搞亡,如此威力,历史上还是亘古一人。但中国最巨的阉货,则应推魏忠贤先生。魏先生的苗头大啦,折腾起来,也比赵高先生的花样多。赵高先生程度只不过小学堂毕业,而魏忠贤先生却是真正官崽大学堂一等一级博士,他最高潮的时候,生祠遍天下,全国各省省长,中央各部部长,都是他膝下的干儿子,仅此一点,就够瞧的。赵魏两位先生,不过是荦荦大者,其他星星片片的阉货多矣,如果说一部二十六史,是一部宦官史,虽不中,也差不太远。

一妻制度产生情妇,情妇地位和中国宦官地位一样,轰轰烈烈,重要非凡,法王路易十四先生的情妇,便几乎使法国破产。玛丽·安吉丽加女士,被路先生"封"为"芳丹吉亲王",在她未被"封"之前,不过一个小店学徒,一个月只十几块钱。可是一旦被路先生收为情妇,态度就变啦,眼睛也变啦,脾气也变啦,仅零用的钱,每月便需要十万美金,这钱都来自法国纳税人。幸亏她只搞了四年,便伸腿死掉,否则法国大革命恐怕就在她手下爆发矣。

中国历史上很多把王朝搞覆亡了的女性,据说妹喜小姐亡夏,褒姒小姐亡周,妲己小姐亡商,西施小姐亡吴,冯小怜小姐亡齐。不管那王朝是不是真被她们搞亡的,大家既如此地传,我们不妨如此地谈。而西洋却没有听说哪一个正式王后把国家弄得危如累卵,只有情妇才不顾一切。葡萄牙国王曼纽尔先生在巴黎姘上了一代尤物歌星兼舞星嘉贝·德丝莱女士,拼命报效。嘉女士不过一个烂货,自从认识了曼先生,一听说他是国王,哎呀,财神爷来啦,就把过去的情夫统统踢出大门,尾随曼先生到里斯本。不由分说,硬闯皇宫,把卫兵们闯得愣头愣脑。大概她也确实有两手,曼先生不但留她在皇宫住下,还送她大量贵重礼物,以致国人大哗,曼先生竟因此卷了铺盖。中国皇帝的情妇,以虢国夫人而言,她有这么大的劲哉?

22. 帝王乃绝妙之物

我们说了这么多,不是专门掀皇帝老爷的底牌,而是想到了嫖客,顺便想到他们,再顺便提上一笔。盖皇帝乃绝妙之物,宫廷里虽然关了千万美女,一个个其貌如花,他还不过瘾,觑个空仍悄悄跑到绿灯户找妓女小姐睡上一觉,贱骨头贱毛病,不可救药者也。宋王朝第八任皇帝赵佶先生,有名的"道君",道君者,有道之君,也是道教的"教主"。既是教主,当然德配天地,道冠古今。他最伟大的功勋是把宋王朝几乎弄亡,一半中国,陷于蛮族之手,兹事太大,不在本文讨论之列。我们讨论的是,前已言之,他这位"道君""教主",花样可多啦,最著名的是他还嫖到了后火车站的绿灯户李师师小姐家。

李师师小姐既是一位妓女,当然嫖客如林。其中有一位嫖客大概也在报上常写些小文,闲暇下来,也写两首歪诗,提起此人,颇有名气,周邦彦先生是也。如果换到现在,作家穷得连菜汤都没得喝,自然不敢有非分之想,而宋王朝时的稿费,可能养生有余,周先生自然未能免俗。有一天,周先生和李小姐正在火山爆发,赵佶先生驾到,周先生跳墙不及,只好爬到床底下躲之。赵佶先生进得房来,和李师师小姐免不了如此如此,那般那般。周邦彦先生一一听见,怎不烦恼,好容易等到赵佶先生滚蛋,乃作《少年游》一词咏之。词曰:"并刀如水,吴盐胜雪,纤手破新橙。锦幄初温,兽香不断,相对坐调笙。""低声问:向谁行宿?城上已三更。马滑霜浓,不如休去,直是少人行。"翻译起来,便难为情矣。话说赵佶先生进得屋来,李师师小姐拿出广柑,用小刀剥之,露出白白的皮肤和细细的手指。她一面剥,小丫头一面准备战场,用汤婆子把被暖热,为了增加情调,还点上檀香,然后溜掉,只剩下狗男女二人。"调笙"者,可能是很色情的双关语,也可能真的正正派派拉一阵梵亚铃听听。至于“低声问”,没有主词,弄不清是谁“低声问”,是赵佶先生低声问乎,抑是李师师小姐低声问乎,反正不管谁低声问吧,都叫听的人发烧,几句话全是用来留客的。幸亏赵佶先生爱国心切,没有睡到天亮,否则周先生在床下也趴亮,说不定四肢发僵,得了风湿症,做不出词来矣。

世界各国,经常的都要闹一阵禁娼盛举,以示道貌岸然。只有中国,禁过赌,禁过酒,禁过缠足,禁过贩卖人口,独独不常禁娼。大概实际上有其困难,试想禁娼如果禁到李师师小姐尊府,三作牌手拿铁链,闯了进去,正碰上赵佶先生在那里“相对坐调笙”,恐怕是难难难难。顶多某一个官员,他下令在他的辖区内禁之;而全国性的禁,从未曾有,因皇帝老爷好的便是这个调调也。

妓女是怎么产生的,以及怎么演变的,似乎有一本《中国娼妓史》的大作,读者先生如有研究兴趣,不妨购之参考,我们不再讨论矣。反正大家都明白那是怎么一回事,皇帝快快乐乐示范于上,小民快快乐乐效法于下,社会遂热闹起来。古书上常有记载,当官的在正式宴会上一时高兴,就叫妓女小姐光临,唱歌的唱歌,弹琵琶的弹琵琶,骚人墨客,还作诗作词,表示多情,好不春意盎然。道学家鼻祖朱熹先生,还为了其中一位妓女小姐不肯爱他,而大吃其醋,辣手摧花,把她的屁股打得稀烂。不特此也,更把小报告打到皇帝那里,以求斩草除根。可见虽圣人之辈,都抵挡不住。好像是一直到了清王朝,妓女才不官办,否则的话,一直官办到现在,那才精彩绝伦哩,烟酒公卖局隔壁就是娼妓公卖局,官拜局长的朋友,可以身兼两职,官架子当可更为坚硬。

古时候有些大臣得罪了皇帝,皇帝大怒,就把该大臣杀之,而把他的妻子儿女姑姨媳妹等等太太小姐,发给教坊。教坊,娼妓公卖局也。这真是一个奇异可观的场面,在某一方面说,有些官太太官小姐,平常鼻孔朝天,威风到顶,坐着汽车,抱着洋狗,用我们小民纳税和红包之钱,一会去美国跳一个舞,一会去瑞士划一次船,你叹一口气,她十里外都闻到口臭。一旦树倒猢狲散,把她捉住,送到娼妓公卖局。柏杨先生左借右借，凑了三五百元，前往一坐，呼龟公曰："叫裘丽，玛丽，玛格丽出来我瞧瞧。"龟公先生鞠躬曰："禀老爷，我们这里姑娘，裘丽有七个，玛丽有九十个，玛格丽有一百三十五个。"我曰："我要的是啥啥长的女儿，啥啥长的太太，啥啥长的媳妇。"如此这般，把那女人叫到跟前，仔细端详，发现她老子老公贪赃枉法的钱仍在她的发际闪闪有光，便不禁大乐。不但我一人乐，如果真有那么一天，凡是被整过的小民，纵是花上一千两千，都应前往大乐。

然而这并不是说我就赞成娼妓公卖局，如果真的成立了该局，我看就糟啦糟啦。呜呼，翻翻历史就可知道，当奸贼的先生，有几个是喀嚓一声的耶？最伟大的一脸忠贞学秦桧先生，便是享尽了荣华富贵，才寿终正寝的。这是中国传统文化一项特征。大多数奸贼先生都过着好日子，而大多数忠义之士，都被"杀人如草不闻声"。岳飞先生被赵构先生用法律明正典刑之后，他的太太和女儿如果送到娼妓公卖局，真是叫人哭都没处哭矣。有些朋友说，当皇帝的哪有那样混蛋？该朋友事实上不敢睁眼瞧瞧，如果睁眼瞧瞧恐怕心都碎啦。明王朝第三任皇帝朱棣先生杀了方孝孺先生和铁铉先生之后，把他们的妻子女儿发到娼妓公卖局，每一个人派二十几个男人轮奸，一直轮奸了一年，奸出了身孕，朱棣先生还下诏书曰："生下女的当奴，生下男的拉出给狗吃了。"噫，酱缸之中，正义常常是屈辱的。所以我不赞成设立娼妓公卖局，否则有一天袁崇焕、熊廷弼先生的夫人和女公子到里面给我们小民端茶，怎么能受得了乎？

23. 种种之"星"

然而，这并不是说娼妓小姐都是被迫的——包括被政治所迫或被生活所迫，君读过斯坦贝克先生的大作《伊甸园以东》乎？厚厚的一本书,写一位凯茜女士的故事,她阁下是一个伟大的典型,平生无他好,就是喜欢当妓女。好好的一个富有的家,恩爱的丈夫,成器的儿子,她都不爱,偏要千方百计逃走,到绿灯户卖淫;她丈夫劝阻她,她就给他一枪,本来要击中他心窝的,竟没有击中,算是他运气。要说她没有吃过当妓女的苦头,也不见得,她就是被嫖客用马鞭抽得死而复苏,认识她丈夫的也。

很多人对这本书大惑不解,柏杨先生当初也曾吓过一跳,如果换了我,不要说有一个无可挑剔的家啦,就是不挨饿不受冻,我都不去卖淫。这不是说我颇有道德,说我颇有道德的人我真得请他下小馆。而是王八好当气难受,娼妓好当气也难受也。嫖客的气固然难受,龟公的气更是难受。但凯茜女士却乐此不疲,是何缘故乎哉耶?《三字经》似乎可以改为“人之初,性本恶”矣。其实用不着看小说,把眼光放到台北绿灯户上,也会有不少发现。常听到有些人穷嚷嚷要把妓女从水深火热中拯救出来,好像娼寮铁定的水深火热,妓女小姐在那里也铁定的含垢忍辱,痛不欲生。执这种论调的先生,幸好没有碰到凯茜小姐,如果碰到凯茜小姐,准打他的嘴巴。去年(1962)台北市政府曾对所有的娼妓有一个调查,结果并不理想。调查人总以为妓女小姐准个个都愿意跳出火坑的,想不到问来问去,竟发现颇有些姑娘,严遵“安份守己”的古训,表示愿意继续如此如此,盖“这种生活”也不错呀。当报上发表了这项消息,大家看啦,真是又泄气又乏味,半晌说不出一句话。

关于人类的性善性恶,迄今未有一个结论,不过一个女孩子如果没有后天的环境,即令先天的再坏,也不见得会坏到立志做一个名妓。可能既然当上了之后,觉得万事不如娼妓舒服,虽有嫖客的气和龟公的气要受,不是大乐小苦耳。正因为如此,对娼妓的取缔才有困难,尤其是一旦成为名妓,就更吃得开啦。呜呼,名妓者,即名女人;名女人者,即名妓,而现在扩而大之,更包括种种之“星”。噫,荒唐小子,到了花街,花五块钱就可乱七八糟,但一旦她成了名女人或“明星”,若法国茶花女小姐,若中国的花魁女小姐,就不简单矣,即以台北市的名女人而论，其价钱之高，恐怕非你我之辈所能问津也。

俗云："婊子无情，戏子无义。"不是他们从娘胎里出来便无情无义，而是其生活方式，使她不得不然。妓女小姐如果和每一位嫖客先生都真心相爱起来，她还能活下去乎？戏子们整天演悲欢离合，晚上倒头睡大觉时，想一想谁是谁的夫？谁是谁的妻？谁是谁的朋？谁是谁的友？便不禁觉得人生真没有意思，虽不至于因此看破红尘，但也淡得多啦。比不得普通人，一辈子死守着一个据点，身份关系很少变化。看起来似乎戏子的花样最多，非她变得快，乃她看得不严重也。有些人把戏子也归入婊子之类，未免有点勉强，这种归法只是哲学的，不是科学的也。即以美国红极一时的伊丽莎白·泰勒女士而言，把别人的夫妻拆散，而自己硬往上嫁。世界舆论对她颇不原谅，有些地方还不准她前往，说她坏透啦，简直是婊子。但伊女士无论如何都不是婊子，不管她横刀夺夫对不对，她夺夫后的目的是结婚，而不是乱搞。只是猎夫的方式和别人不同而已，不能就因此说她是妓女，盖妓女的特征是仅和男人睡觉，而不和男人结婚。

"妓女"的定义，就是"无情"；如果她是妓女，她就得无情；如果她有情，她就要危险万状，当不成妓女矣。古南京有一条街焉，曰沉香街，便是婊子无情的故事。名嫖项墨林先生，嘉兴人也，嫖来嫖去，嫖到南京，和一位妓女小姐打得火热，而且竟然爱了起来。临走时，妓女小姐拉着他的手，双目流泪，那份缠绵，乃经过特殊训练的，自然感人入骨，把名嫖都唬住啦。回到家后，用檀香木做了一张大床，玲珑工巧，再加上名贵被褥，至少也值十万美金，然后用巨船运到南京。到了南京之后，床尚未上岸，项先生先驱车往访，进得门来，该妓女恰巧有别的嫖客在座，见了该名嫖，已不认识矣。项先生就有点泄气，通过姓名，该妓女似乎有点记起，项先生的气就更大泄特泄。后来听说有东西要赠她，该妓女才堆下笑脸，恢复爱情。项先生遂命人把檀木床抬到门口，群妓一听呆啦，名嫖不愧名嫖，手面果然巨大，一个个羡慕得连口水都流出来。项先生乃大摆筵席，花天酒地，热闹到一半，忽然站立，指着该妓女曰："我以为世上情种，都在妓院，所以不惜千金，来买一笑。谁晓得分别才不过一月，你就忘光。”讲演已毕，叫仆人把箱子里带来的貂皮大衣，玻璃丝袜，巴黎香水，兔毛毛衣，口红蔻丹，钻石项链，连同该价值连城的檀木巨床，用铁槌敲碎，然后一火焚之，扬长而去。异香袅空，半月不散，故名之为沉香街焉。呜呼，这故事之所以流传下来，大概是要谴责该妓女无情；项墨林先生之所以露这一手，也大概是让该妓女懊悔一番，并且叫别的妓女小姐瞧瞧，寓“以此为戒”之意。不过我想该谴责的不应是妓女小姐，而应是项墨林先生，不知他从哪里得来的灵感，认为世上情种，都在妓院。呜呼，到妓女小姐身上找爱情，等于到火炉里找活鱼。一念之差，纵是名嫖，都不得不栽斤斗。

24. 逃不出滴蜜的舌头

项墨林先生不过是一个典型，他的徒子徒孙多如牛毛，可惜多虽多如牛毛，却是一代不如一代。项墨林先生不过希望妓女小姐爱他，徒子徒孙甚至希望妓女小姐嫁他；项墨林先生不过把檀木床打得稀烂，徒子徒孙还掏出洋枪、洋炮、手榴弹、小刀子、小剪子，把妓女小姐打得血肉模糊，身首异处。真是世风日下，越发低级矣。但在气质上，项墨林先生也好，徒子徒孙也好，却都是一样的也。相信妓女小姐的话，而不吃亏者，恐怕是从未有之。君看过《所罗门王宝藏》电影乎？所罗门先生乃一位绝顶聪明的国王，他对妓女小姐最有研究。在他的箴言上，曾谆谆告诫曰：“妓女的嘴滴下蜂蜜，她的嘴比油还滑。”又告诫曰：“妓女能使人只剩下一块饼，能取人宝贵的生命。”可是告诫归告诫，乱搞归乱搞，妓女小姐有一种迷人力量，令人无法抵抗。有些朋友妻妾成群，一个个貌如天仙，但他仍跑到绿灯户泡，其中原因就大啦。洋大人一本书上有过一篇文章，妈妈在女儿出嫁时，训之曰:“你要像情妇一样的温柔。”情妇虽不等于妓女,那只不过方式不同,性质上固一样的焉。呜呼,这句话如果出自中国人之口,准有人猛喊人心不古,道德沦丧。但一个臭男人如果没有情妇,真是虚度一生。丈夫下得班来,回到家中,贤妻大人累了一天,早已气喘如牛,甚至因忙碌过度,脸也未曾洗,脚也没有裹,坐在沙发上,面如黄蜡,理直气壮,哼哉哼哉,我为了你牺牲青春,日夜劳苦,你还有啥说的。臭男人当然没啥说的,不要说面对妻子没啥可说的,就是弄到衙门修理他,他也没啥可说的。可是他却在心里不对劲,如果该贤妻大人用她的千里眼和照妖镜一瞧该丈夫进入他情妇家的镜头,准气得要去跳河。

我想情妇家的镜头,仅用想象都可得之。无论该情妇漂亮不漂亮,她一定会化妆以待,臭男人进得屋来,眼睛立刻为之一亮。她为他脱衣脱鞋,洗脸洗手,热茶冷茶,任他选择,然后又吻又摸,把粉脸硬往上凑,那股香味已叫他发晕,再然后嘘寒问暖,为他既捶背又挖耳。噫,不要再看啦,仅只看到这里,贤妻大人就会发现她原来坐在火山口上。故该母亲大人真是深懂人生三昧。不过我们这里不是讨论这些,我们讨论的是,妓女也好,情妇也好,《圣经》里骂的那些淫妇也好,她们那一套确实惊人。所罗门先生曰:“她的嘴滴下蜂蜜。”这就不简单,大多数贤妻大人嘴里滴下的都是老痰,一个整天吃贤妻大人老痰的臭男人,一旦吃到了蜂蜜,他怎能跳出她的迷魂阵乎?

越是盖世英雄,越逃不过滴出蜂蜜的舌头,历史上第一个勇士参孙先生就是被那滴出蜂蜜的舌头搞得惨不忍睹。他的遭遇较之项墨林先生,要糟百倍,盖世英雄和纨绔子弟的分际大概就在这上。参孙先生生下来便力大无穷,把非利士人打得落花流水,非利士人当然恨他入骨,恨不得剥他的皮。有一天,参孙先生到了梭烈谷,他到梭烈谷不是去出席会议,而是去绿灯户找他的老相好达利拉女士。见面之后,少不了黄色小说那一套,胡搞一阵。看看时机成熟,达利拉女士就问曰:“打铃,你的力气真了不起,叫人爱得紧哩,不知道用几根绳子才能绑住你?”参孙先生曰:“一千根都没有用。”达利拉女士曰:

“那么,要怎么才可以乎?”参孙先生大概被达利拉女士口中流出的蜂蜜灌得晕头涨脑,乃掀开底牌曰:“我头上有七绺头发,乃是活宝,我的力气都是那里来的,一旦把它剃掉,就和凡夫俗子一样了矣。”结果如何,看过电影或读过《旧约》的朋友,当然知道,便是没有看过电影,也没有读过《旧约》的朋友,用猜也猜出和妓女小姐肝胆相照,将有啥收获。达利拉女士听了之后,暗记在心,遂用温功,如此如彼,最后是参孙先生枕着她的玉膝,呼呼呼呼,睡得像一条死猪。噫,卧枕美人膝,这种艳福真叫人羡慕要死,不过所罗门先生不是说过乎,妓女的温柔娇媚,乃阴间之路,兼死亡之宫。达利拉小姐等到参孙先生睡得正甜,招了招纤手,就进来几个非利士人,把他的七绺头发剃掉。结果他被唤醒,浑身软瘫无力,被他的死敌活活捉去,挖掉双眼,用铜链子锁住。仅只如此还不算,还教他推磨,以示羞辱。惨哉。

参孙先生后来到底是报了挖目之仇,等那七绺头发重新长出来时,摇倒厅柱,压死了几千非利士人,他当然也死啦,但总算出了口气。遗憾的是,书上对达利拉女士下场如何,没有交代,我想事情爆发之后,参孙先生的父兄恐怕饶不了她,但她也可能早带着非利士人送给她的黄金美钞,跑到巴西买一个农场,作上寓公,经常回国观光哩。呜呼,中国也有一位这样的翻版,不但参孙先生翻版,非利士人翻版,连达利拉小姐也翻版,而只有结局不是翻版,而是中国的参孙先生杀了中国的达利拉小姐一家老少。君留意《水浒传》上那位史进先生乎?梁山泊好汉决定攻打东平时,史进先生自告奋勇前去探听消息。原来他想,当年当花花公子时,曾和绿灯户妓女李睡兰小姐有过海誓山盟(“睡兰”这名字叫得颇有诗意),乃带了大批金银财宝,悄悄进城,找她投奔,准备宋江先生攻打城池时,他就爬到城楼之上,放起火来,来一个里应外合。可惜的是,这种如意算盘,竟打到嘴里滴出蜜来的妓女小姐身上,怎不糟哉?

25. 杀了她全家

史进先生大概是项墨林先生的徒弟，也认为情种多在妓院，她既然对我这么入骨的妙，而我对她也入骨的妙，帮这点小忙，她自然高高兴兴答应。这里面似乎只有一个清醒的人，那就是吴用先生，他一听说史进先生去和妓女小姐套交情，便叫苦连天，连夜晋见宋江先生。宋江先生还嘴硬哩，曰："是他自己要去，他说他和那姑娘情重如山呀。"吴用先生曰："老哥，你太欠主张矣，要是我在此，绝不叫他去。从来娼妓之家，迎新送旧，不知道陷害了多少好人。而且水性无定，纵有恩情，也难逃出老鸨之手。"吴先生真是有学问之人，可惜他说得太迟。话说史进先生进了东平城，老鸨一见，先就吓了一跳，赶忙叫李睡兰女士出来，李女士出来之后，史进先生还以为她会一把把他抱住，纵体入怀，喊曰："想死我啦"，想不到她啥表演都没有，而只瞪眼曰："听说你在梁山泊做了强盗，官府有通缉令捉你，这两天街上乱哄哄地说宋江要打城借粮，你怎么跑到我这里?"这番话如果叫柏杨先生听啦，准抹头便走，盖无论是啥时候，只要忠贞学嘴脸出笼，准定要有毛病。可是史进先生却硬是中了项墨林先生的遗毒，不但没看出不对劲，反而老老实实曰："亲爱的，实不相瞒，我如今在梁山泊，官拜司令之职，一直没啥功劳。如今宋江哥哥要来打城借粮，我把我们的感情说给他们听啦，特地进城打探消息，有一包金银相送，切莫泄漏，你一泄漏，我就完啦。等打下城池，你们一家大小，就跟我上山快活。"史进先生真是狗屎人物，杀人放火，是何等重要之事，竟把老命托付给一个妓女，怎能不和参孙先生一般下场乎?

李睡兰女士等史进先生睡了之后，出来跟老鸨商量曰："他往常做客时，是个好人，在我家出入不妨。如今他做了歹人，倘或事发，不是要处。”龟婆也曰:“我们妓院,坑了千千万万人,便多他一个,也没关系。”老少两个婊子的话,真叫嫖客老爷寒心。结果一会工夫,史进先生被捕归案,两腿各打一百大棍,问不出口供,暂时收监。

不过史进先生和参孙先生不同的是,到了后来,梁山泊好汉打破东平府,史进先生第一件事就是杀了李睡兰女士全家。看书的人看到这里,会不知不觉吐一口气,拍案曰:“杀得好,杀得好。”盖恨该妓女小姐无情无义。呜呼,问题就发生在这里,如果你阁下一旦不幸,也当了妓女小姐,遇到这种血淋淋的场面,你该如之何哉?

和李睡兰女士恰恰相反的,有一位喇合女士焉,喇合女士是想当年巴勒斯坦颇有点名气的妓女,和宋江先生攻打东平府一样,乔舒亚先生也攻打耶利哥。耶利哥城墙高而且厚,虽然耶和华显灵,嚷曰:“把这城交给你们啦!”也只能干着急。乔舒亚先生乃先打发两位探子混进城去,打听军情。梁山泊军师吴用先生那一段话这时候被全部推翻,可见女人的心真是没准得很也。李睡兰女士是把史进先生出卖了的,可是喇合女士却没有,她不但没有,反而把两个探子藏起来。耶利哥政府听见风声,派军警到她家检查,叫她把两人交出来,该妓女小姐用滴出蜂蜜的舌头曰:“他们来啦倒是来啦,可是听说要关城门,怕被关在城里,又匆匆忙忙走啦。”于是,两位奸细先生把耶利哥的底牌瞧了个一清二楚,喇合女士才用绳子把他们缒出城外,逃之夭夭。

结果是,以色列大军攻城。攻到第七天,乔舒亚先生在号角声中向他的军队喊曰:“欢呼吧,耶和华把城交给你们,城里所有的,都要在耶和华面前毁灭。只有妓女喇合和她家中所有的,可以活命,因为她隐藏了我们所打发的使者。”呜呼,明明是奸细,却成了“使者”,奸细先生既成了使者,妓女小姐当然成了神圣人物,连堂堂大元帅都亲自出马,表扬她的嘉言懿行,该妓女小姐遂获得铁的保障。城破之日,她一家大小,果然平安无事。我想乔舒亚先生在两军阵前,大叫大闹的干法,大概属于高级的心理作战,用以瓦解敌人团结,同时也叫其他部落的男女听听,你们只要掩护以色列的奸细,便保你不死,有耶和华作证,誓死不渝,否则我们便像梁山泊好汉一样,一律杀光。呜呼,当一个妓女小姐真是难矣难矣,喇合女士眼看着全城千万同胞,同一个血统,说一种言语,过一种生活方式,历代下来,该有多少亲戚朋友,却被另外一种非我族类的民族把男人杀了个净光,把妇女都掠去当奴隶,伟大的城堡变成一堆焦炭,独她阁下一家人被带到异乡异土,良心能平安乎?即令没有良心,她这种出卖祖国,出卖同胞的行为,恐怕也不见得被敌人尊重。别看乔舒亚先生在两军阵前哇啦哇啦,大嚷大叫。回到家里,对该妓女小姐,他能起敬乎耶?说不定过了些时,就把她隆重活埋,以为私通外敌,出卖祖国者戒。想一想《水浒传》上的李睡兰女士,她如果也步喇合女士的后尘,看样子到梁山泊是没有问题的,可是除非她是疯子,她能放弃好好的东平府不住,而去穷山恶水的强盗窝乎?她既不是史进先生的太太,史进先生又没有表示要收她为妻为妾,只一句空口白话,带她去梁山泊快活?怎么个快活法?仍旧操她的旧业,在梁山泊上也开绿灯户哉?

妓女小姐的舌头不是天生的会滴出蜂蜜,那是训练出来的,为了生活,不得不努力乱滴。世人对她们似乎要求得太苛,也责备得太苛也。

26. 混账哲学

妓女小姐眼中,只有利害,而无感情。名嫖项墨林先生那种"天下情种,都在妓院"的混账哲学,不知道是谁发明的,坑人不浅。呜呼,妓院之地,乃专门出产无情的地方,他竟然来一个恰恰相反,实在是万分抱歉。这两句话如果改一个字,易"情"为"嗲",成了"天下嗲种,都在妓院",才能对窍。情和嗲有时候合而为一,有时候却是根本不同的两回事。妻娇如花,投到你怀里,又吻你又摸你又舔你,那是以爱为基础,情嗲合而为一。而妓娇如花,投到你怀里,又吻你又摸你又舔你,那是以嗲为基础,情嗲划分而为二。项先生最大的错误,是对情和嗲夹缠不清,误认为妓女小姐向他一发嗲,就成了情。按说名嫖全是门坎精的,都一一栽了斤斗,可知妓女小姐无不有两下子也。

臭男人所以容易发生项墨林先生那种错觉,所以不爱家花爱野花,主要的是他们可从妓女小姐身上得到从妻大人身上得不到的东西。普通情形之下,丈夫回家,黄脸婆忙了一天,还没有梳洗打扮,一开口就说钱没有啦,孩子打架啦,真是言语乏味,面目可憎。而该臭男人如果回的不是家而是台北中山北路陶公馆,恐怕战况大异。他看到的将是一位盛装的艳妇,胸突突焉,腰细细焉,面红红焉,高跟鞋登登焉,然后捶他的尊背,揉他的尊腿,又端茶又拿烟。臭男人一想,人生几何,有此享受,就是把皮鞋当掉都乐意。呜呼,臭男人之所以被妓女小姐搞得迷三倒四,轻则抬去一张檀香床,重则连卡宾枪都掏出来,一定有其伟大的原因。她那种口是心非的功夫,连项墨林先生都抵挡不住,普通凡夫俗子,就更抵挡不住也。柏杨先生年轻时,有一位朋友,坚邀我陪他前去一游,柏杨先生有名的正人君子,岂肯去那些肮脏地方。可是他说一切费用,全由他包,不用花我一文,就忍不住芳心大悦,再也端不起嘴脸,只好跟着前往。一进香闺,妓女小姐就从小箱子里翻了又翻,翻出一个小纸包,十指尖尖,从中抓出一撮茶叶,放到他杯子里泡之。而柏杨先生杯子里的茶叶,却是大筒里抓出来的。心知有异,乃低声询问,该朋友面有骄色曰:“那是她特地为我留的呀。”我迄今都在怀疑,别的恩客驾到,她会不会也十指尖尖,照样抓出一撮?不过这并不是问题的中心,只要她那么一抓,在臭男人说,已经够啦。

我那位朋友,他既不是傻瓜,当然也会想到该妓女小姐对别人也会如法炮制,所以他向我解释曰:“老哥,我知道我花的是真钱,买的是假意,但我在家里花了那么多真钱,想买点假意也没有呀。”有人整天沉醉,我们看他无聊透顶,他却觉得酒乡乃天下第一等好去处,不会喝酒的人等于白活一辈子。同样道理,有人大嫖特嫖,我们看他荒乎其唐,他却觉得温柔乡有其奇妙的乐趣,不嫖的人乃土豹子加三级,死了都没有脸见阎罗。于是乎难免在妓女群中,找起“情种”来啦。结果找来找去,没有找到情种,却找到祸种。据说妓女大学堂最主要的一课是“无情学”(有些国家没有专设的妓女大学堂,而只在官崽大学堂内设立妓女学系,以便深造),如果不把这一课修好,就不能毕业。所罗门先生指出妓女小姐舌头滴出蜜来,不知道他为啥不研究嫖客先生,嫖客先生舌头上滴出来的蜜,恐怕更要多而且浓。当臭男人一女在怀时,真是啥假面具都戴不住,喊娘喊妹,喊姐喊儿,这还不算;妓女小姐要皮大衣,他就答应买皮大衣;妓女小姐要金戒指,他就答应买金戒指。妓女小姐说得嘴滑,舌头上蜂蜜猛滴,嫖客先生为了谄媚该如花似玉,舌头上的蜂蜜也跟着猛滴。一会许她一件旗袍,一会许她一栋洋房,一会许带她去美国,一会许她一个钻石手镯。而真正兑现的能有几个人乎哉?妓女小姐听这一类的蜜话听得太多啦,所以项墨林先生说要送她一张檀香木床,她不过照例当成放屁,想不到他竟真的把床抬来,惹得人们责备她无情,真是冤哉枉也。我想每一位妓女小姐房中,都应放一个录音机,恐怕终于发现,嫖客先生的舌头不但同样的往外滴蜜,简直还大口往外喷蜜,谎话之多,压倒泰山。

记得从前曾谈过《天涯沦落一美人》电影,女主角乃一位名妓,她努力把持的便是“无情”,对那些把她当作天仙一样供养的嫖客先生,一律当成禽兽。对该禽兽舌头上滴出的蜜,更严密防范。男主角曾为此大发雷霆,骂她无情,她说她正是要无情。结果大概是上帝要惩罚她,叫她竟然爱上了男主角,就砸了锅啦。呜呼,妓女小姐无情,顶多不过烧掉一张檀香床,而妓女小姐一旦有情,则铁定的要发生悲剧。夫正正派派的家庭,即令开明得不像话,好吧,即以柏杨先生为例吧,我的头脑其新无比,敝儿子和啥女孩结婚都行,唯独和妓女小姐结婚,我就非大张旗鼓反对不可。其实何止柏杨先生,古圣先贤,谁不反对哉?

27. 舞女的故事

所以说，真正聪明的妓女小姐，都不在嫖客先生中找情种，盖妓女小姐在嫖客先生中找情种，和嫖客先生在妓女小姐中找情种一样，都会大失所望。前些时，一位年约五十的中年朋友，前来找我，唉声叹气，好像害了三天感冒。问他为啥，他说他的爱情险象丛生。原来他阁下是一位舞迷，天天跳舞，日日跳舞，跳得久啦，就结识了一位芳名啥啥的舞女小姐。该小姐美得不像话，尤其使他精神恍惚的，普通舞女，多半不识几个字，国民学堂毕业，已经是了不起啦，而该舞小姐则是真正的高中学堂毕业，在大学堂还读过两年。呜呼，在洋大人之国，知识即是权力；在中国，权力即是知识，知识却产生不了权力。不过知识虽产生不了权力，却产生了风度。该舞女小姐既是大学生，不但谈吐异于寻常，就是她的一举一动，都雍容华贵，高雅迷人，总算书没有念到别人肚子里也。该朋友和她甚为要好，但要好虽然要好，进一步谈到婚嫁，就麻烦啦，是以把吾友搞得走路都碰到汽车上。他以柏杨先生口舌伶俐，拜托我前去单刀直入，代他说媒。

我想事情已闹成僵局，有一个年高德劭、道貌岸然的家伙前去，以长辈身份，表示诚恳，也未尝不是最后一计。何况该朋友把该舞女说得状如天仙，说得我动了少年之心，非瞧瞧不可，乃欣然而往。见面之下，她果然光艳照人，当时就把我照得睁不开眼，尤其可贵的是，她虽是风尘女子，却带着书卷之气。谈了一会儿，等她把恭维我的话说完，我就表明来意，她沉思了一阵，答曰："老头，以你的道德学问，我可以告诉你老实话，某先生很好，我以舞女的身份陪他可以，但我不能嫁他。"我曰："那是为啥？你们结婚之后，双双出入舞场，志同道合，兴趣一样，岂不奇妙？"她曰："我在舞厅里这么久，男人叫舞女,或陪女朋友,可能天天下舞场,但我还没有见过天天陪太太下舞场的,不要说天天啦,一个月能去一次的都没有。”虽然她意志坚决,我仍是猛劝,最后她索然曰:“一个舞女没有恩客,固然悲哀;有了恩客,而恩客非娶她不可,也是悲哀,因为那就象征不能再以舞养家啦,我只好明天就辞职。”我急曰:“那何苦来哉?”她曰:“老头,你有所不知,我不会嫁给舞厅里的男人,我已有一个知心男朋友,迄今他不知我是舞女,甚至还不知我会跳舞,我希望嫁他。”呜呼,舞小姐和妓女小姐名称上虽然不同,其实质固差不多也,如果不在关系圈外托终身,她的精神将永不会安宁。盖名嫖之家,一旦来的客人和太太想当年颠过鸾倒过凤,恐怕实在是有点大事不好。

一个女孩子,一旦当了妓女,无论她如何的美妙,如何的有钱,上帝便注定她要有一个悲惨的结局。如果她蠢顽如猪,痛苦还小;如果她还有点灵性,还知道追求幸福,还知道妓女这一行是不光荣的,她的痛苦会更深,而且简直会痛苦个没有完。君不见《苏丝黄的世界》乎?女主角的归宿真是天上少有,地下无双,她嫁给了一位英国律师,一块回到伦敦。丈夫曰:“打铃,如果遇到你从前的老主顾,该怎么办?”她曰:“我说,哈啰,你好!”该丈夫点点头,表示满意。呜呼,我想该丈夫点头点得未免太早,如果真的碰到那种场面,恐怕不能一声“哈啰”就了事。也是一部美国电影,记不起啥名字矣,妓女小姐成了州长夫人,当司机的那家伙就曾经和她上过床,嗨,夫人夫人,你不就是宝斗里绿灯户那个阿梅哉?他这一嗨,抵她一百哈啰。《天涯沦落一美人》上也有这种场面,儿子带着心爱的女朋友赴盛大宴会,一进门,全场男人,都神经失常。父亲把儿子叫到跟前骂曰:“你怎么带这种女人?在场的男人一半以上都和她睡过觉。”儿子一听,头轰的一叫,拉她出门,就是一顿耳光,然后在大街上猛发其疯。

这种情形,既不能怪妓女小姐也不能怪臭男人,盖爱情是独占的,不但对将来要独占,对过去也要独占。这种独占,在男人身上和女人身上,所代表的意义不同。女孩子总希望丈夫是处男,那是为了幸福。作丈夫的也总希望妻子是处女,那是为了骄傲。如果妻大人竟是一位妓女小姐,而又不时和那些分享过艳福的家伙碰面,自尊心受到的打击,会使他觉得不如上吊。君如不信,闭着眼睛一想,便可宰羊。有那么一天,朋友请客,你带着你的尊夫人出席,尊夫人想当年有过辉煌的应召女郎经历(我不说"妓女""婊子",而说"应召女郎",便是因为你我乃朋友之故),结果桌上团团而坐的十位客人,包括气宇不凡的柏杨先生在内,都和她在北投洗过鸳鸯浴,阁下的尊脸恐怕不见得十分光彩。一旦宴会终结,你要去开什么会,柏杨先生曰:"嫂夫人,我开车送你回去。"你能不担心我们在路上一桩桩一件件,叙叙旧根由乎? 所以聪明才智之妓,不在圈里找对象,为的就是把丈夫蒙到鼓里,以维持幸福和平。

妓女小姐和老鸨之间的关系,看起来像母女,妓女小姐也有喊老鸨喊娘的。听到耳里,好不亲热,实际上当然不是如此。有人说二者之间,好像老板跟伙计,如果是老板跟伙计就好啦,合则留不合则去,既可和和平平合作,当然可和和平平散伙。可是妓鸨之间,恐怕不是这么单纯。盖老鸨之对妓女,犹如屠夫之对猪先生,别看他平常对它爱护备至,既喂它米,又喂它糠,既怕它病,又怕它死。如果猪先生一天忽然曰:"迷死特屠,我要走啦。"你想屠夫能叫它善自走乎?

28. 李娃女士

报纸上常有保镖的把嫖客揍一顿的新闻,某嫖客先生焉,到绿灯户胡闹,老鸨一使眼色,保镖的上去就是一顿,把嫖客先生打得抱头鼠窜(当然也有时候嫖客先生有上好的武功,或人多势众,保镖也打得抱头鼠窜的,不过不太多),因此人们往往有一种错觉,认为保镖的乃专门为嫖客先生而设,其实不然。保镖的打嫖客先生乃是一种非常举动,不要看嫖客先生抱头鼠窜,搞到后来,吃亏的往往仍是老鸨。盖保镖的乃专为妓女小姐而设也。前些时台北曾有一部美国电影，惜忘其名字矣，演一位妓女小姐从良的故事。她把钞票放到胸罩里，老鸨把嘴一努，保镖一把就把胸罩抓碎，上去就照玉脸上两个耳光。她把钱放到银行里，老鸨也把嘴一努，保镖就弯转她的玉臂，弯得她哭喊连天，只好供出实话。她最后逃走，老鸨再把嘴一努，保镖的追踪而至，甚至开枪杀人。呜呼，屠夫眼中只有自己的幸福，绝对没有猪先生的幸福，故妓女小姐也叫摇钱树，只要有钱可摇，老鸨就拼命地摇，你说不要摇啦，她能不摇乎？这对妓女小姐从良嫁人，是一个最严重的妨碍。当她年轻时，不让她嫁；一旦年老，虽让她嫁啦，却没人要她矣。其结局遂不得不注定凄凄凉凉。盖即令妓女小姐有情，老鸨也会使她无情，年轻女孩子总是难拗得老奸巨猾的龟婆。

君读过妍国夫人《李娃传》乎？李娃女士在妓女王国，高坐第一把交椅，她乃长安名妓，不知道坑了多少人，一直坑到有那么一天。一个少年来嫖，嫖得身无一文，乃鸨妓密谋，假装上庙进香，竟把他丢弃，等他摸索回来，已人去楼空矣。那时迁出迁入，没有户籍可查，追既无术，只好流落长安，学起吹鼓手来，后来被父亲知道，活活打死，抛到荒郊。大概命不该绝，悠悠转活，转活虽然转活，生活却是无着，只有讨饭为生。有一天，天寒地冻，大雪纷飞，他讨饭讨到李娃女士门口，李娃女士看见他的模样，良心发现，收留下来攻读。当收留他时，老鸨便提出抗议，可是李娃女士曰："这些年为你挣得够多啦，现在我手边还有点银子，就算赎身之用。"结果该嫖客先生连中三元，当了成都府参军(类似现在"四川省军区参谋长"的官)，而她的事迹也报告唐王朝政府，得封妍国夫人。这是一个超级的范例，她能跳出老鸨的拘束，选择她要走的路，是她成功的要件。我想全国绿灯户都应供上她的遗像，烧香膜拜，祈求赐福。因为她有异于群妓的智慧和决心，所以她的成就也异于群妓。路是人走出来的，信然。

和李娃女士同样幸运的妓女小姐，还有几位。她之前有红拂女士，红拂女士是隋王朝大将杨素先生的家妓。家妓是干啥的，现代人已弄不清楚，有人说"妓""姬"一也；也有人说家妓固和绿灯户之妓，没有分别。这些考据玩意儿，自有靠考据吃饭的家伙去搞，我们只要知道她竟看上了李靖先生就够啦。李靖先生后来虽然当了宰相，可是当时不过一个无名小卒，红拂女士慧眼识英雄，把心一横，竟自己送上门来，跟他私奔而逃。噫，最使臭男人感动的，就是这种镜头。柏杨先生年轻时，豪气凌云，光芒四射，便一直希望有一位如花似玉看出我有苗头，也效法红拂女士，敲我旅馆的门。惜哉，竟始终没人来敲，真是使人失望。杨素先生一得到红拂女士不见啦的消息，立刻下令搜捕，幸亏她跑得飞快，如果稍慢一步，竟被捉到，其后果恐怕便有点不堪设想矣。

之后有梁红玉女士。提起梁红玉女士，举世闻名，她的丈夫韩世忠先生是宋王朝名将。黄天荡之役，据说她亲自擂鼓助战，眼看要活活捉住金帝国的亲王完颜兀术先生，却功败垂成，让他溜走。她大怒之下，竟向皇帝弹劾她丈夫作战不力。这故事流传下来，无论讲的听的，无不肃然起敬。问题是，中国所谓"二十六史"的史料，不但太杂，而假的似乎也太多。梁红玉女士露的这一手，我就实在看不出真到哪里去，即令竟是真的，也不见得价值连城。先说擂鼓吧，兵法上云："军中有妇女，士气必不扬。"打起仗来，谁都不准带太太，主帅却自己带之，军心能不乱乎？而梁红玉女士既不是名门闺秀，也不是将门之女，不过宝斗里绿灯户出身，在军中已经有点别扭，而两军大战方酣之时，一个小脚娘忽然一拧一拧，跑到阵前，擂起鼓来，天下有此奇景乎，那简直不是军队，而成了文明戏矣。

后来她告韩世忠先生那一状，我觉得也疑云重重。不管她有没有这种见识和胆量，即令她有这两套，可是她识字乎？即令识字，她能文乎？即令能文，她能自己写奏章乎？势必得请人代笔。而军营之中，如果主帅不同意，谁敢替她写耶？又谁敢替她发，替她递耶？我想她一定了解她的奏章只能使丈夫的罪减轻，而不会砍下丈夫的头。呜呼，如果当皇帝的一时鬼迷了心，来一个"准如所请"，把韩世忠先生绑赴刑场执行枪决，恐怕梁红玉女士一定后悔莫迭。可能是韩世忠先生打败了仗，又怕又愧，下不来台，乃心生一计，叫太太出面。如果他不同意,不要说一个梁红玉,便是十个梁红玉也木法度。呜呼,韩世忠先生年轻时不务正业,是一位甲级流氓,一个大字都不认识,能平空成一员名将,官拜王爵,岳飞先生被活活害死,他独无恙,不能说没有两下子。

韩先生有四位太太,曰白氏,封秦国夫人;曰梁氏,封杨国夫人;曰周氏,封蕲国夫人;曰茆氏,封魏国夫人——就是我们现在表示钦佩的梁红玉女士。除了白氏大概是原配,出身平平外,其他三人,都来自绿灯户,大概是他阁下当中下级军官时娶的。胡乱运用了一下梁女士,梁女士便名垂千古,当时如果胡乱运用一下别的太太,恐怕现在还不知道梁女士是谁哩? 妓女小姐能嫁给韩世忠先生,也是有福之人,成了"爱国妇女",和千载之下的"爱国裁判",先后辉映,都不简单也。

29. 两大动力

我们介绍梁红玉女士,不得不涉及到她的出身和她的丈夫,对她本人和对她丈夫,均无不敬之意。盖天下女人,除了前已言之《伊甸园以东》的女主角凯茜小姐外,恐怕没有谁一开始就愿意当妓女的也。英雄不怕出身低,只要她对国家社会有贡献,当过妓女和得过博士学位,毫无分别。至于韩世忠先生,一连串太太都来自绿灯户,也没有啥不对劲之处。古时候男人没有和良家妇女恋爱的自由,便只好和妓女恋爱之矣。用不着查什么二十六史,翻翻古圣先贤的文学作品就知道啦,五千年历史中,似乎只有一位小民沈三白先生,写过一本《浮生六记》,记的是和他妻子婚前婚后的爱情生活。其他滚滚荡荡的大人先生,好像根本没有爱情,偶尔有之的,也是和妓女,而不是和太太和女朋友。何况韩世忠先生,没有当兵之前,不过一个地痞流氓，当兵之后，虽然步步高升，但转战南北，奔波不暇，偶尔在某地整训十天半月，以当时的教养和当时的社会，不可能像今之洋大人那种由当地名媛贵妇，举行舞会茶会之类招待一番的事情发生。所以他只好带上银子，去妓女之家矣，终于遇到了三位福星高照的姑娘，跟他从了良，我们怎会对他看不起乎？

军人和商人是产生妓女的两大动力，靠钻故纸堆吃饭的朋友应该考据一下，世界上第一位妓女小姐，到底是谁？上古之世，人类在地球上各据一方，生活没有来往，文化也没有交流，可是各地都冒出来妓女这个行业。中国有妓女焉，罗马有妓女焉，非洲有妓女焉，美洲也有妓女焉，真是怪哉怪哉。是谁把这念头放到她们脑子里，发现只要陪臭男人睡一觉，就可以挣十个八个贝壳的乎？尤其想不通的是，男女两性存在，怎么偏偏女性有此绝妙之思，而男的却呆如木瓜，以致弄得世界上只有妓女，没有妓男，何耶？当初第一个和男人睡觉，大赚特赚的那位小姐，真应该得凯西奖。

农村中很少有妓女，甚至根本没有妓女，并不能证明农夫个个都道德高昂。而是人口的流量太小，养不住焉，也留不住焉。只有商埠码头，男人多，女人少，三教九流，乱七八糟，妓女小姐才会应运而生。前已言之矣，第二次世界大战时，英军赴法国助战，一下船就问妓院何在？有人责备他们恶形恶状，英国军官曰："我们英国人是现实的。"呜呼，古时候随着军队出动的，有两种人焉，一曰："诗人"，一曰"妓女"，诗人用以记英雄的战功，妓女用以平衡官兵的情绪。

把诗人和妓女并列，实在非常抱歉，请作诗的朋友千万勿怒。洋大人一向如此，我们不过介绍罢啦。事实上，正说明妓女的重要，简直可以和诗人相比矣。这跟年龄和生活方式有关，夫天下之事，只有岁月不宽恕人，年轻时每听到老年人在床上辗转反侧，不能入睡，就大惑不解。等到六十岁以后，才晓得虽然此心不老，而身体却硬是老矣。从前一天干活十二小时，累得气喘如牛，筋骨寸断，可是只要往床上一躺，马上就魂入梦乡，睡得像一条死狗，即令被人拖出去宰啦都不知道。可是如今如之何乎？越疲倦反而越睡不着，好容易三生有幸，奄奄要眠，嗒的一声，信箱盖响了一下，讨债函来啦。或是吱的一声，小孩子轻轻推开屋门，看老头睡了没有，以便搜索口袋里剩下的口香糖。每次我都会霍然而醒，心脏大跳，能一直跳上三四个小时。

年龄对人生的影响大矣巨矣，所以标准的兵老爷都在二十岁左右，这个年龄的小伙，今天行军一百公里，明天照样又是一百公里，有用之不尽，取之不竭，呼之即来，挥之即去的伟大精力。不过二十岁左右虽然是打仗的年龄，也同样是性欲最强的年龄，上帝造人，好像故意不使我们十全十美，不是要点花招，就是弄点遗憾，以示他神通广大。呜呼，当年轻时，性欲力强而经济力弱，无法建立一个美满家庭。等到辛辛苦苦，发都白啦，顶都秃啦，经济力够啦，性能力却告衰退。悲哉。

军人生活乃世界上最奇妙的一种生活，无论什么国家，都免不了把一群小伙弄到军营，整天操练，忙忙碌碌，目的只在杀人。而且讲得明明白白，如果杀不了人，就自己杀自己。一旦作起战来，更是血肉横飞，一分钟前有说有笑的朋友，只听轰隆一声，睁开眼一看，已化成灰烬矣。呜呼，严格的纪律加上浪漫的死亡，会使人产生一种人生如梦，得乐且乐的哲学。于是，对女人的需要就比平常人和比平常时间，更为迫切。记得抗战时期，美军来华，发现中国竟没有军妓设置，大吃一惊，乃询问究竟。某官大义凛然曰："我们中国乃礼仪之邦，不屑此也。"据说当时该美国佬就非常非常紧张，盖礼仪之邦的人民，连性欲都没有啦，能不使人发生恐怖之感乎？该官现在尚在台湾，我想他午夜梦回，想起当初这一句绝妙好词，一定快乐无穷。盖中国从前军营之中，便是一直有营妓的。而现在台湾也设立了"军中乐园"，如果照他的逻辑一推演，古中国和今日台湾，岂不都是野蛮之邦耶乎？不本本分分说老实话，只紧闭着眼睛信口开河，是官场的一种绝技，然乎？

30. 日本人的贡献

然而真正使妓女这一行,生意兴隆通四海,财源茂盛达三江的,还是商人。盖军人总是少数,而且聚而不分;农人死守家园,想乱搞也无法乱搞。只有做生意的朋友,为了发财,天涯海角,无往而不届。整年累月,背乡离井,难免春色恼人,睡不着觉,找个有价目表的女人调调情,也足以延年益寿。尤其是或谈谈生意,或向二抓牌送点红包,就更离不开妓女小姐矣。报上常有因行贿而被当事官员扭送警察局的新闻,研究起来,不禁大叹。以柏杨先生为例,本来打算要敲你一记的,想不到你却冒冒失失,真的用红纸包起来送到我府上。经过一番考虑,我就是心如火烧,恐怕都不敢接受,一则我道德冲天,明目张胆拿钱,一时有点磨不开;二则谁晓得你的安全程度如何,万一做下记号,门外埋下伏兵,岂不砸锅。可是如果重金礼聘妓女小姐参与其间,便会豁然贯通啦。妓女小姐只要往该二抓牌腿上一坐,他的色迷迷尊睛一闭,面具便不得不拉下来矣,再加上三杯下肚,价钱自然好讲,而且趁老爷醇酒女人之际,已另派人把三千元美金悄悄送到他太太手里。现在的年头,是盛行“说不准学”的,有些太太开后门收红包坐了牢,有些太太开后门收红包,却清白如故,即令有不识相的反调分子告到法院,或不起诉,或判决无罪,如果没妓女小姐,能有此奇功欤?

跟着时代的变迁,妓女的形态,也有不同,有浅斟低唱型妓女焉,有宫廷贵族型妓女焉,有良家妇女型妓女焉,有银货两讫型妓女焉,有穷凶极恶型妓女焉。种类繁多,不及备载。何谓浅斟低唱型妓女乎?举一个例子便知之矣。宋王朝诗人姜夔先生有一诗曰:“自作新词韵最娇,小红低唱我吹箫,曲终过尽松陵路,回首烟波十四桥。”

小红小姐是当时宰相范成大先生的歌姬，范成大先生爱姜夔先生之才，竟把她送给他。姜老头大喜之下，立刻上船回家，在回家途中，大雪纷飞，寒风凛凛，三杯下肚，难免狗皮倒灶。然后老头吹起来洞箫，小红唱起来黄梅调，那股快乐，叫人晕头涨脑。这种情调在六朝和南宋南明的秦淮河上，若李香君女士，若苏小小女士，固多得是也。

呜呼，把妓女这一行业发展到最高境界的，应该推日本人。日本的艺妓，乃世界上最特殊的一种职业，伊藤博文先生曾有诗曰："醉卧美人膝，醒握天下权。"该美人膝不是他太太的膝，而是艺妓小姐的膝。有些人以为艺妓就是妓女，是不开眼的话，艺妓是艺妓，妓女是妓女，犹如皇帝是皇帝，人民是人民，虽然同属一类，分际却清清楚楚。浅斟低唱型妓女使人爱之慕之，一旦进而成为宫廷贵族型艺妓，不但使人爱之慕之，还使人尊之敬之。中国历史上常有帝王和妓女如何如何，像赵佶先生和李师师小姐，像赵贵诚先生和唐安安小姐。亭子间文人每每恭维之为佳话，这种佳话说穿了一文不值，用一个字可以包括，曰"嫖"而已，和伊藤博文先生躺到艺妓腿上，大大的不同。

日本艺妓是人类的伟大杰作之一，不是随随便便，只要是一个女人，年轻貌美就行啦。嗟夫，一等一级的艺妓，年纪总在三四十岁左右，其容颜，其身段，差不多都平平常常。她们之能把伊藤博文先生之类当权人物弄得躺到腿上睡觉，不在于她年轻，也不在于她娇艳如花，而在于艺妓所特有的风度和才华——包括她异于凡俗的知识和异于凡俗的灵性境界。二十年前，有一部老电影片，曰《卖油郎独占花魁》，如果再行上演，读者先生不可不看。如果再演无期，就请买本《今古奇观》原书拜读，也是一样。花魁女是一位了不起的妓女小姐，独具只眼，啥人都不肯嫁，最后竟嫁了一个挑担卖油的。不过我们说的不是这一点，而是说当她被迫为娼时那一连串镜头，至为珍贵。老鸨为了要大捞一把，请了无数家庭教师，教她脱胎换骨，变化气质。有人教她象棋、围棋、西洋棋以及其他各种之棋。有人教她中国画、西洋画、东洋画、爱斯基摩画以及其他各种之画。有人教她钢琴、风琴、六弦琴、古琴、胡琴、提琴、手风琴、喇叭、吹笙,天下乐器,无一不通,通还不算,而且无一不精,你说贝多芬她就贝多芬,你说钟子期她就钟子期。有人则教她跳中国舞、日本舞、欧美各国及非洲黑人、南美洲亚马逊之舞;另外还教她交际舞、伦巴舞、扇子舞、肚皮舞、肚脐眼舞、佛手舞;至于扭扭舞、狐步舞、吉里巴、探戈更不在话下,凡是你想到名字的舞,她都跳得刮刮叫。有人则教她说北平话、台湾话、广东话、西藏话、河南话、甘肃话,并进一步教她英国话、美国话、日本话、韩国、法国、德国等等之话,她不但会说,还会写哩。分别三月,寄来一首小诗,文情并茂,掷地有金石声,连诺贝尔文学奖金都得考虑颁给她。也有人教她生物学、政治学、经济学、应用力学、心理学、天文学、地理学、中国历史学、日本历史学、世界各国各民族历史学;不特此也,还教她李宗吾先生的厚黑学,柏杨先生的官崽学、二抓学、三作学、说不准学、一脸忠贞学、地头蛇学、眼前欢学、奉命不上诉学、手握权势虽千万人吾往矣学等等。除了这些,还有人教她桌球、弹子、高尔夫球。又有人教她唱各种之歌,若中国歌、若西洋歌、若日本歌、若台湾歌,若艺术歌、若流行歌、若黄梅调、若河北洛子、河南梆子、陕西秦腔、湖北汉戏,以及莎士比亚歌剧,应会尽会。

换句话说,作一个宫廷贵族型妓女,凡是人会的她都会,凡是人懂的她都懂,而且人不会的她也会,人不懂的她也懂,这才是其中奥秘,日本女子教育的目的是使她们温柔如水。呜呼,读者先生不要以为温柔如水就是挨打受气,夫温柔也是一种战术,能把男人的臭骨头化成一摊臭泥,所谓柔能克刚是也。再加上艺妓的特种训练,等到炉火纯青之时,已二十岁以上三十岁左右了矣。然而迷人的力量,却越久越浓,远超过那些理直气壮,少不更事的"十八岁姑娘一朵花"。艺妓住所每每成为日本政治中心,和法国的"沙龙",有异曲同工之盛,并非偶然。不要说伊藤博文先生啦,就是林肯先生、戴高乐先生,都也会躺到她腿上呼呼地睡上一大觉。

31. “书寓”

艺妓最大的特点是处处如人意，她阁下不但是你的密友，也是你的腻友。不特此也，而且还是你的畏友和知友，甚至还是你的智囊顾问。你一张口，她就知道你要说啥。你一皱眉，她就知道你是屁股痛或心里烦。谈世界大势，敌情判断，她的见解连参谋本部都甘拜下风。谈风花雪月，她更精彩百出，叫你如醉如痴。而招待起来你的中外宾客，仪态千万，雍容华贵，俨然一代艳后。闲来无事，下一盘棋，唱一首歌，更是美不胜收。呜呼，臭男人对女人所有的种种要求，艺妓小姐身上都有，乃一标准的王豆腐动物。可惜时代在变，日本艺妓开始没落，真是人类文化一大损失。

不但宫廷贵族型妓女走下坡，就是退而求其次的良家妇女型，也走下坡矣。提起来良家妇女型，老一辈的臭男人谈起来，跟圣崽们在演说台上谈起来圣人一样，有一种“高山仰止，景行行止，虽不能至，心向往之”的心情。这种家庭化的情调，一九一十年代，还相当风行，现在台湾的妓女户，门口照耀得如同白昼，挂招牌曰“啥啥妓女户”，单刀直入，使人兴趣索然。从前则不然也。在一条整齐清洁的巷子里，有“书寓”在焉。书寓者，妓女户是也。有“牡丹书寓”焉，有“桃花书寓”焉，为了招揽圣崽，有“道德书寓”焉，为了招揽官崽，有“忠孝书寓”焉。书寓皆朱漆大门或黑漆大门，望之好像部长局长以及有头脸的大官官邸。嫖客不曰嫖客，而曰“姐夫”。最主要的是，并不能一进门就登堂入室，必须一个“茶围”接一个“茶围”，一直花钱花得该妓女小姐瞧你这个人尚可尚可，表示留宿，你才能正式入幕。既入了幕矣，就成了那一大群莺莺燕燕的“姐夫”，既成了姐夫矣，好啦，你想一想姐夫的规矩吧。那就是说，在该书寓中，你除了和该妓女上床外，不能和其他任何妓女上床，同样道理，该妓女也只能和你上床，而不能和你的朋友上床。好比说你的朋友张三先生，再有钱有势，前去花上大把银子，仍等于白花，她绝不会陪他睡之，盖她已是你的人啦，朋友妻，不可欺也。

在书寓里，嫖客虽然花的是冤大头的钱，可是却买来家庭之乐。妓院老鸨用种种方法，使嫖客感到他们不是来嫖妓，也不是来寻求感官上的满足，而是来寻求家庭的气氛和灵肉的平衡。妓女和嫖客之间，从没有直接金钱上的交易，而只有互相赠与。当然，赠与所花的钱，比直接交易所花的钱，还要大，还要多，但其味道固不同也。良家妇女型能使臭男人觉得他面对着的是一位美貌伶俐的娇妻，而不是用钱买来玩玩的货物。听说台北的陶公馆，在名鸨何秀子女士领导之下，便有这种使人服帖的情调。呜呼，柏杨先生老矣，但我不反对有志之士前往参观比较，盖我生怕这种类型的妓女小姐，要不多乎啦。

至于银货两讫型，嫖客先生和妓女小姐一旦如此如此，便完全成了感官的发泄，根本谈不上人情味，顶多只有磨磨鼻子的狗情味。一个电话打去，妓女小姐浓妆艳抹，坐在摩托车屁股后，或者是老鸨御驾亲开，或者是大茶壶代开，一阵嘟嘟嘟嘟，“限时专送”，载到了旅馆。袅袅婷婷，进得屋来，一手接钱，一手关门。经过十分钟或半个小时，再袅袅婷婷而出，再坐上摩托车屁股，去另外一家旅馆，如法炮制。这种妓女不称之为妓女，不知是哪个有学问的家伙，发明了“应召女郎”，真是绝妙好词，把一切污秽都掩盖住矣。事实上这种妓女，也有俨然俨然的，俨然到她如果不走进你的房子一手接钱，一手关门，你在国际狮子会上碰见她，恐怕连说话的勇气都没有。

只有穷凶极恶型，最使人痛不欲生，不要说人情味啦，简直连狗情味都没有。妓女小姐横眉怒目躺在一间既狭且潮，既脏且陋的小房间里，门外臭男人排成一队。一分钟还没有到，队员就义愤填膺，以手击墙，催曰：“卡紧，卡紧。”卡紧卡紧者，台湾话赶快赶快也。而妓女小姐也颇不耐烦，催曰：“卡紧，卡紧。”一霎时外边喊，里面叫，里应外合，织成一幅不忍卒睹的画面。呜呼，我想我还是不继续介绍为宜，这并不是怕涉嫌诲淫诲盗，而是怕读者先生肠胃受不了。

32. 必须隆重

佛家谓人生是痛苦的，任凭你有多大本领，巨号二抓牌焉，超级圣崽焉，都无法逃过“疾病”、“衰老”和“死亡”三关。释迦牟尼先生这种学说倒是老实话，他的解决之道因之也颇有成效。但问题是，人生好像是一块木板，一边漆着黑色，一边漆着白色，宗教家是站在黑色这一边瞧的，当然满目凄凉。如果能多走几步，绕到那一边，或者把板子转动转动，瞧见的将会是一片雪白。盖人生固也有快乐的时候，值得高高兴兴，笑得嘴都拢不住。再悲惨的生命都有其快乐，再快乐的生命也有其悲惨，只看哪一种多，哪一种少也。

无论如何，结婚总是快乐的，现在的小姐们一个个思嫁心切，过了二十岁而仍没有男朋友，就像苍鹰抓小鸡一样，紧抓住不放。一提结婚，马上大笑三声。有些风气之先型作家，写男女奥妙之事，往往说，一提结婚，女孩子脸都红啦。呜呼！那现象是二十世纪初之前的现象，现在的女孩子，欢天喜地都来不及，哪有工夫脸红乎？除非是喝了点老酒。若干名作家的大作难以入目，大概与这种不切实际有关。这当然是时代不同，男女太过平等之故。在中国礼仪之邦，男人“娶”女人，女人“嫁”男人，张得功娶刘玉娥，刘玉娥嫁张得功，总觉得“嫁”的一方要吃点亏，故而必须作委屈状兼勉强状和害羞状。洋大人之国则不然，只有“马瑞”一字，男人“马瑞”女人，女人“马瑞”男人，约翰“马瑞”玛莉，玛莉“马瑞”约翰，谁都不沾光，大家一般高。

这虽然是现代的话，但即令在古时候抢亲时代，被抢的女士，也都喜在眉梢，盖她被抢去是做太太，不是被抢去剥头皮也。有一则漫画是直截了当,抢亲的回家途中,忽然迷路,左兜右转,被抢的小姐,正在啼哭发狠,忽然插嘴曰:“别再往东走啦,再走就走到我家啦。”到了议亲时代,出嫁女儿为了表示离不开爹娘,和不愿以清白的女儿之身跟臭男人住在一起,临上轿时,往往继承抢亲时代遗风,也要哭啼一阵。同样一故事,新娘在被抬赴丈夫家途中,一路上哭个不住,悲哀绝伦,轿夫们商量曰:“小姐既然如此痛苦,我们还是把她抬回算啦。”新娘一听,魂飞天外,连忙曰:“我没有哭呀,我没有哭呀。”

我们现在说这些,不是专触女士们的霉头,而是说,结婚乃人生中最快乐的一桩大事,男人固为之丑态毕露,女人同样的也喜气洋洋。所以它不但是人生中最快乐的一桩大事,也是人生中最严重的一桩大事,结婚仪式之必须隆重严肃,其因在此。

结婚既是大事,而世界上任何大事,都不能以儿戏或玩笑的态度出之。即以当皇帝的家伙而论,乃天下第一等“名嫖”,几乎每天都在打漂亮小姐的主意,一时高兴,就几千几百地乱“封”,为臭男人扬眉吐气,羡煞人也。可是,他阁下如果要娶皇后,就不能拉一个女孩子“封”一下就算啦,必须正正式式,经过隆重而繁杂的仪式。以皇帝之尊,又拥有可以乱七八糟胡搞之权,可以随随便便乱封的,而竟不能随便乱封,可看出结婚的重要。当皇帝的不但不能随便封一个老婆,便是随便和老婆离婚都不行。万岁爷瞧着妃子焉夫人焉,以及其他千千万万宫女嫱嫔焉,不顺了眼,可以随时下令吊销执照,或索性下令拉出去砍掉玉头。可是,要想和皇后离婚,麻烦就大啦。历史书上有许多“废后”的事,每一次都闹得天翻地覆,丢官的丢官,丢命的丢命,大的哭,小的叫,好像天塌地陷。盖“皇后”是经过结婚仪式的妻子,自与众不同。在这里特别向你推荐一位把清王朝活活扼死的杀手慈禧太后那拉兰儿女士,清王朝就是由她阁下一手包办,连根都给它烂掉的。有一天,该老太婆和她的侄女吵架,她的侄女乃载湉先生的老婆是也。老太婆威胁侄女,要赶她滚下皇后宝座,该侄女怒发冲冠,喊曰:“没有那么容易,我是从大清门抬进来的。”老太婆一听,好像照她屁股上踢了一脚,一跳而起,照该皇后脸上就是一巴掌。

以后姑侄二人,始终面和心不和,窝囊了一辈子。呜呼,该侄女急不择言,一句话伤透了老太婆的心矣。依清王朝的规矩,只有皇帝明媒正娶的妻子,在隆重的结婚仪式中,才从大清门坐轿进去,至于其他啥子妃啥子嫔,不过一顶小轿,像抬猪肉一样往里抬,只好走后门矣。那拉兰儿女士便是像抬猪肉一样被人抬着从后门进宫的货色,她阁下始终以没有进大清门为唯一恨事。等于阿 Q 先生是秃子,最怕别人说亮一样。平常没人敢往上碰,侄女大气之下,忘了忌讳,脱口而出。老太婆心里想:“好贱货,你敢讽刺我。”怎不给她一巴掌乎。如果她阁下也经过正式结婚仪式,隆隆重重从大清门坐轿进来的,便不致如此冒火星也。

从前老规矩,女人一生不能有一次以上的正式结婚。盖现在结婚,新郎新娘向主婚人行礼,从前则向天地行礼,故俗称结婚为“拜天地”,一个女人如果拜两次天地,玉皇大帝以其有悖圣崽礼教,万万不会接受,说不定御手一指,会从天上掉下一个巨雷。所以不要说离婚的太太啦,就是寡妇女士,再结婚时都不能有堂堂仪式。在柏杨先生家乡,都是黄昏时分,用一顶小轿,或一辆骡车,甚至小轿骡车都没有,而是寡妇女士自己步行,悄悄溜到丈夫家的。第二天大家一瞧,啊呀!怎么多了一位婆娘呀,这才知道他们已结了婚矣。

33. 再　婚

寡妇可以有第二次结婚,却不可以有第二次结婚典礼,这种风俗真是他妈的,但也说明了中国人对“仪式”的重视。老一辈的一定还记得想当年结婚的隆重程序和严肃气氛,诚堂堂皇皇,王者之师。这种情形,一直到抗战之前,盛行不衰。我有一位朋友,他结婚时一定要用轿子,可是新娘住得太远,用轿子的话,势必要抬上三天,他就弄了一辆卡车,而把轿子放到卡车上,盖他认为结婚而不坐轿,仪式便不够正式。提起来坐轿,其中学问大矣,世界上最舒服最安全的交通工具,莫过于此。汽车也者,除了快外,和轿子比较起来,简直一无是处。我这里说的坐轿,不是乡下土豹子那种坐轿。柏杨先生小时,最喜欢看人坐轿,遇到娶亲节目,花轿吹吹打打,合村大人小孩,全体蜂拥出现,该花轿遂抖擞精神,在轿夫肩头,一上一下,"嗖"了起来,嗖得越久,观众也越叫好。当时我就想,如此这般一嗖,坐轿的一定心广体胖。等我迎娶柏杨夫人的时候,才知道不是那么一回事,三嗖两嗖,不到五分钟,就发了晕,大呕大吐。呜呼!真正舒服的轿是水平式的轿,按说轿夫们用脚走路,应该有一高一低的节奏,但怪就怪在这里,经过特殊训练的轿夫先生,抬起轿来,却能一直保持水平,放一杯茶在栏杆上,茶水连波纹都没有。说到这里,柏杨先生有一桩光荣艳遇,不得不宣传宣传,以便读者先生对我刮目相待。原来二十世纪初,我曾亲眼看见过皇帝坐轿。八国联军之役,那拉兰儿女士和载湉先生,不是逃到西安避难乎?等到和约缔结,二位"回銮",当时柏杨先生年龄虽小,却颇有点洪福,曾目睹二位坐轿英姿,这在圣崽笔下,可列入"盖异数也"之内。该老后崽和小帝崽坐的轿,才真是天下第一等舒服之轿。除了黄土铺路外,其轿始终水平前进,便是换轿夫的时候,坐在轿上的朋友都不觉得。可惜时代进步,轿被淘汰,这是年轻人的悲哀,无可奈何者也。不过没有坐过水平式轿的人,如果坐过四川式的"滑竿",也就可以举一隅而三隅反矣。

谈坐轿谈了这么多,只是说明中国的结婚仪式,一向肃穆隆重。把新娘娶来,先拜天地,以叩谢神灵保佑。再拜父母,以叩谢养育之恩。然后大宴宾客,以示普天同庆。有些人以为洋人之国,可以随心所欲,像电影明星伊丽莎白·泰勒女士,简直一嫁再嫁,三嫁四嫁,嫁得乌烟瘴气。然而不管她多少嫁,她每一次都要举行一次婚礼。君没有参观过英国女王伊丽莎白二世女士的结婚大典乎?那种气氛,中国历史上有没有,无法查考,基于强烈的爱国心,我们相信一定是有的。可是近百年有没有,恐怕实在有点很难说也。

34. 闹房之风

闹房之风,大概其来甚古,和抢亲时代一定有其密切关系。族中某小子看上了另一族的如花似玉,就明火执仗,蜂拥而往,把她抢了过来,然后大家努力狂欢,一则庆祝该小子娶妻,一则也庆祝这一场桃花战役大获全胜也。壮士们一面庆祝,一面逼着该陌生女郎向陌生新郎说些恩恩爱爱的话,以示他们不是抢她来的,而是她心甘情愿"自动自发"跟他们来的,女郎或者心里真的不肯焉,或者心里虽肯而嫩脸上一时磨不开焉。她就硬是不说,或吞吞吐吐地说,大家一起哄,遂乐在其中矣。这种"闹"的遗风,如果不过分的话,适足以增加情趣。但一旦过了分,便实在可厌可憎。抗战胜利那一年,成都便有一位新娘,她说她不能喝酒,朋友说,平常不喝没有关系,今天你大喜日子,不能不喝。勉强喝了一杯。又有人曰,你喝了他的,不喝我的,是看不起我,我就给你跪下,我就一头碰死。好啦,你忘恩负义,过河拆桥,新人上了床,媒人掼过墙,从今以后,我不高攀你。在如此一群"酒匪"恶意的殷殷劝饮之下,她遂大醉不醒,浑身发赤,放到冰水里泡都不行,终于死亡。我是在报上看见这消息的,下文如何,不得而知。那些劝饮的酒匪一句话就可以把责任和良心推卸得一干二净,他只要哭丧着脸曰:"我怎么知道她真的不能喝呀?"就会天下太平。

闹房竟闹出人命,这现象实在应该检讨检讨。普通情形之下,自然没有这么严重,但也够上演一出低级趣剧。有人提议新娘用舌尖把半个瓜子送到新郎口中,有人提议新娘唱个歌听听。等而下之,有人放一粒花生米到新娘胸衣里或衣袖里,叫新郎摸出来;有人弄根丝线绑住新郎的头,叫新娘用嘴去解。再等而下之,就更为糟,有人把新娘绣花鞋脱掉乱丢,有人则用手照新娘身上捏而拧之,有人弄条蛇塞到马桶里,以致把新娘吓得大病一场。结婚不是结婚,而成了马戏团小丑表演节目。柏杨先生和老妻拜天地时,我就不吃那一套,临入洞房,弄了点狗屎抹到窗台上。于是,不久之后,瞧那些小子在院里哎哟吧。盖他们本想摆一个大纸炮在窗台上放之的,每人遂不得不染上两手兼一身脏而臭的玩意儿。当时因我的辈分不高,尚有反击余地,如果是一个高辈分的新郎,那就更难以招架。侄儿孙儿,老弟老妹,能闹得鸡犬不宁,而且"三天无大小",连老一辈的人都可参加起哄。最经常的是,新郎如果不行点贿赂,闹房的朋友能闹三个彻夜,在你房中打牌吸烟,聊天摆龙门阵。可怜的新娘,看着全是陌生的脸,简直不是到了丈夫温暖的家,而是到了恶狗村,又气又怕,心眼窄的真会痛不欲生。

大体上说,西洋文化以"爱"为主,父母爱子女,子女爱父母,朋友爱朋友,丈夫爱妻子,妻子爱丈夫。而中国文化,似乎以"敬"为主,你敬我,我敬你。谁都不能说"敬"不好,纵是反调分子,对"敬"也造不出来啥谣。问题是,爱是单纯的,敬则是经过雕刻的玉石,敬里面可能包括爱,也可能根本没有爱,但一定包括有"惧"。明王朝那些被廷杖的大臣,对下令拷掠他们的皇帝,敬是敬透啦,但能非常真心的爱之乎?

我们无意研究中西文化,这玩意儿不简单,学院派的朋友要钻十年纸堆才能钻出点名堂,短短数语,不过是心血来潮,姑妄聊之。有感于中国的圣人焉,大官焉;格言也好,教训也好,似乎是从不谈爱,而只是叫父母慈,叫儿女孝,叫夫妇相敬如宾。我不是反对"慈""孝""相敬如宾",反对这些岂不是神经病乎哉?但我觉得这里面多少有点酱缸成分,不如至性的爱,有灵秀之气也。盖敬的主要流弊,一旦其拘束稍微松动,便产生了毫无忌惮的放肆。结婚闹房,不过是一个顶尖的小例子而已。爱的流弊好像没有如此严重,一旦拘束稍微松动,还有"怜"作为弥补,"敬"则一垮到底矣。正人君子闲着无事,不妨参观闹房的场面,准可悟出很多道理也。

闹房已够浑蛋,想不到年头大变,大变年头,由闹房竟进步到闹堂,就不可恕矣。闹房者,不过闹闹新房,乃典礼以后,夜静更深的事。而闹堂者,在光天化日下的大礼堂上,就发作起来。嗟夫,一桩决定终身的大事,应该万分肃穆的,却淫秽的话、下流的话、黄色四射的话、平常不好意思出口、不能当着长辈当着太太小姐说的话,到了结婚大典,好像进了无法无天王国,都可以大放厥词,疯言无忌。就在一位朋友的结婚典礼上,有一个家伙,不知道是干什么的,谈起话来不断夹着英文单字,很有前途的模样。他致词曰:"各位,我说一个故事,从前有一位小姐,她哥哥的儿子不叫她姑姑,而叫她'大大'。结婚那一天,小孩仍叫她大大,新郎曰:'今天你们叫她大大,明天就得叫她太太啦!'小孩惊问何故?新郎曰:'因为今天晚上她两腿当中,要点上那么一点呀。'"致词已毕,全堂欢声雷动。呜呼,天下不仅有半票观众,简直还有半票贺客哩。这种脱裤文学,柏杨先生不要说写一本书,便是写上几段,恐怕都有人跳高,骂我老不正经。但该家伙在那么多衣香鬓影的仕女之前,点那么一点,不但没有人说他,反而赞扬他才思敏捷。

35. 闹 剧

中华民国初年,民间一度流行文明戏,该戏可以说是正宗京戏的解放,也可以说是正宗京戏的堕落。戏台之上,人人都是正角,也人人都是丑角。好像说相声朋友,正在正正派派地演着演着,却忽然打起来诨,耍起来闹,以便引起满堂喝彩。这种戏只有娱乐价值,没有艺术价值,而且娱乐价值也不高,现在已被彻底淘汰了矣。老一辈的人对其印象,一定尚深。上月老朋友夫妇吵架,阿巴桑大怒之下,把锅碗炉台砸了个净光,还嚷嚷要跟老头离婚,另外去嫁小白脸。闹得不像话,怎么劝都不行,最后我斥之曰:"你闹啥闹,简直唱文明戏嘛!”一言未了,一个烟灰缸照我飞来,我拔腿就跑,迄今自动不上她的家门。老友密告曰:“她年轻时正是演文明戏的,你老哥抓住她的老根矣。”呜呼,早知道她阁下和文明戏有关,打死我我都不说。

和文明戏同时代的产物,还有文明结婚,也就是现在流行的这种结婚仪式。前不已介绍过乎,从前结婚,新郎坐着花轿,诚惶诚恐,规规矩矩,去新娘家恭迎。然后新娘上轿,上轿时往往还哭两声,以示舍不得爹娘。到了夫家,鞭炮齐鸣,二人在大红毡上,先叩谢皇天后土,再叩谢祖父母和父母,何等光明磊落。文明结婚便不然矣,我还从没有听说过新郎去恭迎新娘的,都是新娘先急得团团转,一清早就去理发店梳头发,不但无羞羞答答之情,反而左指右画,教理发师梳这样的焉,梳那样的焉。梳了三个钟头,回到家来,既怪鲜花不艳,又怪礼服太紧,再埋怨鞋店老板把皮鞋做得太小,不得好死。时间一到,又一顿穷吼,吼她的哥哥弟弟办事不牢,怎么汽车还没有来?上了汽车,不要说哭两声啦,简直高兴得假牙都掉下来(如果她有假牙的话)。进得礼堂,和新郎并肩而立,谁都不偷看谁,这不是说现代男女一个个都成了圣崽,可以吃冷猪肉,而是说他们之间,早都看腻啦。此时也不知道怎么搞的,高台之上,忽然一口气爬上去五个高低不齐的老老少少。有学问的当然知道当中一位是证婚人,尊贵之士也。两侧两位是主婚人,男女家长是也。最外侧是介绍人,多半是嘴上没毛的小伙子,临时拉上凑数的。盖现代年轻人的婚姻,往往是自己硬碰,或在舞会上焉,或在课室里焉,或在其他什么乱七八糟抑正派高级的场合里焉。小伙子曰:“请教,小姐贵姓?”小姐曰:“敝姓何。”小伙子曰:“大名?”小姐曰:“何玛丽。”“何玉珠。”小伙子曰:“我叫张得功,已办好护照,明年去美国。”女的一听去美国,芳心大悦,此后的事遂进入恋爱阶段,不必细表。表的是,一旦结婚典礼上,谁是介绍人乎?而没有介绍人又于法不全,于嫩脸上也挂不住,只好临时缉拿,随便把阿猫阿狗,掇弄上台冒充。该二人上得台来,两目炯炯发光,想了半晌也想不起新娘姓啥叫啥。于是五个人在台上一字排开,各端嘴脸,好不威严。

以上是知道内情的看法,如果遇到不知道内情的朋友,或者他是从外国光临的洋大人,或者他是从月球上降落的探险家。无论如何,都不会认为那里是在举行结婚典礼。君看过《玉堂春》三堂会审的场面乎?王公子和其他两位问官,高踞台上,苏三小姐恭立台下,观众如痴如狂,叫喊的叫喊,起哄的起哄。而文明结婚,何异于该京戏耶?君又看过《审头刺汤》的场面乎?公堂之上,众目睽睽之下,游词乱飞,调起情来,调到最后,抛媚眼焉,端肩膀焉,嘻嘻嘻嘻牙缝里笑焉。而文明结婚,又何异于该京戏耶?我每次参加婚礼,都不由得想到三堂会审,或想到审头刺汤,心里就非常发毛。

然而,破坏整个肃穆气氛的,还是闹堂之举。闹房时代,有闹房时代的条件,该时代也,新郎新娘互不相识,便是再大胆的男女,蓦然弄到一起,脸上一时总磨不开。贺客提议小姐用舌尖把半个花生米送到小子口中,她当然不肯,如果再提议她吻他,她就宁可吃巴拉松。大家越是起哄,她越羞得抬不起头,而大家的劲越是高涨。可是这种良辰美景的镜头,已不再矣。现在是闹堂时代,新郎新娘都是自由恋爱结婚的,有的恋了十年八年,比我们当朋友的资格都老,有的新娘怀着八个月的胎,有的新娘更有了三个娃儿在家里天翻地覆。事情一到了这步田地,遂成了狗咬刺猬,无从下口。贺客们一进新房,新娘早已起身相迎,伸出玉手握了一下,娇笑曰:“迷死脱柏,上当扑里死。”贺客一怔,她转身就和新郎亲了一个嘴,嗲曰:“我真幸福。”贺客正要出点花样,她已递上纸烟香茗曰:“迷死脱柏,今天太偏劳你,吃一杯茶。”然后再对全体要闹之士曰:“我已准备好扑克牌、麻将牌,还有一副骰子,各位玩个通宵,有下女伺候,要什么吩咐她就好啦。我要和得功搭车去日月潭——或乘下一班飞机去日内瓦玩几天。好啦,打铃,收拾好了没有,白白。”其实即令不白白也没有用,贺客还没有张口,她已坐到他腿上矣。只好退一步叫她报告报告恋爱经过。报告就报告,有些女作家还写书发表,何况口头上的乎?没有报告三句,大家就提不起兴趣,既然起不了哄,闹房风气遂日渐衰微。到了今天,新郎家如果想热闹热闹,闹闹新房,恐怕还得事前加以安排,重金礼聘才行。

房既闹不起来,一股歪劲憋不住,便发泄而成为闹堂,盖新房既无法闹,好像有亏五千年传统文化,势将动摇国本。闹闹礼堂,总算弥补弥补。牺牲了结婚典礼应有的尊严,而去取悦贺客们的低级情操。文明戏已经淘汰矣,文明结婚却巍然独存。

36. 注意事项

在闹堂的结婚典礼中,最尴尬的恐怕是新娘的家长矣。平常对女儿爱如掌珠,百般维护,真是含到嘴里怕化啦,放到院子里又怕风吹啦,连一句重一点的话都不肯说。而在庄严的大典上,却被一些不三不四的家伙,用下流而猥亵的怪话戏弄个够。不但一人戏弄,大家还跟着掌声雷动,一齐下手,实在能气得胡子乱翘。其次尴尬的恐怕轮到证婚人,现时代社会习俗,找证婚人,一定取其二抓,不是抓得有权,便是抓得有钱,或是二者俱全,用以炫耀门楣,让那些眼皮薄的贺客们瞧瞧,我和该贵人关系非同小可,以后你还胆敢不对我肃然起敬乎?故证婚人似乎都有一点社会地位,上得台来,不致两句训词吧,觉得有忝职守,对不住那餐隆重的酒席。致两句词吧,台下人声轰隆轰隆,大的呼,小的叫,男的喊,女的笑,好像火车站前临时搭的难民收容所。《儒林外史》上马二先生观山游景,便是这种镜头,书上曰:"他既不看女人,女人也不看他。"两便两便。证婚人在台上指手画脚,尊嘴乱张,却听不见讲的是啥。若不是偶尔有唾沫遥远地射到新郎新娘脸上,连他们也不知道台上竟还有一位老头。于是"他既不看贺客,贺客也不看他",同样两便两便。

偶尔阅报,有一则小幽默可以引用参考。一个人存心要试验一下乱哄哄的贺客们,其心不在焉到什么程度,就逢人便告曰:"唉,我母亲昨天死啦。"有的答曰;"啊呀,你说啥? 那太好啦。"有的答曰:"当然,当然,我的意思也是这样。"有的答曰:"谢谢你,这一向公私都很忙。"有的答曰:"啊! 不要客气,不要客气。"等到他阁下把该话向新郎说了一遍时,新郎立刻笑容满面,握住他的手曰:"好消息,好消息,老兄什么时候跟进?"在这种场合,证婚人纵有通天本领,都施展不开,更何况有些证婚人也实在没啥本领乎! 盖论起二抓,那是在黑室里或办公桌上干的勾当,其成就轰轰烈烈,自不在话下。但一旦上台讲演,要公开面对群众,就未免要糟。君听过相声上的证婚人致词乎? 老头曰:"今天天气,是结婚天气。从前的结婚,是一男一女,现在不是啦,现在结婚,是一女一男。"相声取例,都趋极端,天下当然没有如此顶尖的证婚人,但天下却固多得是这种浑蛋证婚人也。有些证婚人一口气能讲上一个小时,讲得台下人士,一个个怒发冲冠,巴不得一块天花板忽然掉下来,把他的尊头砸个稀烂。呜呼,讲三分钟话便是多的矣。

台湾"内政部"最近厘定了一些规范,似乎仍以文明结婚仪式为蓝本,为啥不以洋大人教堂结婚仪式为蓝本乎? 无论如何,第一、取消闹堂。第二、限制参与典礼朋友(包括证婚人在内)发言的时间。第三、新郎新娘,不妨拜拜天地,谢谢皇天后土。那就是说,应使宗教情感加重,妓女院打茶围气味和法律公堂气味减轻。

37. 相差八百元

上月,一位朋友从美国回来,他是六年前以"天才儿童"出国的,这次荣归(注意,凡是从美国回来的,全属荣归。身为打狗脱,腰缠万贯,固是荣归。便是啥也没弄到,其愚其穷,较之当年出国时尤甚,仍然是荣归,读者先生不可不知),诸位朋友为了表示庆祝,分别邀他到家中便饭。为啥家中便饭乎？一则省钱，一则亲切，一则可有较长的时间叙叙交情。该朋友后来对我曰："去国六载，发现一点。"我曰："发现了啥，说出来听听。"他曰："发现大家生活水平都提高了不少。"我曰："人在船中坐，觉不出船涨高，老兄试举例以说明之。"他曰："过去大家都是蹲日式茅坑的，现在家家抽水马桶矣。过去大家都是用脸盆澡盆洗脸洗澡的，现在家家坐在浴缸里泡矣。过去大家一提起电冰箱就会发疯，现在家家户户有一台矣。过去大家对电视机从没有听说过，现在家家也都摆上了矣。过去大家连收音机都买不起，现在家家电唱机、录音机以及其他乱七八糟之机，无不具备。过去太太们能有两双高跟鞋，已是大富之家，现在至少都在四双以上，而且贵得吓人矣。"我曰："另外还有一点，那是看不出的，不知阁下也发现了乎？"他曰："你也说出来听听。"我曰："那就是薪给制人士的收入，固和六年前没有分别也。"

呜呼，现社会生活水平，真是提高了不少，而且互相你比我，我比你。你买电扇，我买冷风机；你买冷风机，我索性装冷气。人类经济生活往繁荣而舒适的路上走，这是对的，应该是一个好现象。然而，问题就在于大家的支出，虽然凶猛增加，可是收入并没有相对地也凶猛增加。六年前一月收入一千支出一千，尚可苟延残喘，现在一月仍是收入一千，好啦，不是加薪了乎？一月收入一千二百元吧，而开支已增加到两千元。这里面的学问，真是大哉大哉，聪明的人恐怕一辈子都弄不明白，否则的话，早提出来解决了也。盖那相差的八百元，似乎不可能从天上掉下来，也不会有银行老板派金车逐户送上。然而它硬是支出啦，你说奇妙不奇妙乎哉？

有些人说，凡是超过薪水所得的数目，都从贪污而来，我想这句话如果丢掉"都"字，就对劲啦。不过大家奋斗的目标无不是怎么样从薪给制升级到供给制。一个人在某衙门某公司中的地位，用不着打听，只要看他是不是供给制就行。如果是供给制，请不必考虑，马上把女儿嫁给他，准没有错。如果是薪给制，则宜赶紧和他断绝来往，不要说娶你女儿啦，连朋友都不要跟他交。

闻过则怒集

提 要

《闻过则怒集》大部分谈的官崽学——成为二抓牌(抓钱、抓权)的学问。从介绍胡秋原的《中国英雄传》开始,我们看到中国的历史几乎是一系列奸胜忠败、劣胜优败的反淘汰历史,可歌可泣的英雄事迹成了知识分子嘲弄的对象,这种不讲是非、只问荣华富贵的传统,柏杨说:“这是中国社会上特有的娼寮气质。”他进一步说:“中华民族最大的特征是人人想当官。”由此,他又开起了他的官崽大学堂,讲释“赏饭学”、“挨骂学”、“买西瓜学”、“难得糊涂学”和“一脸忠贞学”,言:“圣人者,能弄到官做,也能给人官做之人也。”当然,戏谑嘲讽之后,柏杨也提出破解赏饭观念的几点意见,如观念上权利义务的确定、个人自尊心的培养等。最后,他说:“人必须有出世的精神,才可做入世的事业。”

序

光阴似箭，日月如梭，转眼之间，距前集杂文之出版，已四月矣。四月中，世界上花样百出，最大的变化莫过于天气。当我为前集写序时，天正严寒，一袭老棉袍在身，冻得发抖，巴不得去偷点银子，装上洋式暖气。现在为本集写序，天已盛暑了矣，双手挥扇，都木法度，既驱不走热，也驱不走蚊。天气尚且如此，人何以堪？最近每每对镜自照，一代英雄，迎面出现，只不过白发苍苍，真的老啦。可是，老啦虽然老啦，毛病仍然如初。

毛病是啥？盖正人君子闻善言则拜，柏杨先生闻善言则踢。正人君子闻过则喜，柏杨先生闻过则怒。正人君子有学有术，柏杨先生则不学有术。君如不信，不妨说两句善言叫我听听，或指出我一点过失试试，恐怕有你吃不了兜着走的镜头。柏杨先生与别人不同的是，我宁可被舒服的话埋葬，也不肯被逆耳之言拯救。天生如此英明，万人称赞，你有啥办法哉？为志此盛，特将在台北《自立晚报》上的专栏，剪贴出书。

是为序。

甲辰年五月于台北市柏府

1. 恢复原样

柏杨先生的大作,报上最近停了两个多月,据正史上说,朝野都为之震了动。盖天底下的事往往奇怪非凡,本来没有某一种玩意儿的,该玩意儿忽然冒了出来,好比说淡水河忽然冒了出来一座太虚幻境,亭台楼阁,有美女向你招手,大家一瞧,当然失惊打怪。同样,本来有某一种玩意儿的,忽然没有啦,好比说台北火车站吧,第二天醒来,抬望眼,它不见啦,不要说火车头不见啦,连房子都不见啦,大家准把眼珠都瞪出来。柏杨先生大作在报上写了四年,忽然间断之断之,读者先生怎能不觉得怪哉良多乎?有几位读者先生,是老朋友矣,跑到柏府,厉声问我曰:"老头,你胆敢不写,端啥臭架子呀?"我发誓曰:"谁端臭架子,谁就是王八蛋。"也有几位读者先生,更是老朋友,在街头相遇,最初若不相识,等到左看右看,前看后看,发现我既没有脚镣手铐,又好像没有带领锦衣卫沿途捉拿同党,才跑到我眼前,喘气曰:"阁下,你没有被关起来呀?"这不是存心咒人是啥。

上列两种,乃漠不关心式的关心,不足论列。而大多数读者先生的关心,都使柏杨先生感激涕零。报馆经理部的先生三番五次告曰,或有人打电话,或有人对送报生说,柏杨先生如果不再写,他就停报不看啦。经理部先生每次"告曰",我就忍不住老泪纵横,呜呼,当着面说得天花乱坠,不值个屁,而不要当事人知,不求任何感谢回报,其价值才真正连城。但经理部先生对外统统答曰:"老头年纪太大,病啦,要死啦。"说我病啦固可,说我要死啦,简直丧尽天良,前情尽弃,总有一天落到三作牌之手也。

然而这并不是说,敝大作一停,所有的读者先生或至亲好友,都心头戚戚,事实上也有欢天喜地,举杯庆祝的场面。有一天我去坐四川式茶馆，听见一位几乎天天见面的朋友，笑嘻嘻告他的同伴曰："那老头，写得差远啦，给某某某提鞋都不配。"另外还有一个场合，男女作家，相聚一堂，感情交流之余，忽然提起来柏杨先生，就有人兴高采烈地叹曰："这一下他完啦，完啦。"更有人发明了很多美丽的内幕消息，也兴高采烈地继续叹曰："他完啦，完啦。"完啦者，完啦也，再没有前途之谓。当世之君子，有两大特征，一曰闻过则怒，一曰闻捧便疯，柏杨先生在夹缝里过日子，实在是有点"天将降大任"的感觉。

于是乎，从今天开始，恢复原样，每天一篇。想当年福尔摩斯先生一连串大破贼盗党，破到后来，老将莫泰理先生亲自出马，两个人在瑞士悬崖上打了个头破血出，最后他阁下忽冬一声，栽到山涧里，大概是"死啦"。不是"死啦"，至少也是"完啦"。原作者柯南道尔先生之意，从此可以洗手矣。也是受不了读者先生的压力，只好再写，可是福先生明明死啦完啦，怎么出场法乎？柯先生有的是办法，就写了一篇《重来记》，叫他阁下忽然不见了之后，再忽然冒出来。柏杨先生复笔大吉之日，谨借用之作为榜样。并祝我老人家，以后圣躬康泰，百事如意，凡看我不顺眼的人，都得癞痢头，善哉。

（柏老按：四年后的 1968 年 3 月，我果然"完啦"，隆重坐牢，终于称了诸君子的心，满了诸君子的意。）

2. 南下避年

巨大人物每有避寿之举，盖一旦到了某一天他阁下的悬弧佳辰，也就是说一旦到了某一天是他阁下的生日，他就潜逃到别的地方，使那些奔走于权贵之门的朋友，想磕头如捣蒜都揪不住辫子，只好在门口签个名，以表敬贺之意。柏杨先生历届华诞，从没有避过一次寿，非我有异于巨大人物也,而是无人向我磕头如捣蒜也。记得刚来台湾那一年,是我一生中最轰轰烈烈的时代,荣任彰化某某国民小学堂教导主任,兼该国民小学堂动员委员会常务委员,又兼该国民小学堂经费审核委员会委员。偶遇校长不在,还列席家长会,和出席家长握手,因家长等都是地方二抓牌,我的身价不问可知。恰逢生日,为了向巨大人物见贤思齐,就把门一锁,携带全家,去鹿港一位朋友那里避寿。三天归来,依我之见,门缝里至少有一打以上的名片,门口至少还有签名簿之类一大堆玩意儿。万万料不到,人心不古,世道日非,返府一瞧,不但没有名片,没有签名簿,而且连被子也没有啦,盖被偷啦,尤其使人泄劲的是,偷了两天,邻居还不知道。从此我就立定决心,不再避寿。

然而今年(1964)我却来一个避年。除夕之日,全家南下,初九才回,有人故意破坏我的名誉,说我躲债去啦,说这话的朋友一定没有拜读过敝大作《年的变异》。文中曾说明过,工商业社会里,支票第一,头寸至上,“债”这玩意儿,不但不会逼你,而且理都不理。银行八字开,像一个钞票做的三作牌,手执钢鞭,暗中埋伏,等到时间一到,你仍没有把银子必恭必敬,双手送上,他就拦头一鞭。轻则退票,重则送到法院,除了还账,还得缴纳以银元计算的罚款,修理得惨不忍睹。故柏杨先生今年除夕就走,绝不是为了躲债,而纯粹的是为了避年。呜呼,每逢过节,都需要一笔开支,而过年尤甚,与其自己愁眉苦脸,东张罗西张罗,何如全家大小往别人家一住,去让他们愁眉苦脸,东张罗西张罗乎?事情当然也不如此简单,必须有要好的朋友,而且该朋友得有点踢腾的余地才行。否则走错了地方,进得门来,还没有杷椅子暖热,朋友曰:“怎么,柏老,你不坐一会儿呀?”或者朋友婆娘曰:“你看,啥啥长(大官),一定要请我们吃便饭,柏老,今天不留你啦,明天早上三点半,我们请你吃早点。”这种场面,便实在太凄凉矣。好在柏杨先生这些年来,颇有点老奸巨猾的修养,有这种可能的地方,连暖椅子的机会都不给他。故所到之处,均受欢迎,十天之内,见闻颇多,而且均关国计民生,重大非凡,且谈一二,以志盛况。

新年期间旅行,尤其拖家带眷,简直非有点通天本领不可,不要说别的,便是火车票就难以买到手。从台北南下的票,早就定好,尚不觉得吃力,可是以后的日子就难矣难矣。台中到台南焉,高雄返台南焉,台南返台中焉,台中再返台北焉。每次买票,身披重甲,辗转苦战,战胜了固挤得屁尿直流,战败了只好再住一天,以便第二天一早,黎明即起,去车站再挤。柏杨先生真是苦命之人,原本快快乐乐的新年,竟被我硬生生地在车站上把它挤掉,不可说也,不可说也。

然而,圣人不云乎:"困而知之。"挤了六七天之后,福至心灵,竟挤出来一点学问,特写出以告国人。如果读者先生也是可怜兮兮分子,沦落到柏杨先生这种欲购无票的地步,不妨采之纳之,则我的功德就无量了矣。

谈起来欲购无票,在柏杨先生来说,还是高级场面。回想当年那种欲购无钱的往事,不禁有点飘飘然之感。呜呼,柏杨先生坐车史上,可分为两个时代,一曰欲购无钱时代,一曰欲购无票时代。欲购无钱时代,反而一点烦恼都没有,盖我天纵英明,有杰出的坐车艺术,熟练了该项艺术,虽美国两洋铁路,都可以乱坐,何况区区台湾纵贯线乎?坐之之法,首先拣乘慢车,用铁路上的术语来说,首先拣乘混合列车,取其每站必停的优点也。手边阔绰时,就买一张月台票,昂然直进月台;手边不便时,则觑个空,绕进月台,然后挤之而上。挤上之后,不但坐当中的车厢,还坐车厢中间的座位,以便妙用。如果你头脑不清,坐上厢头厢尾,一旦堵门查票,就插翅难飞矣。

好啦,现列车开动啦,车声隆隆,轮声辘辘,你阁下千万别作百万富翁状,呼呼入睡,否则正梦见和一位美女接吻时候,一只巨手在尊肩上拍了拍,喊曰:"先生,查票。"你就糟了糕啦。必须随时随地,保持警觉,须知观光号焉,特快车、柴油车焉,查票时都是先礼后兵的。小姐莺啼燕语,娇滴滴报告曰:"各位旅客,现在我们开始查票。"该多么君子风度。偏偏混合列车查票的,总是以小人之心,度君子之腹,查起票来,往往闷声不响。抬头一瞧,大事不好,一个帽子上带红布条的家伙,一手执剪,一手乱伸,从门口鬼鬼祟祟进来啦,对付如此小人,不提高警觉,可乎?是以瞪大眼睛为第一要义。一旦瞥见该家伙进门,你阁下就徐徐站起(你既可怜兮兮到欲购无钱程度,当然没啥行李),作入厕状,徐徐撤退。"徐徐"这两字,应加双圈,假如拔腿就逃,惹起该家伙注意,就不太理想啦。然后跟他始终保持半截车厢的距离。妙就妙在混合列车逢站必停,等到该家伙把你阁下挤到车头车尾,眼看要向你伸手时,车已到了车站。你就可扬长而下,绕到他阁下屁股之后,重登中间车厢。

问题是,如果铁路局丧尽天良,专门和我们这些正人君子作对,前后夹击的查起票来,那叫作天亡我也,后果如何,吾不忍言。

3. 容易得很

人一旦欲购无钱,发展到欲购无票,总算升了一级,大可鸣放一番鞭炮,以示普天同庆。不过这并不能证明就是经济情况好转,而是跟环境年龄有关,六十岁时尚可勉强跳来跳去,七十岁时身手便不灵活矣。何况还有夫人在侧,幼孙在抱乎。这些都是题外之言,表过不提。且说柏杨先生发现秘诀的地方,乃在台中车站。前一天便去买次日回台北的票,埋伏在窗口后的朋友龇牙曰:"卖完啦!"连票的影子都没有啦。第二天再度驾往,结果完全相同,也卖完啦,也连票的影子都没有啦。呜呼,我这么大年纪,在人山人海中挤了两天,不但筋疲力尽,便是旅费也要用罄,眼看就要流落街头,喊"老爷老太太"矣,避年避到如此下场,真是始料所不及,想着想着,不禁双泪交流。忽然肩上有人一拍,原来是吾友杜文澄先生,他在站前广场上,摆了一个水果摊子,当下邀我去坐,还拿了一个苹果给我尝尝异味。然后问我苦处,我一一告之,他听了后笑曰:“容易得很,待我为你设计,就是买一吨车票都有。”急询何法,他直摇头,盖事关天机,不可泄漏也。

该朋友遂换了一件不知道从哪里弄来的崭新西服,擦亮皮鞋,领我到了车站,低着尊头猛找。终于在垃圾箱里找到了一张名片,上面官衔吓人,曰:“第一届国民大会代表”“光复大陆设计研究委员会委员”,该朋友曰:“老哥,有此一片,找站长也好,找旅客主任也好,车票自然到手,贵阁下孤苦小民一个,怎能允许你随便买到车票哉。”嗟夫,我到此才算恍然大悟。因想起一个故事,君没有看过《谐译》乎?古时候的秀才,整天游手好闲,只怕岁考,盖考得不好,便将津贴考掉,全家都得喝西北风也。有一位秀才太太,三更半夜,把她的孩子撒尿,怎么把都不撒,乃哄之曰:“快撒快撒,学台来啦。”学台者,岁考的主考官,秀才们最恐怖之物。该娃娃听她一喊,马上就撒了出来,秀才叹曰:“想不到学台老爷,竟下通三焦,兼利二便。”于是柏杨先生也套而叹曰:“想不到国大代表,竟威播铁路,兼买车票。”

该朋友和我昂然进到站长办公室,只见人头乱钻,不是阔大代表,就是立发委员,均为终身之职。有的正襟危坐,扬眉吐气,有的额头紧皱,走来走去,有的则作笑嘻嘻之状,一脸虚情假意。该朋友悄悄拉了我一把,名片顺手递出,一会工夫,工友遵谕前来向大家收钱,我也交了一份。五分钟后,拿回票来,口中还连连致歉曰:“对不起,对不起。”盖他阁下把我也当成那话儿啦。柏杨先生特将此项内幕隆重写出,凡属欲购无票的同志,仔细研读,包管受用无穷。阔大立发,除了拼命要钱之外,还有如此奇妙之用,而且对我老人家又有如此奇妙之助,感激之余,能不大力宣扬,以报皇恩哉。

4. 离开尊窝

除了买票增加了见识,对气候上的变化,也增加了见识。柏老于1949来台,始终在以台北市为中心的小圈子地区里跳来跳去,偶尔去别的地方餬口,也都是短短时期,即又急急忙忙,回到台北。古人曰:“求名于朝,求利于市。”柏杨先生既然求名,复又求利,当然离不开台北的“朝”和台北的“市”。有几次我都决心深山隐居,闭门读书,以便清高清高。可是决心是决心,行动是行动,一旦报馆或杂志社板起面孔,拒不付稿费,或拒不刊登我的尊稿,住得既是那么远,简直连钻营都来不及矣。身在台北,就便利多啦,一听说有利可图,就立刻狂奔而往。呜呼,一定有人说我太谦啦,其实一点都不谦,夫自有史以来,都是枪杆值钱,笔杆算老几哉?除了保镖护院型外,哪个文人不是狼狈不堪乎?这次到了南部,有些朋友怪我不肯离开我的尊窝,真是不知时务之言也。海明威先生如果生在中国,他不但没有银子去非洲打猎,即令左典右当,筹足了旅费,恐怕他也不敢动身,盖打了几个月猎,回来一看,地盘没有啦,你说惨不惨吧。

说了这么半天,主要的是说,在台北住惯啦,对台北的气候,因没有比较的缘故,并不太觉得不对劲。台北气候如此这般,普天下的气候自然也无不如此这般,等于一个人掉到酱缸里掉得久啦,总以为呼吸困难才是正理。一旦缸破酱流,再洗了一个澡,洒上香水爽身粉,还不舒服哩。柏杨先生驾莅台中,才发现世界上竟然有些地方,冬天都有太阳的,真是耳目一新。台北什么都好,只是气候之恶劣,使人敢怒而不敢言。冬天来临,小民们正需要太阳的时候,它偏偏进入雨季,“雨季”这两个字不知道是谁发明的,真应该查出来痛揍一顿。

抗战时常在报上看见缅甸雨季如何如何,心里想,好一个富于诗意的名词。谁晓得一旦临头,却比被三作牌修理都惨。即以今天(1964)为例,阴历年之前,天老爷降雨,一降就是二十天。除夕之日,柏杨先生全家去车站挤火车,它还阴云密布,准备随时来两下子。阴历年之日,我不在台北,听说只初一二三晴了三天,初四天阴,初五就下。今天已正月十五,整整下了十二天矣。而天仍像被砸漏了的砂锅一样,不管气象所怎么胡说八道,仅凭肉眼观察,也可看出它老人家还有得下哩。1949年刚来台北住下来的时候,还不明白"雨季"的含意,不停地打开窗子,向天傻看。见有彤云,就心如刀割,见有一线阳光,就欢天喜地,一天能折腾三四十次。台湾籍邻居无不大吃一惊,以为我老头得了啥疯病哩。现在训练有素,不要说只下二十天不在乎,就是下二十年也只有认命。台北之冬,阴天是正常,晴天是反常,太阳偶尔出现,全体小民都得立刻送上红包,以示感恩,如不立刻送上红包,它就会马上缩回云里去啦。

据说世界上最好的气候在南极,冰天雪地,啥细菌到那里都得寿终正寝。生肺病的朋友去住上一个月,就会霍然痊愈。可惜现代医学还没有进一步把癌病患者送往试试,如果也霍然痊愈,岂不就可找出细菌乎?只不过南极太冷,风雪太大,并不是理想的长居之地。我想真正理想的长居之地,应推昆明。昆明气候虽不能治肺病,却是四季如春。呜呼,还有比"春"更诱人的玩意儿乎?就这一个字就说明一切。当然北平也是一个好地方,将来有那么一天,柏杨先生啥地方都不去,纵然有人用八抬轿抬,我都不去,而一定去北平定居,当几年老太爷,享几年清福。盖北平人情味最为丰富,不管你是谁,只去过一次,就会一生念念不忘,恋恋不舍。事情也真奇怪,无论啥地方,都有人表示不满意。若纽约焉,有人嫌它吵杂如蜂窝。若伦敦焉,有人嫌它浓雾像蒸馒头的蒸笼。若开封焉,有人嫌它可能受到黄河倒灌之危。若武昌焉,有人嫌它大而无当。只有北平,所有的意见都是褒多贬少。实在也是,北平之妙,说三天都说不完。但它最大的缺点是春天时风沙太烈。上帝造人,总不使尽善,造城亦然,总多少赋给它一点欠缺也。

全中国只有昆明没有剧烈的气候变化,而全台湾则只有台中。台中可称之为小昆明,一年四季,也是清朗的气候多,像砸漏了锅的气候少。新年初一二三,台北好天气,台中当然不用说啦。从初四开始,台北已坏得不像话,而台中却没啥了不起,顶多阴一阴而已。回台北的那一天,简直是越走越不对劲,隔着窗子往外瞧,怎么黑洞洞的乎?一片片浓云像勤王大军一样,四面八方,涌向中天。过了新竹,竟有两点扑到窗子上,心就凉了半截,等到一进台北车站,更是天昏地暗,大雨倾盆,好像徐鼐先生正在石门水库往外猛放其水,好不使人伤心。

下雨对权贵分子没有影响,即令有影响也微不足道,顶多不能打高尔夫球而已。不过听说有些奇才正在筹备建筑一个高尔夫球馆,那就是说,要在广大无垠的草场上架一华丽之盖,四周再围一华丽之栏,该栏当然不是栏羊栏猪,而是栏权贵分子和二抓牌,以免一不小心,跑出界外的。一旦这种玩意儿出现,艾森豪威尔先生听啦,他的心脏病都得复发。好在高尔夫球不打也可,天虽下雨,权贵可去要别的,反正有小民纳税钱买的汽车,有小民纳税钱买的汽油,也有小民纳税钱为他雇的司机。同时其房子之坚,连红包都不怕,更何在乎区区天上漏水哉?只有柏杨先生者流的小民,整天骑脚踏车和挤公共汽车过日子,一遇落雨,两脚全是泥浆,偶尔奔走于权贵之门,他阁下第一眼就是瞧鞋,其表情之怪,使人恨不得脱掉该鞋放到他尊脸上。尤其柏杨先生,年迈怕冷,身穿长袍,一趟街头,再有汽车擦身而过的艳遇,前襟后襟,准全布满了泥斑。最怨声载道的是,昨天晚上我为小孙女烤尿布衣片,烤到午夜两点,煤球臭味,熏人鼻孔,仅喷嚏就打了一百个,打得胸口发痛,均大雨连绵之祸也。

5. 当然不论表

这次南部避年，除了对买票和对天气颇有感想外，还有几点收获，分段报告于后，以与读者先生同欢。

有圣人说，都市是罪恶之源，这话自然有其道理，但是如果就出租车而论，台北的出租车却是世界上最干净，最神圣之车，连美国大人都得肃然起敬。盖美国者，小费泛滥之国也，汽车一停，一个小家伙或一个老家伙，飞奔而至，为你拉开车门，你不能说声“三客油”就拉倒，非摸出一个铜板塞到他尊手里不行。坐出租车更别说啦，除了表上规定的数目，下车而不给小费，司机老爷能骂得你耳朵三天发烧。全世界只有台北一地，清廉出众，偶尔也有半吊子烧包小子摆阔，把应找的零头算着小费“赏”给司机的，但不多乎也。有一次，柏杨先生和一个这种小子同车，坐了十八元，我付二十元，他在旁慷慨曰：“不要找啦。”司机曰：“谢谢。”两个字就把两块钱泡了汤，我不干也，闹了一阵，仍把那二元索回，司机跳高而去。小子朋友气得脸色苍白曰：“想不到你这老头，竟如此吝啬。”我曰：“我这是为万世开太平的办法，司机老爷如果吃惯甜头，势将后患无穷。”嗟夫，在这上面，中国的月亮就比外国月亮圆，主张全盘西化的朋友，化到出租车小费上，务请高抬贵手，不要再化啦。

然而不过距台北只四小时路程的台中，出租车的恶劣，较之美国，尤高几级。吾友方以直先生，也是到台中过年的，他就开了眼界。上得出租车来，他还以为是台北规矩哩，曰：“到某某处。”司机老爷曰：“二十元。”方先生大惊曰：“你不论表乎？”司机老爷曰：“当然不论表。”方先生根据天理国法人情，和他争执，司机老爷说不过他，拿出绝招曰：“你爱坐不坐。”不坐就不坐，方先生大怒下车。问题是，表虽然虚有其表,却总算有个表在,柏杨先生有一次远征新营,探望一个朋友,那里的出租车简直是吃角子老虎。我在车站叫了一辆,开往旅馆途中,表上竟不跳一个字,心中暗喜,以为是表坏啦,这一次准省几文。谁知道一下车,司机老爷就要三十元,短短一段路,谁给我三十元,我宁可去背他,吵了半天也没有用,他指着表曰:"老头请看,联机都剪断啦。"

呜呼,常有些人批评我人穷气大,实在是奇怪的事太多。正人君子和权贵分子,因有六丁六甲、门神土地,在暗中保驾,怪事落不到他头上,故心也平焉,气也和焉,说说风凉话,既不伤脾,又不伤胃,俨然温柔敦厚。而小民则不然,只要有怪事,就必首当其冲。这年头三作牌啥玩意儿都管,不知道为啥不管出租车,可能是出租车太小,没有违章建筑来得大,故看不见也。

6. 毁容与伪药

我对台中、台南、新营一带出租车,所以深痛恶绝,不是说柏杨先生出了都门,就成了乘车阶级。其原因盖有二焉,一是南部公共汽车不发达,同时路径也不熟。一是因为过年的缘故,老妻特地为我买了一双新皮鞋,价钱贵得吓人,以便我穿到脚上,去唬一些没啥见识的小子,谁晓得该极贵之鞋,未免有点太小,灾难遂非常严重。当初试鞋时,我就声明太小,可是老妻在一旁曰:"小一点没关系,穿穿就大啦。"这话真是天下第一等混蛋之话,"小一点没关系",正是小一点有关系,"穿穿就大啦",小的鞋子,却怎么穿都不会大,等鞋大啦,它也破啦,又何必穿新鞋乎,去垃圾箱里随便拣一双,还不是一样哉?

穿鞋犹如一场婚姻,合适不合适,外人不知道,只有自己知道。

外人看见柏杨先生出门必坐其车，都以为老头手里定有几文。有位朋友还拉下他的眼镜，向我猛瞅，曰："噫，老哥，你真是发财啦？"我当时就一言不发，脱下鞋袜，把尊脚伸到他尊鼻之上，叫他瞻仰瞻仰燎泡圣迹。人人都说我皮鞋好，怎知我难受得很，寸步难行也。婚姻就是如此，要自己舒服才行，局外人的称赞或攻击，不是搔不到痒处，就是不知道痛处。前些时有一位朋友要离婚，道貌岸然大怒曰："那么好的一对，竟翻脸无情，该死该死。"

遇到这些分子，最好送他一双小鞋穿穿，至少可治好他那种动不动就端嘴脸的毛病。当我的尊脚已经脓血交流，走路一拐一拐，还有人震于"极贵"的威名，向它脱帽致敬，认为我好福气啊好福气，怎不油然而兴用狗屎塞他嘴巴之念乎？

柏杨先生暨夫人，在南部云游十天，本来应该玩得很痛快的，实际却颇不见得。盖柏杨先生暨夫人，在台北几年，生活清廉，吃菜的时候多，吃肉的时候少。这次南下，朋友一看我头发光光的焉，衣服挺挺的焉，脸上架着金边眼镜，足下又穿着极贵之鞋，俨然大亨之辈，恰好又加上过年，腊味充足，连讨饭的都打发啦，何况老友？乃大鱼大肉，大油大酱，猛往上端。老妻小家子出身，哪见过这种场面，就低头猛吃，遂行朕躬违和，得了肠胃之炎，肚痛而又拉稀，害得我到处给她买万金油。结果虽然买了一瓶万金油，却是"狮牌"的，和"虎标"对抗，怪不得始终都不见效，原来是冒牌货。

呜呼，我想世界上种种罪恶，包括再可怕的罪恶在内，好比说有人杀了爸爸妈妈，只要他已接受惩罚而又悔改，都可以原谅。只有两种罪恶，便是碎尸万段，都不能原谅的，一曰毁容，一曰伪药。这两种行为不但是出于彻底的兽性，也出于恶劣的遗传细胞，上帝都无能为力者也。从前只不过男人毁女人容，经过正人君子大力提倡之后，现在进步到女人毁男人容矣。这个罪行最可怖的是，他加诸他人的痛苦和加诸社会上的腐蚀影响，比匪徒杀人盈野，还要厉害，但他却只受到较轻的处分。更主要的是，普通匪徒可能有一天洗手，而毁容犯却永远洗不了手,盖兽性和恶劣细胞,不会自动消失。至于卖假药,更同样坏蛋加三级,一个病人急需要盘尼西林救命时,注射进去的却是面粉浆,不死也非死不可矣。毁容尚是杀人见血,伪药则是杀人不见血,而且连个凶手都找不到,似乎更毒。柏杨夫人此次朕躬违和,万金油竟是狮牌的,一切都和虎牌的一样,只不过把"虎"字改成"狮"字,把奔跑的老虎改成奔跑的狮子。而仿单上却公然刊登该伪药制造人的玉照,厂址也设在台湾,其胆之大,其脸之厚,使人震惊。商标法明文规定,商标不得影射,你开"王麻子",我开"黄麻子"尚且不可,你是虎标,我是狮标,商标局却允许其大为风行,不知是何缘故。

据用过该药的朋友说,狮牌的和虎牌的效果差不多,问题只是它治不了病。

就在台中,我隆重的拜访了《异域》里一位男主角——邹浩修先生,提起邹浩修先生,看过《异域》的读者先生,一定都知道。在滇缅边区时,他是孤军的营长,拉牛山之战是"四国会议"大撤退前中缅最后一场大战。一营人在他率领之下,死守拉牛山十天十夜之久,最后由刘占副营长掳得敌人一〇五口径巨炮,战事才告好转。柏杨先生能在南下避年中结识了这位孤军英雄,真乃三生有幸,可惜时间所限,既没有畅谈,也没有喝一盅。我本来还打算去拜访拜访张复生先生的,张先生在滇缅边区时担任师长,血战史迹《异域》中写得详详细细,听说他在台中压面条。可是邹浩修先生说,他压面条赔掉老本,已经搬走了矣。又听说刘占先生在台中砍竹子为生,邹浩修先生说他也走啦。清诗人陈维崧先生有《好事近》一阕,词曰:"别来时事一番新,只吾徒犹昨。话到英雄末路,忽凉风索索。"呜呼。

7. 阴阳调和

用十八世纪的生产，作二十世纪的享受，是中国近百年来的优秀传统，也可以说是“国本”之一，故不敢批评，以免它阁下动摇。但美国总统约翰逊先生访问台北时，曾说过一段话，他曰：“我承认我们美国富强，正如一般人说的，是人间天堂。但那不是天上掉下来的，而是美国人努力的结果。”我想这段话应该由台湾“内政部”印成标语，贴到大街小巷。最后一句话，可歌可泣，更应该打上双圈。呜呼！人家是量入为出，我们则是量出为入，而且“为入”的方法不是靠“生产”、“努力”，而是靠像红包之类的左道旁门。古之人有不吃嗟来之食的，《礼记·檀弓》上一则故事说，齐国闹了饥荒，黔敖先生大发慈悲，做了很多馒头，在路旁舍施。一个家伙已经饿得走不动啦，一拐一拐而来。黔敖先生曰：“嗟，来食！”该家伙瞅着他瞅了半天，曰：“我就是因为不吃这种嗟来食的，才弄到现在这种田地，你嗟啥嗟？”竟至饿死。“嗟来食”是文言文，文言文无法表达神韵，我想大概是嗨的意思。只有嗨而没有请，他就不肯吃，所以柏杨先生肯定他没有前途。如果换了现代朋友，不要说嗨他啦，便是弄团狗屎塞到他尊口里，只要能使他家有冰箱，出有汽车，坐在办公桌后能端架子，其待遇能由薪给制进化到供给制，他都会快快乐乐咽下去也。

既然量出为入，就不能不伸手二抓。夫“钱”和“权”，看起来虽有分别，实际上固阴阳调和，老子一气化三清之物。抓到了钱，就等于抓到了权。抓到了权，也就等于抓到了钱。权和钱既不是正常到手，而是张牙舞爪抓来的，就漪欤盛哉。于是你也抓，我也抓，无人不抓，大号二抓牌有大号的抓法，小号二抓牌有小号的抓法，重崽级二抓牌有重崽级的抓法，轻崽级二抓牌有轻崽级的抓法，一个个两眼发直，汗流浃背。有人说二抓牌的眼睛生在脚底板上，非栽了斤斗，就不认人。其实他不是故意不认人，而是抓昏了头，无暇相认。一旦喀嚓一声，被人挤了下台，跌了个和尚倒栽，头朝下，脚朝上，脚底板上的尊眼，自会看清楚你原来就是二十年前共过患难的老朋友呀。

柏杨先生在这里不是谈二抓牌，而竟谈了这么多，可见该牌的数据实在太丰，左也一堆，右也一堆，随便拈一点，就写了一大篇。柏杨先生的意思是，现社会的繁荣与豪华，跟落伍地区若美国若德国焉，大不相同，他们靠的是"生产"和"努力"，而我们靠的是二抓。于是乎，伟哉，抓也。

不过二抓也不简单，不是人人得而抓之，柏杨先生早就摩拳擦掌，结果连砖头都没有抓住一块。像学堂教书先生，便是想抓而无法抓之的一例，只好曲径通幽，零星出售矣。高级一点的，若一部分大学教习，两眼跟着美援银子，或跟着长期发展科学银子，骨碌碌乱转。一旦情势紧急，不惜暗下毒手。连这点苗头都没有的，则只好拼命乱兼课矣。柏杨先生几位朋友，他们一星期能上六七十小时课，真是要钱不要命也。有些头脑不清的读者先生就问啦，即令白天晚上一齐上课，一天也不过上八小时的课，星期天也算上，七八五十六，怎能上六七十小时的课乎？这就有学问矣，盖他阁下采的乃轮流请假之法。这个星期三，甲学堂请假，下个星期三，乙学堂请假，自然有得时间也。

现在流行的恶性补习，有人说和升学有关，官府之士和议会之士整天都在嚷嚷。依柏杨先生看来，似乎和另外一种东西，也有牵挂，盖它只不过二抓中的一抓，和待遇有关也。君知道现在国民学堂教习一个月几个钱乎？详细数目每人不同，因这年头薪给制收入虽然少得可怜，花样却十分繁多，谁都摸不准自己到底可拿几文。不信的话，不妨去大街小巷随便拦住一个薪给制，问问他看，十人中恐怕至少十人都得瞪眼。如果有正人君子认为我这话动摇国本，则不妨自己摸摸良心，看自己能回答得出乎哉？国民学堂教习待遇，大致上八百元足啦，官崽们唱黄梅调唱顺了嘴，自己躺在席梦思床上，而叫别人“卧薪”卧到木头板上。自己开冰箱喝洋酒吃火腿,而叫别人“尝胆”吃凉水泡窝窝头。自己是供给制,而叫别人用八百元养活父母妻子儿女。呜呼,八百元在台北“第五街”商店,不过买一双中等货皮鞋。势必得来一个恶性补习,才能活下去。等到时间一久,享受随之而来,性质当然大变,自然咬着不肯放矣。我敢和你赌一块钱,一旦恶性补习真的彻底禁止,国民学堂教习至少有一半以上都得饿死,不饿死的也得上上吊,以示绝望。

不管乱“抓”也好,乱“兼”也好,其结果只对自己有好处,对社会其害无穷,这用不着我再向你亮学问矣,闭着眼一想便知。一个国家中的公务人员,不是乱抓,就是乱兼,这个国家恐怕非被列为世界四强之一不可。乱抓不用说啦,贪赃枉法,不可收拾。便是乱兼,用自己的精力和智力维持生活,应该没啥可说吧。问题是,人的精力和智力都是有限的,兼来兼去,无不兼得气喘如牛,连如花似玉向他飞媚眼他都无力回报,还有啥工夫研究发展,尽他的职守乎哉?

8. 说不准学

是若干年前的事啦,有人对香港的政治清明,表示景慕,于是义和团徒子徒孙,气得捶胸打跌,群起而攻之。彼时还不流行立法委员提质询,说谁动摇国本的学问,所以攻之了一阵,也就偃旗息鼓。我想现代人物最大的特点是蠢血沸腾,从没有时间真正坐下来和真正冷静地想一想,而只一口咬定:“把堂堂中华,去比殖民地。”好像只要这么一比,其思想就有问题。至于比得对不对,是不是那么回事,统不管他娘也。南北朝时祖珽先生对北齐帝国皇帝高演先生曰:“陛下有一范增而不能用。”高演先生跳高曰:“你敢把我比项羽?”几乎把他阁下活活打死,其实高演先生舔项羽先生的屁股都不配,但他有权在手,就有资格踢腾。这种优秀的文化传统,一直传统到现在,自然日益发扬光大。

香港《自由报》上有马五先生一篇短评,介绍了一则香港故事,一个三作牌向街头无牌熟食档,收了六元港币贿赂,结果被判有期徒刑六月。马五先生赞曰:

香港是殖民地,一般人对殖民地的政风皆另眼看待。认为黑暗面大过光明面,区区六元港币的规费,何足道哉,然而法院却执法不苟,对公务员的贪污行为,绝不饶恕。收受六元贿赂,本质上与六十万元贿赂,并无区别,非法贪污则一也,这便是法治精神。法律有若泥塑木雕的偶像,贵在人人奉如神明,它即发生灵验,奄有祸福人群的权威。假如执法者受着人情或某种外来压力的干扰,稍有瞻徇,而枉法或执法以从事,法律的尊严即荡然无存,谁也对它不发生信奉的观念矣。

因此,我想到司法界在台湾的若干现象,其法治精神似乎尚不及香港殖民地远甚。例如同样是公务员,经由太太之手收受贿赂,贪污有据,有的夫妻一并判刑坐牢,有的竟宣告无罪,还要官复原位,顾盼自雄。法官可以声称"奉命不上诉",诉讼处理必须"配合'国策'",这算世界上哪一类型的民主法治规范乎?至于行政人员遇到收取红包,已视为义所应尔的常情,靡然成风,肆无忌惮。像香港警士取六块钱的规费这回事,如果是在台湾,他会招来徒刑之灾乎?

柏杨先生所以引用马五先生原文,因马五先生的尊头比柏杨先生的硬,颇可抵抗各种飞帽。不过如论起学问来,他阁下就差得远啦。他不是问该贪污六元贿赂的三作牌,在台湾会吃官司乎,意思是说,如果他在台湾,绝不会吃官司。其实不一定也,其中道理,柏杨先生发明有"说不准学",可供参考。马五先生说他简直要发思古之幽情,他曰:"我非常赞许一百年以前的腐败旧政制,行政和司法不分,集中于一个官吏之身,听他随意处理,他受着王道仁政的思想影响,对一般人民,反而比现在这样口称法治,行属人治的后果好得多。"

在堂堂进步繁荣的台湾,竟使人想到连黑暗的专制时代都不如,真不知是何居心?柏杨先生势非闻过则怒,以示忠贞不可。幸亏这话不是我说的,而是马五先生说的,帽子铺掌柜的如欲飞帽,千万别飞到我头上来,务请认清目标,径向他阁下猛扣可也。不过偶尔有时候,一些不长进的朋友,也跟着会发出一阵同样思古之幽情的,不必用学院派的方式找根据啦,且说说京戏吧,君看过《四进士》乎?真是绝妙好戏。话说开店的老头宋士杰先生,不甘屈辱,顶撞了县太爷几句,凡官崽都有其崽威的,县太爷岂能例外,就打了他四十大板。官司打将下来,闹到最后,公堂之上,宋士杰先生翻出县太爷受贿的底牌。其中有几句对话,世人不妨洗耳一听。县太爷曰:"宋士杰,你好厉害的状子。"宋士杰先生曰:"大人,你好厉害的板子。"县太爷悻悻然曰:"好好好,等我回到衙里,再和你算账。"宋士杰先生笑曰:"怎么,老哥,你还打算回去呀?"县太爷一听,打了一个冷战,真的当堂就被摘下纱帽。

呜呼!虽然那是一个公开打板子兼被革掉了命的时代,但也是一个说得准的时代,以一个开小店的老头,都能肯定某人犯了某罪,一定会得到某种惩罚,真是奇迹。今天便不然矣,不但开小店的老头说不准,连名震海内外的马五先生都说不准,还茫茫然问曰:"这算世界上哪一类型的民主法治规范?"当然是"说不准类型的民主法治规范"。即以该香港的三作牌而论,贪了六元小污,香港政府就判他六个月,马五先生以为如果在台湾,准啥事都没有,恐怕不太见得,说不定经过法官自由心证了一番之后,说他动摇国本,判他六十年哩。

正因为一切都是可大可小,可有可无,兴之所至的,中国人便只好恍恍惚惚过日子,能二抓就二抓,能乱兼就乱兼。最妙的是,越是二抓得凶的人,越是教训别人不要二抓。越声明他啥也不抓的人,越是抓得凶。我们社会就好像一副毕加索先生的调颜料板,五光十色,好不可爱。洋大人见之,伸大拇指曰:"进步进步。"或点头赞叹曰:"提高提高。"结果苦了一些既无啥可抓,又无啥可兼的老弱残兵,用别人一双皮鞋的钱,来养活全家。养活全家不算,不时的还有正人君子揪住他的耳朵,叫他节约"救国"。若干年前,有位朋友要办杂志,叫我去为他办理登记,那时还是台北市政府社会局管,由一位姓啥的课员主办。相谈之下,知道我们还是邻居,当天晚上,路过他门口,进去一瞧,悲夫!一家六口,挤在一间六席小房中,太太一眼已盲,另一眼也在患严重眼疾,孩子们挤在门口污水沟中捞野菜吃。

这位姓啥的先生现在是不是还在台北市政府社会局,我不知道,他家住在台北市和平西路二段,一访便知也。然而这还是高级享受之士,有些人过的生活,简直更是节约。一位当官的朋友,过年时坐着闪光的汽车,去部下之家拜年。事后曰:"进得门来,只见一老太婆,枯坐墙隅,如同泥塑。太太出迎,穿着半破木屐,蓬头垢面,衣服遮不住腰,脸瘦得只剩下两只眼睛。房间里除了一张光板竹床外,什么都没有,所谓什么都没有,那是说真的什么都没有。"

柏杨先生降生时,据说有红光冲天,香闻十里,所以天生的讨厌穷人,上边说的那些话,并不是同情他们,而是叫大家奇事共赏。不过问题是,我们不是正在谈结婚大事乎,供给制遇见有人结婚,一点愁都不发,红帖子一来,大笔批曰:"交总务科。"交总务科后如何如何,他不知也。到了那一天,一顶红帐子送到礼堂。上款曰"某某同志结婚之喜",下款曰"张德功祝贺",一副官崽味从该帐上冒出,令人脱帽。可是,如果该红帖子降落的地方不是供给制,而是家徒四壁,骨瘦如柴的动摇"国本"之士,则帖子不叫帖子,而叫粉红色炸弹。一个人一月不要说多啦,平均接到一份,就不得了,一旦吉星高照,接上三份五份,那只有去街上打听啥地方有卖巴拉松的矣。盖一份帖子如果送五十元,五份帖子,就是二百五十元,以台北市目下的行情,五十元根本拿不出手,送五十元的贺客似乎有被人记仇一辈子的可能,至少都在一百元以上,负担就更惨重。尤其严肃的是,啥钱都可往后拖,连法院罚款都可以分期付款,只有贺仪斩金断铁,朋友十五日结婚,就得十五日送到,不能说先欠两个月,等年终奖金发下后准还不误;也不能开三个月的期票作抵;更不能分期付款,本来送一百元的,分五个月付之,每月由新郎执着小簿子逐户收二十元。于是就真难死人矣，有些人一见红帖子就发昏，有些人甚至把红帖子踩到脚底下骂大街，非无因也。

现代红帖子的第二特征，和传统文化有关，是只论形势，不论“礼尚往来”。柏杨先生结婚时，你送我一百元，等你结婚时，如果你仍默默无闻，或者是砸了锅，垮了台，恐怕送你二十元已是上等品格矣。最经常的是，理都不理。不过大致说来，已结婚的朋友，挨粉红色炸弹，等于白挨，只有招架之功，而无还手之力，送出的贺仪，如同肉包子打狗，有去无回。未结婚的朋友则大丈夫报仇，三年不晚，将来总有一天，也弄个粉红色炸弹扔回去，届时只要不砸不垮，总可捞回一点。

（柏老按：1981 年，送礼要一千元才行，十七年间，涨了十倍。）

9. 野柳义魂

圣人曰：“十步之内，必有芳草。十室之邑，必有忠信。”有人说，在高级洋房汽车里根本找不到芳草和忠信。高级洋房汽车里当然也有芳草忠信，不过为数似乎不多，改之为：“亿房之内，必有芳草，兆车之邑，必有忠信。”才能对劲，盖他们如果是芳草或是忠信，根本就出不了头。大凡官性兴旺的，人性必定泯灭。故圣人所说的芳草和忠信，应在小民行列中求之。于今之社会，得二人焉，一为林添祯先生，一为黄金梅女士。

林添祯先生，野柳人也，于前天为了下海拯救国立台湾大学堂学生张国权先生，惨遭灭顶。关于他的事迹，报上登得已经够多，人人皆知，用不着我也插一脚。可是嚷嚷了已近一周，虽普天垂泪，有权有贵的官崽似乎仍无动于衷，大概觉得必须“恩从己出”才过瘾，大家一嚷嚷便采取行动，势将有损尊严。故我本来要劝大家还是不要嚷嚷啦，以便官崽们脸上磨得开之后，去自动自发。不过这年头靠官崽办事，还不如靠墙头，一切都是自己来得好，我想小民至少应该做到下列几件：

一曰：应在野柳林添祯先生跳海救人的悬崖上，为他树立一个铜像。林先生不单纯的是一个救人英雄，也是中华民族精神的代表。在他的铜像下面，应该详细刻上他历次救人的经过和最后殉难的事迹。有一点要注意的，千万别请那些文言文大师执笔，林先生可歌可泣的一生，被文言文一写，就酱得一文不值矣。这个铜像不但应为全台湾青年所崇拜，亦应为全台湾老弱所崇拜，摩登男女固然可以献上花圈，若柏杨先生老一辈的人，若出海渔民的眷属，若海外旅人，海外旅人的妻子儿女，也可以前去焚上香箔，祈求平安。生而为英，死而为灵，其林添祯先生乎？

二曰：关于林添祯先生家属，应好好为之照料。一个人如果无身后之忧，去冒险犯难，固然可贵。一个人如果有身后之忧，竟同样也去冒险犯难，就更为可贵矣。林添祯先生死后，留下一妻七子，住在可怜的陋室之中，三餐不继，前途茫茫，如果任她这样下去，孩子们不沦于小乞丐者，几希矣。呜呼，林先生的遗属，如果得不到适当的照顾，简直是拥有五千年历史的中国，一种耻辱，也是五千年传统文化的一大讽刺。现在虽已有人捐助，但为数寥寥，以林添祯先生舍生赴义的千古侠情，他的遗属有权利得到更大的保障，我们活着的人也有义务付出更大的报酬。我们至少应该做到几点，第一，为她们盖一座产权属于她们的房子；第二，筹募一批基金，足供其子女完成大学堂教育。

三曰：有人提议把林添祯先生舍身救人的事迹，写入县志。此举当然很好，但这是酱缸观念。不要说写入县志啦，纵然宣付所谓国史馆，实在说来，有啥意思？柏杨先生倒是提议不必钻那种牛角尖，而应该把他写到国民学堂教科书里，再由电影公司拍成电影，由儿童文学家写成童话，作家写成小说、长诗、剧本，这才是中国青年立身的典型。说到这里，又想起一事，台湾“教育部”为啥不设立一个林添祯奖学金，以鼓励行为上有卓异贡献的学生乎？

总而言之一句话，现在各界对林先生的纪念和对遗属的救助，当然很热闹，不过怕的也就是这种一窝蜂和官崽们那种喜欢放焰火的本性。过了几天，感情淡啦，焰火放完啦，林先生也被人忘啦。好人身后凄凉，是社会的丧钟，我们岂能忍住不言哉？

黄金梅女士是台北双园国民学堂的教习，也是被林添祯先生援救过的仕女之一。当她在林先生死难前两天，带着学生去野柳旅行时，她班上学生苏玉梅小妹妹不慎从仙履石上跌下大海，就在苏小妹跌下去的一刹那，黄金梅女士一把抓住。她既然无力抓牢，本来可以松手了事的，可是她并未松手，以致扑通一声，一齐下去。后来虽被救起来，但如果不是这位教习在骇风巨浪中把苏小妹妹紧紧抱住，早被卷到夏威夷去矣。

对于这位教习，台北只《民族晚报》登了一段新闻，似乎还没有听说有啥下文，假如台北市政府教育局的朋友，能动动尊腿，去学堂看看黄女士，也算差强人意。现任局长林清辉先生，官性正浓，往上看有精神，恐怕无工夫往下看也，哀哉。可是黄金梅女士是现任教习，无可奈何，我们只有盼望台湾省教育厅采取行动，至少秀才人情，传令嘉奖，或再予实质奖励，像保送大学啦，留学啦，发笔奖金啦；最容易办到的是，发她五千元之款，给她两个星期的假。

于是有人告曰："你阁下不是已言之乎？二抓牌的特征是恩从己出，他们本来要这么办的，经你一说，鼻子一哼，就不办啦，柏老柏老，你反而坏了大事啦。"这话真是至理名言，可供有心上进之士参考。不过有一点是，不要把他们估计得过高，以为他们"本来要办"。如果不是小民们猛嚷嚷，恐怕他们连眼皮都不会抬。

野柳之地，柏杨先生老早就宣示国人，没啥可玩的，偏偏有人去玩，不听老人言，吃亏在眼前。如果不是林添祯先生之死，世人还不知道该地经常表演"失足落海"节目，如果能因林先生，而使野柳成为现代化的郊游胜地，他死也瞑目矣。

10. 荣华富贵

林添祯先生的壮烈义行，可以使人想到很多问题，我们已一再反复言之，中国传统文化中什么都有，独缺灵性。我说什么都有，那是真的什么都有，不信的话，翻开古书瞧瞧，圣人也好，君王也好，篇篇言论，头头是道。而实际上又如何哉？君知道黄道周先生其人乎？明政权覆亡，异族入主中国，凭我们的想象，一定以为官民同心，一致对外了吧。如有抗敌英雄，也一定会被人顶礼膜拜。黄道周先生在福建被清军捉住，押解到南京，堂堂皇皇，慷慨就义，你猜他遭遇了些啥？所经之地，有千里之遥，沿途所见，不但没有一点亡国现象，那时适逢新年，中国小民还一个个穿新衣，戴新帽，访亲戚，拜朋友，玩龙灯的玩龙灯，赶庙会的赶庙会，锣鼓喧天，热闹非凡。偶尔抬头，看见一队鞑子兵，押着一个白发老头，绳捆索绑，头上戴枷，手上戴铐，脚上带镣，不仅大为惊奇，连猴戏都不看啦，一拥而上，看起老头来啦。经鞑子兵介绍，原来他名叫黄道周，犯了叛乱之罪。大家一听，啊呀不好，叛乱罪是要杀头的，挨不得挨不得。只有若干顽童，捡起石子摔到黄先生头上，以示薄惩。比较懂事的老年人乃叹曰："这么大年纪，不知安分，竟去造反，真是个大傻瓜。"呜呼，不要看书本上、报纸上，或二抓牌讲演时猛烈推崇忠臣义士，推崇得无微不至，实际上真正的忠臣义士，无不寂寞可怜，被人"叹曰"也。

这是一种不讲是非，也不懂是非，而只一味追求荣华富贵的传统，把中国人的灵性酱得欲僵欲死。凡是有异于这种气质的行为，都被嘲弄或被惋惜，甚至被痛恨和被厌恶。不仅小民如此，应该最具有灵性的知识分子，也是如此。君看过《康圣人显形记》乎？十九世纪九十年代出版，说的是康有为先生戊戌政变和结局，其中叙述六君子临刑的一段，是全书精华，读者先生，不可不看个仔细。书上曰——

那隶卒当先走到康广仁等六人面前说道："恭喜，恭喜，诸位老爷们，今天大喜的日期到了。"那六人一闻此言，知道就要伏法，不由得心内一惊，彼此相视，一言不发，惟林旭忽吟诗两首道："青蒲饮泣知无补，慷慨难酬国士恩。欲为公歌千里草，本初健者莫轻言。望门投止怜张俭，直谏陈书愧杜根。手掷欧刀仰天笑，留将功罪后人论。"林旭将诗吟罢，那禁卒促令六人出了监门，直望刑部大堂而来。但见堂上两旁，皆列着营兵，个个手执刀斧，好不森严可畏，当下健役将六名官犯，押到堂下，当由监斩官点名已毕，捆绑手上前，将六人剥去衣服，当堂背绑停当，各在背后插了标记。监斩官喝令起身，堂下那些营兵差役，均各前后押护而行。出了刑部门，各官犯乘没篷骡车，一队队刀斧手、长枪手、马队、步队、洋枪队，犯车两边，每乘车有八名刀斧手围护，刽子手在后跟随。

书上续曰——

末后，监斩官头戴大红斗笠，身披大红披风，押解在后。真是弓上弦，刀出鞘，人人剽悍，队队整齐。出了宣武门，直望菜市口而去。沿途经过，那些看热闹的一层层拥挤不开。只见得刘光第坐在车中，两目双垂，一言不语，自己悔恨已迟。林旭仰面朝天，浩然而叹。杨深秀口叫皇天，自己幻梦未醒。谭嗣同、康广仁、杨锐，皆有懊悔之状。两旁观者，莫不互相议论，皆因康有为一人作乱，连累许多官家子孙，身首异处，他却逍遥法外。你言我语，议说纷纷，不一会儿，六名官犯已押至菜市口，跪在一处，每名仍有八名刀斧手，拥护左右，四面皆系大旗队、洋枪队、马队、步队，围绕四周，直围得如铜墙铁壁一般。监斩官坐在公案上面，只待午时三刻，即便行刑。一会儿只听得值时官报道："已交午时三刻，请即行刑。"监斩官闻报，当即勾绝了六人名字，忽听喝道："行刑牌下。"那刽子手哪敢怠慢，高举钢刀，只听一排枪炮声,这六名官犯的头,早已个个落下。可怜富贵功名,一旦化为乌有。

看杀六君子热闹的人,和看杀黄道周先生热闹的人,有啥不同也欤?时间上虽然隔了三百年,民族灵性却依然如故。该书作者一口咬定六君子"悔恨已迟"、"有懊悔之状",真是以猪猡之心,度龙虎之腹。最主要的是,该书作者虽没有叹他们曰"真是大傻瓜",却更明目张胆地讥笑那些为了实践一种理想,而牺牲了"富贵功名"的爱国斗士,认为不合算不合算。呜呼,伟大严肃,可歌可泣的英雄事迹,竟成了知识分子的嘲弄对象,这正是中国社会上特有的娼寮气质。作家是人类灵魂的工程师,却去拼命鼓吹对权势的驯服和对富贵功名的追求。六君子的死,在他眼中,最可惜的是:"富贵功名,化为乌有。"呜呼,中华民族复兴之机,看来使人紧张。

于是有人就说,黄道周先生之事,乃明末之事,《康圣人显形记》之书,乃清末之书。现在已不是那个时代,现在是啥啥啥啥时代矣。啥啥啥啥者,吉祥蓬勃之词,我们不加论列,盖论列了恐有未便。我们只是想,自明末至清末,三百年之久,都没有什么起色,自清末至今天,又继续被酱了五十年,其僵其硬,恐怕还要更重。1958 年种玉麟先生和他的几位青年朋友,驾着小舟,横渡太平洋,报上天天有赞扬他的新闻,社会上也天天有座谈会、茶话会、交谊会,等等之会,对他恭维备至。有一天,柏杨先生拜访一位作家(尊名说不得,说了就挨揍),他是负责编《特刊》的,我问他感想如何,他摇头而露牙,冷笑曰:"一个小浪就沉到底啦,这种傻事,我不干,我不干。"

11. 酱　缸

其实不但他不干,大多数中国人都不干,盖灵性被酱之后,正人君子,就有两副嘴脸,一曰群众嘴脸,一曰子弟嘴脸。对群众时一副嘴脸,对亲人时又是一副嘴脸。或上得台盘,或写起文章,或致起训词,或坐在办公桌后,是一副嘴脸;该嘴脸也,凛凛然大义灭亲,不可侵犯。但一旦回到自己家里,想想自己,想想妻子儿女,便另是一番嘴脸也。种玉麟先生驾一只帆船,上面有若干现代化的设备,而且又逢太平洋最太平时期,危险是有的,但并不就等于往火坑里一跳。作家老爷已如上述,官崽的表情,就更为可观矣。我有一位当官的朋友,出席某学堂座谈会,慷慨陈词,唾沫横飞,差一点就当场自杀,以表他视死如归。可是回到家中,小儿子告诉他已写信给种先生,要求也参加一份,他就立刻跳起高来,骂曰:"船翻了怎么办?"并引用圣人之言曰:"务虚名而得实祸,务虚名而得实祸。"

从前的酱缸固是酱缸,却是大酱缸,还偶尔有点空隙。自从来到台湾,大酱缸变成小酱缸矣。人的想法、看法、见解,也跟着更浅、更短、更庸、更俗、更叫人起鸡皮疙瘩。大家有口皆碑,说种玉麟先生了不起,那是希望别人去傻,自己并不打算去傻。大家都赞扬张三,目的是希望别人当张三——自己并不希望当张三。大家都赞扬李四,也是希望别人当李四,以便自己舒舒服服过日子,如果让自己当李四,恐怕全家都得哭上三天。噫,对岳飞先生,谁不尊敬,问题是,有几个人愿意自己当岳飞?又有几个人愿意自己的儿子当岳飞?不过研究起来,也不能怪谁。中国五千年历史,好像很少有光荣结局的民族英雄。翻开历史书看看,凡是有干才、有眼光、有见解,忠心耿耿,为国尽忠,拯救国家民族的英雄豪杰和爱国志士,几乎全没有好下场,不是被杀,便是被辱。五千年来,凡当权的家伙,几乎是除了二抓牌,就是二抓牌。那就是说,中国的历史好像是一系列的奸胜忠败,劣胜优败的反淘汰历史。血迹斑斑,可以一个王朝接一个王朝查考,也可以一个人接一个人查考,包管能把你查得奄奄一息,油然"叹曰"。胡秋原先生前些时送了柏杨先生一本他的大作,曰《中国英雄传》,六百一十四页,厚厚一巨册,香港亚洲出版社出版。从赵雍先生起,一直介绍到刘永福先生,把中国历史上的英雄人物,网罗齐全。

我们不必翻"正史"啦，仅就此书上所有的英雄，看看他们在百战之后，其结局如之何吧。

该书介绍的第一位人物，是赵雍先生，梁启超先生称他阁下是"黄帝以后中国第一伟人"，胡秋原先生也把他阁下放在卷首，其对赵国和对整个中国贡献之大，不用说矣。他阁下血战了二十七年后的结局是啥？结局是被大军围困在沙丘宫，和萧道成先生同一命运，饿得发毛，爬到树上掏小鸟蛋吃，最后仍免不了活活饿死。

赵雍先生的下场，我们还可以说因他儿子王八蛋之故。但赵国的大将李牧先生，便涉及到核心问题矣。李牧先生击败匈奴，又击败东胡，复进灭襜褴。十多年间，北方悍敌不敢接近边境。后来又大败秦军，使眼看就要完蛋的赵国，转危为安。可是你知道赵国国王怎么报答他？一霎时翻了尊脸，说他要"反"，李牧先生便只好抹脖子矣。也就在他死后三个月，秦军长驱直入，把赵国灭亡，也把赵国末代头目赵迁先生生擒活捉。关键就在这里，宁可亡国，也不饶人。

李牧先生之后，蒙恬先生对秦国的贡献，不亚于李牧先生对赵国的贡献，他率领三十万大军，出击匈奴，收复河套，修筑长城，作一劳永逸之计。不特此也，他还是一位儒将，我们现在用的毛笔，就是他发明的。可是结局又如何哉，秦政府皇帝下了一道诏书，"赐"他"自杀"，呜呼，连"自杀"都得"赐"，不要说人性矣，连狗性都没有啦。他弟弟蒙毅先生还不肯死，曰："赵杀李牧而亡，没有杀忠良而能保国。"这话是千古真理，可是一旦到了政治性冤狱，真理不抵一个屁，而且正因为你是忠良，有碍他胡搞，他才杀你，亡国不亡国，管你的娘也。

汉王朝李广先生，其勇其功，也是世人皆知，公孙昆邪先生曾在皇帝刘彻先生面前流涕曰："李广才气，天下无双，但他过于勇敢，总是身先士卒，与匈奴死战。万一阵亡，就可惜矣。"可是无论你多么勇敢，多么有功，到头来不得不援例来一个凄凉归宿。他被逼自杀时，对其部下曰："我自束发以来，与匈奴大小七十余战，现在随大将军出征，进攻单于，而大将军把我的军队放在远道，又自己迷路,只好说天意如此。我年已六十,不能去跟刀笔吏对簿法庭。"呜呼,大将军者,皇帝的亲戚卫青先生也,和李广先生私人之间有过节,才故意把他派到不宜行军的东路,叫他自生自灭;他自生不了,只好自灭矣。

汉王朝另一位大将赵充国先生,史书上有崇高地位。第一次出击匈奴时,身负重伤,刀箭血口,凡二十几处。连老帝崽刘彻先生都大为感动,亲自一一察看。到了晚年,更不费一兵一卒,敉平羌乱,建议屯田。他的结局还算差强人意,没有"自杀",但他的儿子赵卬先生却自杀啦,而且他阁下也被赶下台,放逐回乡。

耿恭先生,东汉王朝英雄,官也做得不小,进军西域,被匈奴团团围住,匈奴派人招降,降了就封侯爵。噫,不要说封侯爵啦,有些将军,只要表示不咎既往,饶他不死,他就阵前起义啦。但耿恭先生却把匈奴使臣拉到城上杀掉,威镇塞外。可是他的结局又如何哉,结局是皇帝老爷嫌他"言论怨望",一脚把他踢走。踢走者,免职是也,免职后不久即死。所谓"怨望",即是发牢骚。嗟夫,再大的功勋都不能发牢骚,二抓牌最恐惧别人发牢骚,盖发牢骚可能影响他的二抓。耿恭先生还算祖宗有德,有的英雄好汉,还因为"怨望"而砍掉了尊头。

12. 英雄人物

陈汤先生,其功更垂千古。匈奴单于郅支先生,在天山一带,组织联盟,对中国派出的使臣,杀的杀,辱的辱,西域大乱。幸赖陈汤先生排除众议,和甘延寿先生率军深入,把郅支先生斩首,西域才再平复。他和甘延寿先生在上皇帝报告中,有两句气壮山河的话,和他的功勋一样,同垂千古。那两句话是:"凡冒犯强大中国者,虽远必诛。”呜呼，这种气魄和这种强大的国力，和今天的情形一较，真使人要大哭一场。可是，陈汤先生的结局却是被捕下狱，眼看就要处斩，恰巧西域又出了事，还是敌人帮忙，才把他放出来。不过放出来是暂时的，他最后还是充军到敦煌，最后虽然死在长安，但一个轰轰烈烈的英雄，已被糟蹋够了矣。

窦宪先生的官比陈汤先生更大，功也更高，因之，结果也更惨。窦宪先生和他的文助手班固先生，武助手耿秉先生，大破匈奴，在燕然山勒石记威，从此为害中国五百年的大敌，算是完了蛋。北单于下落不明（胡秋原先生考证说，他们西进攻入欧洲大陆），其他的单于，陆续死的死，降的降，以后再也成不了敌国。然而如此英雄，却在班师回朝后，被“赐”自杀，凡是姓窦的和跟着他做事的人，都遭了殃，真是“论功行戮，为敌报仇”。班固先生当然也跳不出这圈子，他以六十一岁高龄，被捕入狱，受尽拷掠，竟被活活打死。耿秉先生比较有运气，他死得较早，在窦宪先生冤死前就死啦，但死后仍不能饶他，本来是封美阳侯的，也被“国除”，国除者，取消了他的“侯爵”者也。

再下一位，《中国英雄传》介绍的是班超先生，他的下场总算差强人意，但到了他孙子班始先生便糟啦，被皇帝腰斩，一家大小，杀了个净光。这属额外，不必论列。论列的是班超先生的小儿子班勇先生，他以父亲的余威，再定西域，史书称之为“三绝三通”。他也属于运气好之流，也没有被“赐”死，而只不过“下狱免”。“下狱”者，关到黑牢，内受苦刑拷打，外受军法审判。“免”者，不知道是怎么免法，反正是后来总算出了狱，窝窝囊囊死在家里。

汉王朝之前的英雄，已如上述，现在且看看以后的英雄吧。侯君集先生，唐王朝大将也，可是知道他的人很少，因他的结局是“叛变”，一沾叛变，还是不知道为妙。他在唐初那个混乱时代，大破强敌吐谷浑，最震惊世界的一战，是击灭高昌王国。结果他和他的全家，男男女女，老老少少，都被绑到长安城十字街口闹市，一一处决，血流成河。他临死时对行刑官曰：“君集岂反者乎？”前已言之，问题不在你反不反,而在你被认为反不反。

侯君集先生之后有王方翼先生,不用介绍他的功勋矣,只说一件事就成啦。他从西域还朝,唐高宗李治先生和他面对面讨论西域大事,看见他战袍上有一块地方汗出如浆,问他怎么回事,原来他在热海苦战时受伤,箭头迄今仍在肉内,常有臭汗流出。李治先生亲自察看伤口,嗟叹良久。嗟叹良久固嗟叹良久,最后还是把他阁下贬到海南岛,以六十三岁的高龄,狱吏押解,壮烈地死在中途,善哉!

王忠嗣先生,是唐王朝中叶边防第一员上将,从小养在宫中,唐玄宗李隆基先生还很器重他哩。后来身兼河西、陇右、朔方、河东四个军区的司令官(节度使),佩四颗将印,控制万里,逼亡突厥,其功之高,无以复加。按小民们的常情推测,应该有一个好的结局吧。史书上说他阁下的结局是:被征入朝,入朝后即逮捕下狱,"令三司推讯之",几乎绑赴刑场,执行枪决。幸亏他有一个好部下也是好朋友哥舒翰先生,当陇右节度使,愿以自己的官爵为他赎罪,皇帝老爷这才高抬贵手。不过放他出来乃表面文章,王忠嗣先生最后还是"暴卒",仍逃不脱魔掌。

继王忠嗣先生之后,另一位大将的结局还要糟,贵阁下知道高仙芝先生乎?这位原籍韩国的将军,在中国供职,大军所向,立下无数可歌可泣的汗马功劳。胡秋原先生特地引出英国政府于不久前派遣的斯坦因先生探险故事,斯坦因先生在帕米尔高原勘察了一千年前高仙芝先生行军路线后,评论曰:"数目不少的军队,行经帕米尔和兴都库什,在历史上以此为第一次,高山插天,又缺乏给养,不知道当时如何维持军队的供应?即令现代的参谋本部,亦将束手无策。"又叹曰:"中国这一位勇敢的将军,行军所经,惊险困难,比起欧洲名将,从汉尼拔,到拿破仑,到苏伏罗夫,他们之越阿尔卑斯山,真不知超过若干倍。"和他同样忠勇的,还有封常清先生,封常清先生原是一个可怜的小小职员,高仙芝先生对他一手提拔,封常清先生军令如山。恩主高仙芝先生乳母的儿子郑德诠先生,小人得志,狗仗人势,他立予杖死。高仙芝太太和乳母在门口哭成了泪人儿都没有用,最后联合向高仙芝先生告状,骂封常清先生忘恩负义。如果换了鸭子屎人物,早凶猛跳高,英勇报复了矣。可是高仙芝先生连一句话都没说,封常清先生也连一句话都没说。呜呼,如此英雄豪杰,结果是啥?二人把守潼关,封先生在关外苦战回营,过来一位宦官老爷,手拿皇帝诏书,把他逮捕斩首,像狗一样陈尸在乱草之上。然后该宦官老爷转身,对高仙芝先生冷笑曰:"你也有恩命。"立刻把高先生也绑起来处刑。呜呼,他妈的"恩",他妈的"命"。

唐王朝之后,现在该介绍宋王朝啦。中国历史上,宋王朝的皇帝一个比一个窝囊,而且畏洋大人如畏老虎,一会自己称"臣",一会自己称"儿",一会献金银,一会献布帛,啥丢人不要脸的事都做得出来,这种风气下的英雄豪杰,天老爷注定的要成为悲剧。第一个被整得惨兮兮的是杨业先生,杨业先生是杨家将的家长,提起来杨家将,真是家喻户晓,大人小孩都知道,不过传说中的杨家将颇得皇帝器重,这就完全是小民的想法矣。盖小民们头脑简单,以为杨氏一门,既如此忠君爱国,又有如此烜赫武功,当头目的当然要器重啦。噫,中国文化如果有如此灵性,我们不是今天这种局面矣。举一件小事来瞧瞧底牌吧,史书上说,杨业的儿子杨延昭先生,和另外一位同姓不同宗的杨嗣先生,二人在羊山镇,埋伏重兵,大败契丹,你猜宋真宗赵恒先生接到捷报后说了些啥?他曰:"杨延昭与杨嗣,都是疏外之臣,而忠勇如此,朝中却一直有嫉妒之人,幸我保护他们,才有今日之效。"这种话叫人听啦,实在寒心,杨家将那么大的汗马功劳,死的死,亡的亡,结果仍然是"疏外之臣"。疏外者,一辈子都在圈圈外,流再多的血都跳不到圈圈里也。问题是,即令在圈圈外,仍有"嫉妒之人",努力构陷,不垮不止,不死不休,悲夫。

13. 千古奇冤

杨业先生的结局，看京戏的朋友都知道。他被迫孤军深入，临出发时，指着陈家峡谷，老泪纵横曰："务请诸君在此设下埋伏，作为后援，等我转战至此之时，即夹击相救，否则我们只有全军覆没矣。"可是等他转战至此时，竟然不见一人，不禁大恸，再奋起杀敌，身受十数重伤，最后中箭堕马，被契丹俘掳。其子杨延玉先生，和淄州刺史王贵先生，血战而死，孤军无一生还。杨业先生被俘后，叹曰："皇帝待我很厚，希望我讨贼捍边，今被奸臣所卖，有何面目求活呼？"绝食三日而死。杨业先生的壮烈事业，千古之下读之，尚觉热泪盈眶，他一直到死，都以为头目待他很厚，不知道不要说他啦，就是到了他儿子杨延昭先生，大破强敌，仍把他们当作"疏外之臣"也。

现在我们要谈到宗泽先生和岳飞先生啦，宗泽先生死于忧，岳飞先生死于冤，两位英雄豪杰，民族救星，全被糟蹋。宗泽先生为宋王朝一位名将，据说，金人叫他为"宗爷爷"，他最后被以赵构先生为首的现实政治，压迫得"疽发于背"，临死时连呼"渡河""渡河""渡河"。我想宗泽先生能疽发于背，还算走运，以他的个性，在传统的酱缸里，如果不死得早，恐怕终有一天，准跟岳飞先生一样，被罩上一顶帽子，明正了典刑。

岳飞先生的忠勇和他的战功，不用说矣，看正史看不出啥名堂，买本《精忠岳传》，一瞧便知，我们不必多表，只表一点的是，宋高宗赵构先生对他，简直又爱又敬，不要说下的诏书啦，仅赵构先生亲笔写给岳飞先生的信（酱缸文化称之为"御札"），就够印一本厚厚的书。不特此也，赵构先生还写了"精忠报国"四个字送给他，如果一个人神经正常而又没有麻风的话，一定会认为岳飞先生有享不尽的名誉和尊荣。怎么都不会想到，弄到最后，他阁下竟被认为叛变有据，逮捕下狱。岳先生是怎么死的，谁都不知道，反正是被下狱后，问不出啥结果就死啦，死得不明不白。不但他死，他的儿子岳云先生跟着被斩草除根；女儿也怀抱银瓶，投井自尽；家产没收，一家大小，充军岭南。不但岳氏父子父女，就是他的爱将张宪先生，为抗金名将，被百般苦刑拷打，最后也斩首抄家；另外一位名震寰宇的大将牛皋先生，也被毒死。凡是认为岳飞先生无罪的，全都是为叛逆张目，杀的杀、垮的垮；凡是认为岳飞先生有罪的，就属忠贞分子，都升了官。

岳飞先生之死，千古奇冤，有人归罪于秦桧先生，秦桧先生固然王八蛋，但如无赵构先生王八蛋于先，他敢王八蛋于后乎？于是有人归罪于赵构先生，赵构先生固然王八蛋于先，但一个人如无超人的智慧，他不可能跳出传统的酱缸文化。所以岳飞先生之死，不仅是千古奇冤，也是酱缸文化最精彩的产品，中华民族的奇耻大辱。

中国历史，到了明王朝，大概酱的成分累积得更浓更重，所以英雄豪杰有好下场的，也就更少更稀。凡对事有点思想见解，对国家民族有点贡献的人，都和岳飞先生一样，难逃被杀被辱。呜呼，岳飞先生固是千古奇冤，其实千古奇冤的英雄豪杰，不止他一人也，仅在明王朝，轰轰烈烈，便有三位，曰于谦先生，曰熊廷弼先生，曰袁崇焕先生。

于谦先生对国家和对明政府的贡献，似乎比岳飞先生还要大。前已言之，宋王朝姓赵的皇帝一个比一个窝囊，而明王朝姓朱的皇帝，更等而下之，一个比一个凶顽。张溥先生说赵构先生至愚至贱，胡秋原先生说朱由检先生至愚至恶，其实何止他们两个鸭子屎乎？宋王朝所有的皇帝没有一个不至愚至贱，明王朝所有皇帝也没有一个不至愚至恶。写到这里，柏杨先生不仅抓耳搔腮，大乐特乐，盖老天保佑，没有叫我生到那个时代，真一大幸事也。

话说明英宗朱祁镇先生，在土木堡被也先先生活捉之后，明王朝眼看要办理结束，幸赖于谦先生一力独支，史册俱在，不再介绍矣。我们只介绍他的结局，史书上说，他被逮捕时的帽子竟是“意欲谋反”（“反”即“叛乱”，妙哉，帽也），既然谋反，当然被杀，被杀还不行，家产没收，家族充军。当抄家时，可怜他阁下家里竟无余财，只有一个小房子封锁坚固，好啦，这下子可找到金银财宝啦。打开一看，却全是皇帝老爷赏给他的衣剑之类，真叫二抓牌咬碎钢牙也。于谦先生死后，抗敌最力的大同守将郭登先生也被罩上“作战不力”，撤职查办。

于谦先生之后，胡秋原先生介绍俞大猷先生，他是以“奸贪”的罪名交付军法审判的。呜呼，我老人家又要发明一条定律矣，该定律曰：“英雄豪杰和爱国志士，被轰隆轰隆罩到头上的帽子，跟他的行为，一定恰恰相反。”俞大猷先生的忠廉，千秋共知，却头顶一顶奸贪之帽，真是盛哉盛哉。俞先生之后，有戚继光先生，提起来戚继光先生，二十世纪以来，颇受人崇拜，印他的兵法，抄他的语录，几乎人人皆知，事实上他也确实是一位英雄。既然英雄矣，按照酱缸定律，就不会有好结果。果然，到了后来，他阁下被免了职，免了职还饶不过他，有形无形的迫害使他承受不住，不到三年，郁郁而死。

不过无论如何，俞戚二位先生都是幸运儿，从容死到自己睡觉的床上，有妻子儿女环绕四周。而下面两位盖世英雄，却悲惨得多矣。这是继岳飞、于谦二位先生之后，中国历史上第三位和第四位千古奇冤。熊廷弼先生为国家立下百年不败的功勋，然后一顶帽子猛飞到他头上，惨叫一声，被捕下狱，拉到菜市口处斩。处斩不算，还“传首九边”。把熊先生的头送到边境，叫将士们瞧瞧，是逼他们反乎？抑叫他们了解了解英雄的必然末路乎？不特此也，熊廷弼先生的妻子因缴不出“赃款”，竟把她的婢女，掀翻在公堂之上，当众打了四十军棍。呜呼，五千年传统优秀文化竟产生出这种勾当，我们还能说啥？和熊廷弼先生同时遭殃的还有魏大中先生、杨涟先生、左光斗先生、汪文言先生，一并下狱，苦刑拷掠。有的斩首，有的被当堂打死，有的被打得连哼都哼不出来，皇帝还嫌打得轻，下令再打。这就是我们英雄豪杰、爱国志士的离奇遭遇，苍天。

14. 愚　恶

中国历史上,文官之死,最惨的是北魏帝国的崔浩先生。武官之死,最惨的是明王朝的袁崇焕先生。崔浩先生对北魏的贡献大矣。我们可以说,没有崔浩先生,就没有北魏,皇帝也一向以他阁下为荣。其结局却是,他阁下被装到木笼里,送到城南,由十几个卫士轮流把尿撒到他头上脸上身上,史书上曰:"呼声嗷嗷,闻于行路,自宰辅之被戮,未有如浩者。"噫,这是怎么说法哉?而袁崇焕先生,一身系明王朝的安危,明政府上自皇帝,下至大官小官,狗命都握在他手里,他如活下去而展其才,他们就有得吃有得穿,有得威风好耍。他如死啦,他们的下场,读者先生已知道矣,皇帝在煤山伸脖子上吊,大官小官被刘宗敏先生捉住,拷掠金银。然而袁崇焕先生不但硬是被杀,而且被杀得惨。清军十万进攻北京,袁崇焕先生入卫,两日一夜,急行军一百五十公里。稍微有点知识的都会想到他至少有功无过,如果柏杨先生说他的结局是被杀啦,准有正人君子说我造谣生事,一口唾沫唾到我尊脸上。然而他不但硬是被杀,而且还是被剐。剐者,学院派称之为"磔",就是把他绑到刑场,由刽子手活活剥皮。我们虽没有目睹当时惨景,但三百年后的今天,每一思及,眼前仍浮出一幅绞心的图画。一位爱国的英雄志士兼大军统帅,竟被脱光衣服,赤身露体,绑到刑场上,任凭千万看热闹的人唾骂(在酱缸文化中孕育出来的小民,见了这种场面,非唾骂不可),然后被刽子手用剃刀活活把皮剥下。人皮不但比猪皮要薄得多,而且即令是猪皮,死后剥之尚好剥,生前剥之,也难剥得很也。剥皮时,先把袁崇焕先生的头发剃光,在头顶轻轻一刀,只割开头皮,而不伤肉,然后用一点盐或一点水银揉进去，才可慢慢剥之。剥的时候，只流清水，不流鲜血。袁崇焕先生被剥了几天，史书上没有交代，依普通情形，要剥三天，三天之内死啦，刽子手即被剥作抵。袁崇焕先生剥了皮还不算，剥皮之后，还要一块一块把肉割下来。呜呼，袁先生在剥皮剥到第二天时，还可以吃一点东西，但一旦进入割肉，便一刀下去一声哀号矣，按规矩要割三百六十刀，也就是说，要割下三百六十块肉才准死，否则就割刽子手的肉。三百六十刀下来，已白骨嶙嶙，只有心脏和胸脯保留，双目碌碌乱转，用以证明他尚不死，但已喊不出声音矣。

被胡秋原先生谥为"愚恶"的朱由检先生，真是集天下之愚和天下之恶于一身，柏杨先生将来定写一部《亡国之君列传》，对历朝末代头目，研究研究。朱由检先生当占重要篇幅，他如此残酷地杀了袁崇焕先生，真是吃粪人物。可是，有趣的事也就出在他身上，有一天他对宰相周廷儒先生叹曰："安得岳飞者用之。"真混他十八代祖宗的蛋，一个袁崇焕先生已经杀得如此之惨，再冒出来岳飞先生，他岂不又得动歪脑筋用苦刑乎？他阁下临上吊时曰："我非亡国之君。"更是一个"至死不悟"的典型，我建议弄个他阁下的泥像，送到博物馆展览，以垂戒千古，不知有没有人同意也。

以上所讨论的，全是胡秋原先生《中国英雄传》上人物，故到此为止，如果依着"正史"顺序，像老母鸡吃豌豆，一个一个地啄，真得写一本书矣。如果再包括内战时的大英雄、大忠臣，恐怕更使人脸没地方放。若韩信先生，夷三族。若彭越先生，尸首被剁成碎肉蒸成小笼包子大家吃。若方孝孺先生，夷十族。若铁铉先生，儿子为奴，妻子女儿被指定的一批专人轮奸，所生之女又立即发往教坊为妓。悲夫，不再写矣，写下去一辈子都写不完，而且心如刀割，也写不下去矣。我们常看见标语说，"法古今完人"，不知道"完人"指的是谁？如果指的是圣人，中国圣人活着的时候，无不可怜兮兮，如果指的是英雄，中国英雄又几乎全是"叛逆"，真是叫人彷徨无依也。一个国家或一个民族，他们的圣人也好，英雄也好，如果都不能有好下场，这个国家民族的传统文化，准有毛病。有某一种文化，才有某一种政治；有某一种政治，才有某一种气质。美国前任总统肯尼迪先生就职时，请他的诗人朋友佛洛斯特先生为他朗诵诗篇《全心的赠与》；佛先生身故后，肯先生在纪念佛先生图书馆的破土典礼上，说了两句话，曰：“权力使人腐化，诗使人净化。”这两句话是人们常说的，但出自一位总统之口，其意义便更可敬更崇高。有人说二十世纪是美国世纪，到了二十一世纪，美国世纪便过去啦，成了中国世纪啦。这话听了叫人舒服舒服，但我敢和你赌一块钱，仅凭肯尼迪先生说这两句话，可看出美国人灵性之高，活力之强，青春气息之咄咄逼人，二十一世纪包管仍是美国世纪。中国一朝不从酱缸里跳出来，所有的精力便只好用之以杀人才，防反叛，别的啥都不能谈，更别说什么世纪矣。

昨天有一位朋友，到柏府串门，对这几天研究英雄下场的大作，伤心曰：“你这么一说，英雄豪杰都没有好下场，好像古人都没有你聪明。”呜呼，他实在是太低估了古人的大智大慧，难道用得着柏杨先生千百年后哎哟一声，众人才恍然大悟哉！我们老祖宗时代，便早有此发现，不过大家已经被酱，知而不说；不像柏杨先生穷极生疯，泼皮胆大，刚刚一知半解，便赶紧拉开嗓子乱嚷。君不见乎，真正的仁人君子和识时务的俊杰，对任何英雄豪杰的勾当，都不会去干。种玉麟先生之放洋，有人笑；六君子之死，也有人笑。前不已经言之，人人都称赞岳飞，可是如果请他阁下当岳飞，他恐怕吓得稀屎都拉出来。你如果一时心血来潮，冒险犯难，别瞧朋友在公开场合恭维你，关得门来，有得笑你傻也。苏东坡先生曰：“他人生子要聪明，我被聪明误一生，但愿我子愚且鲁，无灾无难到公卿。”贵阁下明白了吧，在酱缸里，只有愚且鲁的人有前途，稍微有思想见解骨气才能的人，便只合有数不尽的灾难。

15. 传统文化——难得糊涂

苏东坡先生的愚鲁政策，千万不能依字面解释，如果依字面解释，则历代下来，林林总总，大小官崽二抓牌，岂不一个一个都是白痴乎哉？呜呼，谁要说他们是白痴，谁连白痴都不如。郑板桥先生曾在这上面悟出"难得糊涂"的学问，早柏杨先生一百年，真是了不起的人杰也。他阁下是清王朝中叶人，酱缸文化一直酱了两千年，才被他戳破了一个小洞，使我们后生小子，有所遵循，诚功德无量，伟矣大矣。柏杨先生从前曾想办一个"做官之道函授学堂"，后来改为"做官大学堂"，又改为"官崽大学堂""二抓大学堂"，将来会不会四改五改，我不知道。不过不管名称怎么改，我发明的那些种种升官固位的学问，依然价值连城，如果再加授"难得糊涂学"，就更包罗万象。郑板桥先生真算看穿了中国官场，也看穿了酱缸。

郑先生开宗明义曰："聪明难，糊涂难，由聪明而糊涂更难。"柏杨先生小时候读之，简直越看越不懂，心里想，聪明当然难，遇到一个算术题，呆瓜算了三天都算不出，而柏杨先生一算就出，是呆瓜这种人值钱乎？抑柏杨先生这种人值钱乎？是该呆瓜有前途乎？抑柏杨先生有前途乎？而郑板桥先生硬是瞪着眼说聪明没啥了不起，反过来糊涂虫倒难得难得，叫人拼老命都想不通。

郑先生的难得糊涂学精义，在于他并不否定聪明，你别看那些高官贵爵一个个脑满肠肥，固无一不是绝顶聪明之人。也必须有绝顶的聪明，才能装恰到好处的糊涂。如果他根本没有聪明，跟猪一样，有啥可取的？如果他的聪明成分不够，装起糊涂来不能恰巧好处，也不会有啥前途。于是一切二抓学问，从此而出。试举一个例子说明，好比说柏杨先生忽然大权在握，可以给你官做啦。有一天，我叫你去买一块钱的西瓜,并面授机宜曰:“你出得大门,往南走,约二里处,一瓜摊在焉,有个老太婆在那里卖瓜,一块钱一斤,快去快回。”你阁下听了我面授的机宜之后,心中不禁笑曰:“这个混蛋老头,往南走三千里也没有卖西瓜的。”

然而成败就在这里分晓,心里笑归心里笑,你的嘴脸必须严肃地表示对柏杨先生敬如神明。然后出了大门,头也不扭,径往南而去,一面走一面骂曰:“这一带都是无主乱坟,西瓜在何方?哼,狗屎倒不少。”走了足足一个小时(你如果有雅兴的话,去找妓女小姐风流一个小时亦可),然后垂头丧气回来(注意“垂头丧气”四字,精华在此)。见了柏杨先生,立刻面色苍白,气喘如牛,作愤怒而又害怕之状,结巴曰:“南边没有卖西瓜的呀,我找了一小时,腿都跑断啦。”柏杨先生大怒曰:“混蛋。”你曰:“是是是。”柏杨先生仍大怒曰:“王八蛋。”你曰:“是是是。”这时候你阁下脖子上最好适时地流出点汗水,以示恐慌,双膝最好再努力发一点抖,以示紧张。柏杨先生瞧在眼里,龙心满意,乃曰:“你往北找了没有?”你曰:“没,没有。”柏杨先生曰:“为什么不找?”你曰:“你老人家没,没,没叫我往北呀。”柏杨先生乃跳高而开台湾之省骂曰:“干你娘,简直是猪,存心把朕气死,你还有资格做官。锦衣卫,拿了。”于是你诚惶诚恐,如丧考妣。

写到这里,性急的朋友一定沉不住气,瞪眼曰:“你既叫人头也不扭,又叫人垂头丧气,弄得如此结果,真是麻子不叫麻子,叫坑人也。”其实妙就妙在这里,盖观察二抓牌有没有前途,不能从他被踢不被踢上看,须从他有没有圈圈上看。这不是说圈里人便永不会被踢,圈里人搞得太恶形恶状,照样会被免职让位。但与圈外人不同的是,圈外人一旦被踢,那是真正的被踢,想再爬起来恐怕是难难难难难难难。而圈里人便不然矣,被踢固然被踢,但过了几时,等到主愤平息,照样有得官做。明白这个原则,柏杨先生虽叫锦衣卫把你阁下“拿下”,尽管放心。第二天,我的龙心一想:“噫,他不过脑筋不灵活罢了,这种买油钱不能买醋的人,最忠贞可靠。”说不定马上就派你当军机大臣,你就有得混也。

我刚才强调“头也不扭”，就是郑板桥先生“难得糊涂学”里重要的一章。想做官的朋友应特别注意，“头也不扭”的学问大啦，你不扭头，是表示你听话，你如果一扭头，就糟到了，会叫你后悔得巴不得没有从娘胎里生下来。盖扭头不要紧，要紧的是你一扭头，必然看见北边有一个西瓜摊，该摊的西瓜，又圆又大，又甜又嫩。你如果做官艺术非常之高，急忙再把尊头扭回来，假装没看见，也不被别人发现，那算你三生有幸。万一三生不幸，被人发现，打了小报告，说你“心怀叵测”、“奸险阴巇”，你的官就得垮。如果你做官艺术不高，认为柏杨先生不是叫你买西瓜乎？往南买固是买，往北买同样是买，何况明知道南边没有西瓜哉。于是你往北买啦，又便宜又好，一块钱买了三百八十斤，吃一口能香死人。柏杨先生大嚼之后，当然对你大加称赞，说不定立刻就升你当吏部侍郎。可是，问题也就发生在这里，当天晚上，夜静更深，我心里想曰：“他能干固然能干，但他有脑筋，能判断，而有脑筋能判断，就是一种危险。”想到这里，打了一个冷战。好啦，不用多久，就有一个人抓住你的小辫子一摔，你就尊嘴啃地。

16. 鬼神欢声雷动

至于要你努力“垂头丧气”，其用意也是如此。一则表示你买不到西瓜时内心的痛苦——一想起来给你官做的柏杨先生口渴发毛，而你又爱主情切，当然心中有戚戚焉。一则也避免发现北边那个西瓜摊。如果你精神饱满，挺起脊梁，昂然而进，别人瞧见，咬我的耳朵曰：“你看，他没有达成任务，还高兴哩。”这还用打听啥结果乎？或者是你在回来途中，走着走着，猛一抬头，前面有卖西瓜的呀，不禁叫曰：“老头真是糊涂，明明北边有，偏说南面有，叫我跑冤枉路！”叫你跑冤枉路？噫，就凭你这种想法，明明不服气我天纵英明，更不服气我是大思想家以及大什么家,我不叫锦衣卫送你顶帽子,已经够皇恩浩荡啦,你还想当官往上爬呀。

吾友仓颉先生想当年造字,鬼神曾经夜哭,盖泄尽宇宙精华。因文字之产生,人间就有更多麻烦,更多悲惨。柏杨先生如今发明了"买西瓜学",据说鬼神不但没有夜哭,反而欢声雷动,观察家并且发现他们有为我造一个铜像的可能。盖这种学问,有志之士,只要照着葫芦画瓢,无不前途辉煌。犹如一盏明灯,悬在高处,照得做官之路,如同白昼,尽管闭着眼睛往前走就成啦,用不着左碰右碰,碰了个头肿脸青,还不知道原因何在哩。

一个人必须彻底明了这种学问,才能对历史上许多奇怪现象,获得解答,否则的话,一辈子都是一盆糨糊。一些正人君子,差不多每天都鼓励别人精忠报国,老帝崽赵构先生更亲笔写了该四个字赠给岳飞先生,而岳飞先生竟也当成了真,把它刺到背上,这一场精忠报国的结果,国人皆知之矣。还有一个较小的例,似乎也可以介绍介绍,晋王朝时楚王司马玮先生奉诏发兵杀汝南王司马亮先生,等到把司马亮先生杀掉之后,当皇帝的司马衷先生和当皇后的贾南风女士,翻脸不认账,说司马玮先生"矫诏",逮捕斩首。司马玮先生临死时把皇帝亲笔写的诏书拿给行刑官看,泣曰:"这是假的乎?"行刑官看啦,不禁落泪,然而有啥办法哉?

这种学问流行的结果,酱缸文化遂不可收拾,历史上,多半是忠臣义士和英雄豪杰,才受杀受辱。盖国家越危险,越濒临覆亡,爱国志士越是心如火焚。眼看大厦要塌,忍不住伸手扶一把;眼看巨楼要倾,忍不住叫喊一声。这一扶和这一喊,便完全违反"买西瓜学"和"难得糊涂学"的神圣原则。呜呼,当大家都非常舒服的时候,偏你有见解有判断,你不危险,难道我危险乎?

17. 国民公敌

屈原先生之爱国，连秦桧先生都得点头，但他最后却跳江而死，原因何在？他自己曾曰："众人皆醉我独醒"，祸根就在这上面。君读过易卜生先生的《国民公敌》乎？此书读者先生理应一瞧，略为介绍于后，免得你心急乱找。

话说某一市镇上，一位医生在焉，他有一妻，二子，二女，女儿生得如花似玉。由于他的提议，市上建立了一座公共浴场，可是建议虽是他建议的，动工修筑，却没有按照他的设计。水管装得太低，以致附近山上一个制革厂排泄出来的污水，恰恰地渗到该水管里，使沐浴用水，染上毒质。凡在该场沐浴过的人，都得上很奇怪的毛病。该医生如果读过"难得糊涂学"就好啦，偏偏他没有读过，盖昏昏庸庸才好过日子，一旦研究明白，便身不由己要想，要喊，要叫。他阁下研究的结果，发现水中竟有毒素，不禁大吃一惊。当化验单送来的时候，恰好有两位报馆主笔在他家晚餐，一为毕林先生，一为霍达先生，这两位先生正要追医生漂亮的女儿，医生把化验单拿给他们看，主张将该浴场重新改建。他们当然赞成不迭，还拍胸脯要在报上宣传。

可是任何改革计划，碰到二抓牌，就得大败，市长一听说医生要改建浴场，立刻跳起高来。他反对的理由有二，读者先生千万注意这二项理由，第一项是，该医生说得虽有道理，但他竟没有先行征求本市长的同意，就随便把调查报告发表，这种犯上的行为，简直不可宽恕。盖地头蛇都喜欢"恩从己出"和"智高一着"的，现在弄得两头都不沾，如不把它反对掉，尊严何在？第二项理由是，浴场营业十分发达，大批银子滚滚而来，该医生竟贸然宣布说水有毒质，不是"包藏祸心"、"动摇国本"是啥？于是，市长在接到医生计划书的第二天，就原封退回。写到这里,柏杨先生要插一句,幸亏他只是一个市长,最大的权力不过原封退回,如果他是中国历史上的皇帝,恐怕结果将是"锦衣卫拿问",不会这么轻松也。

虽然计划被退回,但医生仍得到很多人支持,仍抱着浓厚的信心向各方进行,又写了文章,想在报上发表。可是,形势有了变化,报馆那两位义愤填膺的主笔先生不肯帮忙啦,盖毕林先生想请市长提拔他当官,而霍达先生追医生的女儿又碰了钉子,你不爱我,好吧,你爹的主张我就反对,咱们以爪还爪,以牙还牙。

两位主笔先生一变卦,报馆自然刊不出医生的文章,他阁下就自己去印小册子,可是,印刷厂却拒绝承印。拒绝承印就拒绝承印,他就开大会向群众宣布。岂不知倒行逆施的力量发展到这种地步,自没有人肯借给他地方开会。医生虽然遭遇到这么多打击,仍不气馁,到了最后,他决定一家家一户户敲门拜访。幸好一位有思想而肯用脑筋的霍船长,看了他的化验报告,也心如火焚,就把大厅借给他。

这一个大会开得有声有色,到会的有地头蛇市长先生,顺调分子毕林先生和霍达先生,以及全体眼前欢市民,这种形势再明显不过,那就是只有医生和霍船长两个人在唱反调,而唱反调的结果如何,用不着多说啦。

会议开始后,印刷厂老板兼房东联合会会长被推为主席,市长先生立即发言,不许医生提出他荒谬的重建计划,全体与会人士,振臂欢呼。医生还不服气,站起来讲话,他曰:"我最爱我的家乡,但我宁可看它破坏,不愿看它卑鄙发展。"又曰:"我要求把本市重建起来,铲除毒素,使成为一个真正而健康的乐园,没有人甘心破坏这种建设,除非他是国民公敌。"大家一听,好呀,原来你是国民公敌呀,于是一齐蠢血沸腾,吼曰:"对啦,对啦,你恨自己,也恨同胞,你这个国民公敌!"主席先生一看时机成熟,就决定实行民主法治,举行投票表决,看看到底谁是国民公敌。开票结果,意料之中的,全体一致认定该医生是国民公敌,既是国民公敌矣,基于圣人"乱臣贼子,人人得而诛之"之义,大家就围着该医生又叫又骂,地头蛇和顺调分子这时在壁上冷眼旁观,心中大乐。

又叫又骂不过是一个开始,接着有些一脸忠贞学还赶到他家里,打个稀烂。再接着,他的医生执照被吊销,女儿教习被解聘,儿子在学堂被开除。第三步是,报上大大刊登攻击他的文章和通告,警告爱国之士不要去他那里看病。而唯一同情他的朋友霍船长,殃及池鱼,也被公司解雇。

易卜生先生的大作到此结束。中国也有这种故事,《南史》上载,从前有一个王国,国中有一水,名曰"狂泉",大家喝了该水,就神志不清,疯疯癫癫。只有一位先生的井特别深,不喝该水,因之既不神志不清,也不疯疯癫癫。可是大家一瞧,噫,怪啦,你的模样和想法怎么跟大家不一样呀,专唱反调呀,必有毛病,可恨可怜。就把他捉住,打针焉,灌药焉,火烧焉,艾灸焉,整得他叫苦连天,最后实在受不了啦,只好趁人不备,也去弄点狂泉的水饮之,饮之之后,也神志不清,疯疯癫癫。国人这才大喜,共庆太平。

18. 参与感

一个中国人几乎从懂事那一天起,就有人扭住耳朵,教训个没完。不外鼓励他爱国爱乡,公平正直,不畏强梁,坚持真理。从小到老,如果把每天所听到的教训加起来,恐怕至少可装十火车,而困惑也就因此而生矣。我有一个朋友,有一子焉,出国的前夕,他们在家开惜别座谈会,偏偏我碰上前去串门,看他们桌上摆了一巨盘鸭肫肝鸭翅膀,又有老酒,便也挤而坐之,喝了两盅。听老头训子曰:"我儿,做人做事,要光明磊落,做一个顶天立地之人,咬定牙齿,择善固执,只要对得起天地良心和国家民族,不要管别人的看法。"做儿子的坐在一旁,面色严肃,洗耳恭听,唯唯答应。老头话匣子一开,简直有说三天的趋势,我忍不住插嘴曰:“老哥,你说的这些话,古书上都有,去书店买一本名人格言语录之类瞧瞧,上面固多得是。不过我要问你,年轻人如果真的照着你的指示去干,你知道将产生啥结果乎哉?”

呜呼,二十六史就摆在架子上,只要有工夫去翻,随时都会发现圣人的教训简直实践不得,一旦有人真的遵话炮制,就要流年不利。闲来无事,你不妨姑妄猜猜,历史上被杀被辱的,是忠臣多乎,抑奸臣多乎,实在是难张尊口。圣人叫你爱国,好吧,你爱国试试,因为爱之切,所以责之苛,因为责之苛,二抓牌自然嘿嘿冷笑。好像一条木船,有人凿洞,你喊曰:“不要凿啦,再凿就沉啦?”有人用淡水洗澡,你喊曰:“不要洗啦,再洗就全体渴死啦。”有人把帆布剪下做西装,你喊曰:“不要剪啦,再剪船就走不动啦。”有人把桨锯下做梳妆台,你又喊曰:“不要锯啦,再锯寸步难行啦。”全船只听见你阁下一个人大嗓门,好像就你聪明,别人干这也不对,干那也不对。嗟夫,你不被扔到海里,难道凿洞锯桨同志被扔到海里乎?那些凿洞锯桨同志,一个个都是忠贞之士,信心坚强,认为船永不会沉,你要是向他一提“沉船”,他尊脸上的青筋立刻暴起三寸,吼曰:“你说啥?船会沉?你是何居心?”

当然也有虽看到眼里而一声也不哼的。北魏创立之初,皇帝老爷拓拔珪先生,杀人如麻,对待大臣,连狗都不如。史书上曰:“朝臣至前,追其旧恶,皆见杀害,其余或以颜色变动,或以喘息不调,或以行步乖节,或以言辞失措,帝(拓跋珪先生)皆以为怀恶在心,变见于外,乃手自殴击至死,皆陈天安殿前。”只有宰相高允先生一人,“历事五帝,出入三省,五十余年,初无谴咎”。何哉?据史学家吕思勉先生研究的结果,认为原因在于高允先生对那个政权根本没有爱心。别人爱国心切,骨肉相连,看见不对劲,忍不住要讲。而他阁下对北魏政府,从头到尾都没有感情,没有参与。冷眼旁观,管啥对劲不对劲,你强也好,亡也好,不要说凿洞锯桨啦,就是弄个原子弹到船头试爆,他都不嚷,倒找他一块钱他都不嚷。

爱心越大,痛苦也越大。爱妻子爱子女,受感情上的折磨。爱国家爱故乡,受凿船锯桨同志的折磨。美国五星元帅麦克阿瑟先生于前周病故,今天安葬,全世界为之哀悼,连最初发了牛劲,免了他职的杜鲁门先生,都天良发现,说了老实话。这种现象,柏杨先生看来,真是奇迹奇迹,如果麦克阿瑟先生是中国历史上人物,他的下场恐怕不见得如此哀荣也。

其实,正人君子聪明齐天,其了解比柏杨先生深刻得多矣,大多数中国人努力的目标只是"当官",而不是当英雄豪杰。但正人君子比柏杨先生却高明一倍,他们不但不肯把心里想的放到桌面上,反而另外准备了一套专门放到桌面上的话,随时随地,登台演奏。于是,没有一个人的嘴巴不是崇敬爱国志士和英雄豪杰的,但大多数心理并不心甘情愿去当爱国志士和英雄豪杰。如此这般,口心不一,你骗我,我骗你,看起来把别人骗住啦,实际上谁都骗不住谁。不过谁也不肯用手把表面上糊的那层白纸戳破,结果大家靠着那层白纸过日子,都假装着不知道白纸底下有脓血交流的烂肉。在这种局面下活着的人,自然知道怎么选择矣。

夫"官"是啥?有人说是"公仆",到目前为止,恐怕还不见得。我想对"官"字下定义下得最正确的,蒲松龄先生是其中之一。君看过《聊斋志异》上的《夜叉国》乎?话说徐先生乘船出海做生意,一阵大风,把他阁下吹到夜叉国,娶了一位夜叉太太,生了二子一女。有一天,夜叉太太携一子一女,出去打麻将时,徐先生思家心切,就和大儿子徐彪先生开溜。回家之后,徐彪先生做官做到"副将",又有一天,一个商人在海上也被大风吹到夜叉国,见了徐彪先生的弟弟,乃告之曰:"你哥哥做了官啦。"弟弟问曰:"官是啥玩意儿?"现在,请听听该商人的介绍词,他曰:"出则舆马,入则高坐堂上,一呼百诺,见者侧目视,侧足立,此名为官。"如果经柏杨先生翻译成白话,你就更会心跳,曰:"出则汽车飞机,欢呼迎送,宴会训话。入则高坐办公桌后,签字盖章,红包滚滚,权势滔滔,见者咧嘴而笑,半屁而坐,为之拉车门而穿大衣。此名为官。"英雄豪杰的辱戮如彼,二抓牌的光彩如此,还有啥可说的。

官既然如此之妙,要想人不选择它,而去选择下场必糟的道路,恐怕有点违反人性。吾友纪德先生曾曰:“当你在气质、灵性、见解、判断上,愈进步的时候,你所获得世俗的荣耀越少。当你在权势、金钱、地位、官职上,愈进步的时候,你所获得世俗的荣耀越多。”似乎是古今中外一也。于是遂呈现两个极端,一个极端是既倒霉又遭殃的爱国志士和英雄豪杰,另一个极端是既富且贵,又阔而抖之的官崽群。夫“官”是坐汽车,乘飞机,训话签字,去外国落户传种的唯一快捷方式,叫人之不爱之若狂,可乎!

19. 做官与麻人

有一种现象,玄妙异常,读者先生天天看报,不知道注意了没有?每一新官出笼,报上必大为卖劲,官大的,报上所卖之劲大,连祖宗三代都写了上去,至于生而不凡,异禀异样等等,更不在话下。官小的,报上所卖之劲亦小,不过登张照片,吹吹他过去干过啥就行啦。一个人当官也好,升官也好,当然热闹一番,不过如果只在圈里热闹,我们没啥可讲,一旦上了报,便与小民有关了矣。柏杨先生每看见报上这类照片,或看见其庄严的姓名,便不由看得发怔,又敬又羡,眼前遂浮起各种影子——有汽车的影子焉,有洋房的影子焉,有《报刘一丈书》上那种“厚我厚我”的影子焉,有《官场现形记》上那种“黄豆汗珠”的影子焉,有出国考察、观察、开会、存款的影子焉,有端起嘴脸训话,叫我们小民忠君爱国努力工作的影子焉,便不由得七魄荡荡,三魂渺渺。

看起来夜叉国对官的介绍,还不够淋漓尽致。只有一点颇为精彩的,那就是官之所以动人心魄,全因为官和物质享受不可分。黄道周先生当初如果不是被清军活捉,而是坐着八抬绿呢大轿,则虽然是他卖了国，当了汉奸，但他的遭遇，你说能相同乎？大汉奸洪承畴先生，史书上只记载他母亲骂他，夏曾佑先生骂他，还有别的几位忠臣烈士骂他，好像人人都在骂他，实际上他那时的官大矣，曰“武英殿大学士”，曰“七省经略”，报上不但登他的照片以及祖宗三代的照片，恐怕连祖宗七代的照片都得往外冒。他阁下驾到之处，所受的荣华富贵，黄道周先生能望其项背哉。

凡享大福的，都是精通“难得糊涂学”的官，以秦桧先生而论，很多人虽然不肯明言，但心里恐怕都有此一念，当秦桧要比当岳飞容易得多，也舒服得多。北伐不北伐，“二圣”还不还，小民水深火热不水深火热，关俺屁事！尤其是所谓“二圣”，当儿子当弟弟的赵构先生，都巴不得他们砍头，秦桧先生又何必念念不忘？可惜宋王朝时代，没有报纸，否则找本合订本看看，恐怕岳飞先生准被攻击得狗屁不值。专栏焉，社论焉，特写焉，正人君子的谈话焉，影印出来的通敌叛国证据焉，万人唾骂的通电来信焉，包管天天都是满版。呜呼，当岳飞先生被明正典刑之日，报上一定刊登秦桧先生出席啥会，向与会人士，呼吁团结救国的消息，你敢和我老人家赌一块钱乎？

好啦，最后说一件故事，以告结束。宋王朝初叶，姑苏太守吴伯举先生，被当时的巨号二抓牌蔡京先生非常欣赏，一年之中，连升三级，做到“中书舍人”。他如果有柏杨先生这两下子，善尽昧天良而猛拍马屁，早不得了啦。可惜他竟没有柏杨先生这两下子，不得不垮了下来。有人为他向蔡京先生讲情，你猜蔡先生说啥，他曰：“既要做官，又要做好人，两者可得兼耶？”噫！

半个月来，颇遇到一些好心肠的朋友，暴跳如雷曰：“你阁下简直发了羊痫风，竟然说历史上的英雄豪杰都没好下场，竟然说圣人的格言教训和实践有距离，竟然把五千年优秀传统文化说成一盆酱，竟然（又是“竟然”）把朝气蓬勃的社会说成一个酱缸，岂不是专门泄人元气，鼓励人不当英雄豪杰，怀疑圣人格言教训，轻视中国固有文化哉！这种想法，如果没有影响，倒还罢了；如果发生影响，老头老头，你就心怀叵测，动摇国本，罪不容诛矣。”

关于“动摇国本”巨帽，从前很少听说使用，最近却颇为耳熟。立法委员过年时借款丑闻传出后，小民略表意见，就被尊为“动摇国本”，可见这玩意好像殷郊先生的翻天印，漫空乱飞，大小由之，厉害得很矣也。不过我想真正“竟然”的不应是揭揭底牌的人，而应是烂扣底牌的人。不应是被踩得哎哟哎哟的人，而应是穿着铁钉鞋，横冲直闯的人。中华民族最大的危机在于做坏事的人太多，而肯说直话的人太少。从前闭关自守时代，窝里烂还可以说祖先大人所见不广，如今海运大开，报纸、广播、电视、电影，应有尽有，所见该够广了吧。可是，中国人的脑筋却似乎仍停滞在铁器时代，不但科学上停滞，文学、舞蹈、电影、话剧、绘画、雕刻，无不停滞，还不允许有人从酱缸里往外探头瞧瞧。一有人探头瞧瞧，义和团同志马上拉下尊容，攒拳怒目，吼曰：“既然洋人好，你怎么不拉高鼻子呀，你怎么不去认洋人当干爹呀。”如此蛮缠不清，就是被酱的后果。嗟夫，洋大人的优点，当然要学，洋大人的缺点，当然不要学，我们奋斗的目标是“现代化”，并不是洋化，不能神经衰弱到那种程度，一提洋大人就屁尿直流，认为柏杨先生要买铁钳拉鼻子喊干爹啦。义和团同志中间，总也有赞美别人的时候，难道说就要马上下跪认干爹乎？中国社会有两个极端，一端是义和团，另一端则是西崽。好像不归于杨，就属于墨。要不然顽固到底，要不然一头栽到洋大人怀里，折腾撒娇。如果有一个家伙想选择选择，判断判断，就等于掉进夹缝，义和团一口咬定你是西崽，而西崽又指天发誓说你是义和团，左边一耳光，右边一耳光，即令不想变成“竟然”，不可得也。

有一种毛病，不知道何年何月才能改之，那就是，不管谈啥，准振振有词说，中国古代都照有不误。你说“民主”，古时就有“民主”。你说“火箭”，古时也有“火箭”。你说舞蹈、音乐、文学，哎呀，古时更是多得要命，不信的话，古书为证，君不见“礼乐射御书数”六艺乎。接着解释起来，不是孔丘曰，就是孟轲曰，再不然是《诗》曰、《易》曰以及这个曰、那个曰、全是古人在“曰”，“曰”了半天，好像真的一样。

20. 灵性衰微

中国古时候有没有音乐,有没有舞蹈,有没有文学,凭天地良心,我不知道。万一有的话,会不会像古书上说的,有那么奇妙,我也不知道。不过看样子,古书上既然提过该事,即令没啥了不起,想来有倒一定有的。不过,那都是想当年的事啦。春秋战国之后,皇帝和孔丘先生的徒子徒孙结合,既得利益和理论根据结合,人类精神生活遂逐渐酱住,两千年下来,即令没有酱死,也被酱得四肢麻木,连一声有灵性的呻吟都哼不出矣。

1945年8月10日,柏杨先生正在四川当教习。晚上十时左右,收音机忽然广播出日本投降消息,这简直比跌跤捡了一块金砖还要晴天霹雳。刹那之间,全学堂师生奔到广场,如疯如狂。有几个不老实的小子,不知道从哪里弄了点木柴,还生起营火。呜呼,这种镜头,读者先生在电影上看得多矣,营火熊熊,火焰冲天,男男女女,老老幼幼,团团围绕,舞蹈的舞蹈,高歌的高歌,杯酒上举,感谢苍穹。那一天,柏杨先生也巍然在场,而且也热血沸腾,盖国家百年大耻,雪于一旦,真是笑得连尊嘴都合不住。可是,即令在最顶尖快乐的时候,笑容不能一直不坠,不久我就发现场面有点不对,大家生着了营火之后,虽然把它团团围住,却既没有舞,又没有歌,脸上最初的笑容收敛了之后,终于黑压压一片,好像一大群呆头鹅。营火四射,在大家没有表情的脸上,摇动着焰影,寂寞而沉闷。假如这时有一位月球上的朋友忽然光临,准以为是谁寿终正寝,大家来火葬他哩。

大家为啥不舞?又为啥不歌?非不肯舞、不肯歌,而是舞不出来、歌不出来。也有几位东北籍的学生,忍耐不住,想起了秧歌,出而扭之,当时尚不知道已有人提倡那玩意儿,只不过觉得那种扭之,虽有点像西班牙的土风舞,但却缺乏一种高级情操的韵味,用之锻炼身体,足足有余,用之表达感情和表达美感,便实在抱歉。所以那几位扭了几下,既未有人附和,又未听到掌声,只好自动下台鞠躬。他们下台鞠躬之后,广场上虽万头乱钻,仍然只剩下营火一堆,一堆营火。诚如虞姬女士唱的:"好一派凄凉光景。"

嗟乎,中华民族固是一个伟大的民族,但被酱了两千年之久,灵性逐渐衰微,奄奄一息。因之中华民族不得不堕落成为一个没有动作的民族,也堕落成为一个没有声音的民族。谈起音乐舞蹈,虽然古已有之,而且这个也曰,那个也曰,引经据典一大堆,好不热闹,但实际上却早酱僵了矣。柏杨先生当时也同样的眼如铜铃,假如我会唱的话,早去唱矣,假如我会舞的话,也早去舞矣,可是心有余而力不足,空自着急。盖从小到老,都在猛学正人君子,而当正人君子第一要义就是非礼勿动的。男男女女抱在一起,手拉着手,摇头摆尾,前仰后合,圣人在棺材里都能气得咯吱咯吱咬牙,行为不检到这种程度,一辈子都别想当官。偏偏中华民族最大的特征是人人想当官,怎能不把凡是有灵性的玩意儿,都当作洪水猛兽耶?

《儒林外史》第十三回《马纯上仗义疏财》,写的是马二先生的故事,马二先生属于中国传统文化中知识分子代表人物,他对蘧公孙先生说的那段话,真知灼见,惊天地而泣鬼神,世人不可不焚香拜读,书上曰——

马二先生问道:"先生名门,又这般大才,久已该高发了,因甚困守在此?"公孙道:"小弟因先君见背得早,在先祖膝下料理些家务,所以不曾致力于举业。"马二先生道:"你这就差了,'举业'二字,是从古及今,人人必然要做的。就如孔子,生在春秋时候,那时用'言扬行举'做官,故孔子只讲得个'言寡尤,行寡悔,禄在其中矣',这便是孔子的举业。讲到战国时,以游说做官,所以孟子历说梁齐,这便是孟子的举业。到汉朝用'贤良方正'开科,所以公孙弘、董仲舒、就举贤良方正,这便是汉人的举业。到唐朝用诗赋取士,他们若讲孔孟的话,就没有官做了,所以唐人都会作几句诗,这便是唐人的举业。

到了宋朝又好了,都用的是那些理学的人做官,所以程朱就讲理学,这便是宋人的举业。到本朝用文章取士,这是极好的文法。则就是孔夫子在而今,也要念文章,做举业,断不讲那'言寡尤,行寡悔'的话,何也?就日日讲究'言寡尤,行寡悔',哪个给你官做?"一席话,说得蘧公孙如梦方醒,留他吃饭,结为性命之交。

呜呼,不仅蘧公孙先生如梦方醒,便是柏杨先生也如梦方醒,读者先生中如有人知道马二先生住址的,务请来信见告,我不但要留他吃饭,结为性命之交,而且还非得请他当官崽大学堂校长,兼授他的"敲门砖学",以明义理不可。夫举业者,做官的敲门砖也。要想做官,就得认清时务,在言扬行举的时代,我就言寡尤,行寡悔。在游说时代,我就周游列国,舌如弹簧。在贤良方正时代,我就贤良方正。在诗词歌赋时代,我就既作诗又填词。在理学大盛时代,我就连女人都不看。在八股取士时代,我就努力八股。惜哉,一时尚找不到马二先生,无法请他就明王朝以后的时代,指出当行的举业。但依其"敲门砖学"精神类推,以后到了袁世凯洪宪时代,柏杨先生就努力赞成帝制,至少也在报上发表一篇文章,表示非有个皇帝出来不能救中国。到了云南起义,再造共和时代,柏杨先生自然跟着义愤填膺,同样的也要在报上发表一篇文章,面不改色地曰,那些赞成帝制的人都是王八蛋。之后,到了"东亚共荣圈"时代,柏杨先生的举业就是喊天皇万岁矣。否则哪个给我官做?

壮哉,"哪个给我官做"?对小孩子来说,有奶便是娘。对二抓牌来说,能给我官做的就是主子。于是耶稣先生的八福又多了一福,曰:"有权给人官做的有福啦。"撒下了大圈圈小圈圈,黄圈圈紫圈圈,自己高坐在上,看那些举业朋友,以头撞之者有之,以屁股顶之者有之,以钢钻钻洞者有之,以忠贞学挖窟窿者有之,以听话学巩固地盘者有之,热闹哄哄,好不过瘾。

21. 走老板路线

诗曰:"天子重英豪,文章教尔曹,万般皆下品,唯有读书高。"中国知识分子,似乎是世界上最特殊的一种动物,那就是举业第一,敲门砖第一。读书之所以成为上品,乃因为有一个重"英豪"的"天子",使他可以做官。呜呼,中国之"做官"和美国之"做官",有所不同。美国之做官也,是自己站出来,表示他愿意做官,既做了官之后,其权力来自选民,他就不得不为选民服务,不然的话,官做不成矣。中国之做官也,心里痒痒,痒得坐卧不安,用出种种阴谋奇计,弄了一个官,然后对一些他以为不知道底细的朋友,扭扭捏捏,说他根本不愿意做官;说到得意之处,还龇牙曰:"谁愿意做官谁就是畜牲。"就在前天,一位朋友请客,来宾中有位二抓牌,酒酣耳热之际,醉眼矇眬,没有想到柏杨先生在座,突然大叹一声曰:"我真不想干啦,已辞了八次,局长硬是不放。"我接嘴曰:"那是你阁下辞得不恳切,我不信你明天不上班,局长就去跳淡水河。"他听了以后,勃然大怒,当下就问了我的尊名大姓,默记在心,以便相机抓我的小辫子,报此一箭之仇。真是不知道我还算客气哩,我如果曰:"阁下,我劝你别折腾啦,万一局长大笔摇了一个'可',你就汽车没有啦,洋房没有啦,电话没有啦,马屁之士也没有啦,凄凄凉凉,孤孤单单,好不惨然。这还不算,你阁下不干这个官,你去干啥?垮了连饭都没得吃。"呜呼,幸亏我没说这话,否则我的后患还严重。

美国之官,权力来自选民,当然尊重选民;中国之官,权力来自主子,自然见了主子就等于见了上帝耶和华。故柏杨先生又有一条定律出笼,该定律为官崽大学堂秘密校训,向来不外泄的,一时忍耐不住,特隆重告你阁下一人,千万勿向别人道及。该定律是:在这个年头,凡走主子路线的,必大获全胜,不幸而误走了群众路线,势必丢盔掼甲,哭爹叫娘。吾友俞宝全先生,二十年代时,任职开封河道公署,有一天来柏府闲坐,哼哼唉唉,好像得了痢疾。我问他何处不适,他就告诉我贾鲁河之事,贾鲁河之事是啥事,不关主题,不必管它。关键在于,如果改道,则千万县民受益,但新道恰好改到当时督军赵倜先生的田上;但如果不改道,千万县民只好每年继续受灾受害。我当时虽然年轻,但英明天纵,道德学问已经很大,就厉声对他曰:“老哥,这还有啥犹豫的,当然不要改道。”他惊问其故,我曰:“千万县民算啥,他们就是一致说你好,为你立下生祠。老板一纸命令下来,照样免了你的职,要了你的命。”他颇不服气,结果赵倜先生看他不够听话,就照他屁股上一脚,把他踢成督军府卫生委员会委员,用不着上班,薪水却是送到家的。可是送了三个月,忽然不送啦,去卫生委员会一查,嗐,原来根本没有卫生委员会。他如果是圈里之人,找到四同之士——同学焉,同伙焉,同志焉,同餐焉,照样还是有官可做,可惜他是圈外之人,从此流落,几乎饿死,毛病都出在他妄想走群众路线,可不戒哉。

做官既是中国知识分子唯一的发展途径,则做官也就是知识分子唯一的活命之方。柏杨先生家乡有句俗话曰:“千里去做官,为的吃喝穿。”现在则不仅为的吃喝穿,还为了汽车洋房和国外存款,而且心血来潮之时,还可以“整人为快乐之本”。无论物资生活精神生活,均有斩获。做官成为一种光荣,真是人间天上,天上人间也。《儒林外史》上范进先生,一听说中了举人,马上就发了疯,我想读者先生看了该书,不见得会完全相信,其实何必《儒林外史》哉,就在台湾,有些人想出国留学,用了各种解数之后,仍没有出去,结果也发疯了,书也教不成,事也干不好。呜呼,举业也者,出国也者,皆为做官之本,为了打基础都能发疯,一旦触及到官的本体,真得就地乱滚,大疯特疯矣。

诗人周弃子先生曾告诉过我一则故事,该故事产生在台北。他有一位朋友,原来大概是科长之官,后来在官崽大学堂旁听了几个月,颇有心得,稍加应用,即高升了副秘书长。夫副秘书长者,大矣巨矣。升官之后,好像屁眼里插了一根萝卜,以致他神魂飘荡,坐立不宁。唯一美中不足的是,他虽然高升了副秘书长,其座位却一时未搬,仍坐在科长的原位置上。是副秘书长之桌一时未腾出来乎,或有其他原因,历史书上没有记载。反正是当周弃子先生有一次去拜访他时,他阁下还坐在老地方。如果换了柏杨先生,察言观色,看他杏脸含春,准知必有异样;偏偏周弃子先生作诗有余,对官崽的认识不足,谈了半天,都没搔到痒处,该崽甚为不乐,僵到最后,该崽忍无可忍,忽然叹一口气。周先生果然中计,问他为何发叹,他埋怨曰:“这副秘书长真不是人干的!”周公这才恍然大悟,向柏杨先生述及时,还恨不得自己打自己嘴巴。

其实岂止诗人如此,一个人倒了运时,老娘都会倒绷孩儿。柏杨先生何等聪明,也曾经栽过斤斗。前年之时,代一位朋友去台北第一银行办理借款,含笑鞠躬,自不在话下,眼看就要办成,可是被我一通乱叫,完全叫垮。原来和我接头的是一位戴眼镜的副理,别人介绍时,明说他副理的,不知道怎么搞的,我大概正霉星高照,硬是听成了“协理”。这一听错不打紧,一口一个“协理”,在我以为叫得多甜呀,谁知道叫得越多,他心头越烦。马屁拍到马屁股上,他才舒服,拍到马腿上,他怎么舒服得了乎?结果该官崽一脸寒霜,左挑右剔,告诉我明大冉去;第二天再去,不要说借钱啦,连虱子都借不到。一直到今天,一想起这段往事,就无地自容。呜呼,银行编制,谁晓得副理比协理大呀,我还以为高叫了他一级,他高兴得拉稀屎哩。

22. 赏饭学

前些时台北上演一部美国电影,名《驯妻记》,不知读者先生看了没有,里面有一镜头,意义深长。小伙子受了男主角老家伙的气,心中大怒,照老家伙就是一拳。想不到老家伙颇有两下子,只听扑通一声,小伙子已被摔倒在地矣。小伙子以为这下子老头一定不肯雇他工作啦,想不到老头照样雇他。小伙子冷笑曰:"你以为这样是向我施恩,对吧?"老家伙答曰:"我们谁对谁都没有恩,我付你工资,你付我劳力。"老头这句话应该写成标语,贴到那些有权给人官做的眼帘上,以便日日读之,恍然悟出一点道理。中国官场,因一向盛行个人路线,所以委派你一个职务,就等于赏你一碗饭,从此恩重如山,你的脖子上就像挂了一片狗牌,成了"他的人"。他东,则东之;他西,则西之;他跌倒,你就得赶紧往地上爬;他打喷嚏从鼻孔里喷出粉条,你一看伟矣盛哉,就得急忙抓一把粉条往鼻孔里塞。

不要说直接给你官做,就是间接给你官做,根据"赏饭学"精义,其恩虽不重如泰山,也重得和土堆差不多,同样够你受的。好比你阁下失业过久,到处找事,求到柏杨先生,我大发慈悲,为你介绍了一个"工作"。工作者,现代化名词,在我英明的脑筋中,固只有一个念头,那就是为你弄了一个饭碗。好啦,你那一碗饭既是我赏的,你就是我的人,皇恩浩荡,除非你去上吊,干啥都无法报答我于万一。如果你阁下是一位男士,算你运气。如果你阁下是一位女士,而又漂亮非凡,则陪我上一次床,洗一次鸳鸯浴,应是最低的道义吧。你如果头脑不清,胆敢拒绝,嘿,好厉害的臭婊子,竟打算利用我,过了河就拆桥,上了墙就踢板凳。忘恩负义,负义忘恩,人心不古,兽欲横流,真叫我痛心呀痛心。

写到这里,一定有些读者先生,觉得柏杨先生人格巨大,岂会如此如此。这就吃亏你的学问太小之故。前天报上还有科长诱奸女职员的消息,女职员在法庭上哭哭啼啼曰:"我不答应他,他说就要撤我的职。"这不过是弄砸了锅,而没有弄砸了锅的恩重如山镜头,更不知凡几也。也许有些聪明之士,卫道心切,跳高曰:"这只是中下层的毛病,你不能以偏概全。"如果真的是以偏概全就好啦,问题是,中下层不会单独腐烂。君见过报上"组阁"的新闻乎!一会这个人阁,一会那个入阁,比英国巴力门(指议会)都精彩,实际上却相距十万八千里。自以为有资格的圈圈朋友,一个个心如火烧,在家里出黄豆大的汗珠,电话铃一响就发抖,不时地把柏杨先生叫进密室,结结巴巴问曰:“你看我怎么样,看不出心情不安吧?”柏杨先生曰:“看不出,看不出。”再问曰:“真的看不出乎?”柏杨先生正色曰:“绝对看不出,看出就是王八蛋。”

有一部电影,去年(1963)曾在台北上演,片名已忘之矣,但情节却仍记得。该片由多莉丝·黛女士担任主角,说的是男女两个广告员竞争的故事,男广告员把女广告员多莉丝·黛女士骗得团团转。其中有一段最为精彩,当男广告员的公司岌岌可危时,老板大人把一个手下承办该项业务的小职员叫来,告诉他公司垮啦,你岂不要饿死?与其白白饿死,何如壮烈牺牲?所以老板大人决定该小职员从十八层楼跳下去,以表示不是公司的错误,而是他个人的错误。责任有归之后,公司就可以存在下去。只要公司存在,抚恤金加倍发给。

纠缠到最高潮时,老板大人把窗子打开,大声喊曰:“跳呀!跳呀!”小职员当然不肯跳。老板大人为了激励民心,又喊曰:“抚恤金再加一倍。”小职员仍不肯跳。老板大人怒曰:“好呀,我平常给你薪水,养你养了十年,到了紧要关头,竟不肯帮一点小忙。”结果如何,用不着多说,我们只要知道有这么一段节目便可以啦。看情形外国也有臭虫,廉价购买别人的劳力,到时候还理直气壮地要他从十八层楼跳下来帮点小忙。不同的是,洋大人把这种“赏饭学”看成突出的病态现象,予以无情讽刺。而在中国,却普遍地认为是理所当然。假定有人敢于扬言谁给他介绍一个工作,或委派他一个差事,竟不是皇恩浩荡,他恐怕至少要倒一辈子的霉。

提起黄天霸先生,恐怕无人不知。柏杨先生家乡,小孩子们有一个儿歌,遇到有人紧追一个问题时,对方即唱之以作回答,曰:“啥啥啥,黄天霸;对你说,你害怕。”可见黄公的威力,及于顽童。他阁下正是《打渔杀家》萧恩先生所说的“奴下奴”人物。有一次,侍奉他的主子“施大人”施仕纶先生,路过落马湖,落马湖上强盗如林,左搞右搞,竟把施仕纶先生活活捉去。黄天霸先生慌了手脚,急急如丧家之犬,忙忙如漏网之鱼,东查西访,后来找到了一个老头。该老头是知道施仕纶先生下落的,黄天霸先生大喜过望,拍他的肩膀曰:"你的前程,包在我身上。"老头立刻磕头如捣蒜。

我想,该老头磕头似乎磕得太早,如果仔细想想,老头的前程好像不是包在黄天霸先生身上,而是黄天霸先生的前程反而包在老头身上。该老头如果不说出施仕纶先生的所在,黄天霸先生不但前程没啦,失落了主子,君知是该何罪乎?势必连尊命都没啦。然而他不但不感谢老头,反其叫老头感谢他,这种赏饭学,真是一个典型的嘴脸。中国社会上似乎处处都有黄天霸,天天都在"你的前程包在我身上"。

23. 嫁鸡随鸡,嫁狗随狗

中国知识分子是世界上最可怜的一种动物,五千年来,以纯书生取得政权的,只有王莽先生一人,其次,顶多刘秀先生算上一个。其他头目,这个"高祖"焉,那个"太祖"焉,"祖"字辈的头目,无一不是要流氓要出来的。然而王莽先生却落得万世唾骂,盖他阁下夹在两个姓刘的王朝之间,而东汉又是以西汉为号召,靠西汉那块招牌吃饭的。知识分子则是靠东汉吃饭的,就只好努力向姓刘的忠贞矣。假如王莽先生的政权能维持八百年之久,也成了"啥祖",情况恐怕会大大的不同。不要说八百年之久啦,就是他阁下之后的王朝不是姓刘的,而是姓张王李赵,或是姓柏的,新王朝成了正统,其骂至少也轻得多。哀哉,王公。

中国知识分子能有王莽先生那种成就的不多,大多数只有一条路摆在脚前,那就是嫁鸡随鸡,嫁狗随狗,追随一位头目,听凭摆布。

所谓“君择臣，臣亦择君”，拼命向有前程的头目那个圈圈里跳，永远寄附在别人的尾巴上。主子阔啦抖啦，就大吃大喝；主子垮啦，大家树倒猢狲散。主子对这种情形自然也“眼睛是雪亮的”。读者先生千万不要被古书弄花了眼，以为主子对奴才会“坐以论道”，该古书都是知识分子写的，硬往脸上抹粉，叫人起鸡皮疙瘩。宋太宗赵匡义先生把刘昌言先生撵走了之后，有一次早朝，心里痒得忍不住，问左右曰：“他哭了没有？”原文是：“昌言涕泣否？”后来把吕蒙正先生免职，又是心里痒得忍不住，又问左右曰：“望复仕，目穿矣！”被钱若水先生听见，这才恍然大悟，原来他们的地位再高，竟不值钱如此，当晚就卷了行李，告老还乡。其实赵匡义先生还算道德学问齐了天的。明王朝亡国之君朱由检先生更糟，他阁下一时兴起，把大臣们弄到朝堂，一字排开，向他们行上一揖，以示民主——那时的术语是以示“尊师敬道”。可是过不了三天，却把他们一个个掀翻在地，打得哭天唤地，两腿都断。朱由检先生混蛋乎？混蛋当然是混蛋，但也是政治制度和时代风气使然，黄天霸哲学在作怪也。

柏杨先生亲自瞻仰过的，有两人焉，一位是李鸿章先生，此公历史上的功过，自有公论，我们不谈。我们谈的是他脑筋中的“赏饭学”，他认为凡是比他官小的，都是靠他吃饭的，既都是靠我吃饭的，不叫你跳楼，又不打你板子，而只是骂骂，该没关系吧。他的口头禅是“操你妈”，终于有一天操到了自己的妈。记不得啥书上看见的啦，有一位知府老爷，闻“操”之后，肃然曰：“卑职不敢操大人的妈。”李鸿章先生最后一次当官，是八国联军之役，太监拿着诏书，三更半夜敲他的门。清王朝之例，凡大臣“赐”死，都在半夜，别看李鸿章先生操人妈时，其势汹涌，一听敲门，他自己的妈有被赏他饭吃的人“操”之可能，就涕泪交流。召集家人，泣曰：“子子孙孙，切勿为官。”开门一看，原来升啦，他是否又劝他的子子孙孙可以照样为官，书上没有交代，真是遗憾。

第二位是冯焕章先生，此公火夫出身，做到当朝一品，其官之巨之大，不用说矣。他大概是李鸿章先生的嫡传弟子，平生以黄天霸自居,把部下当成猪猡。想骂就骂,想训就训,西北军闲话轶事中,差不多都和“骂”、“训”有关。后来当兵役部长、又当河北省政府主席的鹿锺麟先生,在电话上挨了一顿臭骂后,冯焕章先生千里外还余怒未息曰:“混蛋,给我罚跪一小时。”他答曰:“报告总司令,已经跪下啦。”说跪下真跪下,就在电话机前跪了一小时。奴态可掬,使人起敬。

从前帝王时代,再大的官见了皇帝都得磕头如捣蒜。太平天国一闹,满清政府的前程明明是包在曾国藩先生身上的,结果黄天霸出现,曾国藩的前程反而倒转过来包在满清政府身上。他阁下见了慈禧太后那拉兰儿女士,跪在地下,一跪就是几个小时,因为那拉女士特别看得起他(酱话谓之“圣眷甚隆”),要和他长谈故也。后来看他阁下跪得实在可怜,才特别开恩,准他——噫,读者先生切莫快嘴,以为准他坐下,他离坐下的距离还远哩。而是准他趴下,当然不是趴到泥地上,而是趴到锦墩上。再到了后来,该“文正公”实在太老,才第三度开恩准他作日本人状,蹲到自己小腿上。

不特此也,满清王朝中再高的官,见了皇帝和那拉兰儿女士那个烂女人,都自称为“奴才”,这个称呼太绝,可列为人类十大奇观之一。不要说叫啦,便是听一听都过瘾。可是,所有的大臣中,不是任何人都可以当奴才的。像曾国藩先生,身为满清王朝“再生父母”,可是他想当奴才还不够格,盖只有圈里人才有资格当奴才。若曾国藩先生,只能自称为“臣”。我们不妨在这里顺便研究研究他阁下,曾先生能成就一番事业,当然颇不简单,但我们注意的却是他阁下的做官之道,真是有空前的心得,出任官崽大学堂校长,包管胜任愉快。尤其对“固位”之术,更有一手,为了自己的官,视别人性命前途如粪土。一攻入南京,马上解散湘军,以便他的官稳如泰山。此公的眼光惜乎只限于历史酱缸,而不敢稍微挣扎,只知道从历史上取得陈旧的教训,而没有智慧向西洋吸收新的知识,所以他的境界只好限于当官,他的学问也只好限于固位,不能进一步对国家民族,有何裨益。

贵阁下不要以为“骂”是一种侮辱,有此一念,天地不容。从想当奴才都当不上的镜头,可知当奴才有奴才的妙用,这妙用和“听话学”有关。嗟夫,奴才最大的特征是听话,主子大骂特骂,是在侮辱我乎,非也,实际上却是看得起我。盖“挨骂为升官之本”,一个人不管你做了啥丧尽天良,亡国灭种之事,李鸿章先生焉,冯焕章先生焉,一见你就破口大骂,不但“操”你妈,还“操”你家所有的女人,尊心尽管放宽可也,准屁事都没有,盖你已经被认定是他的人啦。即令垮台,前不已言之乎,过两天又可当别的官焉。可是一旦二“章”先生见了你客气非凡,握手言欢,喊你“老哥”,呼你“贤弟”,然后含笑送客,好啦,你还想当官?当个屁吧,不祭出法律要你的尊命,已是你祖宗积德矣。

24. 骂

中国文字中最无法下界说的,莫过于“骂”。骂本来的意义应该是一种侮辱,你阁下骂了柏杨先生一顿,我准跳高。而柏杨先生骂了你阁下一顿,你也不会放过我,准回敬曰“干你娘”。不特此也,三国时代,诸葛亮先生在两军阵前,碰见王朗先生,几句“皓首匹夫,苍髯老贼”,王朗先生一听,大叫一声,活活撞死马下,这真是亘古之大骂。不过,骂之为物,用之于廉耻未泯的朋友,其效尚宏,这年头王朗先生者流不多,多得是正人君子和道貌岸然。诸葛亮先生如果生到现在,骂了半天,别人无事,照样嘻嘻笑而笑嘻嘻,他自己恐怕反而会大叫一声,活活撞死马下也。

主要的是,“骂”一入官场,其意义即大变特变。柏杨先生在官崽大学堂担任教习,教的就是“挨骂学”,对此有精辟的阐扬,有志之士,可往旁听。夫“挨骂为升官之本”,有些人想挨骂还不可得。盖你收了红包的结果,如果不是挨骂,而是法律裁判,就一切都完了蛋矣。我们家乡有句俗话曰“打是亲,骂是恩”,指父母对子女而言,而能给你官做的人就是父母,被人给官做的就是儿子孙子重孙子。君读《明史》,读到明末种种镜头,一定拍案叫绝。魏忠贤先生不过一个被阉割了的地痞,可是因他可以给人官做,中央文武百官以及地方文武百官,几乎全都拜在他的脚下当干儿子干孙子干重孙子,挤不到子孙圈里的官,便如丧考妣,以头碰墙,恨不得吃两斤巴拉松。既有如此跳圈之狂热,则像二“章”先生那种操操他的妈,或罚罚他的跪,不但不是侮辱,简直是一种异数。有些人在子孙圈之外徘徊流涕,想自己的妈被操,想跪上一年半载,还没有人肯下手哩。

时代进步,骂也跟着进步,操妈罚跪的时代已经过去,内容遂变得十分复杂。有那么一天,我在街上遇见一个场面,两位都是从小汽车里钻出来的人物,无眼镜的问曰:“老板叫你去干啥?”戴眼镜的答曰:“挨了一顿骂,惨啦,惨啦。”我当时就告老妻曰:“记住那家伙,他马上就要升官。”老妻不信曰:“挨骂的人,还能升官?你真老糊涂。”愚妇之见,真是可叹。果然,前天翻报,升官图中有他的玉照。盖挨骂学的精华全在于此,那就是说,老板大人呀,请瞧请瞧,你操我妈也好,罚我跪也好,我仍然狂热地爱你忠你,你不给我官做,你狗崽的还有天良乎?而老板大人也是如此想法,我操他妈,罚他跪,他都不变,安全可靠,莫此为甚,我不给他官,给王八蛋官乎?壮哉,一到末世,就安全第一。古书上可惜没有写出顶撞李鸿章先生那位知府的姓名,否则我敢打包票,他准没有前途。想当官的朋友必须把握此项秘诀,第一步是先往子孙圈里跳,第二步是取得挨骂资格,第三步是使老板自觉他是黄天霸,第四步是“挨骂学”、“买西瓜学”、“难得糊涂学”、“一脸忠贞学”出笼。包管你明天就坐在大办公桌之后,向周弃子先生埋怨曰:“这局长真不是人干的!”你敢跟我赌一块钱哉?

一个人甘心当奴才,甘心被骂,是他真的“忠贞在此,诸神退位”乎?当然也有一种祖传的奴才胚,以当奴才为荣的,不过恐怕是大多数都另有天地。不管你怎么整我,只要能给我官做,我就兴兴头头,前仰后合。于是,所有的看家本领,就在这种情势下,五光十色,大批出击。有些人一看小官崽披大衣而开车门,就大叫不得了啦,不知道在暗室之中,小电影的节目还更为精彩,这是时代的需要,无可奈何者也。

有一个问题在焉,有心的人不妨四处打听打听,在中国历史书上,几乎到处都有责备别人"忘恩负义"的宣言。不外是某人焉,原来没饭吃,要不是我拉他一把,他早饿死啦,可是他忘恩负义,骂他两句竟不肯接受。某人焉,原来当课员的,我连升他八级,叫他当处长,可是他忘恩负义,竟不肯跳楼。呜呼,只要随便走走,所碰见的,简直全是这种有恩于人的人,而所感叹的,又无不是别人如何如何的忘恩负义。叫人听啦,好像中华民族忘恩负义的风气特盛,真是毛骨悚然。

幸好事实上颇有研究余地,人是有权力欲的,罗素先生有一本巨著《权力论》,认为权力是人类进化的动力,和唯物论、唯心论,鼎立而成为第三种学说。所以人们对权力的来源,无不诚惶诚恐。该来源如果是选民,则他效忠选民;该来源如果是君主,则他效忠君主;该来源如果是柏杨先生,则他效忠柏杨先生;该来源如果是官崽二抓牌,则他效忠官崽二抓牌。这里面最大的分野是,效忠于选民,他可以维持他人性的尊严;如果效忠于柏杨先生,我既操他妈又罚他跪,必要时还要他闻屁尝粪,他的自尊心恐怕很难维持。一个没有自尊心的人,要想他像一个有自尊心的人一样,倔强不变,可乎?

在另一方面,使人最大的困惑是,明明用的是奴才,却异想天开,希望该奴才像一位顶天立地的英雄好汉。从前对人,以国士待之,则国士报之;而今对人,以奴才待之,却希冀以国士报之。用玩奴才的手段去结死党,怎不到处喊人心不古哉。一个月几百几千元薪金雇别人的劳力,到时候却要他从十八层楼往下跳,不跳就是忘恩负义,如果颠倒过来,老板大人阁下自己肯往下跳乎?噫,即令有格外的施恩,已用格外的谄媚报答之矣。

人的性格是一贯的,他为啥向你低头?为啥你操他妈罚他跪他还满面红光?是因为你给他官做,一旦你稀里哗啦,不能给他官做啦,再想如法炮制,自然不肯接受,盖他去找别的能给他官做的人啦。这个道理,比柏杨先生张口向你阁下借一块钱都明白,没啥好商量的也。

25. 人生以做官为目的

中国知识分子走的路,两千年来,都是固定了的,咬定一个主子,吃人一碗赏下来的饭,不但没有第二条路可走,而且除了这一条路外,想活下去都有点困难。自然而然地就产生了"人生以做官为目的"的地下哲学,一切为主子服务矣。

历史上最了不起的一位,应推叔孙通先生,研究他一生的奇遇,可看出中国文化所缺少的灵性到底哪里去啦。他阁下原来是秦王朝的"待诏博士",陈胜先生揭竿叛变后,消息传到咸阳,二世皇帝嬴胡亥先生表示民主,特向大家征求意见。诸生三十余人说老实话曰:"人臣无将,将则反,罪死无赦,愿陛下发兵击之。"嬴胡亥先生一听,勃然大怒,叔孙通先生瞧在眼里,一脸忠贞学出笼,急忙奏曰:"诸生解皆非,夫天下一家,毁郡县城,铄其兵,视天下弗复用,且明主在上(柏杨先生按,这一巴掌拍得结实),法具于下,吏人奉职,四方辐辏,安有反者?此特群盗鼠窃,何足置齿牙哉。郡守尉令捕诛,何足忧。"

嬴胡亥先生是一个短命鬼,当皇帝不到三年,就被子孙圈中坚分子赵高先生一刀,戳穿尊肚。满朝文武似乎只有叔孙通先生摸了个准,盖昏庸骄愎的家伙,最大的特征是喜欢听顺耳的话。诸生们老老实实说真话,嬴胡亥先生当然大怒(这种地头蛇头目,中国多得很,荦荦大者,又有二人焉,杨广先生和朱由检先生是也),叔孙通先生信口雌黄了一顿,就立刻浑身舒服。史书上说,嬴先生马上就赏了他二十四西服料，一件大衣，另外，升他为正式“博士”。

叔孙通先生回到家里，那些大败的人心里不服，找他理论，问曰：“陈胜明明是叛变，你为啥说了一大堆，不嫌谄媚得过火呀？”请看他阁下如何应对，答曰：“你们不知我也，我不把他弄得晕晕乎乎，而像你们一样，也说真话，咱们今天还能平平安安回家哉？”这是一个千古不灭的镜头，上下交相骗，而国砸矣。嗟夫，我们能责备叔孙通先生骗乎？地头蛇一手拿着皮鞭，一手拿着“帛二十四”、“拜为博士”，威迫利诱，逼你非骗不可。换了柏杨先生，左一思，右一想，恐怕说出来的话，比叔孙通先生还要使他阁下过瘾。

但叔孙通先生高明的地方是，他在升官发财之后，并没有鬼迷心窍，沾沾自喜，看准了秦王朝马上就要打烊，乃卷起行李，逃之夭夭，投奔别的主子去啦。大概他的霉气未退，所投奔的对象，一个个也跟着打烊。先投奔薛，薛已降楚。再投奔楚，楚又灭亡。辗转了若干年，没有立脚之地，最后归汉，刘邦先生瞧他穿着儒生衣服，又宽又大，晃来晃去，简直从心眼里讨厌。叔孙通先生何等聪明，就立刻改装，短衣短裤。

叔孙通先生跑来跑去，并不是孤零零地跑，而是有一群学生——以他为首的子孙圈，在他的屁股后，跟着他跑。希望有朝一日，刘邦先生给老师一个官做，以便吃菜的吃菜，喝汤的喝汤。可是想不到叔孙通先生不但不向刘邦先生推荐他们，反而把些三竿子打不着的强盗匪徒之类，硬往里拉，于是学生全体哗然，且看史书上如何写吧，《汉书》云：

“通（叔孙通）之降汉，从弟子百余人，然无所进，专言诸故群盗壮士进之。弟子皆曰：事先生数年，幸得从降汉，今不进臣等，专言大猾，何也。”

大猾者，知识分子瞧不起粗线条，口头上占便宜的话也。叔孙通先生解释曰：“刘邦现在拼命打天下，你们能斗一下乎？当然先推荐泼皮亡命之辈。各位同志且少安毋躁，我忘不了你们。”果然，刘邦先生拳打脚踢，搞出了一个王朝，当了皇帝。而皇帝也好，大臣也好，将军也好,当初大家都是大哥二哥麻子哥,不分彼此,咬耳朵摸屁股的朋友,天下是大家打下的,要高兴当然一齐高兴,"群臣饮宴争功,醉或妄呼,拔剑击柱"。把刘邦先生搞得焦头烂额。叔孙通先生遂抓住机会,建议"共起朝仪",共起朝仪的结果是刘邦先生大悦,曰:"俺今天才知道当皇帝之妙也。"于是,叔孙通先生趁着主子大悦之际,缘竿而上,把他的学生荐了上去,刘邦先生乃一一发表他们为"郎"(类似现在次长、司长、科长之类的官)。叔孙通先生也真会做人,刘邦先生不是赏了他五百斤黄金乎,他也转送给学生,学生欢呼雷动,赞曰:"叔孙先生真是圣人,知当世务。"

我想读者先生现在可以了解"圣人"的定义矣,圣人者,"知当世务",能弄到官做,也能给人官做之人也。社会上很多奇异的事情,便由此发生。在洋大人之国,不学一定无术,而在我们中国,不学硬是有术,谁使他有术乎,官使他有术也。那也就是说,官就是圣人,官大啦,道德学问也跟着大。有很多场合,大官崽端着嘴脸,猛训小官崽曰:"你看的只是局部现象,而我看的是全局,我必须考虑到全局。"直把小官崽训得张口结舌。其实他懂得啥叫全局,他如果有眼光看全局,早买麻绳上吊矣。他的哲学根据就是官大学问大,盖远在两千年之前,叔孙通先生起,圣人就和官崽结合,化而为一,弄得既官且圣,既圣又官。一旦柏杨先生的洋女婿(按:柏杨先生令嫒于前年和美国一位擦皮鞋的在纽约隆重结婚,好不可羡。读者先生不必送礼啦,原地肃立致敬即可啦),只要由他向当朝一品提一提他岳父如何如何,依目前风气,凡洋大人一提的,无不身价十倍,则我当个地震局局长,准不成问题。走马上任之后,用不了三天,我就是地震专家矣。盖只要手中有权,便是圣人,说啥都懂,训起人来,头头是道。

26. “圣人”的定义

叔孙通先生最大的功劳是代编字典的为“圣人”下定义，要想当圣人，非有权给人官做不可。有权给人官做，才能致训词而勉后进，否则便不值一文也。不要说社会上啦，就是在至高的大学堂里，年头也有点不对。柏杨先生想当年念书时，对教习们由内心发出敬意，老师布鞋长发，棉袍上都是补丁，敬意反而更增。现在恐怕不太简单，一个有权给学生官做，或有力把学生弄出国的教习，才有分量。别瞧把孔丘先生恭敬得昏头转向，那是孔丘先生死啦，如果他阁下还活着，去国立台湾大学堂教书考试，恐怕没有人听他“言寡尤，行寡悔”那一套。

除了为“圣人”下定义外，叔孙通先生还作了一件启示，那就是老板大人和子孙圈的关系，在于能不能给他们好处。诸生追随叔孙通先生东跑西跑，总算死心塌地矣，书上虽没有详加描写，但主奴间的感人事迹，一定很多很多。可是逐渐地他们不耐烦起来，来了个窝里反，群起而向老师提出质问。幸亏老师身怀绝技，不负众望，否则僵到最后，一哄而散，那才精彩。故任何老板大人必须有官在手，前面不是提过明末皇帝朱由检先生乎？别看他凶暴起来，恶气冲天，一旦李自成先生进了北京，他阁下没猴子玩啦，再不能给人官做啦，大家立刻就表演“众叛亲离”，以致他亲自敲钟召集百官，都没人理。历史上对该现象十分浩叹，其实没啥可浩叹的，怎么样聚，怎么样散，没有把他绑起来献给新老板已算高级文化矣。

韩非子曰：“王者与师处，霸者与友处，亡国之君，与奴隶处。”开创之局的领袖，尊敬他任用的人，像周武王姬发先生对姜子牙先生，尊之为尚父；像齐桓公姜小白先生对管仲先生，尊之为仲父；像汉昭烈帝刘备先生对诸葛亮先生,甚至表示把政权都愿让给他。其次则把他用的人当作朋友,这例子多如牛毛,刘邦先生和萧何、韩信、张良,一直是穿一条裤子的关系;苻坚先生和王猛先生,一见倾心,成为至友;李世民先生的左右手,也都情若兄弟。

可是,"亡国之君,与奴隶处"。呜呼,创业之世,用人唯才,年长者成了老师,年轻者成了朋友。等到政权稳定,进入守成,用人便不管才不才啦,只瞧瞧资格如何,这就开始发僵。等到末世,天下大乱,用人安全第一,就只有子孙圈矣。子孙圈中人都是靠聪明而被赏饭吃,而不是靠智慧换饭吃的,老板大人左一看焉,一堆谄媚的脸,颂他天纵英明;右一看焉,一群举业的脸,颂他不同凡响。他怎能不飘飘然而晕晕乎哉,偶尔操操妈,罚罚跪,自理所当然。

读历史书好像读小儿连环画,有时真能入迷,胡秋原先生研究历史的结果,认为中国之衰,衰在明王朝姓朱的手里。盖十五世纪前后,西洋已经发明了蒸汽机,进入工业革命,中国还在那里关着大门自掘坟墓。皇帝奇昏于上,官崽奇贪于下,一步之差,遂一直追赶不上。柏杨先生想这话当然有道理,但如果再往远处探讨,中国人被酱成今天这个样子,恐怕孔丘先生的责任也不太轻。他阁下一朝权在手,便把令来行,杀了少正卯先生,便是一个凶兆。住在台北新店的刘德先生,上周巴巴来信问我孔丘先生的官是怎么弄到手的,又是怎么垮的。算是把我问住啦,不过怎么垮的,古书上有过介绍,说他阁下眼看鲁国不行啦,自动不干。这恐怕是吊死鬼搽粉,死要面子的话,从他一当官就杀人的气质来看,其权力欲望之强,不见棺材,怎能掉泪?不到紧要关头,未必有自动辞职的壮举,可能因杀了少正卯先生而全国哗然,那时候小民们灵性尚未被酱,有了反应,才不得不卷铺盖。

但他阁下是怎么当上官的,古书上没有提,大概属于马尾提豆腐之类,不能提也。他之被学生举为圣人,似乎和他当大司寇有关,否则的话,瞧瞧叔孙通先生便知,如果手无寸铁,他的学生恐怕不会那么尊重他。圣人做事,以老板大人"大悦"为第一要务,只有老板大人“大悦”，才会既有“金”，又有“郎”，这种气质产生了程颐朱熹诸位道学先生的一套，小民遂一天比一天呼吸困难。呜呼，如果中国衰弱之基是从明王朝开始，时间还短，如果中国中毒中得更久，事情就不好办啦。

有一种现象最为惊人，抗战时蒋百里先生说过一个故事：一个坑焉，有一个人绕着它走，掉了下去，第二个人小心翼翼地也绕着它走，也掉了下去。第三个聪明绝顶，绕坑走之，十分有把握掉不下去，结果一声响亮，照掉不误。蒋先生这故事是说给日本人听的，请他们不要太相信他们的武力。今日思之，意义就更深长。一个冷眼旁观的人，如果抬头四望，往往可以瞧见很多人都正在绕着该坑团团猛转：有的头顶高官巨爵，有的傲然四顾，有的腰缠万贯，有的学贯中西，有的道德高妙，有的不过一粒芝麻。但走来走去，无不纷纷哎哟哎哟。有的只走了三天，嘴脸还没有端正就掉下啦；有的走了二十年，已经认为笃定泰山矣，也归一掉。掉下之后，马上有新的绕坑人继起而走，呈现出同样天然色大银幕。

27. 眼前欢

记不得是哪一本书上矣，有一则笔记，说明王朝末年，有人到辽东（现在东北）谋生，回来告人，他在那里见到的人，虽街头巷尾玩耍的顽童，都有将相之貌。因而叹曰：“不出三十载，有王者兴乎！”大意如此，惜忘其出处。该书作者原意，是一种事后有先见之明的宿命论，认为满清政权，乃天老爷命中注定的。这当然是狗屁话，不必论列。柏杨先生的意思是，这故事可给我们一种启示，那就是，我们虽生在三百年之后，仍可想象出来满清王朝初起时那种兴隆奋发的气象，每一个人，上至在朝的大官，下到街头巷尾撒尿玩泥的顽童，都有一种蓬勃磅礴的气度和朝气。夫国者人之积,人者心之器,人人都往成功的路上走,人人都在事业上有成就,集小的和零星的成就,自然而然地聚成一个大的、整体的成功。美国人很少高喊使人打嗝的口号,他们只努力创造自己的事业,而国势是人民事业的总和,无数细小的支流,自然汇成汪洋大海。

如果社会上人人都在那里绕坑,人人最后都掉了下去,便实在严重严重。张三先生焉,不过当了一个主任,便立刻把眼睛搬到脚底板。李四先生焉,不过写了三本书,便立刻烧得屁股坐不住。王五先生焉,手中有几个银子,简直连爷娘都能活埋。赵六先生焉,事业稍有眉目,和穷朋友握手都嫌脏。有些人说,这不过是世态炎凉而已,每个时代都有,有啥可说的。呜呼,如果单纯的是世态炎凉就好啦,糟糕的是,这竟是一种时代的普遍气质,广泛而入骨的灵性堕落、短视、肤浅、无耻、可笑。于是,大家便只有一个结局,那就是落叶纷纷。迷死脱张焉,脚底生眼,忽咚一声,跌到坑里,跌了一头泥,匆忙往脸上搬眼睛都来不及。打狗脱李焉,不可一世,也是忽咚一声,跌到坑里,腿都断啦,想赶紧"以示民主"同样来不及。这种自作孽不可活,报应不爽的镜头,小民看啦,固然痛快,不过如果构成社会的每一个人结局都是如此如此,换句话说,人人都往失败的路上走,人人都在眼前欢,都在"今日有酒今日醉,管他明朝剑割头",在圈圈里又打滚又欢呼,不敢冷静,也不肯冷静。我们活在这些人群之中,能不心如捣蒜乎?

社会上嚷嚷得最厉害,连耳朵都震聋的一句话是:"没有人才。"也难怪有此嚷嚷,多少年来,无论大事小事,几乎没有一件事不窝窝囊囊,丢人砸锅。小民固然望人才如大旱之望海龙王。便是高高在上的二抓分子,私欲满足之余,也想到人才之妙,而兴"没有人才"之叹。好像中国气数已尽,人才到此,戛然而止,绝了种啦。旧有的人才死光,再没有新的人才啦。尤其是二抓牌,坐在办公桌后,翘起尊腿,自得其乐,偶尔抬头一瞧,四周站的全是给他们官做的子孙圈,想操其妈就操其妈,想罚其跪就罚其跪,自己一咳嗽就有人研究该咳嗽的哲学基础;自己一搔耳,就有人立刻以头碰地表示搔得好呀搔得好。而那些圈外之人,有的不准操他妈,有的连罚站都不接受,有的多嘴多舌,有的专唱反调,有的不听话,有的更为荒唐,竟然说我的咳嗽是害的感冒,而搔耳不过因为痒痒。呜呼,在他阁下的尊眼之中除了奴才,就是乱民,同样也是没有人才。

问题就在于,中国真的气数已尽,人才也真的绝了种乎哉?恐怕多少有点商量余地。唐太宗李世民先生有一次叫封德彝先生举荐贤良,好久没有消息,李世民先生催他,你猜他说啥,他也是绝种论,答曰:“非不尽心也,但于今未得奇才。”好像凡是奇才之士,额上都刻着字,他一拣就拣到了手,既然没有刻字的,便木法度。于是李世民先生曰:“但患己不能知,安可诬一世人。”这一个钉子碰得响亮,千载以下,仍在耳际缭绕。还有后秦高祖姚兴先生,也有一钉。他叫梁喜先生物色人才,也是过了很久,一再催促,梁公也是绝种论,答曰:“未得其人,可谓世之乏才。”姚兴先生曰:“卿自识拔不明,岂得远诬四海乎?”李世民先生和姚兴先生,仅凭这两个钉子,就应该名垂寰宇。有的人动不动就叹没有人才,应该马上送到地方法院,去吃诽谤官司。

君读过王安石先生论孟尝君之文乎?孟尝君田文先生是战国时代三“君”之一,也是三“君”之首。他阁下有一次出使秦国,秦昭王嬴稷先生打算逮捕杀之,以除后患。田文先生听啦,急得团团转,转到最后,人才出焉。一个圈里人善于窃盗,乃夜入秦宫,把田文先生送给嬴稷先生一件价值五十万美金的海勃龙大衣,偷了出来,转献给嬴稷先生的宠姬。该宠姬想那一件大衣想得要命,一见大喜,乃在嬴稷先生眼前,用了点功夫,这才放他回去。走到函谷关,正值半夜,按当时的法律,鸡鸣才开关,田文先生第二度团团转,恐怕嬴稷先生改变主意,派兵追赶,一旦追赶得上,便尊命休矣。到了此时,人才又出,另一个圈里人善于鸡叫,就当场表演,叫了两下,别的公鸡在梦中被该叫声惊醒,糊里糊涂也跟着叫,结果你叫他也叫,关门大开,他才算逃脱虎口。

28. 奴才总管

田文先生逃脱虎口之后，用不着说，一定芳心大喜，拍屁股曰："幸亏我天纵英明，人才丛生。"即令他阁下没有这么说，恐怕也会这么想，想到当意之处，难免一番沾沾自喜。然而王安石先生却觉得颇不对劲，他有一篇《读孟尝君传》，字数不多，且抄在下面：

世皆称孟尝君能得士，士以故归之，而卒赖其力，以脱于虎豹之秦。嗟乎，孟尝君特鸡鸣狗盗之雄耳，岂足以言得士？不然，擅齐之强，得一士焉，宜可以南面而制秦，尚何取鸡鸣狗盗之力哉？夫鸡鸣狗盗之出其门，此士之所以不至也。

抄录已毕，柏杨先生想起一则故事，该故事出自纪昀先生的《阅微草堂笔记》。说有一位官焉，贪赃枉法，惨刻恶毒，着实捞了几文，人人恨之入骨，却也人人无可奈何。驾崩之后，冤枉得来的钱，冤枉花去，不到几年，已衣食不继，女儿去绿灯户当娼妓。有那么一天，不知道怎么搞的，犯了啥案，一群莺莺燕燕，被捉到公堂，不管三七二十一，一个个掀翻在地，大打板子。打到该妓时，打屁股的官一瞧，不是老同事的女儿乎？再加上她一枝梨花春带雨，算啦算啦，免打免打。该妓出得公堂，告别人曰："幸亏我爸爸当过官，认识那些大老爷们，否则糟啦。"纪昀先生叹曰："她岂知道，如果不是她爸爸当过官，她就根本用不着上公堂。"

纪昀先生写此文之意，是阐明因果报应，告诫那些二抓牌小心小心。而柏杨先生则是介绍他阁下的那一声"叹曰"，盖该妓女小姐那种"幸亏"的镜头，真是触目皆是。

我有一个朋友，在巴西拥有一家农场，辛苦耕耘，生活颇为快活。

前些时来信,谈起来想当年,感慨曰:"幸亏我从前当官时捞了几文,才能在此立脚,否则上不着天,下不着地,糟啦。"柏杨先生也不禁叹曰:"他岂知道,如果他当初好好地干,根本就不会上不着天,下不着地。"这不过是一个小例,其他大例多矣。王安石先生认为,以齐国面积之大,人口之多,只要有一个半个人才,便足可以强盛,足可以把秦国整得七零八落,田文先生根本就不会被叫到秦国去,受要囚要杀之辱。正因为田文先生左右充满了鸡鸣狗盗之徒,真正人才,才落荒而逃。

王安石先生为田文先生上了一个尊号,曰"鸡鸣狗盗之雄"。中国历史上这种镜头很多,有些人看起来精明能干,小聪明如连珠炮,忽冬忽冬,俨然俨然,实际上不过一个"奴才总管"、"一圈之长"而已焉。夫二抓牌尊眼中,人才和不听话是不可分的。事实上人才有些时候也确实不听话,盖奴才头"操"奴才的妈,奴才马上就在门口挂匾志庆;一圈之长罚子孙圈跪,子孙圈马上就削半截。如果刘备先生操诸葛亮先生的妈,或苻坚先生罚王猛先生的跪,恐怕他们很难忠贞不误。不特此也,纵然二抓牌于心不忍,其他奴才一看,噫!你怎敢不把亲娘献上去呀,显然还有保留,这种人不可靠不可靠,也无你立足之地。

前已言之矣,历史上任何一个政权,开创之初,无不人才济济。可是到了后来,圈圈出笼,就非关系不行,而"才难"了矣。"才难"似乎并不十分对题,叫头目舒服舒服的人才固多得是,只不过叫国家兴隆强盛的"才"才"难"。初期的姜小白先生,大智大慧,想吃山珍海味,就找易牙。想当圣人,满足满足自尊和虚荣,就找开方。想玩玩女人,就找竖刁。想治治国,把齐国弄强,就找管仲。等到管仲先生一命归天,他把国事寄托到前三个人才身上,就糟了大糕,其结局如何,世人尽知,活活饿死不算,连尸首都生了蛆,还没人发现。我们向不以"死"来衡量人,对不得善终的忠臣义士和英雄豪杰,敬意没有稍衰,但把齐国弄成那种样子,姜小白先生之昏,千载以下,尤使人跺脚。人才和奴才势不并立,奴才永远成不了人才,而人才也永远成不了奴才。

表面看起来,越是末世,人才越少,左也窝囊,右也纰漏。古人谈到一个王朝的衰亡,往往叹曰“气数已尽”,到了无可奈何之时,也只好这么一叹。不过柏杨先生以为,似乎并不见得,盖气数尽者,人才绝也。问题恐怕是,越到末世,不但人才并不越少,相反的,人才反而越多。君不见旧政权垮台,新政权成立,在新政权下,不都是人才如云乎哉?秦王朝末尾几年,只剩下赵高先生一人,可是西汉王朝的开国功臣张良先生、韩信先生、萧何先生,固是秦王朝属下的乱民也。隋王朝末尾几年,也只剩下虞世基先生一人,可是唐王朝开国功臣李靖先生、尉迟恭先生、魏征先生,同样隋王朝属下的乱民也。

末世政治最大的特征,是把人才一一逼成乱民。这并不是说处心积虑地要别人反,而是“天下为私”的结果,有些酱不住的人,不得不反。君一看《水浒传》便知,像林冲先生,高太尉手执钢刀,咆哮曰:“你反不反?不反,老子就杀!”头目高坐堂上,凶态可掬,当然不怕你反。张三反焉,大刀一挥,喀嚓一声,杀掉其头。李四反焉,大刀一挥,咔嚓一声,杀掉其头。只见他举刀如飞,威风凛凛。可是,“反”是他阁下努力制造出来的,所以即令活活累死,也杀不完。杀来杀去,终于遇到一个脖子硬的,不是喀嚓一声啦,而是当啷一声,大刀震落在地,一个新政权出现。

战国时代毛遂先生的故事,可帮助我们了解末世何以“才难”,平原君赵胜先生那一套话,听起来能把人气断了筋。他曰:“大丈夫处世,像把锥子放到口袋里,尖端会立刻透出来。阁下在我这里三年,默默无闻,也没有一个人说你好话,恐怕你没啥没啥。”毛遂先生曰:“假如我被放到口袋里,尖端早透出来啦,而是我根本没有被放到口袋里呀。”

盖口袋已被圈圈扎住,谁都放不进去,举目所及,不是在垃圾箱里烂着,就是已上了梁山。读史至此,涕泪交集。

29. 冒出几个主意

柏杨先生这些时好像神灵附体,天天信口开河,连自己都觉得做贼心虚。盖明知道爱国一定要糟,心里却仍然奇痒,硬是要爱,真是天生贱骨,劣性难改。看那些正人君子和道貌岸然,过着难得糊涂,快乐非凡的日子,升官发财,一切照常,便不禁又敬又羡。将来即令天塌下来,大家都完啦,反调分子却多受一层忧心如焚的罪,真是何苦来哉。《老残游记》第一回,读者先生应该仔细再看一遍,爱国的结果反而成了汉奸,被人推到海里,真叫人越想越觉得没意思。我建议台湾"中央研究院"最好研究出一种药丸,叫人吃了永不会东想西想,或者也像南北朝时那样,挖出一种奇异的泉水,让大家喝了之后,立刻服服帖帖。任凭人在船上凿洞也不管,锯桨也不管,不但不管,反而作建设性的鼓掌曰:"凿得好,锯得妙!"人心自然鼓舞,天下自然太平矣。不过截至目前,据说该药丸和该奇泉还没有弄出来,真是遗憾。有些读者先生来信曰:"柏老,你好像很聪明的样子,不妨姑妄试之,说一说挽救之策?"呜呼!我想恐怕是木法度木法度。不过冒出几个主意,以便读者先生闲来无事,开开国骂,也是上天好生之德也。

第一 权利义务观念必须确定

最重要的一点,中国人似乎应该把权利义务观念确定,黄天霸式的赏饭学必须从根铲除。从前有些报馆焉,有一种"坐牢编辑"、"坐牢记者",报馆用高价雇了一些人,平常专门吃饭,啥事不干,一旦新闻出了纰漏,要吃官司,则该人挺身顶缸。该新闻是谁写的呀?俺写的。该新闻是谁刊呀？俺刊的。吃官司后，其家庭一切费用，统由报馆开支。如果属于这一类的职员，到时候自然没啥话讲。而如今却是如何乎哉？不过介绍一个职业，凭本领挣钱，却既要他跳楼，又要她上床。无他，权利义务不清之故也。

若干年前，看到一个报导，美国某编辑邀他朋友来报馆服务，写信曰："周薪多少钱，津贴多少钱，一条新闻多少钱，可能拿到奖金多少钱，本城开支多少钱，还可以剩多少钱。"讲得一清二白。如果换到中国，准只一句话，曰："来吧，这是咱们弟兄共同事业。"柏杨先生大概上了点年纪，所以最讨厌听"共同事业"，一听"共同事业"就发疯，盖听得太多，看得太多，也栽得太多也。所谓"共同事业"，因权利义务观念不清的缘故，无不变成了一个人的事业，最后把合伙人一脚踢开，社会上遂不得不充满了失败的人和暴戾之气。

权利义务观念一天不清，中国同胞便一天只知道赏饭和被赏饭，而不知道合作。黄天霸先生应和老头合作才对，但他却硬要赏老头饭。校长应和教习合作才对，他一个人能办起学堂乎？但他却也要赏教习的饭。其他各行各业，大小头目，无不皆然。柏杨先生有一位卖书为生的作家朋友，有时见了书店老板，不免赔笑曰："都是你老哥帮助。"在该朋友是客气，可是大概说得多啦，老板竟真的以为如果没有他提拔，该朋友就要饿死啦，天下还有比这更荒唐的事乎哉？结果二人之间，弄得朋友不朋友，事业不事业。假如代之而起的是平等合作观念，对每个人都有益处也。

我们最常听见的话是："某某人做朋友可以，可是不能共事。"或是"某某人是一个好朋友，但不是一个好长官。"关键似乎就在黄天霸思想，再好的朋友，一旦有隶属的关系，友情便滚他妈的蛋。稍微有点自尊的人只好狼狈而逃，剩下来的不是无耻之徒，便是难得糊涂学。呜呼，一个社会必须处处都有可以共事的人，才是兴隆之象。越是老朋友，越不能合作，乃上天赐给中国人的一种严厉惩罚。

我们主要的意思是，必须用合作观念代赏饭观念，以《驯妻记》中男主角风度代黄天霸嘴脸，然后人与人之间才有分际，社会才有是非,才有祥和。否则便公私永远混淆,国家之恩和私人之恩也永远不分。而事实上却又非分不可,于是,到处都是叫人跳楼和责人忘恩负义的节目矣,也到处是众叛亲离和砸锅砸碗的镜头矣。君没有听见常有些人高喊"团结"乎?谈起来团结,纵是再混蛋的人,都不会反对,不但不反对,恐怕他叫得比谁都响。问题却出于,该团结往往不是大家立在平等地位的团结,而是我团你的结。不是大家都放下棍子的团结,而是你放下棍子,我却不放的团结。不是大家吃大锅菜的团结,而是我赏你吃一碗饭的团结。不是《驯妻记》老家伙式的团结,而是《落马湖》黄天霸式的团结。大家都想把别人的前程包在自己身上,而不肯跟人并肩携手。团来团去,自然无法结在一起。权利义务观念如果弄清楚,大家原来是合作的,便爽利多矣。

不特此也,连带着也可以免去子孙圈那种麻兮兮的忠贞表演,然乎不然乎?

第二　培养人的自尊心

小民自尊心的总和,就是民族自尊心。中华民族到了今天,可以说丢人砸家伙,现眼够啦。不要说别的,仅只见了美国人便不由浑身发抖,就够瞧的。官崽们无人格亦无灵性,不必提矣。即以一代思想家,万人尊敬的胡适先生而言,他阁下的遗嘱就是用英文写的。拥胡的朋友可能提着柏杨先生的耳朵曰:"用英文写有啥了不起,学术没有国界。"学术固然没有国界,但遗嘱却是有国界的。且即以学术而言,也有它的民族根性。我们真不能想象英国罗素先生会用中文写遗嘱,也不能想象印度泰戈尔先生会用缅文写遗嘱。

我们并不是说胡适先生用英文写遗嘱就把中国人的尊严丢光,这和丢光不丢光没有关系,即令美国总统临死时用埃塞俄比亚文写遗嘱,也并不提高埃塞俄比亚的地位。但如果是一种在自尊心崩溃后不自觉的反应,虽不损伤胡适先生的分量,却叫我们这些心头彷徨无主的小民,每一思及,就更彷徨无主。呜呼,如果胡适先生当初能用中文写该多么好也。这种气质非一天两天的矣，多少年来传播荡漾，遂形成了社会上一种洋式酱缸，大家同样难以外跳。

民族的自尊建立在个人的自尊上，民族自尊的丧失，基因于个人自尊的丧失。奴才政治之下，知识分子的自尊首先被剥夺，明王朝那种廷杖的干法，不但是中国人的耻辱，也是世界上全人类的耻辱。到了清王朝，廷杖虽然没啦，“奴才”代之而兴。闭着眼睛想一想，如果丘吉尔先生见了伊丽莎白二世女王，立刻被掀翻在地，打了个皮破血流，而他阁下不但不敢说啥，反而以头碰地，咚咚作响，自称“奴才”，我们能不脸红乎？而我们的祖先却公然行之，大家伙聚在一起，恬不知耻，而且以恬不知耻为荣，乃自尊心消失的结果也。

30. 建议四项

一个人如果用不光荣的手段达到光荣的地位，他的自尊便无法保持，而凡是自尊无法保持的人，也无不努力破坏别人的自尊，以求心理上的平衡。好比说吧，二抓牌的官由于他是子孙圈的一分子而得来的，他自己就会也想弄一个子孙圈而当圈长，如果是靠他把妹妹女儿介绍给老板得来的，他就也希望别人把妹妹女儿照样介绍给他。所以凡是对老板大人服服帖帖，奴态可掬的朋友，对属下也无不眼睛搬家，不可一世，这不仅是心理上的平衡，也是心理上的补偿。

保持民族自尊心的唯一方法是把别人当人，这要先从根绝苦刑拷打做起。据说干间谍的朋友，最不在乎苦刑拷打，盖一遭遇到苦刑拷打，就说明一件事，那就是对方所知道的不多乎也。可是芸芸众生，既非训练有素的间谍，又非凶顽泼辣的大盗，怎抵抗得住日新月异的修理学乎？一个受过非刑的人，他身上的伤可能痊愈，他心头的伤却愈久愈新，如果不被逼成颓废，一定被逼得有更大的冲击力。而那些锦衣卫,自然更不会相信人类还有尊严。

个人自尊即民族元气,保持一分算一分,一个人的自尊一丧,便啥卑鄙奇怪的事都做得出。民族元气一丧,不亡国灭种,已经算很客气啦。

第一　希望不要过问别人的私生活

古圣先贤那种“格物、致知、正心、诚意、修身、齐家、治国、平天下”一套,害人不浅。吾祖柏拉图先生理想国时代,或农业社会之中,讲这一套还勉强凑合,到了今天这种高度的工商业社会,实在是不能再提倡啦,再提倡不但害人不浅,还要害人至死。盖修身和齐家之间,有大大的一段距离,而齐家和治国,治国和平天下之间,更相隔十万八千里,相互间根本没有必然的因果关系。修了身就能齐了家乎哉?齐了家就能治了国乎哉?仿佛做的是香艳绝伦桃花梦。有人说,这种话不能那么刻板解释,而是说,人人都修了身,家自齐;户户都齐了家,国自治。呜呼!这种“人人”焉,“户户”焉,可能乎哉?如果认为可能,我们除了佩服他嘴硬外,别无他法。

柏杨先生并不是说只要把圣人这一段话反对掉,民族灵性就呱呱复活。而是说,我们必须有新的观念,了解私生活并不那么尖锐地和国家和天下有关。每个人都有保持私生活不受干扰的权利,每个人都有他自己的安乐窝。如此大家的精力才可以用到正路上,不必努力窥探别人的秘密,这才是消除暴戾之气的重要方法之一,也是把人当人的方法之一。盖把人当作禽兽,修理一顿,固为害不浅。便是把人当作圣人,硬赶鸭子上架,硬要勉强他去欲神欲仙,也为害不浅。怕的是弄到后来,不但圣人没当成,反而酱在那里,连正常人味都没有啦。

古人云:“知人隐私者不祥。”意思说将有杀身之祸。我想自己祥不祥没有关系,主要的还是国家不祥,民族不祥。

第二 尊重专家

在洋大人之国,知识就是权力。在我们中国,则权力就是知识。一个人手里一旦握了点权,他就啥事都懂,尤其是在被他“赏饭吃”的人之前,他就更懂得厉害。不但政治焉,哲学焉,原子弹焉,甚至对性病都成了专家。刚上台的新官崽,最初还有点不好意思,等到日子一久,被赏饭吃的人一多,大家一阵猛捧,他就努力伟大。思一思,想一想,我真有两把刷子呀,遂成了货真价实,不但能拳打脚踢,而且还会呼风唤雨。尤其是忽抬尊头,你说啥呀,气象学教习有啥了不起,他见了我都得鞠躬,他胆敢比我知道得多乎?

不尊重专家是奴才气质,这气质诚如老太婆的被子,盖有年矣。从前皇帝们最大的特征是“金口玉言”,他阁下坐在金銮殿上,说铁是金的,铁就马上变成金的;说金是铁的,金就马上变成铁的。不要说无生命的东西,就是天上神仙,也得该头目坐在金銮殿上,用他阁下的金口,封上一封,才能正式到差。嗟夫,我想只有被酱得十分沉重的脑筋,才会冒出这种奇怪观念,连神仙都仰仗人世上的官“封”。大概小民对权势屈服,已成习惯,以人之心,度神之腹也。这种“权力高于一切”的观念,要想国家有救,必须连根铲除,转而承认专家的价值。任何超级二抓牌,可以利用专家的决定,但不能蔑视专家的决定。而小民遇到官崽和专家冲突时,必须选择专家,不能由谁乱“封”。

不尊重专家的结果是鸭子虽死,嘴却照硬。一个官崽,除了对一圈之长外,上不畏天,下不畏民,中不尊敬专家,小民还有噍类乎?不尊重专家的结果是:造成错误的决策,而我们的敌人也巴不得我们有错误的决策。除了石门水库,又想起来一件事,对日抗战时,政府弄出来一个限价政策,发表之初,老套出笼。那老套是:你也通电拥护,我也写文赞扬,免不了还有人研究它的学问,认为天衣无缝。当时我老人家就听一位经济学者关住门叹曰:“这种权力即知识的玩意儿如果行得通,全世界经济学者都只有上吊矣。"

悲哉,有权的朋友大喝一声容易,拍案而起也容易;咬定钢牙,说别人是"的"不是"家"也容易。但叫他去干建设性的行动却难。中国如果一直只尊重二抓牌而不尊重专家,便一直不能有啥起色。

第三　公教人员必须提高待遇

一提起提高待遇,有些人就叹气,其实不但有些人叹气,连柏杨先生都叹气。盖事到今天,提高待遇,不但解决不了问题,反而使问题更为艰难。有一位朋友,一听到待遇要提高,就脸色大变,我曰:"阁下,我看你有点存心不良,是不是要人饿死?"他曰:"非也非也,要知道未提高待遇之前,我碰到麻烦,一千元就能平安过关,提高待遇之后,恐怕非两千元不能拉倒。"

朋友的话,属切身之痛,千真万真。盖贪污这玩意儿,一旦成为风气,便产生奢侈。就是前面提到过,那位从美国回来朋友赞叹的"生活水平高啦"现象,一旦大家均恬不知耻,均以一千元的收入,而作八千元的开支为荣,社会风气就开始糜烂。他已有八千元的奇异办法矣,便是再加薪三千元,他能在乎耶?徒提高他的胃口,而使小民负担更重,社会更往根部腐蚀。

不过,诂虽这么说,其第一因固仍然是待遇太低之故,不治社会糜烂则罢,要治的话,总不是不从这方面下手。有些人认为只要道德高,要要孔孟学会,讲讲"经"书,就可以根除一切不良,此话乃圣人之话,我们除了表示肃然起敬外,别无他法。但如果依柏杨先生之见,提高公务人员待遇,是"救国复国","建国强国",甚至是"平天下"的重要基础,没有这个基础,啥都别谈,谈得多啦,徒费唾沫。

无论古今中外,公教人员待遇高低,和国势强弱,成正比例。汉王朝的太守,不过类似现在行政区"专员"之官,年人就两千石,噫,你知道两千石值多少钱?左折右合,吓都吓死你。英国殖民地遍天下,在殖民地当官的家伙,贪污的很少,非英国人比中国人天生高级,而是他们的待遇好，退休后又有保障，中国公教人员所以退休不下来，是生活作怪。洋大人退休之后，可以周游一下世界，中国人退休之后，恐怕周游一下台北，都得思量思量，怎能不在当权的时候，勇猛抓之乎？贺其燊先生是位名经济学家，有一天告柏杨先生曰，一个中国人平均下来，包括衣食住行，一个月至少需要八斗米之数，才能维持。五口之家，至少得有四石。如果待遇只有一石，则只好用别的奇妙之法，去搞三石补充。呜呼，与其各显神通，去自己零搞，何不由政府统筹整搞乎？统筹整搞，小民固然负担大啦，但不由政府整搞，小民的负担反而更大。呜呼，国家也好，王朝也好，政权也好，是建筑在公教人员身上的，却拼命地压之迫之，使其非贪非烂不可，叫人一辈子都弄不明白。

依目前购买力，我想，国民学堂教习月薪至少应有六千元，中学堂教习月薪至少应有八千元，大学堂教习月薪至少应有二万元。三作牌月薪至少应有五千元，警察局长月薪至少应有一万元。法官、检察官月薪至少应有一万二千元，记者老爷月薪至少应有七千元，而稿费也至少千字两百元才够（现在是三十元，使人毛骨悚然），至于柏杨先生，年迈力衰，每月工钱九百六十元，弄得衣不蔽体，穷气冲天，每到月终，老妻还要去拣煤核，至少也得有二千元，才能免于饿死。否则，薪给制烂得久啦，等到把根烂掉，供给制就得惨叫一声，来个倒栽；想独坐高楼，看黄河翻船，不可得也。

第四　尽可能少开会

呜呼，开会是民主政治最主要的方式，只有专制政治才不开会，皇帝想怎么搞就怎么搞，柏杨先生反对开会，岂不是反对民主乎哉？这顶帽子奇重，实在不敢当不敢当。问题是我们开会是真开会就好啦，目前流行的开会，似乎有二型焉，一曰精神训话型，看起来大家各端嘴脸，排排而坐，实际上是老板大人或一圈之长在那里训话。训话也者，包括“骂”在内，骂了一顿之后，众头乱点，表示俯首帖耳，然后指示机宜,一哄而散。一是危险分担型,开会的目的不是真正民主,而是"以示民主",以便有责大家负,万一东窗案发,就可理直气壮曰:"这不是我一个人决定的,这是开会决定的呀。"会议记录就是挡箭牌,结果是有了功劳,谁都有一份。有了责任,谁都没一份。

记不得在哪一本书上,看见一篇小说,说的是开会国,天兵天将把该国团团围住,该国唯一的抗敌之策,就是开会。开了无数次会之后,天兵天将忍耐不住,就行攻城,该国人士,精神可嘉,退守郊外柳林,继续抵抗;天兵天将悲天悯人,有好生之德,不忍赶尽杀绝,乃再行团团围住,希望他们投降,可是投降这玩意儿,岂是有气节之士所肯干的?围困之初,还听见树林里开会之声,叽叽喳喳。围困到七七四十九天,叽叽喳喳的声音没有啦,派孙悟空先生前往一看,咦,全死啦,全渴死啦,尸体左也一堆,右也一堆,身旁还有会议记录,曰"临渴掘井委员会",曰"临阵磨枪委员会",据说当场就把孙悟空先生气得翻斤斗。

开会是解决问题的工具,现在反而弄成了这种样子。于是,二抓牌大小官崽,整天就有开不完的二型会,别看他阁下其蠢若牛,一旦开起会来,就如鱼得水,口若悬河,这也有意见,那也有主意,结果时间全浪费掉。表面上每天急急如丧家之犬,忙忙如漏网之鱼,一个个"为国家,秉忠心,报皇恩",可是等到真正有公事找他时,他却不见啦。

根本取消开会,违反进化原则,当然不可,所以最好发明一法,以治疗此病。治疗之法多矣,有的主张严厉限制发言,不得超过两分钟;有的主张一星期之中,开会的日子不得超过三天。我想这固然都是好办法,但最好的办法却是绑起一条腿,那就是说,与会人士,一旦起立发言,就有工友同志出现,把他的一条腿绑在另一条腿上,或者索性后屈而绑到屁股上。如果他阁下讲着讲着,站立不稳,忽咚一声,栽倒在地,旁边护士担架,早已准备妥当,立刻抬到急救室,不由分说,照屁股上就是一针维他命丙。呜呼,为啥要维他命丙乎?据说维他命丙注射时有奇痛,就是取其奇痛也。

31. 幽默和尊严

第一 养养幽默感

提起来幽默感,义和团同志一定又摔小辫子曰:“我们古已有之。”君不见《史记》上有《滑稽列传》乎,可见古人的风趣。现在只有复古就成啦,用不着向外洋学习,否则你就是猛拔尊鼻想当洋大人。我想幽默是纯洋大人的玩意儿,中国古时候恐怕没有,有之的话,也只有滑稽,而滑稽和幽默却是两回事。他们在形式上有时可能混淆,但基础却大不同,滑稽是一种输出的情操,目的只在别人,而幽默都包括自己。我想单凭直觉,就可以发现中华民族恐怕是世界上最缺少幽默感的一个民族,是不是上帝偏心,当初造人时,故意不在中国人脑筋里放下幽默感那条筋,我不知道。即令放得有,两三千年下来,左酱右酱,也酱得差不多啦。呜呼,专制产生讽刺,民主产生幽默。讽刺是冷冷地观察,幽默是热情得连自己也参与在内。也就是说,迫害产生讽刺。越讽刺,越迫害;越迫害,也越讽刺,成为一个恶性循环。而幽默产生宽容。越宽容,越幽默;越幽默,也越宽容,结果是一团祥和。

因为缺少幽默的缘故,即令家庭之中,夫妇之爱,子女之亲,都弄得无啥乐趣。孔丘先生提倡“食不言,寝不语”,他阁下的尊家和冰窖有啥区别乎哉?最近电视上每逢星期三有美国影集《妙爸爸》节目,每个人都应看看,柏杨先生要是大权在握,一定弄一条法律,凡不按时收看的家伙,一律罚一块钱,以充实柏杨夫人的脂粉费。我们真应该用来跟《红楼梦》中贾政先生的家比一比,也跟自己的家比一比,努力学学那位妙爸爸,妙妈妈,妙姐姐,妙弟弟,妙妹妹。和那种充满了灵性的真挚的爱,以及那种充满了灵性的表达方式。他们有争执,有误会,有帮助,表面上看起来他们之间的关系是脆弱得好像各自为战,随时可以四分五裂,实际上那才是一个坚固而永在的家。

中国人恐怕很少这种风趣,事业上稍微有点影子,无论脸上心上,就立刻插上一根棒冰,来一个“君子不重则不威”,其僵如尸,护短如护命,浑身上下没有一个毛孔不往外乱冒崽气。呜呼,君不见阿Q先生乎,有愤怒,有勇气,有嘴脸,独独没有幽默。怎样使阿Q先生有幽默,真是一个伟大的课题。夫幽默是人生的滑润油,不但能使人际关系转得轻松,也可以使人际关系转得愉快。幽默不是做作,而是出自内心的高贵情操,化吉化凶,成为敌人或成为朋友,栽斤斗或走平坦大道,都在一念之间。有幽默感的高高兴兴,没有幽默感的背皮发紧。盖面孔绷得久啦,影响所及,连屁股都会扭曲。

第二　应有打官司的勇气·一切争执诉诸法律

我们中国,一向是鼓励人们息讼的,李世民先生当皇帝时,史书上说,连监狱都空空如也,世称为太平之治。盖小民一个个安居乐业,没人打官司,自没人被关起来也。古人无不努力宣传“讼终凶”,实际上也实是“讼终凶”,打官司的结果,遇到说不准学,不但钱没有啦,而且也受尽了天下之气,真是标准的人财两空。人人自然应以官司为戒,而且发明了“八字开学”,曰:“衙门八字开,有理无钱莫进来。”宁可抱着一肚子冤气跳淡水河,也不告状。情急时只好去庙里烧香,咒该坏蛋不得好死,或死了变成大王八,以便自己宰而食之。比较实际的倒霉分子,虽不信天老爷那一套,却日夜盼望有个包拯先生那种青天大老爷出现,以平民愤。脑筋比较灵活一点的知道青天大老爷者,五百年不出一个,就改而寄托江湖上仗义疏财的侠客,千里之外,取贪官首级,如探囊取物:只见一道白光,在天上吱吱而飞,第二天报上登了出来,招商局头目的尊头不见啦,你说妙不妙哉?

一个现代化的国家和社会,建立在人民对法治的信念上,暴戾之气只是“人治”社会才有的产物。法院好像严父(注意,不是法官像严父,已经有警察先生当我们小民的爹啦,法官先生再出来当爹,怎么受得了乎?),小民内心有一种信念,那就是,人世间有最高的天秤,不必诉诸诅咒、神仙、革命、贿赂,就可以得到公正的裁判。想当年德皇菲特列大帝,在波茨坦宫后面,修建一个御花园。就在东南角上,有一个既破又烂的磨房在焉,如果不把它除掉,不但御花园成不了四四方方的,而且和金碧辉煌的亭台楼阁一对比,简直成何体统。菲特列大帝派人前去交涉,要收买该磨坊,老头也怪,随你出多大价钱,就是不卖,盖祖传至宝,有纪念价值,万金不换者也。僵到最后,菲特列大帝大怒曰:"你敢跟皇帝作对,反啦反啦。"于是御林军把老头抓来,由菲特列大帝先礼后兵,亲加晓谕,该老头顽固不化,一直摇头。菲特列大帝跳高曰:"好呀,你不卖没有关系,我就强占。"噫,你猜该老头说啥,他也跳高曰:"你如果强占,我就去法院告你。"

结果如何,史有明文,换了中华文明古国,不要说皇帝啦,就是一个二抓牌,恐怕都会顺手拣顶帽子祭出去,把该老头祭到监狱里上老虎凳。可是菲特列大帝却在重要关头,走下宝座,跟老头握手曰:"想不到德国法律,受人民如此尊重信赖。"德国之强,契机于此。

32. 努力读书

洋大人谚语曰:"上帝因不能和每一个人同在,所以赐给他一个母亲。"我们可套而言之曰,"上帝因人类不能共有一个父亲,所以赐给他们法律。"唐王朝时代,有一位张公艺先生,九世同居,唐高宗李治先生看他(古书上曰:"幸其宅","幸"字是酱缸产物),问他有何妙法。张先生一言不发,只用笔写了一百个"忍"字。这段故事流传下来,成为治家佳话。柏杨先生弄不清它是真的或是假的,不要说李治先生是皇帝啦,以读者先生为例,你阁下的顶头上司光临贵府,顺便问上一句,你能做哑巴状,找纸找笔,写上一百个同样的字乎?这不但是犯上的,而且根本没有起码的礼貌。这且不管,我们的感想是,大家庭制度中,“忍”的成分既如此重要,可看出定有很多冤枉委屈,无法得伸。我说这话的意思不是认为父母儿女之间,动辄找刀找棍,大打出手。而是认为,“忍”是修身之本,而非“治家”、“治国”之本。责己尚可,责人便鸭子屎矣。尤其在国家里,人和人之间,并不都是骨肉之亲,而又好坏不齐,需要的只有一端,那就是“公平的裁判”。

一个人忍得过多,一定会终有一天,累积得“忍无可忍”。不是流于生趣索然,便是逼出左道旁门,再不然革起命来,就更鲜血淋淋。所以必须使人人有一条申诉之路,而且鼓励前去申诉。没有讼事的社会,只不过是糊上一张白纸,外表看起来漂亮呀漂亮。人既是感情动物,各人教育程度和处世方法又不相同,能没有争执乎哉?有争执就得有解决,糊纸的办法是屁办法。

不过,法律之前不能出现“说不准学”、“么鸡吃烧饼学”,因此我建议法院门口,应该铸一座菲特列大帝的铜像,不知衮衮官崽,以为如何?

中国人必须努力读书

柏杨先生最怕听人嚷嚷中国文化悠久,一听人嚷嚷就恨不得跳茅坑,这不是说我们没有悠久文化,而是说一切都是“想当年”的啦,还谈它干啥?呜呼,中国人最大的表现是不爱读书,这真是一个可怕的危机。大小官崽不必谈矣,办事全凭悟性。小民人等,左一瞧右一瞧,只要跳进圈圈就有官做,自然更不会读书。即令读的话,也只是读知识的书——“学以致用”的书:要去美国,就日夜读英文;要考学堂,就连睡觉都抱着几何、三角、大代数。对灵性上有帮助的书,理都不理。美国肯尼迪先生就职时请他的诗人朋友朗诵诗篇,如果换在中国,只要有此一念,都会笑得人仰马翻。而且说句老实话,一个当官的人，也不可能有诗人朋友。柏杨先生活了七十多岁，官员群中喜欢读书的，得两人焉，曰叶先生，曰王先生。叶先生目前尚无专集出版。王先生则有一本书——《生于忧患》，里面的文章篇篇可看。有些人只要有辆自用三轮车，就灵性全失，崽气扑鼻。而王叶先生却有其想法，有其境界。

当官和灵性不并立，但从叶先生和王先生身上看，固不尽然，问题只在于读书不读书。我们说的读书，不是指读"敲门砖学"举业之书，也不是读为了教训人，为了自炫之书。而是读读诗，读读小说，读读剧本，读读报纸副刊，读读哲学，读读美学，读读历史。听说台北某公司老板林挺生先生，他阁下就有读书嗜好，而且读到称心的书，便请人或写或译，出版问世，公诸同好。柏杨先生不认识林先生，不知道这是不是真的，但以一个主持钢铁事业的人，还附带主持一个出版社，出了很多书，而该很多书又都是有价值的书，想也想得出来，传言一定有其根据。

中国人如果都能在百忙中接触书本，真是为国家开万世太平的良法，盖人必须有出世的精神，才可做入世的事业。现社会是一个利和害组成的魔网，谁都难以逃出，大街小巷、会议室、办公室，人头攒动，都在努力把自己放到第一。只有读书可以改进这种情况。如果同胞诸公一定跟书结下不共戴天之仇，不肯读之，那么，嗜好一点别的，也照样可以。吾友林荣辉先生，在华南银行做事，喜欢的便是射击。他有各式各样奇怪之枪，周末焉，星期日焉，骑上脚踏车一辆，到靶场打个痛快。一天过去，踏着斜阳归来，不知不觉，心也广啦，身也舒服啦。当然，你阁下不一定也去乒乒乓乓，流弹乱飞，但钓钓鱼，郊郊游，唱唱京戏，弹弹吉他，固一样也。如果天生的好静不好动，则不妨听听音乐。对啦，听听音乐并不简单，一个没有经过训练的耳朵，便只配听黄梅调，而永远不能接受交响乐。此名教习萨孟武先生和杨树藩先生联合认为"甚似打架"之故也，一旦大多数人都能欣赏交响乐，台湾恐怕将是另一种面目。

爱因斯坦先生，其地位够高了的吧，却抽出时间，拉拉提琴；丘吉尔先生也常常自己动手当泥水匠;艾森豪威尔先生则以打高尔夫球闻名于世。艺术活动是孤立的,不受现社会利害干扰。人人都应该有这种崇高的气质,把自己从事的学问事业,当作一件自己所创造的艺术品,不但求其混过去就算,还要追求一种理想和情趣,不斤斤计较一钉一铆的得失,如此才能有真正的成就。呜呼,伟大的事业都出自宏远的眼光和豁达的胸襟。君以为对乎?不对乎?